로.블.록.스 코딩 마스터하기

마크 키프 저 | 이진수 역

YoungJin.com Y.
영진닷컴

로.블.록.스
코딩 마스터하기

ISBN 978-89-314-7722-1

독자님의 의견을 받습니다

이 책을 구입한 독자님은 영진닷컴의 가장 중요한 비평가이자 조언가입니다. 저희 책의 장점과 문제점이 무엇인지, 어떤 책이 출판되기를 바라는지, 책을 더욱 알차게 꾸밀 수 있는 아이디어가 있으면 팩스나 이메일, 또는 우편으로 연락주시기 바랍니다. 의견을 주실 때에는 책 제목 및 독자님의 성함과 연락처(전화번호나 이메일)를 꼭 남겨 주시기 바랍니다. 독자님의 의견에 대해 바로 답변을 드리고, 또 독자님의 의견을 다음 책에 충분히 반영하도록 늘 노력하겠습니다.

이메일 : support@youngjin.com

주 소 : (우)08512 서울특별시 금천구 디지털로9길 32 갑을그레이트밸리 B동 1001호 ㈜영진닷컴 기획1팀

파본이나 잘못된 도서는 구입하신 곳에서 교환해 드립니다.

STAFF

저자 마크 키프 | **번역** 이진수 | **총괄** 김태경 | **진행** 최윤정 | **디자인** 강민정 | **편집** 박수경, 김소연
영업 박준용, 임용수, 김도현, 이윤철 | **마케팅** 이승희, 김근주, 조민영, 김민지, 김진희, 이현아
제작 황장협 | **인쇄** 제이엠

감사의 말

이 책을 집필하는 동안 지속적인 지원을 해 주신 부모님과 동생에게 감사의 말씀을 전합니다. 두 분의 응원으로 이 책이 나올 수 있었습니다.

집필을 제안하고 도와주신 Packt의 모든 분들께 감사드립니다. 저에게는 정말 뜻 깊은 작업이었습니다.

아미르와 라키에게 특별한 감사를 전합니다. 두 사람의 피드백으로 집필 과정에서 많은 도움을 받았습니다. 두 사람이 없었다면 이 책은 세상에 나오지 못했을 겁니다.

마지막으로 이 책을 집필할 기회를 준 바이데쉬와리에게도 감사의 말씀을 전합니다.

마크 키프

옮긴이의 말

게임을 하고 있으면 내가 만드는 게 더 재미있겠다고 혼잣말을 하는 때
가 있습니다. 물론, 말도 안되는 소리라는 건 압니다. 제 실력이 못난 걸
괜히 게임이 잘못됐다고 불평을 늘어놓는 거죠. 그런데 저기 가만히 듣
고 있던 로블록스가 "그럼 어디 너가 만들어 봐."하고 말을 겁니다. 어디
한 번 해 볼까 싶어 로블록스 스튜디오를 켜니 뭘 해야 할지 감도 안 잡
힙니다. 이 책은 로블록스 '게임' 아니 '경험'을 만드는 데 필요한 모든 개
념을 소개합니다. Luau의 문법부터, 기초 프로그래밍 지식, 수익화 방법
까지 소개하며, 전체적인 경험을 만드는 구성 요소를 마스터하게 해 줍니
다. 차근차근 읽어 나가면, 프로그래밍의 개념과 게임을 만드는 전반적인
과정까지 이해할 수 있을 겁니다.

재미있는 도서의 번역을 맡겨 주신 영진닷컴에 감사드립니다.

이진수

서문

로블록스에 대하여

로블록스Roblox는 4,700만 명 이상의 일일 활성 사용자daily active users가 활동하는 플랫폼입니다. 누구나 무료로 게임(로블록스에서 칭하는 바에 따르면 '경험')을 플레이하고 만들 수 있습니다. 로블록스에서 경험은 모두 다른 사용자가 만든 것입니다. 즉, 다른 게이머가 만든 경험을 플레이한다는 의미입니다! 아무런 경험이 없더라도 누구나 로블록스에서 무료로 창작을 시작할 수 있습니다. 로블록스는 사용하기 쉬운 게임 엔진을 제공해 5분 이내에 간단한 게임을 만들고 게시하여 친구들과 어울릴 수 있습니다. 게임을 호스팅하고 다른 사람들이 게임에 참여할 수 있도록 플레이에 필요한 모든 기술적인 부분은 로블록스에서 무료로 제공합니다. 또한 플레이어가 경험에서 아이템을 구매하면 매출이 발생하여, 판매 금액의 일정 비율을 개발자에게 제공합니다. 가장 좋은 점은 게임 내 아이템을 많은 사용자가 구매하면 이를 실제 돈으로 받을 수 있다는 것입니다.

이 책의 대상 독자

플레이어, 초보 프로그래머, 다른 언어로 프로그래밍할 수 있는 사람 중 로블록스에서 게임을 프로그래밍하는 방법을 배우고자 하는 사용자를 대상으로 합니다. 여러분은 간단하고 효과적인 고급 개념을 사용하여 프로그래밍 기술을 한 단계 더 끌어올릴 수 있습니다. 프로그래밍 외에도 로블록스 스튜디오를 최대한 활용하는 방법을 배웁니다. 이 책을 읽기 전에 로블록스에 대한 기본 지식을 갖추는 편이 좋습니다. 한동안 로블록스를 사용하지 않았을 사용자를 위해 간단한 안내를 할 겁니다.

이 책에서 다루는 내용

1장. 로블록스 및 Luau 기초에서는 로블록스와 로블록스 스튜디오에 대한 가장 기초적인 내용을 배웁니다. 로블록스 Luau를 사용한 간단한 스크립트를 만들며 프로그래밍의 기초를 설명하겠습니다.

2장. 더 나은 코드 작성법에서는 1장의 지식을 다음 단계로 끌어올립니다. 함수와 테이블, 반복문, 모듈을 사용하여 중복 코드를 줄이는 법을 알아봅니다.

3장. 이벤트 기반 프로그래밍에서는 이벤트를 기반으로 하는 프로그래밍 방법을 설명합니다. 이렇게 하면 불필요한 반복문의 양이 크게 줄어듭니다. 이 외에도 게임에서 발생하는 변경 사항에 따라 특정 작업을 수행할 수 있습니다.

4장. 게임 보안에서는 서버–클라이언트 모델을 다룹니다. 서버와 클라이언트가 무엇이고 둘이 어떻게 소통하는지, 그리고 이를 안전하게 진행하는 방법을 배웁니다.

5장. 게임 최적화에서는 게임 최적화의 기본을 설명합니다. StreamingEnabled와 애니메이션, Tween에 대해 배웁니다.

6장. 장치별 사용자 인터페이스 구축에서는 그래픽 사용자 인터페이스graphic user interface(GUI)에 대한 모든 것을 알려 줍니다. 또한 스마트폰과 태블릿, 데스크톱, 콘솔에서 적절하게 확장하는 방법을 알아봅니다.

7장. 사용자 입력 감지에서는 플레이어가 게임과 상호 작용할 때 사용자 입력을 감지하는 방법을 살펴봅니다. 스마트폰과 태블릿, 데스크톱, 콘솔에서 입력을 감지하는 방법을 배웁니다.

8장. 데이터 저장소 구축에서는 플레이어가 게임을 다시 플레이할 때 진행 상황을 유지할 수 있도록 진행 상황을 저장하는 방법을 설명합니다. 데이터 저장소를 안전하게 유지하는 다양한 방법을 배웁니다.

9장. 게임을 통한 수익 창출에서는 게임 수익화를 시작하는 방법을 설명합니다. 게임 패스, 개발자 상품, 프리미엄 혜택, 제삼자 판매를 구현하고 판매하는 방법을 배웁니다.

10장. 나만의 시뮬레이터 게임 제작에서는 앞서 언급한 많은 시스템을 하나의 게임으로 결합해 봅니다. 게임을 프로그래밍하는 동안 직면할 수 있는 문제를 해결하는 방법에 대한 팁을 얻을 수 있습니다.

이 책의 활용법

로블록스 계정을 가지고 있어야 하며, 컴퓨터에 로블록스 플레이어와 로블록스 스튜디오가 설치되어 있어야 합니다. 이 책의 모든 코드 예제는 Windows 11을 사용하여 2024년 8월부터 로블록스에서 테스트되었습니다. 그러나 향후 로블록스 릴리스에서도 작동합니다.

'7장. 사용자 입력 감지'에서 사용자 입력을 테스트하려면 마이크로소프트 Xbox 컨트롤러나 Xbox One용 컨트롤러를 사용하는 것이 좋습니다.

코드 작성 시에는 코드를 직접 입력하거나 예제 코드 파일을 사용하세요.

예제 코드 파일 다운로드

본문 및 연습 문제의 예제 코드, 실습에 필요한 게임 파일은 영진닷컴 깃허브 및 홈페이지에서 다운로드할 수 있습니다. 코드에 대한 업데이트가 있으면 깃허브 저장소가 업데이트됩니다. 한 번 확인해 보세요!

- 깃허브: https://github.com/Youngjin-com/MasteringRobloxCoding
- 영진닷컴 사이트: https://www.youngjin.com/reader/pds/pds.asp

동영상 강의

이 책의 동영상 강의는 https://bit.ly/3OEocEy에서 볼 수 있습니다.

이 책의 표기법

코드 블록은 다음과 같이 설정됩니다.

```
function add(x, y)
    print(x + y)
end
add(5, 5)
```

코드 블록의 특정 부분에 주의를 기울이고자 할 때 관련 줄이나 항목이 굵게 표시됩니다.

```
{
    ["class"] = "H1",
    ["id"] = 12345,
    ["name"] = "Lauren",
    ["times late"] = 0
}
```

목차

3장 · 이벤트 기반 프로그래밍

2부 고급 시스템 프로그래밍

4장 · 게임 보안

5장 · 게임 최적화

6장 · 장치별 사용자 인터페이스 구축

9장 · 게임으로 수익 창출

3부   나만의 시뮬레이터 게임 제작

10장 · 나만의 시뮬레이터 게임 제작

1부

로블록스 프로그래밍 시작하기

1부에서는 로블록스Roblox 개발의 기초를 살펴보겠습니다. 로블록스와 로블록스 스튜디오Roblox Studio에 대한 기본 지식이 있으면 좋긴 하지만, 이후의 내용을 이해할 수 있도록 1부의 모든 내용은 모범 사례를 사용하여 기초부터 설명합니다. 책의 나머지 부분을 이해하려면 반드시 알아야 하는 항목이므로 꼭 확인하도록 합니다.

1부는 총 3장으로 구성됩니다.

1장 로블록스 및 Luau 기초

2장 더 나은 코드 작성법

3장 이벤트 기반 프로그래밍

1장

로블록스 및 Luau 기초

이 장에서는 우선 로블록스가 무엇인지 살펴본 다음, 로블록스에서 사용하는 프로그래 밍 언어인 Luau에 대해 알아봅니다. 이 프로그래밍 언어의 기본 사항인 데이터 타입 과 변수 같은 주제를 살펴보고, 그와 함께 각 데이터 타입이 가진 고유한 연산(예: 수 학 연산)을 수행하는 방법을 배웁니다. 연산을 이해하면 더 복잡한 스크립트를 작성할 수 있습니다. 그런 다음 조건문을 사용하여 스크립트의 수준을 높입니다. 조건문은 데 이터에 따라 코드의 동작을 변경합니다. 마지막으로 범위가 무엇이며 프로그래밍 과정 에서 왜 중요한지 배웁니다.

이 장에서 다루는 내용

- 로블록스와 Luau 이해
- Luau의 데이터 타입 이해하고 사용하기
- 변수 소개
- 조건문 사용
- 범위 이해

이 장을 마치면 로블록스에서 스크립트를 작성하는 방법을 알게 되며, 실습을 통해 간 단한 시스템을 만들 수 있게 됩니다.

01 / 준비 사항

Luau로 프로그래밍을 시작하려면 인터넷을 사용해야 합니다. 이때 사용하는 장치에는 윈도우Windows 또는 맥Mac OS가 설치되어 있어야 합니다. 사용하는 컴퓨터에 다음 소프트웨어를 다운로드합니다.

- 로블록스 플레이어Roblox Player
- 로블록스 스튜디오Roblox Studio

로블록스 플레이어와 로블록스 스튜디오를 설치하려면 로블록스 공식 문서에서 안내하는 단계를 따라 하세요(https://bit.ly/4eltp20).

이 책의 모든 코드 예제는 깃허브 및 영진닷컴 사이트에 업로드되어 있습니다. 이 장의 실습 영상은 https://bit.ly/3ORIwT7에서 확인하세요.

02 / 로블록스와 Luau

이 장에서는 로블록스가 무엇이며 어떤 점이 특별한지 살펴봅니다. 그런 다음 로블록스의 기본 사항을 이해하고 로블록스가 게임에 사용하는 프로그래밍 언어를 알아봅니다.

로블록스는 전 세계 어린이들이 사랑하는 플랫폼입니다. 원하는 거의 모든 것을 플레이할 수 있기 때문입니다. 2,400만 가지가 넘는 다양한 경험(로블록스가 게임을 부르는 명칭)을 통해 원하는 무엇이든 될 수 있습니다. 해적부터 성의 왕, 감옥을 탈출하는 죄수, 탈출하는 죄수를 막는 간수까지 다양한 역할을 맡을 수 있죠. 가능성은 무한합니다. 그리고 가장 중요한 점은 플레이가 완전히 무료라는 점입니다. 로블록스에서 발표한 바에 따르면 매일 7,020만 명의 고유 사용자가 로블록스를 플레이하고 있습니다(2023년 12월 기준). 클릭 몇 번만으로 계정을 생성하고 나면, 무한하다고 말할 정도로 끊임없이 늘어나는 경험에 뛰어들 수 있습니다.

02.1 | 계정 만들기

로블록스 계정을 만들려면 다음 링크에 접속합니다.

https://www.roblox.com/signup

로블록스는 여러분이 참여하는 모든 경험이 다른 플레이어가 만들었다는 독특한 특성을 가졌습니다. 로블록스 계정을 가진 사람이라면 누구나 게임을 만들 수 있습니다. 경험을 플레이하는 로블록스 플레이어 외에도 로블록스 스튜디오라는 별개의 응용 프로그램에서 나만의 경험을 만들 수 있습니다.

로블록스에는 950만 명이 넘는 개발자가 있습니다(2023년 12월 기준). 이 개발자들은 창의력을 발휘해 원하는 모든 것을 만들 수 있습니다. 로블록스는 게임 호스팅이나 유지 관리와 관련된 모든 복잡하고 기술적인 작업을 처리합니다. 여러분은 게임을 만드는 데만 집중하면 됩니다. 나머지는 로블록스가 처리합니다. 로블록스는 여러분이 만든 게임을 친구에게 표시해 여러분이 친구와 함께 게임을 즐길 수 있도록 지원하며, 잘못된 행동을 하는 사람을 신고하길 권장하고, 잘못한 플레이어는 계정을 정지시킵니다. 이 외에도 로블록스에서는 많은 시스템을 제공합니다. 다른 게임 엔진을 사용하여 게임을 만들면 이러한 시스템은 모두 여러분이 직접 만들고 운영해야 합니다. 그러면 비용도, 시간도 많이 듭니다.

하지만 무엇보다도 로블록스가 제공하는 최고의 지원은 경험으로 수익을 창출할 수 있다는 것입니다! 로블록스에는 로벅스Robux라는 가상 화폐가 있습니다. 플레이어는 로벅스를 실제 돈으로 구입할 수 있습니다. 돈을 로벅스로 전환하면 사이트 전체에서 이를 사용하여 다양한 물건을 살 수 있습니다. 아바타를 위한 옷부터 원하는 게임에서 제공하는 특전 구매에 이르기까지 매우 다양하죠. 여러분이 만든 게임에서 누군가가 상품을 구매하면 판매 금액의 70%가 여러분에게 지급되며, 이 로벅스는 실제 돈으로 바꿀 수 있습니다. 이를 개발자 환전Developer Exchange(DevEx) 프로그램이라고 합니다. 로블록스에서 활동하는 일부 개발자는 매년 백만 달러 이상을 벌어들이기도 합니다!

보통 이런 개발자는 혼자 작업하지 않고, 여러 명의 개발자로 구성된 팀이 한 게임을 관리합니다. 이런 팀에 속한 개발자는 각자 역할이 다릅니다. 팀에 속한 가장 일반적인 개발자는 프로그래머와 빌더입니다. 그러다 팀이 성장하기 시작하면 애니메이터, 모델러, UI 디자이너, 음악 작곡가 등 다른 역할을 할 개발자를 추가하기도 합니다.

앞서 언급했듯이 이 책은 로블록스에서 프로그래밍하는 법을 다룹니다. 이제, 로블록스의 경험을 코딩하는 데 사용되는 프로그래밍 언어에 대해 자세히 알아보겠습니다.

02.2 | Luau 소개

로블록스 개발에는 Luau라는 프로그래밍 언어를 사용합니다. Luau는 배우기 쉬우면서도 강력한 프로그래밍 언어로, Lua라는 프로그래밍 언어를 확장시킨 버전입니다.

로블록스의 Luau는 다른 프로그래밍 언어에 비해 상대적으로 학습 곡선이 낮아 특히 젊은 개발자나 실력을 키우고 싶은 개발자가 시작하는 데 이상적인 프로그래밍 언어입니다. 로블록스의 경험을 만드는 데 관심이 없더라도, 프로그래밍을 시작하기에 훌륭한 출발점이 될 수 있습니다. 어떤 언어로든 프로그래밍을 익히면 논리적으로 생각하는 방법을 배울 수 있습니다. 논리적 사고는 프로그래밍을 하지 않는 상황에도 유용합니다. 이 책을 다 읽고 나면, 코딩 문제를 분석하고 더 작은 작업으로 나누어 해결할 수 있을 것입니다.

향후 다른 언어로 프로그래밍을 하고 싶다면 Luau가 훌륭한 시작점입니다. 프로그래밍 언어 하나로 프로그래밍하는 방법을 알면 모든 언어로 프로그래밍을 할 수 있습니다. 프로그래밍이란 컴퓨터에게 할 일을 지시하는 작업입니다. 지시한 작업이 없으면 컴퓨터는 아무 작업도 수행하지 않습니다. 대부분의 프로그래밍 언어가 갖는 유일한 차이점은 구문syntax입니다. 구문이란 스크립트에 입력하는 단어를 의미합니다. 대부분의 프로그래밍 언어가 같은 단어를 사용하지만, 구문은 다르기도 합니다.

로블록스 게임 개발을 마스터하면 새로운 프로그래밍 언어를 빠르게 익힐 수 있습니다. 굳이 새 언어를 빠르게 익히려는 목적이 아니더라도, 다른 언어로 전환하기 전에 Luau를 마스터해 두는 편이 좋습니다. 이 프로그래밍 언어를 완전히 이해하려면 많은 연습이 필요합니다. 분명 스트레스를 받고 혼란스러운 과정일 것입니다. 그렇기에 이 책은 천천히 복잡성을 높여 갈 겁니다. 로블록스에 대한 기본적인 이해를 적극 권장합니다.

다음 절에서는 첫 번째 Luau 스크립트를 만들어 보겠습니다.

03 / Luau의 데이터 타입 이해하고 사용하기

여기서는 Luau 프로그래밍 언어의 데이터 타입에 대해 배웁니다. 완전 기초부터 시작해 보죠. 프로그래밍은 데이터를 다루는 일입니다. 무엇이든 데이터가 될 수 있습니다.

- 인게임 머니(게임에서 플레이어가 사용할 수 있는 돈)
- 레이싱 게임에서 플레이어의 순위
- 플레이어가 체포한 범죄자의 수 등

지금까지 언급한 예시는 모두 숫자입니다. 인게임 머니는 100, 레이싱 순위는 1, 체포한 범죄자 수는 3이 될 수 있습니다. 네, 프로그래밍 언어에도 숫자가 있습니다. 가장 먼저 소개할 데이터 타입은 숫자number입니다.

숫자 데이터 타입의 내부 작동 방식

Luau 공식 문서에서는 숫자number와 정수integer를 구분해 설명합니다. 정수는 숫자 데이터 타입의 일부입니다. 숫자는 double과 float, integer 같은 형태로 저장됩니다. 공식 문서에서 정수를 언급하면 내부적으로 정수 형태로 저장된다고 생각하고, 숫자를 언급하면 내부적으로 float이나 long 형태로 저장된다고 생각하세요. 이해가 안 되더라도 걱정하지 마세요. Luau를 익히는 데 그리 중요하지 않은 정보이니까요.

Luau에는 단순히 숫자만 있는 게 아닙니다. 문장도 있습니다. 플레이어의 사용자 이름부터 역할명, 채팅 메시지가 모두 문장입니다. 이런 문장은 프로그래밍에서 문자열string이라 불립니다. 문자열은 두 번째로 살펴보겠습니다.

세 번째 데이터 타입인 부울값Boolean은 단번에 알 수 있습니다. 참(true)또는 거짓(false)입니다. 사람들은 종종 프로그래밍이라 하면 1 혹은 0, 참 또는 거짓을 떠올립니다. 부울값에는 참, 거짓밖에 없습니다.

이제부터 이 세 가지 데이터 타입으로 할 수 있는 모든 작업을 알아보겠습니다. 스크립트를 만들며 데이터 타입을 테스트해 보세요.

03.1 | 스크립트 만들기

자, 세 가지 데이터 타입을 알게 되었는데, 이걸로 무엇을 할 수 있을까요? 로블록스 스튜디오를 실행해 다음 단계를 따르세요.

❶ 새 프로젝트로 Baseplate를 만듭니다. 로블록스와 로블록스 스튜디오는 기본적으로 알고 있을 거라 가정하므로 자세한 내용은 설명하지 않겠습니다.

❷ 프로젝트가 시작되면 탐색기Explorer를 엽니다. 탐색기는 오른쪽 상단에 기본적으로 표시됩니다. 탐색기에서 ServerScriptService를 찾아보세요. [그림 1-1]에서 확인할 수 있습니다.

그림 1-1 스크립트를 생성한 탐색기 화면

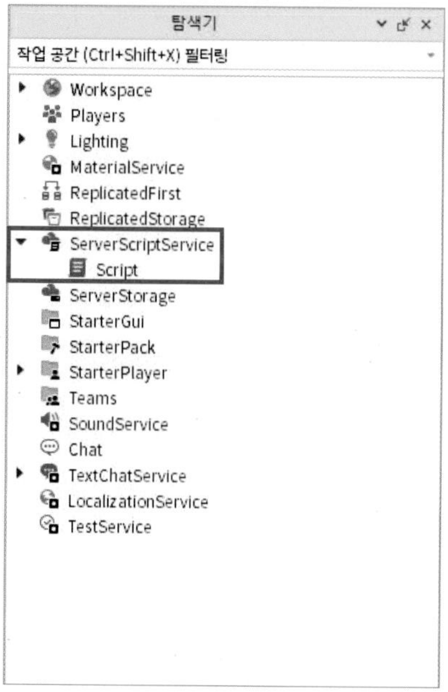

❸ ServerScriptService를 마우스 오른쪽 버튼으로 클릭하고, [개체 삽입]을 선택한 다음 Script를 클릭해 새 스크립트를 추가합니다. LocalScript를 만들지 않도록 조심하세요. Script와 LocalScript의 차이점은 책 뒷부분에서 설명하겠습니다. Script를 추가한 탐색기 화면은 [그림 1-1]과 같습니다.

❹ 방금 만든 스크립트를 더블클릭하면 스크립트에 다음 코드가 표시됩니다.

```
print("Hello world!")
```

지금까지 스크립트를 생성하는 방법을 알아봤습니다. 다음에는 이 스크립트를 실행해 출력을 확인하는 법과 이 코드가 가진 의미를 자세히 알아봅니다.

03.2 | Hello, world!

로블록스에서는 게임을 시작하면 모든 스크립트가 실행됩니다. 로블록스 스튜디오에서 플레이Play 버튼을 눌러 게임을 실행하면 캐릭터가 나타나며, 당장 게임에는 아무 일도 일어나지 않은 것처럼 텅 비어 있을 겁니다. Baseplate에는 기본적으로 스크립트가 없으며 방금 추가한 스크립트는 별다른 작업을 수행하지 않습니다. 하지만 일반 플레이어가 볼 수 없을 뿐, 분명 뭔가 작동은 합니다. 작동된 내용을 확인하려면 출력Output 창을 열어야 합니다. 메뉴의 [보기]에서 [출력]을 클릭하세요.

그림 1-2 출력 창 열기

TIP 플레이 버튼 대신 키보드의 F5키를 눌러도 됩니다.

출력 창을 열면, Hello world!란 메시지가 나옵니다. 그러나 출력 창에 print()가 보이지 않습니다. 이는 print()가 Luau의 함수이기 때문입니다. 함수에 대해서는 뒤에서 설명하겠습니다. 지금은 print()가 출력할 텍스트를 전달한다는 점을 기억하세요.

스크립트의 Hello world! 부분을 자세히 들여다보겠습니다. 앞서 프로그래밍 언어에는 문장이 있다고 배웠습니다. 바로 문자열입니다. "Hello, world!"는 문장이므로 문자열입니다. 따옴표(")로 둘러싸여 있어 문자열임을 알 수 있습니다. 로블록스 스튜디오는 이를 문자열로 인식해 스크립트에서 특정 색상을 지정합니다.

문자열은 무엇이든 될 수 있습니다. Hello, world!를 이름 같은 다른 문자열로 바꿔 보세요. 바뀐 스크립트는 다음과 같습니다.

```
print("James")
```

방금 편집한 스크립트를 실행하고 출력 창을 열면 이름이 표시됩니다.

지금까지 Hello world!와 print() 함수의 역할을 알아보았습니다. print() 함수를 스크립트가 수행하는 작업을 알려 주는 믿음직한 친구라고 생각하세요. 스크립트에서 무슨 일이나 오류가 발생하면 해결책을 찾는 데 도움을 줍니다. 이제 숫자를 출력하는 법을 살펴보겠습니다.

03.3 | 숫자

문자열 외에도 다양한 데이터 타입이 있으며 이러한 모든 데이터 타입을 인쇄할 수 있습니다. 숫자부터 시작하겠습니다. print() 함수에서 이름을 임의의 숫자(예: 8)로 변경합니다. 바뀐 스크립트는 다음과 같습니다.

```
print("8")
```

게임을 실행하고 출력 창을 열면 이름 대신 입력한 숫자가 출력됩니다. 스크립트 편집기에서 숫자와 문자열의 색상이 같은 게 보이나요? 앞에서 언급했듯 문자열은 따옴표로 감쌉니다. 위의 코드에는 여전히 따옴표가 있지만 숫자가 제대로 출력되었습니다. 이는 프로그래밍 언어가 숫자를 문자열로 인식하기 때문입니다. 문자열에는 숫자도 저장할 수 있습니다. 숫자 주위의 따옴표를 제거하면 스크립트는 숫자를 실제 숫자로 인식합니다. 앞선 코드를 수정하면 다음과 같습니다.

```
print(8)
```

스크립트 편집기에서 숫자의 색이 어떻게 변하는지 확인하세요.

이어서, 수학 연산처럼 숫자로만 할 수 있는 고유한 작업을 자세히 살펴보겠습니다.

03.4 | 수학 연산

코드를 실행하면 출력에 같은 내용이 표시됩니다. 그렇다면 문자열 대신 숫자를 사용하는 이유는 무엇일까요? 앞에서 분명 문자열과 숫자는 서로 다른 데이터 타입이라고 언급했는데 말이죠. 데이터 타입이 다르면 사용되는 용도도 다릅니다. 숫자는 문자열로는 할 수 없는 일을 할 수 있습니다. 쉬운 예를 들어 보죠. 수학 시간에는 숫자를 사용합니다. 숫자는 어디에 사용할까요? 더하기와 빼기, 나누기, 곱하기 등 대부분 계산에 사용합니다. 이 모든 계산은 모두 숫자를 사용합니다. 반면 영어 수업에서는 많은 문장을 썼을 겁니다. 문장에 곱셈을 하기는 힘들겠죠.

스크립트에 숫자가 있으므로 수학 계산을 해 봅시다. 이미 존재하는 숫자 8에 숫자 3을 더해 보겠습니다. 이때 덧셈add(+) 연산자를 사용합니다. 스크립트는 다음과 같습니다.

```
print(8 + 3)
```

스크립트를 실행하면 출력 창에 11이 표시되어야 합니다. 첫 번째 수학 연산을 프로그래밍 해 보았습니다. 이제 더 많은 수학 연산이 가능합니다. 뺄셈subtract(-), 곱셈multiply(*), 나눗셈divide(/)을 시도해 보세요.

TIP 한 번에 여러 수학 연산을 수행하며 코드마다 인쇄문을 더해 더 큰 스크립트를 만들 수 있습니다.

코드는 다음과 같습니다.

```
print(8 + 3)
print(8 - 3)
print(8 * 3)
print(8 / 3)
```

이 외에도 숫자에 대해 수행할 수 있는 수학 연산이 두 가지 더 있습니다. 바로 지수 exponentiation(^)와 모듈러modulo(%)입니다. 지수 연산은 다음과 같이 프로그래밍합니다.

```
print(8 ^ 3)
```

이 연산의 결과는 512입니다. 캐럿(^) 앞의 숫자가 뒤에 있는 숫자만큼 제곱됩니다. 즉, 숫자는 지수 연산자 뒤에 명시된 횟수만큼 스스로 곱해집니다. 쉽게 말하자면, 8 ^ 3은 8 * 8 * 8로 변환됩니다. 숫자를 바꾸어 연산을 3 ^ 8로 만들면, 연산은 3 * 3 * 3 * 3 * 3 * 3 * 3 * 3으로 변환됩니다.

마지막 연산자는 모듈러입니다. 이 연산자는 로블록스 프로그래밍에서 그리 많이 쓰이지 않습니다. 모듈러(%)는 백분율 표기를 사용하지만 절대 백분율 연산이 아니니 착각하지 않도록 주의해야 합니다. 이 연산자는 % 뒤의 숫자를 가져와 연산자 앞의 숫자에 가까운 가장 큰 수가 되도록 곱합니다. 그 수를 첫 번째 숫자에서 빼고 그 차를 돌려줍니다. 이해하기가 쉽지 않죠?

8 % 3을 사용해 모듈러 연산을 시각화해 보겠습니다. 3에 2를 곱한 6은 8보다 작기 때문에 숫자 8에 가까운 수를 만드는 수는 2입니다. 한 번 더 곱하면 9가 되는데, 9는 8보다 큽

니다. 그러므로 8에서 6을 빼면 차는 2입니다. 즉, **8 % 3**은 2입니다. 아마도 지금 본 연산자 중에서 가장 혼란스러울 겁니다.

TIP 스크립트에서 몇 가지 작업을 수행하며 연산자를 직접 테스트해 보세요.

지금까지 수학 연산을 프로그래밍하는 방법을 배웠습니다. 이러한 수학 연산을 하나의 명령문으로 결합하는 방법을 알아보겠습니다.

03.5 | 수학 연산 결합하기

모듈러 연산자는 하나의 연산자로 여러 연산자의 계산을 결합합니다. 우리도 할 수 있습니다. 다음 코드를 실행합니다.

```
print(8 + 3 * 2)
```

실행의 결과가 어떻게 14인지 알겠나요? 수학 시간에 연산 우선 순서를 배운 기억이 있을 것입니다. 작업 순서는 각 작업을 실행해야 하는 순서를 알려 줍니다. 프로그래밍 언어도 마찬가지로 학교에서 가르치는 실행 순서와 동일합니다. 순서는 다음과 같습니다.

❶ 괄호

❷ 지수(^)

❸ 곱셈(*)과 나눗셈(/)

❹ 덧셈(+)과 뺄셈(-)

위의 코드에서는 3 * 2가 먼저 실행됩니다. 8 + 3을 먼저 실행하고 싶다면 괄호로 묶습니다. 그럴 경우의 코드는 다음과 같습니다.

```
print((8 + 3) * 2)
```

수학 연산의 결과는 14에서 22로 변경되었습니다. **print** 바로 뒤에 두 개의 여는 괄호가 보이나요? 괄호가 여러 개 있어도 프로그래밍 언어는 뒤에 있는 첫 번째 닫는 괄호가 마지막 여는 괄호의 닫는 괄호임을 이해합니다.

앞서 숫자 데이터 타입으로 수학 연산을 수행할 수 있음을 배웠습니다. 그 전에는 여러 데이터 타입에 대해 배웠습니다. 이제 문자열로 할 수 있는 고유한 작업을 살펴봅니다.

03.6 | 문자열 연결

문자열로 수학 연산을 할 수는 없지만 결합은 할 수 있습니다. 문자열을 결합할 때는 '연결한다'는 뜻을 가진 영단어 concatenate의 약자인 concat 연산자를 사용합니다. 이 연산자는 두 개의 점(..)을 사용합니다. print() 함수에서 문자열 두 개를 연결해 봅시다.

먼저 두 개의 문자열이 필요합니다. 다음 코드에 표시된 대로 메시지를 인용 부호(")로 묶은 다음, 문자열에 삽입할 문장을 직접 입력합니다. 이 예에서는 "Hello"와 "Laura"라는 두 문자열을 결합합니다.

```
print("Hello " .. "Laura")
```

게임을 시작하면 "Hello Laura"라는 메시지가 하나의 문자열로 출력 창에 나옵니다. 이 연산자는 두 개의 문자열을 하나로 연결하는 유일한 연산자입니다. 이번에는 세 개의 문자열을 하나로 연결해 보세요. 짐작했겠지만 코드는 다음과 같습니다.

```
print("Hello " .. "Laura" .. "!")
```

서로 다른 문자열을 하나로 연결하는 방법을 알았습니다. 이제 문자열의 또 다른 고유 기능인 이스케이프 문자를 살펴보겠습니다.

03.7 | 이스케이프 문자

print() 함수를 여러 개 작성하면 문자열을 여러 줄 출력할 수 있지만 그렇게 이상적인 방법은 아닙니다. 같은 역할을 하는 간단한 대안이 있습니다. 바로 개행 이스케이프 문자^{new line escape character}입니다. 이름이 상당히 복잡해 보이지만 그렇게 어렵지 않습니다. 개행 이스케이프 문자는 \n입니다. 한 스크립트 안에서 누군가에게 인사하고 다음 줄에 오늘은 월

요일이라고 말하는 코드는 다음과 같습니다.

```
print("Hello Peter!\nToday is Monday!")
```

이 스크립트를 실행하면 첫째 줄에 "Hello Peter!"가 출력되고 "Today is Monday!"가 둘째 줄에 출력됩니다.

또 다른 실용적인 이스케이프 문자는 가로 탭입니다. 이 이스케이프 문자는 텍스트 에디터에서 키보드의 Tab↹ 키를 누를 때와 동일한 모습을 보여 줍니다. 가로 탭 이스케이프 문자는 \t입니다. 이 이스케이프 문자는 목록을 작성할 때 유용합니다. 예를 들어 쇼핑 목록 출력은 다음과 같이 작성할 수 있습니다.

```
print("Shopping List:\n\t- Bread,\n\t- Butter,\n\t- Milk.")
```

TIP 직접 몇 개의 문자열을 만들어 보면 이해하기 쉬울 겁니다. 계속되는 연습이 문자열 사용법을 익힐 수 있는 가장 좋은 방법입니다.

이제 이스케이프 문자로 개행과 가로 탭을 작성하는 방법을 알았습니다. 앞서 문자열 두 개를 하나로 연결하는 방법과 숫자를 계산하는 방법도 배웠습니다. 하지만 서로 다른 데이터 타입을 하나의 print문에서 결합하려면 어떻게 해야 할까요? 그 방법을 알아봅시다.

03.8 | 데이터 타입 캐스팅

하나의 print문에서 문자열과 숫자를 결합하려면 어떻게 할까요? 예를 들어 숫자 4와 5를 포함하는 문자열을 연결하는 코드는 다음과 같습니다.

```
print("4" .. 5)
```

하지만 어째선지 45가 출력됩니다. 시스템은 화면 뒤에서 문자열과 숫자를 연결하는 코드를 봅니다. 앞서 문자열에 숫자를 넣을 수 있음을 배웠고 시스템 역시 그 사실을 알고 있습니다. 그래서 여러분이 작성한 코드의 숫자 5를 숫자 5가 적힌 문자열로 변환한 다음, 두 문자열을 하나로 병합했고, 그 결과 45라는 문자열이 출력되었습니다.

이러한 문제를 프로그래밍 언어가 직접 해결하도록 하는 대신, 처리할 방식을 코드에 지정할 수 있습니다. Luau에는 print() 외에도 많은 함수가 있는데, 그중 하나가 tostring()입니다. 이 함수는 괄호 안에 주어진 모든 데이터를 문자열로 바꿉니다.

```
print("4" .. tostring(5))
```

이 코드에서 문자열 연결(..)을 덧셈(+)으로 변경하면 오류가 발생할까요?

```
print("4" + 5)
```

이 코드에서는 오류가 발생합니다. 숫자에 사용되는 연산자를 문자열에 사용했기 때문입니다. 잠깐, 문자열에 사용되는 연산자를 숫자에 사용할 때는 문제가 없었잖아요? 그 이유는 문자열에는 모든 문자가 포함되기 때문입니다. 문자열에는 숫자가 아닌 문자도 포함되죠. 따라서 특별히 지시하지 않는 한 문자열을 숫자로 변경하지 못합니다.

문자열을 숫자로 바꾸는 함수로 tonumber() 함수가 있습니다. 예를 들어, 숫자 4를 포함하는 문자열을 이 함수에 넣으면 4는 숫자로 바뀝니다.

```
print(tonumber("4") + 5)
```

예상대로 이 코드의 결과는 45가 아니라 9입니다. 그러나 45를 출력하고 싶은데 두 데이터가 모두 문자열이 아닌 숫자라면 어떻게 할까요? 이때는 tonumber()와 tostring() 함수를 조합할 수 있습니다.

```
print(tonumber("4" .. tostring(5)))
```

tonumber() 함수 사용 시, 이 함수가 항상 작동하는 건 아니라는 점을 염두에 두기 바랍니다. 예를 들어 문자열에 숫자 이외의 문자가 포함되어 있으면 이 함수는 nil이라는 결과를 반환합니다. nil은 아무것도 없음을 의미합니다. 이에 주의하지 않고 함수가 nil을 반환했는데 여러분이 작성한 코드가 nil이 나올 경우를 대비하지 않았다면 오류가 발생합니다. 다음 코드를 실행해 봅시다.

```
print(tonumber("a5")) -- nil을 반환합니다.
print(tonumber("a5") + 6) -- 오류가 발생합니다.
```

이제 문자열을 숫자로 변환하는 방법과 그 반대의 방법을 알게 되었습니다. 또한 숫자와 문자열을 하나의 문장으로 결합하는 방법도 배웠습니다. 이제 마지막 데이터 타입인 부울 값을 살펴보겠습니다.

03.9 | 부울값

마지막이지만 중요한 사실, 부울값도 출력할 수 있습니다. 부울값을 출력하는 것 자체는 그리 어렵지 않습니다. 부울값에도 연산이 존재합니다. 먼저 참과 거짓을 출력해 보겠습니다. 코드는 다음과 같습니다.

```
print(true)
print(false)
```

부울값을 인쇄할 때는 따옴표(")가 필요하지 않습니다. 부울값은 문자열이 아닌, 그 자체로 고유한 데이터 타입이기 때문입니다.

03.10 | 논리 연산자

다른 데이터 타입과 유사하게 부울 연산을 생성할 때 사용할 수 있는 연산자가 있습니다. 바로 and와 or 연산자입니다. 특수 문자 없이 그냥 텍스트를 사용하며, 논리 연산자logical opertors라고 불립니다.

and 연산자부터 살펴보겠습니다. 조금 현실성 있는 예를 들어 보죠. 부모님께 새 게임을 사겠다고 허락받는 경우를 생각해 봅시다. 부모님의 대답은 부울값입니다. 된다(true) 아니면 안 된다(false)죠. and 연산자를 이야기하고 있으니, 새 비디오 게임을 구매하려면 부모님 두 분 모두의 허락이 필요하겠죠?

부모님이 모두 비디오 게임 구입을 허락하면 true값이 두 개가 됩니다. 이것을 print 함수에 넣으면 결과는 true가 될 겁니다.

```
print(true and true)
```

로블록스 스튜디오는 결과가 항상 true라는 것을 알고 있으므로, 이 스크립트를 입력하면 경고가 표시됩니다. 즉, 이 연산은 true가 중복된 의미 없는 연산입니다. 하지만 지금은 연산을 이해하려는 목적으로 살펴보고 있으니 경고를 무시하고 스크립트를 실행하세요.

이제 부모님 중 한 분이 안 된다고 말했다 칩시다. 부울값 하나가 false인 스크립트를 만들어 실행합니다. 수정된 스크립트는 다음과 같습니다.

```
print(true and false)
print(false and true)
```

이 두 함수는 모두 false를 반환합니다. 앞에서 언급했듯이 and 연산자를 사용하면 두 사람 모두가 허락해야 한다는 의미입니다. 한 분이라도 허락하지 않으면 게임은 살 수 없습니다.

짐작했겠지만 두 분이 모두 동의하지 않아 두 부울값이 모두 false가 되면 함수는 항상 false를 반환합니다. 이해를 돕기 위해 실행해 봅시다. 코드는 다음과 같습니다.

```
print(false and false)
```

부울에는 and 연산자 외에도 or 연산자가 있습니다. or 연산자는 다른 예를 사용해 보겠습니다. 온라인에서 무언가를 판매한다고 상상해 봅시다. 여러분이 파는 물건을 사려는 구매자는 한 명만 있으면 됩니다. 고객 두 명이 물건을 사려 한다면 최고의 시나리오겠죠. 코드는 다음과 같습니다.

```
print(true or true)
```

이 함수는 true를 반환합니다. 이제 누구한테 물건을 팔지만 고민하면 됩니다.

이번에는 한 사람만 사려고 하는 경우입니다. 코드는 다음과 같습니다.

```
print(true or false)
print(false or true)
```

and 연산자와 달리 둘 다 **true**를 반환합니다. 물건을 살 구매자는 여러 명이 필요하지 않습니다. 한 명으로도 물건을 팔기에 충분합니다. 하지만 둘 다 **false**인 경우, 즉 구매자가 없는 경우는 물건을 팔 수 없습니다. 코드는 다음과 같습니다.

```
print(false or false)
```

지금까지 부울값에서 사용하는 논리 연산자를 살펴보았습니다. 무의미해 보이겠지만 이 연산자는 조건문에서 중요하게 사용됩니다.

지금까지 데이터 타입에 대한 모든 걸 배웠습니다. 숫자와 문자열, 부울값까지 세 가지 데이터 타입을 배웠고, 출력 방법과 데이터 타입별로 적용할 수 있는 연산자를 배웠습니다. 숫자에서의 수학 연산, 문자열의 결합, 부울값에서 논리 연산자를 사용하는 방법도 배웠습니다. 이어서 변수를 사용하여 이러한 데이터 타입을 더 잘 사용하는 방법을 알아보겠습니다.

03.11 | 변수의 개념과 사용법

이제 프로그래밍과 데이터의 필수 요소를 알았으니 이 데이터를 사용하여 작업을 시작해보겠습니다. 이번에는 변수variable에 대해 알아보겠습니다. 변수가 무엇인지, 왜 유용한지, 어떻게 값을 업데이트하는지, 변수를 사용하여 어떻게 코드의 품질과 가독성을 높이는지 배웁니다. 변수는 데이터를 임시로 저장하는 장소입니다. Luau에서 변수는 모든 데이터 타입에 동일합니다.

변수를 만들려면 다음 단계를 따르세요.

① 스크립트에 **local**을 입력해 변수를 선언합니다.

② 변수 이름을 입력합니다. 변수의 이름은 영어와 숫자의 조합으로 무엇이든 쓸 수 있습니다. 스크립트의 크기가 커질 때 알아보기 쉽도록 변수 이름은 가능한 한 논리적으로 만듭니다.

③ 이름을 작성한 후에 등호(=)를 입력합니다.

④ 마지막으로 이 변수에 저장하려는 데이터를 지정합니다. 변수 선언의 구조는 다음과 같습니다.

```
local 변수 이름 = 입력할 데이터
```

변수를 등호(=) 뒤에 적힌 모든 데이터를 저장하는 임시 상자라고 생각하세요. 이름(예: Emma)을 변수에 저장한다면, 코드는 다음과 같습니다.

```
local name = "Emma"
```

앞서 문장 앞뒤로 따옴표(")를 붙이면 문자열이 된다고 배웠습니다. 위의 코드는 바로 **name** 이라는 변수에 문자열을 저장했음을 의미합니다.

03.12 ㅣ 카멜 표기법

변수에는 아무 이름이나 붙일 수 있지만 소문자로 시작하는 것이 관례입니다. 변수 이름이 여러 단어로 구성되면 첫 번째 단어의 첫 글자는 소문자이고, 이후 각 단어의 첫 글자는 대문자여야 합니다. 이렇게 하는 실제적인 이유는 없지만, 코드의 가독성은 올라갑니다. 다음은 변수 이름을 올바르게 작성한 몇 가지 예입니다.

```
local firstName = "Emma"
local randomNumbers = 125
local isThePlayerAFK = false
```

이렇게 변수 이름을 지정하는 방법을 로우 카멜 표기법lowerCamelCase라고 합니다. 이 명명법은 로블록스나 Luau 외에도 다양한 프로그래밍 언어와 전 세계의 많은 기술 기업이 사용합니다. 처음부터 이렇게 작성하는 데 익숙해지는 게 좋습니다.
로우 카멜 표기법 외의 또 다른 '카멜 표기법'으로는 어퍼 카멜 표기법UpperCamelCase(파스칼 표기법PascalCase)이 있습니다. 이 명명법은 첫 번째 문자를 소문자 대신 대문자로 표시합니다. 스크립트 이름을 지정할 때는 주로 어퍼 카멜 표기법을 사용합니다.

03.13 ㅣ 변수 업데이트

변수는 데이터를 저장하는 것 외에 무엇을 할 수 있을까요? 변수는 앞서 배운 데이터가 할 수 있는 모든 것을 해냅니다. 유일한 차이점은 데이터를 직접 쓰는 대신 변수 이름을 사용할 수 있다는 것입니다.

```
local firstName = "Alexander"
print(firstName)
```

실행 순서

출력 전에 변수를 어떻게 정의했는지 확인하세요. 이런 순서로 적은 이유는 스크립트가 실행될 때 시스템이 스크립트를 한 줄씩 읽기 때문입니다. 시스템은 변수 선언을 읽어 들이면 변수를 컴퓨터의 메모리에 넣습니다. print문에 도달하면 시스템은 메모리에서 firstName 변수를 찾고, 변수가 존재하지 않으면 출력하지 못하고 오류가 발생합니다. 이런 일이 발생하지 않도록 모든 변수는 스크립트 맨 위에 두는 것이 관례입니다.

문자열을 print 함수에 직접 삽입해도 동일한 출력이 나타납니다. 하지만 Alexander를 출력하는 print 함수가 10개 있는데 출력할 이름을 William으로 변경하고자 합니다. 이때, 변수를 사용하면 코드 한 줄만 변경하면 됩니다. 모든 출력이 자동으로 업데이트되도록 하려면 변숫값만 변경하면 되는 것이죠.

더 나은 예를 들어 보겠습니다. 0부터 시작하는 숫자를 저장하는 변수가 있습니다. 이 변수를 다섯 번 업데이트했고, 숫자를 업데이트할 때마다 숫자가 출력됩니다. 이때 사용하는 변수는 하나입니다. 코드는 다음과 같습니다.

NOTE 지금 살펴볼 코드는 불완전한 코드로 이후에 개선할 예정입니다. 중복 코드를 제거하는 방법은 2장에서 설명합니다.

```
local currentNumber = 0

print(currentNumber)
currentNumber = currentNumber + 1
print(currentNumber)
currentNumber = currentNumber + 1
```

```
print(currentNumber)
currentNumber = currentNumber + 1
print(currentNumber)
currentNumber = currentNumber + 1
print(currentNumber)
currentNumber = currentNumber + 1
print(currentNumber)
```

코드를 살펴보겠습니다. 먼저 0에서 시작하는 currentNumber 변수를 봅니다. 첫 번째 print()는 값이 0인 변수를 출력합니다. 그다음으로, 이전에 본 적 없는 작업을 수행합니다. 변수의 이름을 가져와 그 뒤에 등호(=)를 넣고 이름을 다시 표시한 다음, 1을 더하는 수학 연산을 수행합니다.

아는 것부터 시작합시다. 수학 연산과 변수의 작동 방식은 알고 있습니다. currentNumber + 1은 변수가 들어간 수학 연산입니다. 이 연산은 다른 수학 연산과 동일한 방식으로 작동하는 것 같습니다. 현재 시나리오에서는 변수의 값인 0을 확인한 뒤 그 값에 1을 더합니다. 이 연산의 결과는 1입니다. 화면 뒤에서 Luau는 실행 중인 코드를 다음과 같이 변경합니다.

```
currentNumber = 1
```

다행히도 지금 코드는 조금 친숙해 보입니다. 정확히 일치하지는 않으나 변수를 생성하는 방식을 생각하면 이해가 쉽습니다. 변수를 생성하는 방법과 현재 코드에서 누락된 유일한 부분은 local입니다. 앞서 변수를 생성할 때 local을 사용한다는 것을 배웠습니다. 지금 가지고 있는 명령문이 기존 변수를 새 값으로 업데이트한다면 어떨까요? 설득력이 있습니다. 이 명령문을 소리내서 읽어 보세요. "현재 숫자(currentNumber)는 1입니다". 이제 변수 currentNumber의 값은 1입니다.

방금 읽은 코드를 이해하지 못할 때, 코드 분석을 통해 무엇을 해야 할지 파악할 수 있습니다. 먼저 이해가 되는 부분을 찾아보고, 거기서부터 나머지 부분을 파악해 보세요.

이제 변숫값을 업데이트하는 방법을 알았습니다. 이어서 변수를 업데이트할 때의 모범 사례에 대해 알아보겠습니다.

03.14 | 매직 넘버 제거

앞 스크립트에서는 변수를 만들고 업데이트하는 방법을 배웠습니다. 하지만 앞서 말했듯 이상적인 코드는 아닙니다. 앞선 예시에서는 숫자를 1씩 증가시켰습니다. 변수를 1씩 증가시키는 대신 2씩 증가시키려면 어떻게 해야 할까요? 많은 곳에서 코드를 변경해야 합니다. 하지만 변수를 증가시킬 양을 결정하는 두 번째 변수를 만들면 이를 방지할 수 있습니다. 개선된 코드는 다음과 같습니다.

```
local currentNumber = 0
local incrementValue = 2

print(currentNumber)
currentNumber = currentNumber + incrementValue
print(currentNumber)
currentNumber = currentNumber + incrementValue
print(currentNumber)
currentNumber = currentNumber + incrementValue
print(currentNumber)
currentNumber = currentNumber + incrementValue
print(currentNumber)
currentNumber = currentNumber + incrementValue
print(currentNumber)
```

이 코드는 처음에 원했던 바를 이뤄 줍니다. 이제 증가량을 2에서 3으로 변경하려면 변수 하나만 변경하면 됩니다. 변수를 사용하면 향후 유지 관리가 훨씬 쉽고 코드도 훨씬 더 읽기 쉽습니다. 이전에는 코드에 숫자만 있었는데 이 숫자의 목적이 무엇인지 전혀 몰랐습니다.

방금 스크립트에서 제거한 숫자를 프로그래밍에서 매직 넘버magic number라고 부릅니다. 매직 넘버는 스크립트에서 여러 번 사용되는 데이터 조각으로, 방금 본 예와 같이 수행하는 작업이나 목적이 무엇인지 설명하지 않습니다. 매직 넘버의 사용을 방지하기 위해서는 변수를 도입합니다. 프로그래밍에 매직 넘버를 사용하면 코드 악취를 유발하므로 피해야 합니다.

이 코드를 작성하는 더 짧은 방법이 있습니다. 현재 숫자를 나타내는 변수(currentNumber)를 한 줄에 여러 번 작성한 걸 눈치챘나요? 업데이트할 변수를 정의하고 이 변수의 현재 값을 가져와야 하기 때문에 같은 변수를 두 번 사용했습니다. 여기서 등호(=)를 덧셈 후 할당(+=) 연산자로 변경할 수 있습니다. 수정한 코드는 다음과 같습니다.

```
local currentNumber = 0
local incrementValue = 2

print(currentNumber)
currentNumber += incrementValue
print(currentNumber)
currentNumber += incrementValue
print(currentNumber)
currentNumber += incrementValue
print(currentNumber)
currentNumber += incrementValue
print(currentNumber)
currentNumber += incrementValue
print(currentNumber)
```

더 이상 변수 이름을 두 번 쓸 필요가 없을 뿐 코드는 동일하게 작동합니다. 위에서는 덧셈 후 할당 연산자(+=)를 사용했는데, 다른 수학 연산에도 이와 같은 연산자가 있습니다. 예를 들어 뺄셈 후 할당(-=), 곱셈 후 할당(*=), 나눗셈 후 할당(/=)도 있습니다. 이전과 유사한 스크립트에서 이 연산자를 사용해 보세요.

지금까지 매직 넘버라는 코드 악취를 제거하며 코드를 보다 효율적으로 만드는 모범 사례를 배웠습니다. 그런데 코드의 가독성을 향상시키는 또 다른 모범 사례가 있습니다. 다음 항에서는 상수를 사용하는 방법을 설명합니다.

03.15 | 상수

지금까지 작성한 스크립트로도 완벽합니다. 하지만 스크립트의 가독성을 향상할 방법이 한 가지 더 있습니다. 대부분의 프로그래밍 언어에는 상수constant라는 개념이 있습니다. 상수는 특수한 유형의 변수입니다. 이러한 변수의 값은 한 번 설정되어 스크립트를 실행하는 동안 변경할 수 없습니다.

상수는 스크립트의 가독성을 최적화하는 마지막 한 가지라고 말했습니다. 하지만 Luau에는 상수란 개념이 없어 가독성만 개선합니다. 상수에는 고유한 이름 지정 방법이 있습니다. 앞서 변수 이름을 지정할 때는 로우 카멜 표기법을 사용한다고 배웠습니다. 상수는 변수의 전체 이름을 대문자로 작성합니다. 상수 이름이 여러 단어로 구성되었다면 밑줄(_)을 추가해 단어를 구분합니다. 엄밀히 말하면 수정은 할 수 있지만, 다른 프로그래머에게 이 변수는 절대 변경되지 않는다고 알리는 것입니다.

앞서 작성한 예시 코드에서 상수로 쓸 만한 변수가 있습니다. currentNumber 변수는 지속적으로 새 값으로 업데이트되므로 상수로 쓸 수 없습니다. 반면에 다른 변수는 상수로 쓸 수 있는 훌륭한 후보입니다. 이 변수는 currentNumber 변수가 증가할 양만 정의합니다. 이 변수를 상수로 바꾸면 스크립트는 다음과 같이 바뀝니다.

```
local INCREMENT_VALUE = 2
local currentNumber = 0


print(currentNumber)
currentNumber += INCREMENT_VALUE
print(currentNumber)
currentNumber += INCREMENT_VALUE
print(currentNumber)
currentNumber += INCREMENT_VALUE
print(currentNumber)
currentNumber += INCREMENT_VALUE
print(currentNumber)
currentNumber += INCREMENT_VALUE
```

```
print(currentNumber)
```

스크립트가 조금만 달랐다면 상수는 표준 변수로 다시 변경되었을 것입니다. 스크립트 중간에 증가량을 2에서 3으로 변경하려면 다시 변수로 변경해야 합니다. 상수로 사용할 변수는 스크립트로 달성하려는 목표에 따라 다르며 미래도 내다봐야 합니다. 나중에라도 값을 수정하려면 변수로 유지하는 것이 좋습니다.

보다시피 상수를 언제 도입할 것인가는 모호한 영역입니다. Luau에서 상수를 사용하지 않아도 괜찮습니다. 어차피 Luau에는 상수 구현조차 없으며, 이 표기법은 가독성을 위해 사용할 뿐입니다.

> **TIP** 상수를 사용해야 할지 헷갈릴 때는 사용하지 않는 게 좋습니다. Luau에서는 상수를 억지로 사용하기보다 변수의 표준을 유지하는 편이 좋습니다. 이 책에서는 상황에 따라 상수를 사용하겠습니다.

변수와 상수를 작성하는 방법을 알았으므로, 코딩 기술을 훨씬 더 높은 수준으로 끌어올릴 준비가 되었습니다. 다음 절에서는 코드가 데이터에 따라 다른 작업을 수행하도록 하는 방법을 보겠습니다.

04 / 조건문 사용

이번 절에서는 조건문conditional에 대한 모든 것을 배우겠습니다. 조건문을 사용하면 제공된 데이터에 따라 다양한 작업을 수행할 수 있습니다. 다양한 작업이란 무엇이든 될 수 있습니다. 이러한 과정을 직접 프로그래밍해 보겠습니다.

다음은 레이스 중 플레이어의 순위에 따라 메시지를 출력하는 스크립트입니다.

```
local playerPosition = 1

if playerPosition == 1 then
    print("You are in the first place!")
end
```

이 스크립트를 실행하면 출력 창에 "You are in the first place!" 텍스트가 출력됩니다. 그러나 `playerPosition` 변숫값을 다른 숫자로 변경하면 출력에 아무것도 표시되지 않습니다. 그 이유는 `if`문 때문입니다. 혼란을 없애기 위해 설명하자면, `if`문은 조건문입니다. `if`와 `then` 사이에 배치하는 모든 항목은 부울값을 제공합니다. 이 부울값이 `true`일 때 `then`과 `end` 사이의 모든 코드가 실행되고, 그렇지 않은 경우 코드는 `end`문 다음에 계속됩니다.

`if`문을 설명하기 위해 두 가지가 언급되었습니다. 다음 두 항에서 이것이 올바른지 테스트해 봅시다.

04.1 | 관계 연산자

앞서 `if`와 `then` 사이의 연산 결과가 부울값 `true`를 반환해야 한다고 했습니다. `print`문으로 연산 결과를 확인할 수 있습니다. 다음 코드를 실행합니다.

```
local playerPosition = 1
print(playerPosition == 1)
```

스크립트의 결과가 `true`로 출력됩니다. 변숫값을 2로 변경하고 스크립트를 실행하면, 관계 연산자인 동일 연산자(==) 때문에 결과는 `false`가 됩니다. 관계 연산자를 사용할 때 결과는 항상 부울값입니다.

Luau에는 동일 연산자(==) 외에도 다음과 같은 관계 연산자가 있습니다.

표 1-1 관계 연산자

연산자	이름	설명
==	같음	양쪽에 있는 데이터가 정확히 같다. 예: 5==5는 true, 5==6은 false
>=	크거나 같음	왼쪽에 있는 숫자가 오른쪽에 있는 숫자보다 크거나 같다. 예: 10>=5는 true, 4>=5는 false
<=	작거나 같음	왼쪽에 있는 숫자가 오른쪽에 있는 숫자보다 작거나 같다. 예: 4<=5는 true, 10<=5는 false

〉	큼	왼쪽에 있는 숫자가 오른쪽에 있는 숫자보다 크다. 예: 5〉4는 true, 5〈5는 false
〈	작음	왼쪽에 있는 숫자가 오른쪽에 있는 숫자보다 작다. 예: 4〈5는 true, 5〈5는 false
~=	같지 않음	양쪽에 있는 데이터가 다르다. 예: 5~=128은 true, 128~=128은 false

간단한 if문을 만드는 방법을 알았으니, 다음 절에서는 조건문에 else문을 추가하여 복잡성을 높이겠습니다.

04.2 | if-else 조건문

앞서 관계 연산자가 false를 반환하면 then과 end 사이의 모든 것을 건너뛰고 end 뒤에서 스크립트가 계속된다고 언급했습니다. 이 역시 테스트를 해 볼 수 있습니다. end 뒤에 또 다른 print를 놓고 결과가 false인 경우의 실행 여부를 테스트합니다.

```
local playerPosition = 1

if playerPosition == 1 then
    print("You are in the first place!")
end

print("Script completed.")
```

변수를 1로 설정하면 출력 창에 두 개의 메시지가 모두 나타납니다. 변숫값을 2로 변경하면 "Script completed."만 출력됩니다.

프로그램을 변경해 보겠습니다. 레이서가 상위 3위 안에 들면 현재 순위가 출력되고 상위 3위 안에 들지 않으면 그들을 응원하는 동기 부여 텍스트가 인쇄되도록 구현해 봅시다.

```
local playerPosition = 1

if playerPosition <= 3 then
    print("Well done! You are in spot " .. playerPosition .. "!")
end

print("You are not in the top three yet! Keep going!")
```

코드가 작동은 하는데 뭔가 이상합니다. 4위일 때는 동기를 부여하는 텍스트만 인쇄되지만, 상위 3위 안에 있으면 두 메시지가 모두 인쇄됩니다. 이때는 아래에 두 개의 **if**문을 만들어 이를 방지할 수 있습니다.

```
local playerPosition = 1

if playerPosition <= 3 then
    print("Well done! You are in spot ".. playerPosition .. "!")
end

if playerPosition > 3 then
    print("You are not in the top three yet! Keep going!")
end
```

이 코드는 원하는 대로 작동합니다. 하지만 더 좋은 방법이 있습니다. 바로 **else**입니다. 코드는 **end** 뒤로 계속 실행된다고 말했죠? 예외가 있습니다. **end** 앞에 **else**를 추가하면 이 부분이 먼저 실행됩니다. 코드가 **false**이면 항상 **else** 부분이 실행됩니다. **if-else**문을 시각화하면 다음과 같습니다.

그림 1-3 시각화한 if-else문

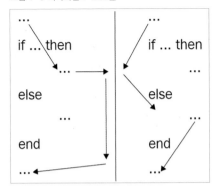

이제 else문이 어떻게 작동하는지 알았으니 코드를 리팩토링해 보겠습니다. 리팩토링이란 동일한 기능을 유지하면서 코드의 모양을 변경하는 것입니다. 리팩토링한 코드는 다음과 같습니다.

```
local playerPosition = 1

if playerPosition <= 3 then
    print("Well done! You are in spot " .. playerPosition .. "!")
else
    print("You are not in the top three yet! Keep going!")
end
```

지금까지 else문을 사용하는 방법을 배웠습니다. 다음 항에서는 조건문에서 사용할 수 있는 또 다른 명령문인 elseif를 알아봅니다.

04.3 ┊ elseif

코드가 훨씬 보기 좋아졌습니다. 4번과 5번 지점에 있는 선수들에게 또 다른 메시지를 주고 싶다면, 그렇게 할 수도 있습니다. 그런데 이번엔 이미 존재하는 if문에 다른 if문을 추가할 수 없다는 또 다른 문제에 직면합니다. 그렇게 속단해도 될까요? 다음 코드를 살펴보겠습니다.

```lua
local playerPosition = 1

if playerPosition <= 5 then
    if playerPosition <= 3 then
        print("Well done! You are in spot " .. playerPosition .. "!")
    else
        print("You are almost there!")
    end
else
    print("You are not in the top three yet! Keep going!")
end
```

이 코드는 정확히 원하는 대로 작동합니다. 하지만 헷갈립니다. 첫 번째 if문은 플레이어의 순위가 5 이하인지 확인한 다음, 순위가 3 이하인지 확인합니다. 네, 이미 확인했죠. 지금까지 이를 확인하는 두 개의 if문이 있습니다. 그리고 첫 번째 else문에 도달합니다. 여기에 오려면 숫자가 4 또는 5여야 합니다. 그런 다음 마지막 else에 도달합니다. 이 마지막 else는 5보다 큰 모든 숫자가 도착하는 곳입니다. 보다시피 시스템은 작동합니다. 다만 무슨 일이 일어나고 있는지 이해하려면 시간이 조금 필요합니다.

더 나은 대안이 있습니다. 우리는 이미 if와 else를 알아봤습니다. 그리고 이 둘을 조합한 elseif가 있습니다. elseif문은 if 뒤와 else 앞에 놓일 수 있습니다. elseif도 if이기 때문에 다른 표현식을 추가할 수 있습니다.

TIP 표현식이란 if/elseif와 then 사이의 부분을 말합니다.

elseif를 사용하는 코드는 다음과 같습니다.

```
local playerPosition = 1

if playerPosition <= 3 then
    print("Well done! You are in spot " .. playerPosition .. "!")
elseif playerPosition <= 5 then
    print("You are almost there!")
else
    print("You are not in the top three yet! Keep going!")
end
```

훨씬 좋아 보이는군요! 이 코드가 수행하는 작업이 한눈에 보입니다.

elseif문을 사용하는 해결책을 찾기 전에 중첩된 if문을 사용해 보았습니다. 다음 항에서는 이렇게 중첩된 if문을 자세히 살펴봅니다.

04.4 ı 중첩된 if문

우리 코드에는 여전히 작은 문제가 있습니다. 실수로 플레이어의 순위를 0이나 음수로 변경하면 어떻게 될까요? 현재로서는 시스템에서 이를 처리할 수 없습니다.

먼저 이 문제를 해결하기 위해 레이스에 참가할 플레이어 수를 결정해야 합니다. 레이스에 최소 1명에서 최대 8명의 플레이어가 있다고 가정하겠습니다. 이는 플레이어 순위가 해당 숫자 사이에 있어야 한다는 의미입니다. 이 숫자는 변수가 될 수 있습니다. 사실 상수일 수도 있죠. 최소 및 최대 플레이어 수는 스크립트가 실행되는 동안 변경되지 않습니다.

새로운 상수를 선언하지 않고 이 조건을 구현하는 여러 가지 방법이 있습니다. 다음은 상수를 구현하는 올바른 방법입니다.

```
local MINIMUM_PLAYERS = 1
local MAXIMUM_PLAYERS = 8
local playerPosition = 1
```

```
-- 플레이어 순위 확인
if playerPosition >= MINIMUM_PLAYERS and playerPosition <= 3 then
    print("Well done! You are in spot " .. playerPosition .. "!")
elseif playerPosition >= MINIMUM_PLAYERS and playerPosition <= 5 then
    print("You are almost there!")
elseif playerPosition >= MINIMUM_PLAYERS and playerPosition <= MAXIMUM_PLAYERS
then
    print("You are not in the top three yet! Keep going!")
else
    warn("Incorrect player position [" .. playerPosition .. "]!")
end
```

코드를 살펴보겠습니다. 가장 먼저 눈에 띄는 것은 -- 뒤에 있는 텍스트입니다. 아직 설명하지 않았지만, --를 사용하면 코드에 주석을 달 수 있습니다. 이러한 주석은 실행되지 않지만 다른 개발자가 코드를 읽는 데 도움을 줍니다.

두 번째 새로운 것은 else문에서 사용된 warn() 함수입니다. warn() 함수는 print() 함수와 거의 동일합니다. 유일한 차이점은 출력의 색상이 주황색으로 변한다는 것입니다. 이름에서 알 수 있듯이 이 방법을 사용하여 경고하기 때문입니다. 출력에 경고가 표시되면 보통 누군가가 시스템에서 방지한 작업을 수행한 것입니다. 이 경우는 playerPosition에 잘못된 값이 들어간 것입니다.

이전에 본 적이 없는 또 다른 점은 if문에 들어간 and 연산자입니다. true and true가 true라는 점을 배웠을 때, 실제로 쓸 것 같진 않았을 것입니다. 그런데 이번 코드는 if문 안에 같은 연산이 있습니다. 따라서 우리는 이를 이해해야 합니다.

TIP and 또는 or 연산자의 작동 방식을 잊어버렸다면 '논리 연산자' 항을 다시 읽어 보길 추천합니다.

앞 코드에서 개선할 수 있는 부분은 순위가 최솟값보다 높은지 여부를 여러 번 확인하는 표현식입니다. 이는 다른 if문 안에 if문을 두어 변경할 수 있습니다. 코드는 다음과 같습니다.

```lua
local MINIMUM_PLAYERS = 1
local MAXIMUM_PLAYERS = 8
local playerPosition = 1

-- 플레이어의 순위가 올바른지 확인
if playerPosition >= MINIMUM_PLAYERS and playerPosition <= MAXIMUM_PLAYERS then
    -- 플레이어의 순위에 따른 메시지 출력
    if playerPosition <= 3 then
        print("Well done! You are in spot " .. playerPosition .. "!")
    elseif playerPosition <= 5 then
        print("You are almost there!")
    else
        print("You are not in the top three yet! Keep going!")
    end
else
    -- 플레이어의 순위가 올바르지 않은 경우
    warn("Incorrect player position [" .. playerPosition .. "]!")
end
```

이 예에서는 **if**문 내에서 **if**문을 사용하는데, 이를 중첩된 **if**문nested if statement이라고 합니다. **if**문은 세 개 이상 중첩하지 않는 것이 좋습니다. 이 책의 뒷부분에서 함수나 반복문을 사용해 중첩된 **if**문의 양을 줄이는 방법을 배웁니다. 이에 대한 내용은 2장에서 찾을 수 있습니다.

이제 코드에서 조건문을 올바르게 사용하는 방법을 알았습니다. **if**문과 **elseif**문, **else**문을 사용할 수 있습니다. 직접 연습하다 보면 전체 스크립트에서 특정 변수에 액세스할 수 없는 문제가 발생할 수 있는데, 이는 범위scope 때문입니다. 다음 절에서는 이러한 범위가 무엇인지 살펴봅니다.

먼저 새로운 범위가 어떻게 만들어지는지 살펴보겠습니다. 사실 여러분은 이미 범위를 지정했습니다. 그저 깨닫지 못했을 뿐이죠. 우리는 if문이 있을 때마다 코드를 오른쪽으로 들여썼습니다. 이렇게 들여쓰는 이유는 이 구역이 새로운 범위이기 때문입니다. 물론 코드를 들여쓴다고 새 범위가 생성되는 건 아닙니다.

범위는 어떤 역할을 할까요? 범위는 들여쓴다고 무조건 지정되는 게 아니라, 사용하는 코드를 따라 생성됩니다. 앞서 우리는 if문을 사용할 때 새로운 범위가 생성되는 것을 보았습니다. 범위가 생성되는 상황은 훨씬 더 많습니다. 다음 코드는 범위를 만들겠다는 목적으로만 작성한 코드입니다.

```
do
    print("New Scope")
end
```

범위가 시작되면 범위 내에서 코드를 실행합니다. 이미 존재하는 범위 내에 다른 범위가 있다면 위 범위에서 사용한 모든 데이터는 아래 범위로 전달됩니다. 현재 범위가 아닌 범위에 있는 데이터에는 접근할 수 없습니다.

특정 데이터에 접근하는 범위라고 말하니 정말 혼란스럽군요. 코드로 설명하겠습니다.

```
local outsideScopeData = "this is accessible everywhere"

do
    -- 새롭게 생성된 범위, 범위A
    print(outsideScopeData)
    -- 범위A에서 선언된 새 데이터
    local insideScopeData = "This data is accessible in this scope."
    -- 범위A에서 데이터 출력
    print(insideScopeData)
end
```

```
-- 범위A 밖에서 데이터 출력
print(outsideScopeData)
print(insideScopeData) -- 이 데이터는 존재하지 않음
```

첫 번째 변수는 범위 안에 있지 않습니다. 따라서 해당 범위를 전역 범위global scope라고 합니다. 이 부분은 코드의 모든 위치에서 액세스할 수 있습니다.

다음으로 첫 번째 범위를 시작합니다. 전역 범위의 변수에 액세스할 수 있는지 테스트하기 위해 outsideScopeData 변수를 인쇄하는 print문이 있습니다. 새 범위가 전역 범위 내에 있기 때문에 이 변수에 액세스할 수 있으며, 전역 범위에 있는 모든 데이터는 새 범위에도 전달됩니다.

그리고 나서, 새 범위 내에 새 변수를 만듭니다. 이 데이터는 전역 범위에 존재하지 않습니다. 새 범위에서 print() 함수를 사용하여 새 데이터를 출력하면, 데이터가 범위 내에 존재하기 때문에 출력됩니다.

범위는 그다음 줄에서 끝납니다. end문으로 범위의 끝을 확인할 수 있습니다. 그런 다음 전역 범위로 돌아갑니다. 먼저, outsideScopeData를 출력해 봅니다. 이 변수는 전역 범위에 있으므로 출력할 수 있습니다. 그런 다음, 범위 내에서 생성된 변수를 출력해 보면 이 변수는 출력되지 않습니다. 현재 범위인 전역 범위는 이 변수가 만들어진 범위 내에 속하지 않기 때문입니다. 따라서 여기에서는 해당 데이터에 접근할 수 없습니다.

범위 내에서 만든 변수를 전역 범위 내에서 출력하려면 어떻게 해야 할까요? 전역 범위 내에 데이터가 없는 변수를 만든 다음, 이 빈 변수를 새 범위 내에서 원하는 값으로 설정합니다. 이렇게 전역 범위에서 만들어진 변수를 다른 범위 내에서 설정하면 출력이 됩니다.

```
local outsideScopeData = "this is accessible everywhere"
local dataSetInScope

do
    -- 새롭게 생성된 범위, 범위A
    print(outsideScopeData)
    -- 범위A에서 데이터를 설정
    dataSetInScope = "This data is accessible in this scope."
```

```
      -- 범위A에서 데이터 출력
      print(dataSetInScope)
end

-- 범위A 밖에서 데이터 출력
print(outsideScopeData)
print(dataSetInScope)
```

보다시피 값을 선언하지 않은 변수를 생성하면 Luau는 자동으로 이 변수에 **nil**을 할당합니다. 물론 직접 할당할 수도 있습니다. 변수는 다음과 같습니다.

```
local dataSetInScope = nil
```

그런 다음, 범위 내에 새 데이터로 변수를 설정합니다. 전역 범위에 변수가 존재하기 때문에 범위가 끝나도 데이터는 버려지지 않습니다. 이 스크립트의 마지막 줄에 올바른 결과가 출력되는 이유입니다.

범위가 어떻게 작동하는지 알았으므로 이제 첫 번째 장의 모든 내용을 설명했습니다. 다음 절에서는 배운 내용을 실제로 적용해 보겠습니다.

예제

01 ┃ Part의 속성 변경

이번 예제는 이전에 설명하지 않은 부분을 사용하므로, 이번 예제에 필요한 내용을 짧게 소개하겠습니다. 지금 소개하는 정보와 이전에 설명한 모든 정보가 이 예제에 필요합니다. 앞에서 설명한 모든 내용을 이해한 후에 예제를 진행하세요.

로블록스 스튜디오의 [탐색기] 메뉴에서 Workspace를 찾으세요. Workspace에는 플레이어가 게임 내에서 볼 수 있는 모든 요소가 있으며, 여기에는 아바타가 생성되는 부분도 포함됩니다. 이 부분을 Baseplate라고 합니다.

[속성] 창을 열고 Baseplate를 클릭하면 이 인스턴스가 많은 데이터의 조합으로 존재함을 알 수 있습니다. [그림 1-4]에서 속성 창을 확인해 보세요. 속성 창에 나열되는 정보에는 파트의 이름도 있습니다. Baseplate는 이름이 'Baseplate'로 설정됩니다. 그러나 이름 데이터는 그저 문자열입니다. Anchored 같은 다른 속성도 보입니다. 이 속성은 파트가 해당 위치에 고정되어 있는지 또는 게임 내에서 이동할 수 있는지 여부를 결정합니다. 이 속성 옆의 체크박스는 켜거나 끌 수 있습니다. 익숙하지 않나요? 바로 부울값입니다.

그림 1-4 Baseplate 속성

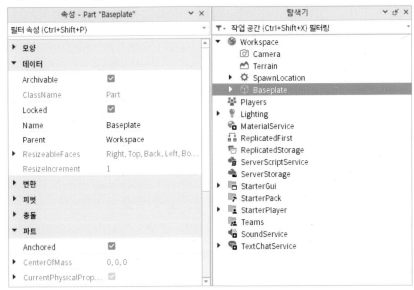

숫자도 있습니다. 예를 들어 투명도Transparency 속성은 0과 1 사이의 숫자로 파트의 가시성을 결정합니다. 마지막으로 일부 속성에는 여러 숫자가 쉼표로 구분되어 있습니다. 이들은 아직 보지 못한 특별한 데이터 타입으로, 이 파트에는 Color3와 Vector3가 있습니다. Color3 데이터 타입은 색상을 결정하고 Vector3 데이터 타입은 3D 크기를 결정합니다. 각 값은 위치, 크기, 회전 등이 될 수 있습니다.

이 두 데이터 타입 모두 숫자 데이터 타입을 포함하므로 쉼표로 구분된 세 개의 숫자가 표시됩니다. 예를 들어 새 색상을 만들려면 다음 코드를 사용합니다.

```
Color3.fromRGB(0, 0, 0) -- 검은색
Color3.fromRGB(255, 255, 255) -- 흰색
```

RGB는 각각 빨강red, 초록green, 파랑blue을 의미하며 0에서 255 사이의 값을 갖습니다. 이 숫자 세 개를 조합해 색을 표현합니다.

함께 언급했던 Vector3 데이터 타입은 다음 코드를 사용하여 만듭니다.

```
Vector3.new(25, 25, 25)
Vector3.new(100, 25, 50)
```

Vector3 데이터 타입에는 세 가지 숫자가 포함됩니다. 이들은 각각 x축과 y축, z축으로 보면 됩니다. x축과 z축은 너비를, y축은 높이를 결정합니다. 첫 번째 코드는 너비가 25, 길이가 25, 높이가 25인 Vector3를 만들었습니다. 바로 정육면체입니다.

TIP 속성 창을 사용해 각 속성값을 수동으로 변경할 수 있습니다. 앞에서 언급한 몇 가지 속성을 조정해 보세요. 이를 통해 작동 방식, 특히 새로운 데이터 타입을 더 잘 이해할 수 있습니다. 일부 속성은 게임을 시작해야 확인할 수 있습니다.

이제 이러한 속성이 작동하는 방법을 알았으니 스크립트를 사용해 속성을 변경할 수 있습니다. 이 작업을 수행하기 전에 변경하려는 파트를 스크립트에 전달해야 합니다. 이를 위해서는 참조가 필요합니다. 참조는 게임의 어딘가에 있는 파트를 직접 가리킵니다.

참조를 만들기 전에 파트가 어떤 서비스에 위치해 있는지 알아야 합니다. Baseplate는 Workspace에 있으므로, Workspace를 불러오려면 다음 코드를 실행합니다.

```
local workspaceService = game:GetService("Workspace")
```

하지만 Workspace는 많이 사용하는 파트이므로 더 짧게 참조하겠습니다. 이전 코드의 :GetService() 함수 대신 workspace라는 키워드를 사용해 간단히 참조를 가져올 수 있습니다.

```
local workspaceService = workspace
```

이제 Workspace를 참조하는 방법을 알았으므로 모든 자식children을 살펴볼 수 있습니다. 프로그래밍에서 다른 인스턴스 내부의 인스턴스를 자식이라고 부르고, 현재 인스턴스가 속한 인스턴스는 부모라고 부릅니다. 부모는 속성 창에서 확인할 수 있습니다. Baseplate를 선택한 후 속성 창에서 Parent라는 속성을 찾으면 이 인스턴스의 부모가 Workspace임을 알 수 있습니다. Workspace를 열었을 때 처음 본 자식 중 하나가 Baseplate 파트

였다는 점을 생각하면 이해하기 쉽습니다. Baseplate를 불러오는 참조는 다음과 같이 선언합니다.

```
local baseplate = workspace.Baseplate
```

원하는 파트에 대한 참조가 있으니 속성을 변경할 수 있습니다. 속성 변경은 변수의 업데이트와 유사합니다. 먼저 변경하고 싶은 속성을 불러와야 합니다. 불러오기 위해서는 참조와 속성을 명시한 다음, 등호(=)와 새 값을 넣습니다. 예를 들어, 파트의 반사율을 변경하려면 다음과 같이 코드를 작성합니다.

```
local baseplate = workspace.Baseplate
baseplate.Reflectance = 1
```

연/습/문/제

1 로블록스 스튜디오에서 새 Baseplate를 열고 ServerScriptService에서 새 스크립트를 만듭니다.

2 Baseplate를 참조할 새 변수 **baseplate**를 만듭니다.

3 다음을 이용해 Baseplate의 이름을 출력합니다.
   · 변수 **baseplate**
   · **baseplate**의 Name 속성
   · **print()** 함수
   스크립트를 실행해 출력 창에 Baseplate가 나타나는지 확인합니다.

4 스크립트에서 Baseplate의 Name 속성을 다른 값으로 변경합니다. 스크립트를 실행해 출력 창에 새 이름이 나타나는지 확인하세요.

5 다음을 출력하도록 **print()**문을 변경합니다.
   Baseplate 이름: '변경한 Baseplate 이름'

6 다음을 사용하여 스크립트를 실행합니다.

- 변수 baseplate
- baseplate의 Name 속성
- 문자열 연결

출력 창에 올바른 문자열이 나타나는지 확인하세요.

7   Baseplate의 CanCollide 속성을 false로 변경합니다. 스크립트를 실행하여 아바타가 Baseplate를 통과하는지 확인합니다.

8   Baseplate의 Color 속성을 다음 RGB 코드를 사용하여 새로운 RGB 색상으로 변경합니다.

빨강: 51, 초록: 88, 파랑: 130

스크립트를 실행해 Baseplate 색이 변했는지 확인합니다.

9   Workspace에서 Terrain 개체를 참조하는 terrain이란 이름을 가진 변수를 선언합니다.

10 다음을 사용하여 Terrain 개체를 참조하도록 Baseplate의 Parent 속성을 변경합니다.

- 변수 baseplate
- 변수 terrain
- Baseplate의 속성 Parent

10단계를 위한 팁: Parent 속성의 값은 데이터 타입이 아니라 참조입니다. 현재 참조는 Workspace를 가리키고 있습니다. Terrain을 참조하도록 속성의 값을 변경하세요.

프로그래밍에 대한 지식을 결합해 게임에 시각적 요소를 변화시켜 봤습니다. 다음 실습에서는 다른 시스템을 만들어 보겠습니다.

02 | 경찰 시스템 I

이번에는 입력을 기반으로 과태료를 계산하는 간단한 시스템을 만듭니다.

경찰에서 새 시스템을 만들려 합니다. 운전자가 낸 속도에 대한 변수와, 운전자의 면허 소지 여부에 대한 변수를 설정합니다. 각 과태료의 수준을 결정하는 변수도 있어야 하며, 운전자가 갈 수 있는 최대 제한 속도와 면허가 필요한지 여부를 나타내는 변수도 필요합니다. 이 데이터를 조합해 여러 번의 위반이 발생한 경우에도 한 번의 과태료를 요구해야 합니다. 위반이 발생하지 않은 경우 과태료는 0입니다. 과태료는 '과태료: 0'이라는 텍스트와 함께 출력되어야 합니다. 금액은 위반 수준에 따라 다릅니다.

위의 시스템 설명을 바탕으로 필요한 변수를 결정하세요. 다시 말하지만, 문제를 분석하면 올바른 시스템을 만드는 데 도움이 됩니다.

시스템 설명을 바탕으로 다음과 같은 사실을 정리할 수 있습니다.

- 경찰이 설정할 수 있는 변수는 속도(speed) 및 운전자의 면허 소지 여부(hasLicense) 입니다.
- 각 위반에 대한 과태료를 결정하는 두 개의 변수(혹은 상수)가 필요합니다.
- 최대 제한 속도와 면허 필요 여부를 결정하는 두 가지 변수(혹은 상수)가 필요합니다.
- 과태료 수준(ticketPrice)을 저장할 변수가 있어야 합니다.

이제 시스템을 프로그래밍해 보겠습니다. 다음 단계를 따라 하세요.

① 로블록스 스튜디오에서 새 Baseplate를 엽니다.

② ServerScriptService에서 새 스크립트를 만듭니다.

③ 시스템 설명에서 결정한 변수를 만듭니다.

④ if문을 만들어 운전자의 속도 위반 여부를 확인하고 그에 따라 다음과 같이 적용합니다.
- 운전자가 제한 속도를 초과하면 과태료를 높입니다.
- 운전자가 제한 속도를 초과하지 않았다면 아무 조치도 취하지 않습니다.

⑤ if문을 만들어 운전자의 면허법 위반 여부를 확인하고 그에 따라 다음과 같이 적용합니다.
- 운전 면허증이 필요한 상황에서 운전자가 운전 면허증을 가지고 있으면 아무 조치도 취하지 않습니다.

- 운전 면허증이 필요한 상황에서 운전자가 운전 면허증을 가지고 있지 않으면 과태료를 높입니다.
- 운전 면허증이 필요하지 않은 상황에서 운전자가 운전 면허증을 가지고 있으면 아무 조치도 취하지 않습니다.
- 운전 면허증이 필요하지 않은 상황에서 운전자가 운전 면허증을 가지고 있지 않으면 아무 조치도 취하지 않습니다.

⑥ print() 함수를 사용하여 올바른 문장을 출력하세요. 필요한 문장은 시스템 설명을 참조합니다.

스크립트를 실행하고 소프트웨어 설명에 설명된 대로 작동하는지 확인합니다. 출력 창에 나타날 가능성이 있는 모든 오류를 잡으세요.

03 | 스크립트 이해하기

이번에는 게임에 스크립트를 삽입하여 작동 방식을 이해해 보겠습니다. 이 예제에는 스크립트가 제공됩니다. 이 스크립트를 참고해 다시 작성해 보세요. 예제 파일의 스크립트를 그대로 복사하여 붙여넣진 마세요. 그러면 학습 효과가 떨어집니다.
다음 단계를 따라 하세요.

① 로블록스 스튜디오에서 새 Baseplate를 엽니다.

② ServerScriptService에서 새 스크립트를 만듭니다.

③ 이전에 만든 스크립트 안에 다음 코드를 삽입합니다.

```
local spawnLocation = workspace.SpawnLocation

if
    spawnLocation.Position.X == 0
    and
    spawnLocation.Position.Z == 0
then
    print("Spawn is in the center!")
else
```

```
    print("Spawn is not in the center.")
  end
```

④ 게임을 시작합니다. **SpawnLocation**을 움직이지 않으면 "Spawn is in the center!"라는 메시지가 나타납니다.

⑤ 다음으로 [홈] 메뉴에서 [이동] 도구를 사용하여 **SpawnLocation**을 이동합니다. 메시지가 변경되었나요?

그림 1-5 SpawnLocation 이동

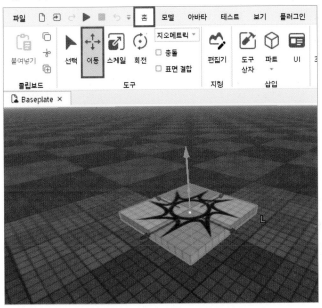

⑥ **SpawnLocation**을 중앙에 배치하고 높이를 변경하면 어떻게 될까요? 왜 이런 일이 일어날까요?

요약

로블록스는 무료로 수백만 가지의 경험을 즐길 수 있는 독특한 플랫폼입니다. 이러한 경험의 놀라운 점은 플랫폼을 이용하는 다른 사용자가 게임을 만든다는 점입니다. 플랫폼에는 모델러부터 애니메이터, 그래픽 아티스트, 프로그래머까지 개발자가 취할 수 있는 다양한 역할이 있습니다.

로블록스 프로그래머는 Luau라는 언어를 사용합니다. 프로그래밍이란 데이터를 조작하여 게임에서 무언가를 변경하는 행위입니다. 프로그래밍에는 다양한 데이터 타입이 있습니다. 가장 일반적이고 필수적인 데이터 타입은 문자열, 숫자 및 부울값입니다. 이러한 기본 데이터 타입으로 Color3와 Vector3 같은 완전히 새로운 데이터 타입을 만들 수 있습니다. 1장에서는 이러한 데이터 타입을 사용하는 방법과 목적을 배웠습니다. 숫자를 사용한 수학 연산과 문자열 연결, 부울값을 사용한 관계 연산자도 배웠습니다.

변수에는 데이터를 저장할 수 있습니다. 변수를 업데이트하는 방법도 배웠습니다. 변수는 파트와 같은 인스턴스의 속성과 매우 유사합니다. 이러한 속성이 인스턴스를 고유하게 만들며, 속성을 변경하면 변화가 일어납니다. 예를 들어 Color3 데이터 타입으로 파트의 색상값을 변경하면 색상이 변경됩니다.

모든 데이터가 동일한 건 아니므로 제공된 데이터에 따라 다른 조치를 취할 수 있습니다. 이때 조건문을 사용합니다. 우리는 조건문이 부울값과 함께 사용되는 방식을 살펴보았습니다. 조건문은 표현식을 사용해 특정 데이터가 원하는 데이터인지 확인합니다. 만약 표현식이 참이면 특정 범위의 코드가 실행되고, 그렇지 않으면 아무것도 수행하지 않거나 elseif 및 else문을 사용하여 다른 범위의 코드를 실행합니다.

이러한 범위에는 그 위에 있는 모든 범위에 속한 모든 데이터를 가지고 있음을 배웠습니다. 또한 각 범위가 자체적인 데이터를 만들 수 있다는 사실도 확인했습니다. 그 위의 범위는 해당 데이터를 볼 수 없으며, 범위 자체와 중첩된 범위에서만 접근할 수 있습니다.

첫 번째 실습은 게임에서 시각적인 변경을 하는 방법을 배웠습니다. 게임에서 인스턴스에 대한 참조가 작동하는 방식과 이러한 인스턴스의 속성을 변경하는 방법을 배웠고, 이 외에도 주어진 시스템 설명을 기반으로 시스템을 만드는 방법도 배웠습니다.

다음 장에서는 코드의 품질을 개선하는 법을 살펴보겠습니다. 함수와 테이블, 반복문, 모듈을 사용하여 중복 코드를 최소화하고 더 발전된 시스템을 만드는 방법을 배웁니다.

ROBLOX

2장

더 나은 코드 작성법

이 장은 1장에서 배운 내용을 바탕으로 조금 더 심화된 내용을 살펴보겠습니다. 먼저 함수function에 대해 알아보고 함수를 언제 어떻게 사용하는지 배웁니다. 함수를 사용하면 스크립트에서 중복되는 코드를 줄일 수 있습니다. 함수를 이해한 후에는 데이터 타입인 테이블table을 살펴봅니다. 테이블을 사용하면 변수 하나에 많은 데이터를 저장할 수 있습니다. 테이블 다음으로는 반복문loop에 대해 알아봅니다. 그 이후에는 반복문의 사용법을 익힐 수 있도록 앞서 만든 테이블을 예시로 사용하겠습니다. 마지막에는 모듈을 설명합니다. 모듈을 사용하면 여러 스크립트에서 중복되는 코드를 작성하는 일을 줄일 수 있습니다.

이 장에서 다루는 내용

- 함수 사용
- 테이블에 데이터 타입 저장
- 반복문 프로그래밍
- 모듈 사용

이 장을 마치면 기초적인 Luau 프로그래밍을 알게 됩니다. 함수와 테이블, 반복문, 모듈에 대해 더 많이 이해하고 왜, 언제 사용하는지 배웁니다. 또한 사용하는 모범 사례도 알게 됩니다.

01 / 준비 사항

Luau로 프로그래밍을 시작하려면 인터넷을 사용해야 합니다. 이때 사용하는 장치에는 윈도우Windows 또는 맥Mac OS가 설치되어 있어야 합니다. 사용하는 컴퓨터에 다음 소프트웨어를 다운로드합니다.

- 로블록스 플레이어Roblox Player
- 로블록스 스튜디오Roblox Studio

이 책의 모든 코드 예제는 깃허브 및 영진닷컴 사이트에 업로드되어 있습니다. 이 장의 실습 영상은 https://bit.ly/3oxUMx7에서 확인하세요.

02 / 함수 사용

이 절에서는 함수function를 사용해 봅니다. 함수를 언제 사용해야 하는지 알아볼까요? 1장에서 우리는 다음과 같은 코드를 봤습니다.

```
local MINIMUM_PLAYERS = 1
local MAXIMUM_PLAYERS = 8
local playerPosition = 1

-- 플레이어의 순위가 올바른지 확인
if playerPosition >= MINIMUM_PLAYERS and playerPosition <= MAXIMUM_PLAYERS then

    -- 플레이어의 순위에 따른 메시지 출력
    if playerPosition <= 3 then
        print("Well done! You are in spot " .. playerPosition .. "!")
    elseif playerPosition <= 5 then
```

```
        print("You are almost there!")
    else
        print("You are not in the top three yet! Keep going!")
    end
else
    -- 플레이어의 순위가 올바르지 않은 경우
    warn("Incorrect player position [" .. playerPosition .. "]!")
end
```

위의 코드는 사용자의 순위에 따라 표시되는 메시지를 결정합니다.

이제 이 코드가 실행되고 나면, 순위를 1위에서 4위로 변경하고, 새로운 순위에 따라 다른 메시지를 출력하고자 합니다.

그리 어려워 보이지는 않습니다. 앞의 코드 예제의 마지막 end 아래에서 플레이어 순위를 저장한 변수를 변경하고, 작성되어 있는 if문을 모두 복사하여 붙여넣습니다. 참 쉽죠? 이제 플레이어의 순위를 다시 변경하려고 합니다. 동일한 과정을 반복해서 스크립트에 동일한 if문만 10,000줄이 되도록 만들었습니다. 그런데 이제 와서 서로 다른 메시지를 전달해야 할 숫자 4와 5에 똑같은 메시지가 전달되고 있다는 사실을 깨달았습니다. 이걸 고치려면 if문을 수백 번 변경해야 합니다. 생각만 해도 괴롭군요.

다음 절에서는 함수를 사용해 이 문제를 해결하는 방법을 배웁니다. 먼저 함수를 사용하는 법과 함수를 사용해 수행할 수 있는 모든 작업을 살펴보겠습니다.

02.1 ¦ 함수 작성하기

이번에는 함수가 무엇이며, 함수를 어떻게 만드는지 알아봅시다. 함수는 스크립트에서 원하는 만큼 재사용할 수 있는 코드를 포함하고 있습니다. 따라서 동일한 코드를 반복적으로 사용할 필요 없이 함수를 호출하면 됩니다. 먼저 함수를 만들어 봅시다. 함수의 형태는 다음과 같습니다.

```
function printSomething()
    print("This was printed in a function!")
end
```

이 함수를 분석해 보겠습니다. 함수는 `function` 키워드로 시작합니다. 그런 다음 로우 카멜 표기법을 사용하여 함수의 이름을 작성합니다. 이름 뒤에는 괄호()를 추가합니다. 함수도 `if`문과 `do`문처럼 새로운 범위가 만들어집니다. `if`문은 표현식의 결과가 참(true)인 경우만 범위가 실행되는데, 함수에는 표현식이 없습니다.

표현식이 없다면 시스템은 이 코드의 실행 여부를 어떻게 알까요? 스크립트를 실행해 보면 콘솔에는 아무것도 출력되지 않습니다. 함수를 실행하라고 지시하지 않았기 때문입니다. 이전 스크립트는 코드가 작성된 순서대로 실행되었지만, 함수는 명령을 받았을 때만 실행됩니다. 다음과 같이 함수 이름 뒤에 괄호를 넣어 함수를 호출하면 실행할 수 있습니다.

```
function printSomething()
    print("This was printed in a function!")
end
printSomething()
```

이제 코드가 실행됩니다. 축하합니다! 첫 번째 함수를 만들어 봤습니다. 다음에는 매개 변수parameter와 인수argument를 사용하여 함수를 좀 더 복잡하게 만드는 방법을 배웁니다.

TIP 가독성을 위해, 함수는 한 가지 작업만 수행하도록 작성하세요. 하나의 함수가 여러 작업을 해야 한다면 그 안에서 호출할 별도의 함수로 분할해야 합니다.

02.2 | 매개 변수와 인수

이번에는 매개 변수와 인수를 사용합니다. 먼저 레이싱 예를 다시 살펴보겠습니다. `if`문 전체를 함수로 만들면 앞서 설명한 전체 `if`문을 반복적으로 복사하여 붙여넣는 상황을 방지할 수 있습니다.

```lua
local MINIMUM_PLAYERS = 1
local MAXIMUM_PLAYERS = 8
local playerPosition = 1

function givePositionFeedback()
    -- 플레이어의 순위가 올바른지 확인
    if playerPosition >= MINIMUM_PLAYERS and playerPosition <=
    MAXIMUM_PLAYERS then

        -- 플레이어의 순위에 따른 메시지 출력
        if playerPosition <= 3 then
            print("Well done! You are in spot " .. playerPosition .. "!")
        elseif playerPosition <= 5 then
            print("You are almost there!")
        else
            print("You are not in the top three yet! Keep going!")
        end
    else
        -- 플레이어의 순위가 올바르지 않은 경우
        warn("Incorrect player position [" .. playerPosition .. "]!")
    end
end

givePositionFeedback()
playerPosition = math.random(1, 8)
givePositionFeedback()
```

코드를 살펴보겠습니다. if문을 한 번만 작성했지만 코드를 실행하면 두 가지 다른 결과가 출력됩니다. 함수를 만들어 두 번 호출했기 때문입니다. 그 외에는 코드가 크게 다르지 않습니다. 그러나 math.random(1, 8) 부분은 처음 보는군요. Luau에는 모두가 사용할 수 있는 내장 수학 함수가 있습니다. 그 중 하나가 math.random()입니다. 이 함수는 입력한 두 숫자 사이의 임의의 숫자를 반환합니다. 지금은 1과 8을 입력했으므로, 이 함수는 이 두 값 사이의 숫자를 반환합니다.

네, 지금까지 설명한 대로 `math.random()`은 함수입니다. 이 함수를 호출하는 방법은 다른 함수를 호출하는 방식과 유사합니다. 함수의 이름을 적고 끝에 괄호를 추가하면 됩니다. 그런데 `math.random()`은 괄호 안에 함수 데이터를 전달했습니다. 다시 생각해 보면 앞서 사용한 `print()`와 `warn()` 함수도 괄호 안에 데이터를 전달했습니다.

우리가 만들 함수에서도 똑같이 데이터를 전달할 수 있습니다. 괄호 안에 전달하는 데이터는 인수argument라고 불립니다. 함수 내에서 이 데이터를 받으면 동일한 데이터가 매개 변수parameter에 저장됩니다.

`playerPosition`이 더 이상 전역 변수가 아니라 매개 변수가 되도록 현재 코드를 수정하겠습니다.

```
local MINIMUM_PLAYERS = 1
local MAXIMUM_PLAYERS = 8


function givePositionFeedback(playerPosition)
    -- 플레이어의 순위가 올바른지 확인
    if playerPosition >= MINIMUM_PLAYERS and playerPosition <=
    MAXIMUM_PLAYERS then


        -- 플레이어의 순위에 따른 메시지 출력
        if playerPosition <= 3 then
            print("Well done! You are in spot " .. playerPosition .. "!")
        elseif playerPosition <= 5 then
            print("You are almost there!")
        else
            print("You are not in the top three yet! going!")
        end
    else
        -- 플레이어의 순위가 올바르지 않은 경우
```

```
        warn("Incorrect player position [" .. playerPosition .. "]!")
    end
end

givePositionFeedback(math.random(1, 8))
givePositionFeedback(math.random(1, 8))
```

TIP 함수의 길이는 25줄 미만으로 작성하길 권장합니다. 코드의 가독성을 향상하는 방법입니다.

이 코드에는 여전히 **playerPosition**이 있습니다. 유일한 차이점은 더 이상 전역 변수가 아니라는 점입니다. 지금은 매개 변수로 존재합니다. 이 매개 변수의 값은 스크립트 하단에서 함수를 호출할 때 정의됩니다. 여기서는 **math.random()** 함수를 인수로 사용하며, 이 인수는 1에서 8 사이의 값이 됩니다. 스크립트는 이렇게 작동합니다.

함수에 매개 변수를 부여하는 방법을 살펴보았습니다. 하지만 함수에 매개 변수가 여러 개 필요하다면 어떻게 해야 할까요? 다음에는 함수에 여러 매개 변수를 제공하는 방법을 살펴보겠습니다.

02.3 | 매개 변수 여러 개 사용하기

앞서 **math.random()** 함수는 매개 변수를 여러 개 입력받았습니다. 매개 변수와 인수는 쉼표(,)로 구분됩니다.

함수와 매개 변수를 사용하여 간단한 계산기 스크립트를 만들어 봅시다. 먼저 간단한 함수인 **add**를 만들어 보겠습니다. 이 함수에는 매개 변수가 두 개 필요합니다. 계산할 숫자가 매개 변수가 되며, 이 숫자를 x와 y라고 하겠습니다.

```
function add(x, y)
    print(x + y)
end

add(5, 5)
```

여기서는 매개 변수를 두 개 사용했습니다. 출력 창에는 인수로 제공한 숫자의 합이 출력됩니다.

그러나 함수를 호출할 때 다른 인수를 넣으면 어떻게 될까요? 원래 함수에는 x와 y라는 두 개의 매개 변수가 필요합니다. 그런데 실수로 매개 변수를 세 개 입력했다고 합시다. 그러면 어떤 일이 발생하는지 살펴보겠습니다.

```lua
function add(x, y)
    print(x)
    print(y)
end


add(1, 2, 3)
```

위의 코드를 실행하면 1과 2가 인쇄되고 3은 무시됩니다. 이 인수에 대한 print문을 작성하지 않았으니 당연한 일입니다. 원하는 만큼 많은 인수를 함수에 전달해도 함수는 필요한 만큼의 인수를 사용할 뿐 아무런 오류를 내지 않는다는 결론이 나옵니다. 하지만 그렇다고 정해진 수 이상의 인수를 넣어서는 안 됩니다. 쓸모없는 데이터를 함수에 보내는 것은 나쁜 습관이며 아무 이유 없이 추가 작업을 만들 뿐입니다.

그렇다면 두 개의 매개 변수가 필요한 함수에 하나만 전달하면 어떻게 될까요?

```lua
function add(x, y)
    print(x, y)
end


add(1)
```

1은 올바르게 인쇄됩니다. 그러나 y 매개 변수의 자리에는 nil이 인쇄됩니다. 이전에 nil에 대해 배웠습니다. nil은 무(無)를 의미합니다. 예를 들어 nil로 수학 연산을 시도하면 오류가 발생합니다. 당연히 오류를 만들고 싶지는 않겠죠? 다음에는 nil을 가진 매개 변수가 없는지 확인하는 방법을 배웁니다.

02.4 ┃ 매개 변수의 기본값

함수는 매개 변수를 어떻게 설정하는지에 따라 달라지기도 합니다. 매개 변수가 설정되지 않은 함수에는 기본값을 제공할 수 있습니다. 이는 앞서 배운 두 가지를 사용해 설정할 수 있습니다. 이번에는 if문을 사용하여 변수에 새 값을 설정하여 기본값을 만드는 방법을 알아봅니다.

수정한 코드를 살펴보겠습니다.

```
function add(x, y)
    -- 매개 변수 기본값
    if x == nil then
        x = 0
    end
    if y == nil then
        y = 0
    end

    -- 함수 로직
    print(x)
    print(y)
end

add(1)
```

이제 스크립트를 실행하면 nil 대신 기본값인 0이 출력됩니다. if문은 매개 변수가 nil인지 확인해 매개 변수의 값을 0으로 변경합니다.

매개 변수가 숫자여야 한다고 지정하지 않았으므로, 여전히 if문을 우회해 오류를 일으킬 수 있습니다. 숫자 대신 문자열을 입력하면 if문은 잘못된 매개 변수를 확인하지 못합니다. 운 좋게도 데이터 타입의 이름을 알아내는 방법이 있습니다. 데이터 타입의 이름을 가져오는 비법은 typeof()입니다. 다시 코드를 수정해 보겠습니다.

```lua
function add(x, y)
    -- 매개 변수 기본값
    if x == nil or typeof(x) ~= "number" then
        x = 0
    end
    if y == nil or typeof(y) ~= "number" then
        y = 0
    end

    -- 함수 로직
    print(x)
    print(y)
end

add(1, "2")
```

이제 스크립트에서 typeof() 함수를 사용하므로, 매개 변수에 제공된 데이터 타입이 숫자인지 문자열 같은 다른 데이터 타입인지 확인할 수 있습니다. 이제 우리가 만든 함수는 인수가 없거나 잘못된 데이터 타입을 인수로 받는 상황에도 안전합니다.

이러한 기본 매개 변수는 구현하는 데 많은 작업이 필요합니다. 그렇기에 관례적으로는 매개 변수를 선택적 매개 변수로 사용할 때만 기본값을 구현합니다. 선택적 매개 변수란 함수에 반드시 필요하지 않은 매개 변수를 의미합니다.

매개 변수의 기본값을 사용하는 또 다른 사례는 여러 개발자가 같은 함수를 각자 어떤 방식으로 사용할지 모르는 경우입니다. 모듈 사용을 설명하면서 이 사용법을 자세히 알아봅니다.

NOTE 스크립트 어딘가에서 오류가 발생해도 매개 변수에 기본값이 설정되어 있어 오류가 발생하지 않는 경우가 있습니다. 이러한 경우, 스크립트의 오류를 찾기 어려울 수 있습니다. 그러나 1장의 '중첩된 If문' 항에서 설명한 대로 기본값이 사용될 때 경고(warn())를 추가하여 이 문제를 해결할 수 있습니다.

매개 변수와 인수를 만드는 방법을 이해했으니 함수로 할 수 있는 멋진 작업인 반환 타입으로 넘어가겠습니다. 다음 항에서는 함수가 데이터를 반환하는 방법을 배웁니다.

02.5 ǀ 함수의 반환값

이번에는 함수에 반환 타입return type을 추가하여 계산기를 개선하겠습니다. 계속해서 계산기를 개발해 봅시다. 이미 add() 함수를 만들었으니, 이번엔 숫자를 빼는 함수를 만들어 봅시다. add() 함수와 코드는 매우 유사합니다.

```
function add(x, y)
    print(x + y)
end

function subtract(x, y)
    print(x - y)
end

add(5, 5)
subtract(10, 5)
```

코드는 작동하지만, 생성된 데이터로는 아무것도 할 수 없습니다. add() 함수를 사용하여 계산한 합계에서 무언가를 빼면 어떨까요? 어떤 이유든 이전 작업의 결과가 필요합니다. 여기서 이전 작업의 결과를 저장하는 전역 변수를 만드는 방법이 떠오를 겁니다.

하지만, 이에 대한 전역 변수를 만드는 것은 나쁜 습관입니다. 가능한 한 전역 변수는 사용하지 않으려고 노력합시다. 훨씬 더 나은 대안이 있으니까요. 함수는 결과를 반환합니다. 앞서 math.random() 함수가 값을 반환하는 걸 확인했습니다. 이 함수를 인수로 사용했죠. 이 함수가 새로운 숫자를 반환하기 때문에 사용할 수 있었습니다. 숫자를 인쇄하는 대신 함수가 작업 결과를 반환하도록 합시다. 이를 위해 다음과 같이 return문을 사용합니다.

```
function add(x, y)
    return x + y
end


function subtract(x, y)
    return x - y
end


local sum = add(5, 5)
local difference = subtract(10, 5)
```

return문을 사용하면 이전 코드처럼 이 함수를 인수로 사용하거나 변수에 저장할 수 있습니다. 이제 반환이 어떻게 작동하는지 알았으므로 앞에서 설명한 시스템을 만들어 봅시다. 먼저 add() 함수를 사용한 다음 그 결과를 subtract() 함수에 사용하겠습니다. 코드는 다음과 같습니다.

```
function add(x, y)
    return x + y
end


function subtract(x, y)
    return x - y
end


local result = subtract(add(5, 5), 5)
print(result)
```

반환을 사용하는 방법을 알았으니 함수에서 여러 값을 반환하는 방법을 알아보겠습니다.

02.6 ㅣ 반환값이 여러 개인 함수

둘 이상의 값을 반환하는 함수는 흔하지는 않아도 유용합니다. 예를 들어 하나의 함수에서 두 수의 합과 차를 동시에 반환하는 함수를 만들 수 있습니다.

```
function add(x, y)
    return x + y
end

function subtract(x, y)
    return x - y
end

function addAndSubstract(x, y)
    return add(x, y), subtract(x, y)
end

local sum, difference = addAndSubstract(10, 5)
```

새로운 기능을 추가했지만 특별한 것은 없습니다. 매개 변수가 두 개 있는 보통 함수입니다. 그러나 반환이 add()와 subtract() 두 가지 함수를 호출한다는 점에 주목하세요. 쉼표 (,)는 이러한 함수의 호출을 구분합니다. 여러 인수와 매개 변수를 추가할 때에도 쉼표를 사용합니다.

그런데 변수 하나에 반환값 두 개를 어떻게 저장할까요? 사실 한 변수에 반환값 두 개를 저장하지 않습니다. 대신 각 반환값을 저장할 두 개의 변수를 지정하죠. 앞에서 했던 그대로입니다. 차이가 있다면 앞의 코드 예제에서 확인할 수 있듯이 변수를 만들 때 사용하는 짧은 작성법입니다. 한 줄에 쉼표를 사용하여 여러 변수를 포함하는 것입니다.

먼저 새 변수를 정의하는 local을 사용한 다음, 익숙한 변수 이름을 작성합니다. 유일한 차이는 변수 이름을 쉼표로 구분해 여러 개 작성한다는 점입니다. 모든 변수 이름을 작성한 후에는 늘 하던 대로 등호(=)를 적고 그 뒤에 변수의 값을 설정합니다.

이 역시 처음 반환값을 받는 코드에서도 했습니다. 그런데 설정하는 변수는 두 개인데, 이를 설정하는 함수가 하나밖에 없어서 혼란스러울 겁니다. 변수 하나에만 값을 설정하는 것처럼 보이지만 사실은 그렇지 않습니다. 실제로 호출하는 건 함수 하나지만 이 함수는 두 개의 값을 반환하기 때문에 두 개의 변수를 설정합니다.

반환값이 두 개인 함수를 사용하는 대신, 변수를 정의할 때 함수를 두 개 호출할 수도 있습니다. 코드는 다음과 같습니다.

```
function add(x, y)
    return x + y
end

function subtract(x, y)
    return x - y
end

local sum, difference = add(10, 5), subtract(10, 5)
```

반환값이 두 개인 함수를 만들기보다 지금처럼 여러 함수를 호출하는 경우가 더 많습니다. 하지만 여러 반환값을 갖는 함수가 실질적으로 이득인 경우도 있습니다. 3장을 비롯해 이 책 전체에서 이런 예를 확인할 수 있습니다. 어떤 경우에서든, 반환값이 여러 개인 함수를 사용하려면 그 작동 방식을 이해하는 것이 좋습니다.

이제 반환값에 대해 모두 알았으니 함수로 할 수 있는 다른 작업을 살펴보겠습니다. if문과 유사하게 함수도 중첩할 수 있습니다. 다음 항에서 그 방법을 설명하겠습니다.

02.7 | 중첩 함수

앞에서 함수에 대해 많은 것을 배웠습니다. 그런데 말입니다. 함수도 변수라는 사실을 알고 있었나요? 이번에는 그 사실을 사용하여 중첩 함수를 만드는 법을 배웁니다.

이전에는 function functionName()이란 코드를 작성해 함수를 정의했습니다. 그러나 Luau

는 함수를 변수로 변경합니다. 따라서 다음 같은 방식으로도 함수를 만들 수 있습니다.

```
local printSomething = function(whatToPrint)
    print(whatToPrint)
end


printSomething("Hello World!")
```

함수를 이렇게 작성하면 **printSomething**이라는 변수는 함수가 되어 인수도 전달받습니다. 함수이기 때문에 매개 변수를 사용할 수 있습니다.

이런 일은 자주 발생하지 않습니다. 그렇다면 함수는 변수이니, 함수 안에서 함수를 선언할 수 있을까요? 네, 가능합니다. 함수에서 선언한 함수를 중첩 함수라고 합니다.

그런데 왜 중첩 함수를 사용할까요? 그냥 함수를 두 개 작성하면 안될까요? 물론 두 개의 함수를 작성해도 상관없습니다. 중첩 함수를 사용하는 유일한 이유는 동일한 매개 변수를 사용하는 새로운 전역 함수를 만들지 않기 위해서입니다. 하지만 조건이 하나 있습니다. 중첩 함수 안에서 만든 함수는 절대 다른 함수에서 사용할 일이 없어야 합니다. 동일한 작업을 수행하는 두 개의 중첩 함수를 만드는 건 중복 코드를 방지하는 데 아무런 소용이 없습니다.

계산기 코드를 다시 살펴보겠습니다. 계산기는 항상 합과 차를 계산합니다. 이번에는 add()와 subtract() 함수를 addAndSubstract() 함수 내부의 중첩 함수로 변환하겠습니다. 코드는 다음과 같습니다.

```
function addAndSubstract(x, y)
    -- 중첩된 add 함수
    local function add()
        return x + y
    end

    -- 중첩된 subtract 함수
    local function subtract()
        return x - y
```

```
    end

    -- 결과 반환
    return add(),subtract()
end

local sum, difference = addAndSubstract(10, 5)
```

add() 및 subtract() 함수를 중첩 함수로 변환했으니 더 이상 이 함수에 매개 변수를 제공할 필요가 없습니다. 대신 상위 범위에 있는 **addAndSubtract()** 함수에서 매개 변수의 값을 간단히 가져옵니다.

실제 계산기 시스템에서는 사용하지 않는 방식입니다. 모든 연산에 동일한 함수를 사용하고 원하는 반환 변수를 사용하는 것이 효율적일 것 같지만 그 반대입니다. 데이터를 사용하지 않을 거라면, 왜 수학 연산을 수행할까요?

TIP 중첩 함수는 작성하지 않는 게 좋습니다. 그러나 몇 가지 예외가 있습니다. 3장 이벤트 기반 프로그래밍에서 중첩 함수가 유용한 사례를 몇 가지 살펴보겠습니다.

이제 함수에 대한 모든 내용을 배웠으니 이제 살펴볼 내용은 하나입니다. 함수를 사용하는 모범 사례를 보겠습니다.

02.8 ┃ 함수를 사용하는 모범 사례

앞 절에서 이미 주의해야 할 모범 사례를 몇 가지 살펴봤습니다. 함수는 하나의 목적만 가져야 하고, 25줄 이상 작성하지 않아야 합니다.

방금 언급한 모범 사례 외에도 또 다른 모범 사례가 있습니다. 이제 함수의 사용법을 알았으니 더 이상 함수 외부에서 코드를 작성할 필요가 없습니다. 한 가지 예외가 있다면 전역 변수입니다. 전역 변수는 가능한 한 매개 변수로 바꾸세요.

함수는 여전히 어느 시점에서 호출해야 합니다. 필요할 때 함수를 호출하는 setup() 함수를 만드세요. 이러면 스크립트 맨 아래에는 함수를 호출하는 코드 하나만 남습니다. setup() 함수를 사용한 계산기 코드는 다음과 같습니다.

```
function setup()
    local sum = add(5, 5)
    local difference = subtract(10, 5)
    print(sum)
    print(difference)
end

function add(x, y)
    return x + y
end

function subtract(x, y)
    return x - y
end

setup()
```

이런 모범 사례를 마지막으로 함수에 대한 모든 것을 배웠습니다.

앞에서 함수를 만드는 방법을 배웠고, 함수의 매개 변수와 인수에 대해 배웠습니다. 매개 변수와 인수를 사용해 전역 변수를 사용하지 않고도 특정 함수에 특정 데이터를 전달할 수 있습니다. 그 외에도 함수에 반환값을 제공하는 방법도 살펴보았습니다. 반환값을 사용해 함수의 결과를 다른 용도로 사용할 수 있습니다. 마지막으로 함수는 변수라는 사실을 배웠습니다. 이 사실을 이용해 함수를 중첩할 수도 있습니다.

다음 절에서는 변수와 관련된 새로운 내용인 테이블에 관한 모든 것을 살펴보겠습니다.

03 / 테이블에 데이터 타입 저장하기

이번에는 테이블^{table}에 대해 알아보겠습니다. 테이블이 무엇이고 어디에 도움이 되는지 배워 봅시다. 테이블을 설명하기 위해 학생의 데이터를 저장하는 학교 시스템을 예로 들겠습니다.

학교에는 학생에 대한 데이터가 있습니다. 이 데이터는 학생 이름과 수업, 테스트 결과 등 다양합니다.

현재 우리는 데이터를 저장하는 방법을 알고 있습니다. 바로 변수를 사용하는 것입니다. 이를 이용해 데이터를 저장하는 학교 시스템을 만들어 봅시다. 먼저 변수를 살펴보겠습니다.

```
local STUDENT_NAME_1 = "William"
local STUDENT_NAME_2 = "Sophie"
```

처음 두 학생에 대한 두 가지 변수가 있습니다. 한 반의 평균 학생 수는 약 20명입니다. 따라서 첫 번째 반에만 20개의 변수가 필요합니다. 학교 전체에 필요한 변수의 개수를 상상해 보세요. 이렇게 많은 변수를 갖는 건 매우 체계적이지 못합니다.

다음 항에서 테이블을 사용해 데이터를 잘 정리하는 방법을 배워 보겠습니다.

03.1 | 테이블에 데이터 저장하기

이에 대한 해결책이 있습니다. 테이블을 사용하는 것입니다. 테이블은 데이터의 목록입니다. 이 목록은 크기 제한이 없습니다.

테이블을 사용해 학생들의 이름을 저장하겠습니다. 테이블을 사용한 코드는 다음과 같습니다.

```
local students = {"William", "Sophie"}
```

코드를 잘 살펴보면 처음 사용한 코드와 크게 다르지 않습니다. 반환값이 여러 개인 함수를 만든 걸 기억해 볼까요? 여기에서는 한 줄에 여러 변수의 값을 저장했습니다. 여러 변수에 값을 저장하는 코드는 다음과 같습니다.

```
local student1, student2 = "William", "Sophie"
```

보다시피 거의 동일합니다. 하지만 테이블은 하나의 변수(students)만 사용하고, 다른 예제는 두 개의 변수(student1와 student2)를 사용한다는 차이가 있습니다. 또 다른 차이점은 등호(=) 뒤에 있습니다. 위의 예제는 두 개의 문자열을 쉼표(,)로 구분했지만, 테이블은 값을 중괄호({ })로 둘러쌉니다. 다른 학생의 이름을 테이블에 추가하려면 쉼표(,)를 추가하고 그 뒤에 새 문자열을 추가하면 됩니다. 모든 변수가 students 테이블에 저장되어 있으므로 다른 변수 이름을 만들지 않아도 됩니다.

테이블은 한 테이블에 모든 데이터 타입을 저장할 수 있다는 특징이 있습니다. 즉, 동일한 테이블에 서로 다른 타입의 데이터를 저장할 수 있습니다. 다음은 테이블에 학생의 정보를 저장하는 예입니다.

```
local studentInfo = {"James", 10284281, "180", true}
```

위의 코드는 가상의 학생에 대한 정보입니다. 테이블의 첫 번째 데이터는 학생의 이름(문자열)이고, 두 번째 데이터는 학생 ID(숫자)입니다. 학교는 학생의 키도 알고 있으며, 이 키는 문자열로 저장됩니다. 마지막으로 학생의 등록 여부를 확인하는 부울값이 있습니다.

이번에는 테이블 만드는 방법을 배웠습니다. 추가로 테이블을 표준 변수와 비교하여 이점도 확인했습니다. 변수에서 데이터를 읽는 방법은 이미 알고 있습니다. 그렇다면 테이블에서 데이터를 얻는 방법은 무엇일까요? 이어서 테이블에서 데이터를 읽는 법을 알아보겠습니다.

03.2 | 테이블에서 데이터 읽기

변수를 사용할 때는 변수 이름을 사용하여 저장된 값으로 모든 작업을 수행할 수 있습니다. 하지만, 테이블은 다르게 작동합니다. 학생 테이블을 출력해 보면 흥미로운 사실을 알 수 있습니다. 다음은 테이블을 출력하는 코드입니다.

```
local students = {"William", "Sophie"}
print(students)
```

출력은 다음과 같습니다.

```
{
    [1] = "William",
    [2] = "Sophie"
}
```

언뜻 보면, 출력과 주어진 입력이 달라 보이지만, 출력을 다시 살펴보면 많은 유사점이 있습니다. 우선 중괄호와 학생들의 이름이 보입니다. 테이블에서 보지 못한 건 이상한 숫자뿐입니다.

이 숫자는 생각보다 중요합니다. 이들은 테이블 값의 인덱스index입니다. 인덱스란 무엇일까요? 테이블을 다시 한번 살펴보겠습니다. 테이블의 첫 번째 문자열은 William입니다. 다음으로 출력 창에 숫자 1과 문자열 William이 나옵니다.

인덱스는 테이블에서 데이터의 위치를 알려 줍니다. 인덱스는 테이블 내의 변수 이름으로 생각할 수 있습니다. 테이블의 인덱스는 1부터 시작하여 테이블 내의 항목 수에 따라 계속 증가합니다.

인덱스를 사용하면 테이블에서 출력할 항목을 선택할 수 있습니다. 테이블 이름 뒤에 대괄호([ ])를 지정하면 됩니다.

```
local students = {"William", "Sophie"}
print(students[1])
```

수행하려는 작업에서 인덱스 데이터가 중요하지 않고 테이블 내의 모든 값만 인쇄하려면 내장 함수 unpack()을 사용할 수 있습니다.

```
local students = {"William", "Sophie"}
print(unpack(students))
```

이번 절에서는 테이블에서 데이터를 읽는 법과 테이블의 내부 구조가 어떻게 작동하는지 배웠습니다. 각 데이터에는 고유 인덱스가 지정되며, 테이블에서 인덱스를 사용해 특정 데이터를 가져올 수 있습니다. 다음 절에서는 테이블에 새 데이터를 추가하는 법을 알아보겠습니다.

03.3 | 테이블에 데이터 준비하기

기존 테이블에 새 항목을 추가하는 방법은 간단합니다. 이미 이러한 역할을 하는 내장 함수 table.insert()가 있습니다. 이 내장 함수는 다음과 같이 사용합니다.

```
local students = {"William", "Sophie"}
table.insert(students, "Robbert")
```

이 스크립트에서 처음 등장하는 함수는 table.insert()입니다. 이 함수는 이름 그대로의 일을 합니다. table.insert() 함수는 첫 번째 인수로 입력한 테이블에 두 번째 인수를 추가합니다. 테이블을 출력해 보면 Robbert의 인덱스가 3인 것을 알 수 있습니다.

하지만 실수로 테이블에 이름을 잘못 넣었을 때는 어떻게 할까요? 테이블에 있는 데이터를 제거하거나 업데이트할 수 있을까요? 네, 물론입니다. 테이블 이름에 변경하려는 값의 인덱스를 결합하면 됩니다. 예를 들어, 인덱스가 3인 Robbert를 Robert로 변경할 경우, 코드는 다음과 같습니다.

```
local students = {"William", "Sophie", "Robbert"}
students[3] = "Robert"
```

이 정보를 바탕으로 4 같은 인덱스를 가져와 항목을 설정할 수 있을까요? 이것이 바로 table.insert() 함수가 하는 작업입니다. 직접 테이블을 삽입하는 함수를 작성해 보겠습니다.

```
local students = {"William", "Sophie", "Robert"}

function setup()
    customTableInsert(students, "Emily")
    print(unpack(students))
end

function customTableInsert(table, newData)
    -- 인덱스 정보 얻기
    local currentIndex = #table
```

```
    local newIndex = currentIndex + 1

    -- 새 데이터 입력하기

    table[newIndex] = newData
end

setup()
```

직접 만든 customTableInsert() 함수를 살펴보겠습니다. 첫 번째 변수는 테이블의 현재 인덱스입니다. 테이블 이름 앞에 해시태그(#)를 넣어 인덱스를 얻습니다. 해시태그는 길이 연산자입니다. 이 연산자를 사용하면 테이블의 길이를 얻습니다.

테이블의 길이를 알았으니, 새 인덱스 변수를 얻습니다. 새 인덱스 변수는 테이블의 현재 길이에 1을 추가한 수입니다. 예를 들어 테이블에 세 개의 항목이 있다면 currentIndex 변수는 3이 됩니다. 여기에 1을 추가한 newIndex는 4가 됩니다. 이 인덱스는 아직 사용되지 않았으므로 테이블에 새 값을 추가합니다.

테이블에서 특정 수를 제거하려면 인덱스를 업데이트하고 값을 nil로 설정하면 됩니다. 그러나 훨씬 더 나은 방법이 있습니다. 바로 로블록스에서 제공하는 내장 함수인 table. remove()입니다. 값을 nil로 설정하는 방법과 비교하면, table.remove()는 삭제하는 인덱스 뒤에 있는 모든 인덱스가 변경된다는 차이가 있습니다. 모든 인덱스를 이동해 테이블에 인덱스가 비는 문제를 막을 수 있습니다. 이에 비해 값을 nil로 설정하면 테이블 내에 빈 자리가 생깁니다. table.remove() 함수는 다음과 같이 사용합니다.

```
local students = {"William", "Sophie", "Robert"}
table.remove(students, 3)
```

이번 절에서는 테이블에 저장된 데이터를 업데이트하는 법과 테이블에 완전히 새로운 항목을 삽입하는 법을 배웠습니다. 마지막으로 table.remove() 함수를 사용하여 테이블에서 데이터를 제거하는 방법도 배웠습니다.

지금까지 테이블의 기본 사항이었습니다. 테이블을 활용해 다른 멋진 일도 할 수 있습니다. 지금은 숫자로 된 인덱스를 사용했지만 문자열로 된 인덱스를 사용하면 어떨까요? 딕셔너리dictionary를 사용하면 가능합니다. 이어서 딕셔너리에 대해 자세히 살펴보겠습니다.

03.4 ⏐ 딕셔너리

지금 가지고 있는 테이블에는 학생들의 이름이 저장되어 있습니다. 그런데 각 학생에 대한 더 많은 정보를 저장하려면 어떻게 해야 할까요? 예를 들어 이름과 학생 ID, 반 이름, 지각 횟수를 저장하려 합니다. 테이블은 다음과 같습니다.

```lua
local studentInfo = {
    "Lauren",
    12345,
    "H1",
    0
}
```

테이블에 별다른 문제는 없지만, 만들려는 테이블에 대한 설명을 읽지 않으면 각 값이 어떤 의미인지 전혀 알 수 없어 알아보기 어렵습니다. 한 가지 해결책은 값 앞에 주석을 추가하는 것입니다. 그러나 Luau는 여기서 우리를 도울 수 있는 기능을 제공합니다. 이를 딕셔너리 dictionary라고 합니다.

딕셔너리는 사전을 의미하는 영단어입니다. 실제로 사전을 본 적이 있나요? 원하는 단어를 찾으면 그 단어의 의미가 나옵니다. Luau의 딕셔너리도 이와 유사합니다. 딕셔너리에는 키key와 각 키에 해당하는 값value이 있습니다. 이 키는 숫자나 문자열, 또 다른 데이터 타입이 될 수 있습니다. 키를 테이블의 인덱스로 생각하면 됩니다.

학생 정보를 저장하는 딕셔너리는 다음과 같습니다.

```lua
local studentInfo = {
    name = "Lauren",
    id = 12345,
    class = "H1",
    ["times late"] = 0
}
```

언뜻 봐도 각 데이터가 가진 의미가 즉시 명확하게 이해됩니다. times late라는 키는 다르게 작성되었습니다. 대괄호([ ])와 따옴표(")로 둘러싸여 있는데, 그 이유는 times와 late

사이에 공백이 있기 때문입니다. 공백을 사용할 때는 항상 대괄호와 인용 부호를 사용해야
합니다.

이제 딕셔너리의 인덱스에 어떤 일이 발생했는지 살펴보겠습니다.

```
{
    ["class"] = "H1",
    ["id"] = 12345,
    ["name"] = "Lauren",
    ["times late"] = 0
}
```

보다시피 어떤 값이 어떤 인덱스에 속하는지 식별할 수 있는 숫자가 없습니다. 이제 문자
열이 인덱스입니다. 딕셔너리를 사용할 때는 인덱스가 아니라 키key라고 부릅니다. 딕셔
너리에서 데이터를 가져오는 것이 테이블에서 데이터를 가져오는 것보다 더 간단해 보입
니다.

```
local studentId = tableStudentInfo[2]
local studentId = dictionaryStudentInfo["id"]
```

괄호 안에 인덱스 대신 키를 지정한 덕분에, 변수 이름을 보지 않아도 딕셔너리에서 이 학
생의 id를 가져오려는 걸 바로 알 수 있습니다.

이번에는 딕셔너리를 사용하는 방법을 배웠습니다. 이전에는 테이블을 만드는 방법도 배
웠습니다. if문 및 함수와 유사하게 테이블도 중첩할 수 있습니다. 실제로 딕셔너리를 사
용하면 테이블을 중첩할 수도 있습니다. 테이블을 중첩하면 다차원 테이블이라고 합니다.
이어서 이러한 다차원 테이블에 대해 알아보겠습니다.

03.5 | 다차원 테이블

지금까지 두 가지 시스템을 만들었습니다. 하나는 각 학생의 정보를 포함하는 시스템이고
다른 하나는 모든 이름을 포함하는 시스템입니다. 이 두 시스템을 결합하겠습니다. 모든 이

름을 포함하는 변수와 개별 학생에 대한 정보를 포함하는 변수가 있는데, 이번엔 모든 학생과 모든 학생 정보를 포함하는 하나의 변수를 만들고자 합니다.

이를 위해 다차원 테이블multi-dimensional table을 사용합니다. 다차원 테이블이란 무엇일까요? 지금까지는 데이터를 포함한 테이블을 살펴보았습니다. 그러나, 다른 테이블을 포함하는 테이블도 있습니다. 이 두 번째 테이블에 데이터를 넣을 수 있습니다.

다차원 테이블은 현재 시스템에 완벽한 솔루션입니다. 또한 테이블 안에 딕셔너리를 넣어 더 좋게 만들 수 있습니다. 다차원 테이블을 사용하면 시스템이 어떻게 달라지는지 확인해 봅시다.

```lua
local students = {
    {
        name = "William",
        id = 1,
        class = "H1",
        ["times late"] = 0
    },
    {
        name = "Sophie",
        id = 2,
        class = "H1",
        ["times late"] = 0
    },
}
```

앞 코드는 다차원 학교 시스템의 모습입니다. 데이터의 인덱스와 키를 알고 있는지 확인하기 위해 테이블을 살펴보겠습니다.

```lua
{
    [1] = {
        ["class"] = "H1",
        ["id"] = 1,
        ["name"] = "William",
```

```
            ["times late"] = 0
        },
        [2] = {
            ["class"] = "H1",
            ["id"] = 2,
            ["name"] = "Sophie",
            ["times late"] = 0
        }
    }
```

딕셔너리가 테이블 안에 있는 인덱스를 얻었습니다. 딕셔너리 안에는 각 데이터에 대한 키가 있습니다.

다차원 테이블은 몇 가지 이점을 갖습니다. 이어서 인덱스를 편하게 쓰도록 중복 키를 제거하는 방법을 배웁니다.

인덱스를 ID로 사용하기

학생 정보를 저장하는 딕셔너리가 인덱스를 얻으면, 키인 id가 필요하지 않다는 의미인가요? 네, 테이블 안에 딕셔너리가 있을 때 생기는 장점입니다. 테이블의 각 항목은 인덱스를 가지므로 이 인덱스를 id 키로 사용할 수 있습니다. 이때 모든 id 키가 중복됩니다. 예를 들어 id 키를 제거한 코드는 다음과 같습니다.

```
{
    [1] = {
        ["class"] = "H1",
        ["name"] = "William",
        ["times late"] = 0
    },
    [2] = {
        ["class"] = "H1",
        ["name"] = "Sophie",
```

```
        ["times late"] = 0
    }
}
```

테이블의 인덱스로 **id** 키를 대체하는 방법을 배웠습니다. 이 간단한 최적화를 알았으므로, 다음에는 다차원 테이블에서 데이터를 읽는 법을 알아보겠습니다.

다차원 테이블에서 데이터 가져오기

지금까지 테이블과 딕셔너리에서 데이터를 가져오는 방법을 살펴보았습니다. 이번에는 그 둘을 결합하겠습니다. 따지고 보면 지금까지 배운 세 가지를 결합하는 것입니다. 먼저 테이블에서 데이터를 가져오는 방법과 참조를 결합하겠습니다. 참조를 사용하면 게임 어딘가, 예를 들어 Workspace 같은 곳에 있는 개체를 참조할 수 있습니다. 그러나 이번에는 테이블에 저장된 내용을 참조해야 합니다. 다음 코드를 살펴보겠습니다.

```
-- Workspace에서 참조
workspace.Baseplate
-- 테이블에서 참조
tableName[1]
-- 다차원 테이블에서 참조
students[1]["class"]
```

첫 번째 줄은 Workspace에 있는 항목을 참조하는 방법입니다. 참조는 다차원 테이블과 유사합니다. 먼저 Workspace를 참조한 다음 Baseplate를 참조합니다. 차이점이 있다면 일반 참조는 점(.)을 사용하여 자식children을 구분하는 반면, 테이블은 대괄호([ ])로 둘러싸인 인덱스를 사용한다는 점입니다. 두 번째 줄에서 1차원 테이블에서 어떤 항목을 참조했는지 확인할 수 있습니다.

마지막으로 다차원 테이블에 대한 참조가 있습니다. 먼저 테이블의 이름을 명시한 다음, 원하는 딕셔너리의 인덱스를 지정합니다. 마지막으로 이 딕셔너리에서 참조할 키를 정의합니다.

다차원 테이블을 만들고 몇 가지 인덱스/키를 참조해 보세요.

다차원 테이블에서 데이터를 참조하는 방법을 이해했으므로 이제 데이터를 업데이트하는 방법을 설명하겠습니다.

다차원 테이블에서 데이터 업데이트하기

짐작했겠지만 다차원 테이블 내부에 데이터를 설정하는 과정은 일반 테이블과 동일합니다. 다음과 같이 새로운 데이터를 참조하고 설정할 수 있습니다.

```lua
students[1]["Name"] = "John"
```

여기에 주목할 새로운 사항이 하나 있습니다. 게임이 실행 중일 때 테이블에 완전히 새로운 학생을 추가하려면 어떻게 해야 할까요? 현실보다 더 복잡한 것 같네요.

```lua
local students = {}

function addStudent(studentName, studentClass)
    table.insert(
        students,
        {
            name = studentName,
            class = studentClass,
            ["times late"] = 0
        }
    )
end

addStudent("Nicole", "H1")
```

table.insert() 함수를 사용합니다. 그러나 데이터 타입을 두 번째 인수로 사용하는 대신 이번에는 전체 테이블을 설정했습니다. 앞서 배운 것처럼 Luau 테이블은 다른 테이블을 비롯한 모든 데이터 타입을 포함합니다.

NOTE 딕셔너리에 대해 이야기할 때 키가 인덱스보다 읽기 쉽다고 언급했습니다. 그런데 여전히 학생을 찾을 때 키 대신 인덱스를 사용합니다. 학생의 이름을 키로 사용할 때보다 읽기가 더 어렵지만 중요한 문제가 하나 있습니다. 딕셔너리에는 키가 한 개만 존재할 수 있는데, 동일한 이름을 가진 학생이 있을 수 있습니다. 하지만 인덱스가 있다면 별 문제가 되지 않습니다. 같은 이름을 가진 학생이라도 다른 인덱스를 사용하기 때문입니다.

이제 다차원 테이블에 대한 모든 내용을 알았으므로 테이블에 대한 마지막 사항을 알아보겠습니다. 앞에서 테이블에 모든 데이터 타입을 넣을 수 있다고 배웠습니다. 그럼 함수도 넣을 수 있을까요? 다음에는 테이블에서 사용할 함수에 대해 자세히 알아보겠습니다.

03.6 ㅣ 테이블 내 함수

이 장에서 중첩 함수를 설명하며 함수가 변수라는 사실을 배웠습니다. 또한 테이블 내부에 무엇이든 저장할 수 있다는 것을 배웠습니다. 여기엔 함수도 포함됩니다.

함수를 설명할 때, 간단한 계산기를 만들었습니다. 이 계산기는 테이블 내부에서도 구현할 수 있습니다. 다음 코드를 살펴보겠습니다.

```
local calculator = {
    ["Add"] = function(x, y)
        return x + y
    end,
    Subtract = function(x, y)
        return x - y
    end
}
```

Add() 함수를 사용하려면 먼저 함수를 참조해야 합니다. 함수를 참조하는 방법은 테이블의 표준 데이터를 참조하는 방법과 같습니다. 함수를 참조한 후에는 기존 방식대로 제공하려는 인수를 포함하는 괄호를 추가합니다. 코드는 다음과 같습니다.

```
local calculator = {
    ["Add"] = function(x, y)
        return x + y
    end,
    Subtract = function(x, y)
        return x - y
    end
}

print(calculator["Add"](5, 5))
print(calculator.Subtract(10, 5))
```

이제 테이블에 함수를 포함하는 방법과 모든 기본 사항 등을 알았습니다. 테이블은 데이터를 저장하는 데 유용하지만, 여전히 요소에 접근하려면 인덱스를 참조해야 합니다. 다음에는 반복문을 사용하는 방법을 알아보겠습니다. 물론 테이블에도 반복문을 사용할 수 있습니다!

04 / 반복문 프로그래밍

지금까지 반복문을 소개하지 않아 최대한 활용하지 않고 시스템을 만들었습니다. 반복문을 사용하면 동일한 코드를 반복해서 복사하여 붙여넣지 않고도 같은 과정을 여러 번 반복할 수 있습니다. 여기서는 반복문에 대해 알아야 할 모든 내용을 설명합니다.

다음은 Luau에서 제공하는 반복문 세 가지를 정리한 표입니다.

표 2-1 Luau에서 제공하는 반복문

종류	설명
while	while문은 조건이 만족할 때까지 동일한 코드를 계속 반복합니다. if문과 유사하게, 조건이 충족되면 true를 반환합니다. 하지만 코드는 조건을 확인한 후 실행됩니다.
repeat ... until	repeat문은 while과 비슷하지만 두 가지 차이점이 있습니다. 1. while과 달리 repeat은 코드를 실행한 후 조건을 확인합니다. 즉, 코드가 적어도 한 번은 실행됩니다. 2. while문은 조건이 true일 때 코드를 실행하지만 repeat은 조건이 true일 때 중지됩니다.
for	for문은 결과에 상관없이 정해진 횟수만큼 실행됩니다. 한 예로 테이블을 반복할 수 있습니다.

이제 각 반복문에 대해 자세히 살펴보겠습니다.

04.1 ⎸ while문

첫 번째로 살펴볼 반복문은 while입니다. 앞에서 언급했듯 while은 조건이 만족할 때까지 동일한 코드를 계속 반복합니다. 다음 코드를 살펴보겠습니다.

```
function randomBoolean()
    return math.random(0, 5) == 0
end

function countTries()
    -- 카운터 변수
    local tries = 0

    -- while문
    while randomBoolean() == false do
        tries += 1
    end
```

```
    -- 반복문이 끝날 때까지 실행된 횟수를 출력
    print("It took " .. tries .. " tries to end the loop.")
end

countTries()
```

코드를 자세히 살펴보겠습니다. 첫 번째 함수인 randomBoolean()은 짧지만 주목할 만한 항목이 여러 개 있습니다. 이 함수는 로블록스 Luau에 내장된 math.random() 함수를 사용합니다. math.random() 함수는 0에서 5 사이의 난수를 생성합니다. 임의로 생성된 이 숫자가 0이면 true가 반환되며, 그렇지 않으면 false가 반환됩니다.

그다음에는 while문을 포함한 함수 countTries()가 있습니다. 이 함수는 true를 반환할 때까지 randomBoolean() 함수를 가능한 한 많이 호출합니다. true를 반환하면 반복문이 종료되고 출력이 진행됩니다. false를 반환하면 변수 tries가 1씩 증가합니다.

잠깐, randomBoolean() 함수가 true를 반환해야 반복문이 끝난다고 했죠? 그렇다면 왜 false를 반환하는지 확인할까요? false를 반환하는지 확인하는 건 실수가 아닙니다! 처음에는 혼란스러울 테니 한 번 살펴보겠습니다. math.random() 함수가 0을 선택하면 true를 반환하고, 그렇지 않으면 false를 반환합니다. false를 반환하면 반복문의 조건은 false == false가 됩니다. 조건문에 대해 배울 때 설명했듯이 false == false는 true를 반환합니다. 따라서 조건이 참인 동안 while문이 반복됩니다.

while문을 사용하므로 tries가 증가하기 전에 조건이 실행됩니다. 조건이 먼저 실행된다는 말은 첫 번째 실행이 true를 반환하면 tries가 0으로 유지된다는 의미입니다. while문 내부의 코드가 실행되지 않기 때문입니다. 결국 true == false는 false가 되므로 조건은 결코 true가 될 수 없습니다.

반면에 repeat until문을 사용하면 tries는 계속 증가할 겁니다. repeat until문은 조건을 확인하기 전에 실행되는 반면 while문은 내부 코드를 실행하기 전에 조건을 확인합니다. 다음에는 repeat until에 대해 자세히 알아보겠습니다.

04.2 | repeat until문

while 반복문 대신 repeat 반복문을 사용하여 이전 코드를 변경하면 코드는 다음과 같습니다.

```
function randomBoolean()
    return math.random(0, 5) == 0
end

function countTries()
    -- 카운터 변수
    local tries = 0

    -- repeat until문
    repeat
        tries += 1
    until
    randomBoolean() == true

    -- 반복문이 끝날 때까지 실행된 횟수를 출력
    print("It took " .. tries .. " tries to end the loop.")
end

countTries()
```

repeat until문을 사용한 코드는 while문을 사용하는 코드와 거의 동일해 보입니다. 그런 것 같죠? 두 반복문 모두 동일한 목적을 수행하기 때문입니다. 다만, 변수 tries가 항상 1 이상의 값을 갖는다는 차이가 있습니다. 스크립트를 몇 번 실행해도 tries는 0이 되지 않습니다. 이 차이는 조건이 참인지 확인하기 전에 코드를 실행하는 repeat until문을 사용하기 때문에 일어납니다.

이번에는 randomBoolean()이 true를 반환하면 조건이 true == true가 되어 함수가 중지되고, 함수가 false를 반환하면 조건은 false == true로 false가 되어 다시 반복이 진행됩니다.

반복문에 대해 처음 들었다면 매우 헷갈릴 겁니다. 따라서 이렇게 반복문을 직접 써 보며 연습하기를 추천합니다. 책의 코드를 보지 않고 앞의 while문과 repeat until문을 다시 써 보는 것도 좋은 방법입니다.

while문과 repeat until문이 작동하는 방식을 알았으니 마지막 반복문을 살펴보겠습니다.

04.3 ┃ for문

for문은 가장 일반적으로 쓰이는 반복문이므로 가장 중요합니다. for문과 다른 반복문에는 한 가지 차이점이 있습니다. for문은 시작하기 전에 반복 횟수를 지정할 수 있습니다. 따지고 보면 while문과 repeat문은 영원히 실행될 수 있습니다.

다음 코드를 살펴보겠습니다.

```
for i = 1, 10 do
    print(i)
end
```

위의 for문은 숫자를 1부터 10까지 하나씩 출력합니다. 먼저 i를 살펴보겠습니다. i는 변수이므로 아무 이름으로나 변경할 수 있습니다. 일반적으로 프로그래머는 인덱스index를 뜻하는 약자인 i를 사용합니다. 하지만 변수를 더 잘 설명하는 이름을 지정하는 편이 좋습니다. 예를 들면 numberCounter라는 이름으로 지정할 수 있습니다.

그런 다음 등호(=)와 1, 쉼표(,), 10을 작성합니다. 코드를 실행하면 i의 역할이 무엇인지 짐작할 수 있습니다. 1은 반복의 시작 번호입니다. 따라서 변수 i는 1에서 시작합니다. 변수가 10에 도달하면 반복이 중단됩니다. 반복이 실행될 때마다 변수는 자동으로 1씩 증가합니다.

변수를 2씩 증가시키려면, 10 뒤에 또 다른 쉼표(,)를 추가하고 증가시킬 숫자를 지정하면 됩니다.

```
for numberCounter = 1, 10, 2 do
    print(numberCounter)
end
```

증가값을 2로 변경했습니다. 코드를 실행하면 출력 창에 1, 3, 5, 7, 9가 표시됩니다. 그런 다음, 설정한 한계에 도달하지 않았어도 반복문이 중지됩니다. 9는 현재 증분값으로 커질 수 있는 10보다 작은 가장 큰 수입니다. 명시적으로 제한에 도달하지 않은 경우에도 루프가 중지된다는 사실을 알아 두세요.

이 외에도 또 다른 for문이 있습니다. 이 for문은 주로 테이블을 반복할 때 사용합니다.

```
local messages = {"Hello", "how", "are", "you"}

for i, v in pairs(messages) do
    print(i, v)
end
```

이 코드에는 4개의 문자열이 포함된 테이블이 있습니다. 그다음, 이를 훑어보는 for문이 있습니다. 먼저 i를 다시 보겠습니다. 마찬가지로, 이 변수는 인덱스 변수 역할을 합니다. 그러나 이번에는 테이블의 현재 항목이 갖는 인덱스입니다. 그런 다음 변수 v가 있습니다. 이것은 값을 의미하는 value의 줄임말입니다. 이 변수에는 테이블 내의 현재 인덱스와 일치하는 데이터가 들어갑니다.

변수 다음에는 pairs(messages)라는 코드가 있습니다. pairs() 함수는 테이블을 반복하여 인덱스 및 값 변수를 모두 채웁니다. 다시 한번 변수 i와 v에 적합한 이름을 찾길 추천합니다. pairs() 함수는 테이블에 저장된 순서로 결과를 제공하지 않는다는 단점이 있습니다. Hello보다 how를 먼저 불러올 수 있습니다. 만약 테이블을 반복하는 순서가 중요하다면 ipairs()를 사용하세요. 이 함수는 how보다 Hello를 먼저 읽습니다.

그러나 ipairs() 함수를 항상 사용할 수 있는 것은 아닙니다. ipairs()는 딕셔너리를 읽지 못합니다. 따라서 딕셔너리를 반복할 때는 pairs()를 사용해야 합니다.

TIP 경우에 따라 인덱스 변수나 값 변수를 사용하지 않을 수 있습니다. 이럴 때는 보통 변수명을 밑줄 (_)로 지정합니다.

이제 for문에 대해 알았으니 Luau에서 사용하는 모든 반복문의 사용법을 이해했습니다. 반복문에 대한 이해를 넓혀 보겠습니다. 다음 항에서는 break와 continue를 사용해 반복 문을 멈추고 다음 반복으로 넘어가는 방법을 알아보겠습니다.

04.4 | continue와 break

테이블에 대해 살펴보며 만들었던 학교 시스템으로 돌아가 봅시다. 이때 만든 2차원 테이블은 다음과 같습니다.

```lua
local students = {
    {
        name = "William",
        class = "H1",
        ["times late"] = 0
    },
    {
        name = "Sophie",
        class = "H1",
        ["times late"] = 0
    },
}
```

이번에는 students를 반복하는 함수를 만들겠습니다. 테이블이 있으므로 for문를 사용합니다. 이때 인덱스는 학생의 ID이고 값은 학생 정보를 포함하는 딕셔너리입니다. 이 정보를 알면 for문을 만들 수 있습니다.

학생 정보에서 name 키를 찾습니다. 그런 다음 if문을 만들어 딕셔너리에 있는 이름이 찾는 이름과 일치하는지 확인합니다. 다음 코드를 살펴보겠습니다.

```lua
local students = {
    {name = "William", class = "H1", ["times late"] = 0},
    {name = "Sophie", class = "H1", ["times late"] = 0},
}

function findStudent(studentName)
    -- students를 반복
    for studentId, studentInfo in pairs(students) do
        print("Current Student Id: " .. studentId)

        -- 학생 id에 속한 이름을 받아오기
        local currentStudentName = studentInfo["name"]

        -- 학생의 이름이 찾는 이름인지 확인
        if currentStudentName == studentName then
            print("Found!")
        else
            print("Someone else.")
        end
    end
end

findStudent("William")
```

for문에 익숙해질 완벽한 시작점이군요! 앞 코드에서 문제점은 딱 하나입니다. 찾고 있는 학생을 찾아도 반복이 계속된다는 점입니다. 지금 우리는 원하는 학생을 찾으면 함수가 중지되도록 만들고 싶습니다. Luau에서는 이런 동작을 구현할 수 있습니다. 바로 **break**를 사용하면 됩니다. 반복문에서 **break**문을 실행하면 반복이 중단됩니다.

TIP 반복문을 포함한 함수에 반복문 말고도 더 많은 코드가 있다면 나머지 코드는 계속 실행됩니다. 이것이 break문과 return문의 차이입니다. return문은 반복과 함수를 모두 중지시킵니다.

break문을 사용한 코드는 다음과 같습니다.

```
function findStudent(studentName)
    -- students를 반복
    for studentId, studentInfo in pairs(students) do
        print("Current Student Id: " .. studentId)

        -- 학생 id에 속한 이름을 받아오기
        local currentStudentName = studentInfo["name"]

        -- 학생의 이름이 찾는 이름인지 확인
        if currentStudentName == studentName then
            print("Found! Stopping loop")
            break
        else
            print("Someone else, continuing")
            continue
        end
    end
end

findStudent("William")
```

> **NOTE** 공간을 줄이기 위해 앞 코드에서 함수 부분만 작성했습니다. 전체 코드에서 이 함수 부분만 새로 교체하세요.

이제 break문을 사용해 원하는 학생을 찾으면 반복을 중단합니다. 보다시피 조건문의 else 부분에는 continue문이 있습니다. continue문이 실행되면 if문 아래에 다른 항목이 있더라도 반복이 다시 시작됩니다.

함수를 수정하여, 존재하지 않는 학생을 찾을 때 경고가 출력되도록 하려면 반복문 안에 warn() 함수를 추가하세요. 앞서 언급했듯이 break문은 함수가 아닌 반복문만 중단합니다.

따라서 이를 구현하려면 break문을 return문으로 변경하세요. 이는 루프뿐만 아니라 전체 함수를 중단합니다. 그런 다음 for문을 진행하는 동안 아무것도 발견하지 못했다는 경고를 추가합니다. return문에 도달하지 않은 경우에만 마지막 코드에 도달하게 됩니다.

```lua
function findStudent(studentName)
    -- students를 반복
    for studentId, studentInfo in pairs(students) do
        print("Current Student Id: " .. studentId)

        -- 학생 id에 속한 이름을 받아오기
        local currentStudentName = studentInfo["name"]

        -- 학생의 이름이 찾는 이름인지 확인
        if currentStudentName == studentName then
            print("Found! Stopping function")
            return
        else
            print("Someone else, continuing.")
            continue
        end
    end
    -- 학생을 찾지 못함
    warn("Student [" .. studentName .. "] does not exist.")
end
```

앞의 코드는 새 시스템에 적용하기 위해 업데이트된 함수입니다. 직접 실행해 봅시다.

이번에는 반복문에서 continue문과 break문을 사용하는 방법을 배웠습니다. break문 대신 return문을 사용하는 경우도 보았습니다. 이어서 시스템 지연이나 충돌 없이 대규모 반복문을 처리하는 방법을 배우겠습니다.

04.5 | 대규모 반복문

작성한 반복문이 영원히 실행되거나 복잡한 코드가 여러 번 실행되는 경우도 있습니다. 이 경우 로블록스 스튜디오는 응답하지 않습니다. 일반적으로 로블록스는 일정 시간이 지나면 반복문을 자동으로 중단하지만 항상 그런 건 아닙니다.

어느 쪽이든 이상적이진 않습니다. 그러나 해결책은 있습니다. task.wait() 함수를 사용하면 됩니다. 이 함수는 지정된 시간 동안 현재 스레드를 일시 중단합니다.

```
while true do
    print("Loop is running.")
    task.wait(1)
end
```

위의 코드는 매초마다 "Loop is running."이란 메시지를 출력합니다. task.wait() 함수는 매개 변수 1을 가져옵니다. 이 매개 변수는 스레드를 일시 중지하는 시간입니다. 반복문을 2초 동안 중지하려면 1을 2로 변경하면 됩니다. 매개 변수를 모두 제거하면 스크립트가 일시 중지하는 시간은 아주 짧아집니다. 그 시간을 정확히 알고 싶다면 다음 코드를 실행하세요.

```
print(task.wait())
```

이 코드는 스레드를 일시 중지한 정확한 기간을 출력합니다.

이제 스레드를 일시 중지하는 방법과 데스크톱에서 랙이 발생하는 현상을 막는 방법도 알았습니다. 이것으로 반복문에 대한 모든 기본적인 사항을 알게 됐습니다.

앞서 세 가지 반복문 while, repeat... until, for에 대해 배웠습니다. 각 반복문이 사용되는 목적도 배웠고, continue문과 break문을 사용하여 반복문을 중단하고 다음 단계에 대한 반복을 다시 시작하는 방법도 배웠습니다. 마지막으로 대규모 반복문이 있을 때 시스템 지연을 방지하기 위해 특정 기간 동안 스레드를 일시 중지하는 방법도 배웠습니다.

다음으로 모듈module에 대해 알아보겠습니다. 이전에는 함수를 사용해 스크립트에서 중복 코드를 줄이는 방법을 배웠습니다. 모듈도 마찬가지입니다. 대신 모듈은 스크립트 하나가 아닌 여러 개의 스크립트에 중복 코드가 생기는 일을 방지합니다.

지금까지 프로그래밍에 대한 많은 것을 배웠습니다. 먼저, 프로그래밍이 데이터를 다루는 일임을 배웠고, 변수와 조건문, 함수, 테이블, 반복문 사용처럼 코드를 최적화하는 여러 방법을 배웠습니다. 이 모든 방법을 통해 동일한 코드를 반복적으로 복사하지 않고도 효율적으로 코드를 작성할 수 있습니다.

이제 다루어야 할 최적화는 하나가 남았습니다. 지금까지 설명한 최적화 방법은 모두 동일한 스크립트 내에서 사용하는 최적화 기법입니다. 그렇다면 다른 시스템을 사용하는 시스템에서는 특정 스크립트의 데이터를 어떻게 다른 스크립트로 전달할까요?

다음에는 모듈module을 사용하는 방법을 알아보겠습니다. 모듈은 그 자체로 하나의 '스크립트'지만 다른 스크립트에서 사용할 수 있습니다. 이렇게 하면 모듈이 아는 사항을 다른 스크립트에서 사용할 수 있습니다. 방금 읽은 내용이 복잡하게 들릴 테니 계속해서 학생 시스템을 예로 들어 이 모든 내용을 자세히 설명하겠습니다.

05.1 | 모듈 스크립트 만들기

먼저, 만들고 싶은 게 무엇인지 파악해야 합니다. 학교에서 사용하는 시스템을 생각해 봅시다. 예를 들면, 학교는 학생들에게 성적을 부여합니다. 학생 정보를 저장한 테이블에 성적을 추가할 수 있습니다. 학교에서 학생들에게 성적을 매기는 방식은 독특한 시스템이 될 수 있습니다. 또 다른 시스템에서는 수업 중 학생의 출석을 기록합니다. 두 시스템 모두 학생 테이블을 이용합니다. 따라서 학생 테이블을 가진 시스템이 모듈이 될 수 있습니다. 모듈 구현부터 시작하겠습니다.

모듈은 스크립트가 아니므로 새로운 ModuleScript를 만들어야 합니다. 스크립트를 만들 때와 동일한 방식으로 만들면 됩니다. 단, 이번에는 Script 대신 ModuleScript를 만드세요. ServerScriptService가 아닌 ServerStorage에 ModuleScript를 배치합니다.

모듈 스크립트의 기본 코드는 다음과 같습니다.

```
local module = {}
return module
```

모듈의 독특한 특징은 테이블 변수를 사용한다는 점입니다. 기본 테이블 변수의 이름은 **module**이지만 변수는 아무 이름으로나 명명할 수 있습니다. 관례상 변수 이름은 생성한 ModuleScript 이름에 맞추는 것이 좋습니다. 모듈은 마지막으로 이 테이블을 반환해야 합니다. 저장된 변수를 반환하는 게 모듈이 수행하는 마지막 작업이어야 합니다.

```
local StudentSystem = {}
local students = {
    {
        name = "William",
        class = "H1",
        ["times late"] = 0,
        grades = {}
    },
    {
        name = "Sophie",
        class = "H1",
        ["times late"] = 0,
        grades = {}
    },
}

function StudentSystem:GetStudentInfo(studentName)
    -- students를 반복
    for _, studentInfo in ipairs(students) do
        -- 학생 id에 속한 이름을 받아오기
        local currentStudentName = studentInfo["name"]
        -- 학생의 이름이 찾는 이름인지 확인
        if currentStudentName == studentName then
            return studentInfo
```

```
        end
    end
    -- 학생을 찾지 못함
    warn("Student [" .. studentName .. "] does not exist.")
  end

return StudentSystem
```

학생 정보가 들어 있는 테이블과 `:GetStudentInfo()` 함수를 추가했습니다. 하지만 코드에서 주목해야 할 변경 사항이 하나 있습니다. 이 변경 사항은 함수의 이름 지정과 관련이 있습니다. 반환하는 테이블 변수가 함수 선언 단계에서 지정됩니다. 다른 스크립트가 이 모듈을 사용할 때 해당 함수를 사용하기 위해서입니다. 이렇게 작성하지 않으면 다른 스크립트가 함수에 액세스할 수 없습니다.

이제 ModuleScript를 만드는 방법과 다른 스크립트에서 액세스할 함수를 만드는 방법을 알았으므로 다음 단계로 다른 스크립트에서 이 모듈을 호출하는 방법을 알아보겠습니다.

05.2 ⏐ 다른 스크립트에서 모듈 불러오기

이제 ServerScriptService에서 일반 스크립트를 만들어 보겠습니다. 먼저 `require()`를 사용해 모듈을 호출해야 합니다. 모듈의 이름은 `StudentSystem`으로, ServerStorage에서 찾을 수 있습니다. ServerStorage를 참조한 뒤, 모듈에서 `require()`를 호출합니다. 다음과 같은 방법으로 불러올 수 있습니다.

```
local ServerStorage = game:GetService("ServerStorage")
local StudentSystem = require(ServerStorage.StudentSystem)
```

NOTE 두 변수가 모두 소문자 대신 대문자로 시작하는 걸 눈치챘나요? 이렇게 명명하는 이유는 서비스와 모듈은 로우 카멜 표기법이 아닌 어퍼 카멜 표기법을 사용하기 때문입니다.

이제 스크립트에 StudentSystem 모듈을 포함했습니다. 이 모듈에서 함수를 호출하려면 변수 이름인 StudentSystem을 지정한 다음 콜론(:) 뒤에 함수 이름과 괄호를 추가합니다.

```
print(StudentSystem:GetStudentInfo("William"))
```

추가 연습

모듈로 더 많은 연습을 하고 싶다면 학생의 grades 테이블에 숫자를 추가하는 함수를 만드세요. 이를 위해 table.insert() 함수를 사용합니다. 코드를 단순하게 작성할 수 있도록 'A' 같은 문자 대신 1에서 10 사이의 숫자를 사용하세요.

또 다른 좋은 연습은 학생의 평균 성적을 계산하는 함수를 만드는 것입니다. 반복문을 사용하여 성적 합계를 계산한 다음 학생의 성적 수로 나누어 평균을 구합니다.

이 실습에 대한 해답은 이 책의 깃허브 페이지 및 영진닷컴 사이트에서 찾을 수 있습니다.

모듈이 어떻게 작동하는지 알았으므로 이제 두 번째 장의 모든 내용을 설명했습니다. 지금부터는 배운 정보를 사용하여 예제를 풀어 봅니다.

예제

01 | 엘리베이터(초급)

이 예제에서는 반복문을 더 많이 연습할 수 있도록 간단한 엘리베이터를 만들어 봅니다. 위로 이동할 간단한 파트를 만듭니다. 플레이어가 파트에 서 있으면 자동으로 위로 올라가는 엘리베이터 효과가 발생합니다.

다음 단계를 따라 엘리베이터를 만듭니다.

❶ 로블록스 스튜디오를 열고 새 Baseplate를 만듭니다.

❷ Workspace에서 **Elevator**라는 새 파트를 만듭니다.

❸ ServerScriptService에서 새 스크립트를 만듭니다.

❹ Workspace에서 **Elevator** 파트를 참조합니다.

⑤ 파트의 Position(위치) 속성을 변경하여 파트의 높이를 높이는 반복문을 만듭니다. 반복문이 완료되면 파트의 높이가 **100** 스터드 더 높아져야 합니다. 원래 위치가 **{0, 0, 0}**이면 새 위치는 **{0, 100, 0}**이어야 합니다. 위치는 매초마다 올라가야 합니다.

5단계를 위한 팁: 어떤 반복문을 사용할지 모르겠다면 '반복문 프로그래밍' 절을 다시 읽으세요. 엘리베이터는 이전에 설정된 양인 100개의 스터드만큼 높이를 높여야 합니다.

게임을 플레이해 엘리베이터 파트가 제대로 올라가는지 확인하세요. 파트가 무한으로 올라가지 않도록 하세요. 반복문을 잘못 선택하면 엘리베이터가 멈추지 않고 계속 상승할 겁니다. 출력 창에 오류가 표시되면 오류를 수정합니다.

02 ⏐ 반복문 교체하기

이번에는 **while** 반복문을 **repeat** 반복문으로 변환합니다. 두 반복문은 매우 비슷합니다. '반복문 프로그래밍' 절에서 두 반복문의 차이를 설명했습니다. 다음 코드를 살펴보겠습니다.

```
local spawnLocation = workspace.SpawnLocation

while true do
    spawnLocation.Orientation += Vector3.new(0, 1, 0)
    task.wait()
end
```

이 코드는 Workspace의 SpawnLocation(스폰지점)을 회전시킵니다. 코드를 교체하기 전에 스크립트를 실행해 보세요.

• 앞의 코드를 repeat 반복문으로 교체합니다.

• while 반복문과 repeat 반복문의 조건은 무엇이 다르고 그 이유는 뭘까요?

게임을 플레이해 SpawnLocation이 회전하는지 확인합니다. 출력 창에 오류가 표시되면 오류를 수정하세요.

03 | 경찰 시스템 II

이 연습은 1장의 예제 02와 동일한 아이디어를 이용합니다. 하지만 코드는 처음부터 작성해야 합니다. 또한 시스템을 이번 장에서 새로 배운 최적화로 업데이트합니다.

경찰에서 사용할 과태료를 계산하는 시스템을 만듭니다. 경찰관은 운전 속도, 면허증 소유 여부, 난폭 운전 여부 등 운전자에 대한 항목을 제공합니다. 때때로 경찰관은 일부 항목을 누락하기도 하여, 결과적으로 운전자는 과태료를 청구받지 않을 수도 있습니다. 일부 항목이 누락되면, 특정 위법 사항을 처벌하지 않을 수 있습니다. 모든 위반 사항을 정리한 목록이 있어야 합니다. 운전자가 저지른 위반 항목의 수위에 따른 과태료를 하위 목록에서 확인할 수 있습니다. 과태료 외에도 운전자가 어떤 사항을 위반했는지 확인할 고유한 함수가 필요합니다. 과태료나 함수가 누락되면 경고가 출력되어야 합니다. 운전자가 위반한 사항이 없다면 과태료는 0입니다. 과태료는 '과태료: 0'이라는 텍스트와 함께 출력됩니다. 금액은 위반 수준에 따라 다릅니다.

시스템 설명을 함께 분석해 보죠. 이렇게 쓰여 있습니다.

• 경찰에서 사용할 과태료를 계산하는 시스템을 만듭니다.

➡ calculateTicketPrice 같은 이름을 가진 함수가 필요합니다.

• 경찰관은 운전 속도, 면허증 소유 여부, 난폭 운전 여부 등 운전자에 대한 항목을 제공합니다.

➡ 필수 항목을 저장할 딕셔너리를 만듭니다. 이 딕셔너리를 앞서 만든 함수에 매개변수로 전달합니다.

- 모든 위반 사항을 정리한 목록이 있어야 합니다.
  ➡ 모든 위반 사항을 정리한 전역 테이블/딕셔너리가 필요합니다.
- 운전자가 저지른 위반 항목의 수위에 따른 과태료를 하위 목록에서 확인할 수 있습니다.
  ➡ 아까 만든 전역 테이블/딕셔너리는 다차원이어야 합니다. 각 위반 사항에 대한 하위 테이블에는 과태료가 저장되어야 합니다.
- 운전자가 어떤 사항을 위반했는지 확인할 고유한 함수가 필요합니다.
  ➡ 각 하위 테이블에는 위반 사항별로 함수가 있습니다. 예를 들어, 이전에 받은 데이터를 매개 변수로 전달받는 isViolating이란 함수를 만들 수 있습니다.
- 때때로 경찰관은 일부 항목을 누락하기도 하여, 결과적으로 운전자는 과태료를 청구받지 않을 수도 있습니다.
  ➡ 각 고유 함수는 수신한 데이터에 확인해야 할 데이터가 포함되어 있는지 확인해야 합니다.
- 과태료나 함수가 누락되면 경고가 출력되어야 합니다.
  ➡ 특정 위반 사항에 대한 하위 테이블에 필요한 모든 데이터가 있는지 확인하는 함수를 만듭니다.
- 과태료는 '과태료: 0'이라는 텍스트와 함께 출력됩니다.
  ➡ print() 함수를 사용합니다.

> **NOTE** 복잡한 시스템이기 때문에 이 예제는 특정 시스템만 작성하면 됩니다. 어느 쪽이든 주어진 구조를 이해하면 됩니다. 다른 아이디어가 생각나면 자유롭게 시도해 보세요. 이 예제에 만들 수 있는 솔루션만 백만 가지입니다.

예제 코드의 빈 칸을 채워 보세요.

1 필요한 데이터가 있는지 확인하지 않고 **isViolating()** 함수를 만듭니다.

   1단계를 위한 팁: 간단한 **if**문이나 표현식을 사용하여 부울값을 반환합니다.

2 **isViolating()** 함수를 업데이트하여 필요한 모든 데이터가 존재하는지 확인합니다. 그렇지 않으면 **false**를 반환합니다.

3 반복문을 사용해 crimeSystem 테이블을 순환하는 **calculateTicketPrice()** 함수를 생성합니다.

4 매개 변수인 **crimeData** 딕셔너리에 **ticketPrice** 변수가 없으면, **false**를 반환하고 경고를 출력하도록 **isRequiredCrimeDataPresent()** 함수를 업데이트합니다.

5 매개 변수인 **crimeData** 딕셔너리에 **isViolatingFunction** 변수가 없으면, **false**를 반환하고 경고를 출력하도록 **isRequiredCrimeDataPresent()** 함수를 업데이트하세요.

6 3단계에서 만든 반복문에 **isRequiredCrimeDataPresent()** 함수를 호출하는 **if** 문을 만듭니다. **false**가 반환되면 다음 위반 사항을 계속 확인합니다.

7 반복문의 값 변수에서 **isViolating()** 함수를 호출합니다. **true**가 반환되면 과태료를 높입니다.

몇 가지 변수를 변경하며 테스트해 올바른 결과가 표시되는지 확인하세요. 출력 창에 나타날 가능성이 있는 모든 오류를 잡으세요.

3장

이벤트 기반 프로그래밍

이 장에서는 이벤트 기반 프로그래밍event-based programming이라는 방식에 대해 알아봅니다. 이벤트 기반 프로그래밍으로 우리는 더욱 최적화된 코드를 작성할 수 있습니다. 특정 이벤트가 발생할 때만 코드가 실행되기 때문입니다. 이 이벤트가 발생하지 않으면 코드는 실행되지 않습니다. 먼저 스크립트가 아닌 인스턴스에서 실행할 수 있는 함수부터 살펴보겠습니다. 그 후 이벤트 리스닝event listening을 알아보고 이 방법으로 자체 이벤트를 만듭니다. 바인딩 가능한 이벤트에 대해 알아본 뒤 바인딩 함수를 사용하는 방법도 배웁니다. 마지막으로 이렇게 직접 구현한 이벤트를 모듈과 비교하고, 결합하는 방법도 배웁니다.

이 장에서 다루는 내용

- 이벤트 소개
- 커스텀 이벤트 만들기

이 장을 마치면 이벤트 기반 프로그래밍의 기초를 알게 됩니다. 인스턴스에서 함수를 사용하고, 이벤트를 감지하고, 직접 이벤트를 만들고, 이 이벤트를 모듈과 결합할 겁니다. 간단한 이벤트 기반 게임도 만듭니다.

01 / 준비 사항

Luau로 프로그래밍을 시작하려면 인터넷을 사용해야 합니다. 이때 사용하는 장치에는 윈도우Windows 또는 맥Mac OS가 설치되어야 합니다. 사용하는 컴퓨터에 다음 소프트웨어를 다운로드합니다.

- 로블록스 플레이어Roblox Player
- 로블록스 스튜디오Roblox Studio

이 책의 모든 코드 예제는 깃허브 및 영진닷컴 사이트에 업로드되어 있습니다. 이 장의 실습 영상은 https://bit.ly/3PDyUwp에서 확인하세요.

02 / 이벤트 소개

때로는 특정 작업을 수행할 때 어떤 일이 일어나길 원할 수 있습니다. 이 작업은 무엇이든 될 수 있습니다. 이런 작업 하나를 사용하여 애플리케이션을 만들어 봅시다. 이제부터 점프하면 캐릭터의 색상을 변경시켜 보겠습니다. 하지만 여기서 의문이 생길 겁니다. 누가 점프하는지 어떻게 알까요?

먼저 Player 인스턴스에 대한 참조가 필요합니다. 게임 내에 어떤 플레이어가 있는지 어떻게 확인할 수 있을까요? 물론 캐릭터에 맞는 시스템을 만들 수도 있습니다. 어차피 우리의 사용자 이름은 알고 있으니까요. 하지만 게임 내에 다른 사람이 있다면 게임에 누가 참여하는지 감지해야만 합니다. 그래야 누가 게임에 있는지 알 수 있기 때문입니다.

이어서 인스턴스instance에 함수를 사용하는 방법을 알아보겠습니다. 이벤트가 무엇이며 어디에 도움이 되는지 배우겠습니다. 또한 이벤트를 감지하는 방법도 배우며, 마지막으로 필요한 이벤트가 존재하지 않을 때 대처하는 방법도 배웁니다.

02.1 | 인스턴스에 함수 사용하기

첫 번째 문제부터 해결하겠습니다. 먼저 게임에 누가 있는지 알아내야 합니다. 이전에는 Workspace나 ServerScriptService, ServerStorage 같은 서비스로 작업했습니다. 그러나 탐색기에는 훨씬 많은 서비스가 있습니다. 그뿐 아니라 탐색기에 표시되지 않는 서비스도 있습니다. 지금은 별로 중요하지 않지만요. 지금 필요한 애플리케이션을 만드는 데 필요한 서비스는 Players입니다. 이 서비스는 게임에 접속한 플레이어에 대한 정보를 모두 알고 있습니다. 그런데 누가 참여하는지는 어떻게 감지할까요?

플레이어가 게임에 참여하면 각 플레이어에 대한 인스턴스가 만들어집니다. 이 인스턴스는 Players 서비스에 있습니다. 앞서 모델이나 다른 요소에 속한 파트는 하위 항목으로 간주된다고 설명했습니다. Workspace에 있는 파트는 Workspace의 자식child이고, 이때 Workspace는 이 파트의 부모parent입니다. 따라서 Parent 인스턴스에서 호출한 **:FindFirstChild()** 함수는 특정 이름을 가진 Child 인스턴스를 찾습니다. 해당 인스턴스를 찾으면 이 인스턴스에 대한 참조를 반환합니다.

Player 인스턴스는 Players 서비스에 있습니다. 그러므로 Player 인스턴스는 Players 서비스의 자식이라고 생각할 수 있습니다. Players 서비스에서 **:FindFirstChild()** 함수를 사용하면 Player 인스턴스를 찾을 수 있습니다. ServerScriptService에 Script를 생성하겠습니다.

```lua
local Players = game:GetService("Players")

function findPlayer(username)
    local player = Players:FindFirstChild(username)
    if player ~= nil then
        print(player.Name .. " found!")
    else
        print(username .. " is not in-game.")
    end
end
```

```
task.wait(1)
findPlayer("YourUsername")
```

이 코드는 유저네임을 기반으로 Player 인스턴스를 찾습니다. 하지만 모든 사용자의 유저네임을 알 수는 없습니다. 플레이어의 유저네임을 모른다면 어떻게 할까요?

NOTE 이전 코드는 :FindFirstChild() 함수의 결과를 변수에 저장했습니다. :FindFirstChild() 함수가 nil을 반환하는 경우가 있기 때문입니다. 이 경우, 찾지 못한다면 nil이 반환됩니다. 따라서 다음 줄에서 변수에 저장된 값이 nil인지 확인합니다.

:FindFirstChild() 함수는 특정 이름을 가진 자식을 찾습니다. 때로는 자식의 이름은 모르더라도 어떤 타입의 인스턴스를 찾는지는 알고 있습니다. 속성 창에서 보았겠지만 ClassName(클래스명)이라는 속성이 있습니다. 클래스명이 저장되는 이 속성에는 인스턴스의 타입이 저장되어 있습니다. 클래스명은 Part, MeshPart, Decal, Player 등 무엇이든 될 수 있습니다.

앞서 :FindFirstChild() 함수로 플레이어를 찾았습니다. :FindFirstChildOfClass() 함수도 사용할 수 있습니다. :FindFirstChildOfClass() 함수는 이름 대신 특정 클래스명을 가진 자식을 찾습니다. 다음 코드를 살펴보겠습니다.

```
local Players = game:GetService("Players")

function findPlayer()
    local player = Players:FindFirstChildOfClass("Player")
    if player ~= nil then
        print(player.Name .. " found!")
    end
end

task.wait(1)
findPlayer()
```

위의 코드를 사용하여 유저네임을 모를 때의 문제를 해결했습니다. 그러나 또 다른 문제가 있습니다. :FindFirstChild()와 :FindFirstChildOfClass() 모두 조건에 맞는 첫 번째 항목만 찾고 조건에 맞는 다른 자식은 무시합니다.

이러한 함수는 중요하며, 거의 모든 인스턴스에서 이런 함수를 사용합니다. Service와 Part, Model 등 어떤 인스턴스에서나 이 함수를 실행할 수 있습니다. 인스턴스마다 특정한 함수도 있습니다. 예를 들어 Players에는 :GetPlayers()라는 함수가 있습니다. 이 함수는 서비스의 모든 자식을 반복하여 자식에 Player 클래스명이 있는지 확인합니다. 그런 다음 이와 일치하는 모든 인스턴스를 테이블에 삽입합니다. 함수 :GetPlayers()의 코드를 살펴보겠습니다.

```lua
local Players = game:GetService("Players")

function printPlayers()
    -- 게임을 플레이하는 모든 플레이어 정보를 테이블로 받음
    local players = Players:GetPlayers()

    -- 모든 플레이어 출력
    print("Current players in our game:")
    for _, player in pairs(players) do
        print("- " .. player.Name)
    end
end

task.wait(1)
printPlayers()
```

코드를 실행하면 게임에 있는 모든 플레이어의 목록이 표시됩니다. 지금은 로블록스 스튜디오에서 실행하기 때문에 여러분의 유저네임만 표시됩니다. [그림 3-1]은 코드를 실행한 결과입니다. 이 새로운 함수는 참여한 플레이어의 유저네임을 몰라서 찾지 못하는 문제와 여러 명의 플레이어가 접속하지만 첫 번째 플레이어만 출력하는 문제, 두 가지를 모두 해결합니다. 그럼에도 불구하고 해결해야 할 문제는 남았습니다. 10분 후에 또 다른 플레이

어가 참여하면 어떻게 될까요? 이 함수는 한 번만 실행됩니다. 그렇다면 이 문제를 어떻게 해결해야 할까요?

그림 3-1 플레이어 목록이 출력된 개발자 콘솔

개발자 콘솔

개발자 콘솔은 출력 창과 동일합니다. 차이가 있다면 출력 창은 로블록스 스튜디오에서만 실행되지만 개발자 콘솔은 로블록스 플레이어에서도 액세스할 수 있다는 점입니다. 개발자 콘솔을 열려면 키보드에서 F9를 누릅니다. 모바일 장치에서 플레이한다면 채팅창에 /console을 입력합니다.

이제 인스턴스에 함수를 사용하는 방법을 알았으니 이벤트로 넘어가겠습니다. 이벤트를 사용하면 이전에 설명한 문제를 해결할 수 있습니다.

02.2 | 이벤트 감지

2장의 반복문 프로그래밍에서 반복문을 배웠습니다. 반복문을 사용하면 특정 코드를 여러 번 실행할 수 있습니다. 앞서 살펴본 문제에 대한 한 가지 해결책은 함수를 계속 반복하는 것입니다. 그런 다음, 이전 플레이어 목록을 저장하는 전역 변수를 사용하여, 함수가 전역 변수에 없는 사람을 감지하면 새로운 플레이어가 참가했음을 알 수 있습니다.

짐작했겠지만 이것은 좋지 못한 해결책입니다. 똑같은 코드가 무한 반복될 뿐만 아니라 대부분의 경우 아무 동작도 하지 않습니다. 아무도 참여하지 않으면 함수를 실행할 필요가 없습니다. 이런 불필요한 반복은 컴퓨터의 연산 능력을 낭비할 뿐입니다.

다행히 로블록스가 이에 대한 해결책을 구현했습니다. 바로 이벤트입니다. 이런 이벤트는 알람이라고 생각할 수 있습니다. 화재 경보기와 비슷합니다. 화재 경보기가 울리면 대피해야 합니다. 이 알람은 특정 작업을 위한 트리거입니다. 이는 프로그래밍에서도 마찬가지입니다. 새 플레이어가 게임에 참여하는 등 어떤 일이 발생하면 특정 작업을 시작할 수 있습니다. 이런 이벤트에는 여러 가지가 있습니다. 책에서는 가장 중요한 이벤트를 살펴볼 것입니다.

이벤트 하나를 살펴보겠습니다.

```
local Players = game:GetService("Players")

function playerJoined(player)
    print(player.Name .. " joined the game!")
end


Players.PlayerAdded:Connect(playerJoined)
```

이 코드에는 .PlayerAdded 이벤트가 있습니다. 이 이벤트는 새 플레이어가 게임에 참여하면 트리거됩니다. 이벤트가 트리거될 때까지 기다리는 것을 리스너listener라고 합니다. 리스너는 생각보다 훨씬 사용하기 쉽고 좋게 작동합니다. 이번 시나리오에는 이벤트를 사용해 코드의 줄 수를 줄였습니다. 무엇보다 이벤트는 코드의 불필요한 반복을 방지합니다.

이전에 설명한 시스템을 계속 살펴보겠습니다. 첫 번째 문제가 해결되었습니다. 이제 게임에 어떤 플레이어가 있는지 알고 있습니다. 이번에는 플레이어의 캐릭터를 찾아야 합니다. 다행히 playerJoined() 함수에서 가져온 player 매개변수에는 캐릭터를 참조하는 Character라는 속성이 있습니다. 이 속성의 값을 출력하면 어떤 일이 발생하는지 살펴보겠습니다.

```
local Players = game:GetService("Players")

function playerJoined(player)
    print(player.Character)
end


Players.PlayerAdded:Connect(playerJoined)
```

안타깝게도 앞의 코드를 실행하면 nil이 출력됩니다. 플레이어의 캐릭터가 항상 존재하는 건 아니기 때문입니다. 캐릭터는 끊임없이 변화합니다. 플레이어가 리스폰되면 캐릭터에 대한 새로운 참조가 필요합니다. 다행히도 Player 인스턴스에는 이를 해결할 이벤트인 .CharacterAdded가 있습니다. 다음 코드를 살펴보겠습니다.

```lua
local Players = game:GetService("Players")

function playerJoined(player)
    local function characterAdded(character)
        print(character.Name)
    end

    player.CharacterAdded:Connect(characterAdded)
end

Players.PlayerAdded:Connect(playerJoined)
```

중첩 함수가 보이나요? 2장의 중첩 함수에서 관련 내용을 살펴봤습니다. 중첩 함수는 웬만해선 작성하지 않는 게 좋다고 언급했습니다. 그러나 몇 가지 예외가 있습니다. 지금 시나리오가 그러한 예외 중 하나입니다. 이벤트가 매개변수를 이용하므로 문제가 발생합니다. 예를 들어 .CharacterAdded 이벤트에는 사용자의 캐릭터를 참조하는 매개변수가 있습니다. 해당 매개변수는 이벤트에 고정되어 있어서 다른 매개변수를 추가할 수 없습니다. 다른 함수를 호출하면 playerJoined() 함수에서 player 변수가 손실됩니다. 이때 중첩된 함수를 사용하면 캐릭터와 플레이어를 모두 매개변수로 유지할 수 있습니다.

> **NOTE** 2장에서 중첩 함수는 다른 함수가 characterAdded() 함수를 전혀 호출할 필요가 없을 때만 사용한다고 배웠습니다. 현재 시나리오가 그런 경우입니다. 그러므로 지금은 중첩 함수를 사용할 수 있습니다.

앞의 코드를 실행하면 출력 창에 이름이 출력됩니다. 재설정하면 이름이 다시 출력됩니다. 앞서 설명한 것처럼 캐릭터가 리스폰할 때마다 새로운 캐릭터가 만들어집니다. 우리는 .CharacterAdded 이벤트를 감지하고 있으므로, 캐릭터를 재설정할 때마다 함수가 다시 실행됩니다.

시스템이 거의 완성되었습니다. 이제 캐릭터의 점프 여부만 확인하면 됩니다. 캐릭터는 이미 있습니다. 이 캐릭터가 점프할 때 이벤트가 발생할까요? 불행히도 발생하지 않습니다. 기본적인 로블록스 개발에 익숙하다면 모델model을 알고 있을 것입니다. 여러 파트를 그룹화하면 모델이라고 부릅니다. 캐릭터는 여러 파트가 모인 모델입니다. 모든 모델이 캐릭터인 건 아닙니다. 따라서 모델에는 .Jump 이벤트가 없습니다. 그러나 캐릭터 모델은 내부에 고유한 객체가 하나 숨겨져 있습니다. 이를 휴머노이드humanoid라고 합니다.

휴머노이드는 모델에 생명을 불어넣습니다. 모든 캐릭터와 NPCNon-Playable Character에는 휴머노이드가 있습니다. 앞서 배운 :FindFirstChild()와 :FindFirstChildOfClass() 함수를 사용해 휴머노이드를 찾을 수 있습니다.

```
local Players = game:GetService("Players")

function playerJoined(player)
    local function characterAdded(character)
        local humanoid = character:FindFirstChildOfClass("Humanoid")
        if humanoid ~= nil then
            print("Humanoid found!")
        end
    end
    player.CharacterAdded:Connect(characterAdded)
end

Players.PlayerAdded:Connect(playerJoined)
```

이제 이벤트가 무엇이고 언제 사용하는지 배웠으므로 다음으로 넘어가겠습니다. 때로는 원하는 행동을 감지하는 이벤트가 만들어져 있지 않기도 합니다. 이런 경우에 수행하는 작업을 설명합니다.

02.3 | 속성 변경 감지

안타깝게도 캐릭터가 휴머노이드 위로 점프해도 이벤트는 발생하지 않습니다. 그러나 Jump라는 속성이 있습니다. 이 속성은 캐릭터가 점프하면 true로 설정되고 캐릭터가 바닥에 발을 디디면 다시 false로 변경됩니다. 앞서 언급했듯 이것은 이벤트가 아니라 속성입니다. 무한 반복문을 사용해 속성의 값이 변경되는지 확인하지 않는 이상 방법이 없을 것 같습니다. 가능할까요?

모든 인스턴스에는 :GetPropertyChangedSignal()이라는 매우 유용한 함수가 있습니다. :GetPropertyChangedSignal() 함수는 특별한 유형의 함수입니다. 이 함수를 호출하면 이벤트를 반환합니다. 이 함수에 값 변화를 감지하는 속성을 매개변수로 지정하고, 해당 속성이 변경되면 함수가 반환하는 이벤트가 트리거됩니다. 이 이벤트로 모든 인스턴스의 속성 변경 사항을 감지합니다. 다음 코드를 살펴보겠습니다.

```
humanoid:GetPropertyChangedSignal("Jump"):Connect(function()
    print("Jump property changed: " .. tostring(humanoid.Jump))
end)
```

앞의 코드를 시스템에 구현하고 게임을 실행하면 점프할 때마다 출력 창에 메시지가 인쇄됩니다. 그런데 어째서인지 출력이 두 번 진행됩니다. 두 번 출력되는 이유는 당연합니다. 속성이 변경될 때마다 트리거가 되기 때문입니다. 점프를 하면 Jump 속성은 true로 변경되고 점프를 마치면 다시 false로 변경됩니다. 속성이 다시 false가 되어도 변경되는 것이기 때문에 이벤트가 트리거됩니다. 이는 if문을 사용해 간단히 수정할 수 있습니다. 다음 코드를 살펴보겠습니다.

```
humanoid:GetPropertyChangedSignal("Jump"):Connect(function()
    if humanoid.Jump == true then
        print(player.Name .. " jumped!")
    end
end)
```

if문은 Jump 속성의 값이 true인지 확인합니다. 이에 해당하는 경우라면 print() 함수가 실행됩니다. 반면 속성의 값이 다시 false로 변경되면 나머지 코드는 실행되지 않습니다.

이제 남은 작업은 아바타의 색상을 변경하는 것뿐입니다. 먼저 임의의 색상을 생성해야 합니다. 앞에서 Color3 데이터 타입을 배웠습니다. Color3 데이터 타입은 RGB 값을 사용해 색을 표현한다는 것도 배웠습니다. RGB 값은 표현할 색의 빨강, 초록, 파랑의 강도를 각각 0에서 255 사이의 숫자로 지정해 혼합합니다. 또, 난수를 생성하는 math.random() 함수도 배웠습니다.

캐릭터 내부에 있는 자식 요소의 색상을 변경해야 합니다. 그런데 한 가지 문제가 있습니다. 캐릭터 내부에는 여러 인스턴스가 있는데, 우리가 지금 수정해야 하는 건 파트뿐입니다. 하지만 파트를 구분하는 클래스가 Part와 MeshPart, VehicleSeat, Truss, WedgePart 등 너무 다양합니다.

그림 3-2 5개의 서로 다른 BasePart

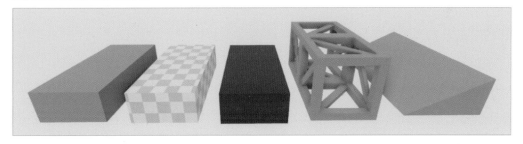

이 모든 클래스는 그룹화할 수 있습니다. 이렇게 서로 다른 유형의 파트를 포함하는 클래스 그룹을 BasePart라고 부릅니다. BasePart 클래스에도 많은 클래스가 있어 각각의 ClassName 속성을 확인하기가 어렵습니다. 이럴 때 :IsA() 함수를 사용하면 됩니다. 이 함수는 인스턴스가 클래스 그룹에 속하는지 확인합니다. 예를 들어 Part 인스턴스가 BasePart 클래스 그룹에 속하는지 확인할 수 있습니다.

:IsA() 함수를 사용한 코드는 다음과 같습니다.

```lua
local Players = game:GetService("Players")

function playerJoined(player)
    local function characterAdded(character)
        -- 새 캐릭터에서 휴머노이드 찾기
        local humanoid = character:FindFirstChildOfClass("Humanoid")
        if humanoid ~= nil then
```

```lua
                -- 휴머노이드에서 "Jump" 속성 변경 감지
                humanoid:GetPropertyChangedSignal("Jump"):
                Connect(function()
                    if humanoid.Jump == true then
                        -- 점프한 플레이어명 출력
                        print(player.Name .. " jumped!")

                        -- 플레이어 색상 변경
                        changeCharacterColor(character)
                    end
                end)
        end
    end

    -- 새 캐릭터 감지
    player.CharacterAdded:Connect(characterAdded)
end

function changeCharacterColor(character)
    -- 새 색상 설정
    local newColor = randomColor()

    -- 색상 변경
    for _, part in pairs(character:GetChildren()) do
        -- 파트가 "BasePart" 클래스에 속하는지 확인
        if part:IsA("BasePart") then
            part.Color = newColor
        end
    end
end
```

```
function randomColor()
    local r = math.random(0, 255)
    local g = math.random(0, 255)
    local b = math.random(0, 255)
    return Color3.fromRGB(r, g, b)
end


Players.PlayerAdded:Connect(playerJoined)
```

게임을 플레이하고 점프하면 캐릭터의 색상이 임의로 변경됩니다.

그림 3-3 아바타 색상 변경

이제 속성 변경을 감지해서 존재하지 않는 이벤트를 감지하는 방법을 알았습니다. 인스턴스에 함수를 사용하는 방법을 살펴봤고. 그 후 다양한 이벤트를 감지해 봤습니다. 마지막으로 감지하려는 이벤트가 존재하지 않으면 어떻게 하는지도 배웠습니다. 다음으로 직접이벤트를 만드는 방법을 설명하겠습니다.

03 / 커스텀 이벤트 만들기

이전에는 캐릭터가 점프할 때 어떤 이벤트도 발생하지 않는다고 배웠습니다. 그래서 속성이 변경되는 이벤트를 감지했고 완벽하게 작동하기 시작했습니다. 현재 스크립트는 Jump 속성이 false에서 true로 바뀔 때마다 아바타의 색상이 변경됩니다. 그렇다면 플레이어의 머리 크기를 천천히 크게 만드는 스크립트를 만들려면 어떻게 해야 할까요? 이 스크립트도 똑같이 Jump 속성을 감지해야 합니다. 하지만 동일한 코드를 여러 번 쓰는 행동은 코드 악취를 유발합니다. 바로 이때 커스텀 이벤트를 사용합니다.

다음 항에서는 바인딩 가능한 이벤트와 바인딩 가능한 함수를 사용해 커스텀 이벤트를 만드는 방법을 알아보고 그 후 모듈과 비교해 보겠습니다. 마지막으로 바인딩 가능한 이벤트와 모듈을 결합합니다.

03.1 ㅣ 바인딩 가능한 이벤트

커스텀 이벤트를 작성하기 위해 이벤트를 관리하는 새 스크립트를 만듭니다. 그러면 다른 스크립트가 이 새 이벤트를 수신할 수 있습니다.

커스텀 이벤트는 어떻게 만들까요? 로블록스의 BindableEvent는 지금까지 살펴본 다른 인스턴스와 마찬가지로 인스턴스입니다. 차이가 있다면 특별한 함수와 이벤트가 존재한다는 점입니다. BindableEvent를 감지하려면 해당 이벤트에 대한 참조가 필요합니다. 참조가 만들어지면 .Event 이벤트를 사용해 이를 감지할 수 있습니다. 이 이벤트는 커스텀 이벤트이므로 트리거가 필요합니다. 이를 위해 :Fire() 함수를 사용합니다. :Fire() 함수를 실행하면 .Event 이벤트가 트리거됩니다.

커스텀 이벤트를 처리하는 코드를 살펴보겠습니다. 이 스크립트는 JumpedEventHandler라고 부르겠습니다.

```
local Players = game:GetService("Players")

function playerJoined(player)
    local function characterAdded(character)
        -- 새 캐릭터에서 휴머노이드 찾기
        local humanoid = character:FindFirstChildOfClass("Humanoid")
        if humanoid ~= nil then

            -- 커스텀 이벤트 만들기
            local customEvent = Instance.new("BindableEvent")
            customEvent.Name = "Jumped"
            customEvent.Parent = Humanoid

            -- 휴머노이드에서 .Jumped 이벤트 감지
            humanoid:GetPropertyChangedSignal("Jump"):
            Connect(function()
                if humanoid.Jump == true then

                    -- 커스텀 이벤트 트리거
                    customEvent:Fire()
                end
            end)
        end
    end

    -- 새 캐릭터 감지
    player.CharacterAdded:Connect(characterAdded)
end

Players.PlayerAdded:Connect(playerJoined)
```

이전 코드와 매우 유사합니다. 가장 큰 차이점은 새 스크립트는 커스텀 이벤트를 만들고, :GetPropertyChangedSignal() 함수가 이벤트를 일으켜 함수를 호출하지 않아도 된다는 점입니다.

커스텀 이벤트를 만드는 부분을 간단히 살펴보겠습니다. 먼저 Instance.new()라는 함수를 봅시다. 이 함수는 특정 클래스의 새 인스턴스를 만듭니다. 괄호 안에 인수로 클래스를 제공합니다. 이번 예제에서는 BindableEvent 클래스입니다. 그런 다음 특정 속성의 값을 변경하면 됩니다. 마지막으로 커스텀 이벤트 이름을 Jumped로 지정합니다. 이렇게 하면 다른 스크립트에서 이벤트를 식별하기 편합니다. 게임이 실행 중이면 탐색기에 바인딩 가능한 이벤트가 나타납니다.

그림 3-4 탐색기에 나타난 Jumped BindableEvent

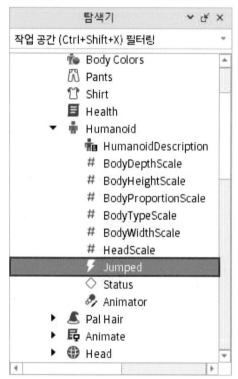

이제 다른 스크립트에서 커스텀 이벤트를 감지하겠습니다. JumpedEventListener 스크립트를 만듭니다.

```
local Players = game:GetService("Players")

function playerJoined(player)
    local function characterAdded(character)
        -- 새 캐릭터에서 휴머노이드 찾기
        local humanoid = character:FindFirstChildOfClass("Humanoid")
        if humanoid ~= nil then

            -- Jumped 이벤트 대기
            local jumpedEvent = humanoid:WaitForChild("Jumped")

            -- 커스텀 이벤트 감지
            jumpedEvent.Event:Connect(function()
                -- 점프한 플레이어명 출력
                print(player.Name .. " jumped!")
            end)
        end
    end

    -- 새 캐릭터 감지
    player.CharacterAdded:Connect(characterAdded)
end

Players.PlayerAdded:Connect(playerJoined)
```

모든 이벤트를 감지하던 코드를 모두 새로 만든 스크립트로 옮겼습니다. :WaitForChild()
함수를 자세히 보세요. 이번 코드에 처음 등장하는 함수입니다. 이벤트를 생성하는 스크립
트와 이벤트를 이용하는 스크립트가 따로 있기 때문에, 생성되지 않은 이벤트를 찾는 일이
생길 수 있습니다. 이를 방지하는 함수가 :WaitForChild()입니다.

:WaitForChild() 함수는 양도yield라는 작업을 수행합니다. 양도는 현재 스레드를 일시 중
지하고 작동을 허가할 때까지 대기합니다. :WaitForChild() 함수는 최대 5초 동안 함수를

양도합니다. 이 5초 동안 원하는 인스턴스를 계속 찾습니다.

앞서 사용한 :FindFirstChild() 함수와 :WaitForChild() 함수의 차이는 :FindFirstChild() 함수는 인스턴스가 있는지 확인한다는 점입니다. 이 인스턴스를 찾지 못하면 nil을 반환합니다. :WaitForChild() 함수도 마찬가지입니다. 그러나 바로 nil을 반환하는 대신 인스턴스를 계속 찾아봅니다. 그렇다고 항상 :WaitForChild() 함수를 사용하라는 말은 아닙니다. 인스턴스를 올바르게 참조하는 방법을 알아보기 위해 다음 표를 살펴보겠습니다.

표 3-1 적절한 인스턴스 참조법

경로	사용 사례
workspace.SpawnLocation	인스턴스가 항상 해당 위치에 존재할 경우 점 연산자(.)를 사용해 참조합니다. 제일 성능이 좋은 방법입니다. 대신 SpawnLocation이 존재하지 않으면 오류가 발생합니다.
workspace:FindFirstChild ("SpawnLocation")	인스턴스가 해당 경로에 존재하는지 확인하고 싶다면 :FindFirstChild를 사용합니다. SpawnLocation이 존재하지 않으면 nil이 반환됩니다.
workspace:WaitForChild ("SpawnLocation")	인스턴스가 해당 경로에 생기지만 아직 존재하지 않는다면 :WaitForChild를 사용합니다. 대신 SpawnLocation이 생성되지 않으면 무한히 양도할 수 있습니다. :FindFirstChild보다 성능이 좋지 못합니다.

현재의 스크립트를 사용하면 아바타의 색상을 변경하거나 머리 크기를 키울 수 있습니다. 이제 BindableEvent를 사용하는 방법을 알았으니 BindableFunction을 알아보겠습니다. 다음 절에는 BindableFunction의 개념과 사용법을 설명하겠습니다.

03.2 | 바인딩 가능한 함수

이번에는 다섯 번 점프할 때마다 캐릭터의 머리 크기를 키워 보겠습니다. 이를 구현하는 방법은 여러 가지입니다. 그 중 한 가지 방법은 JumpedEventListener 스크립트에 변수를 추가하는 것입니다. 그 외에는 이 변수를 JumpedEventHandler 스크립트로 옮기고 Jumped 이벤트에 캐릭터가 점프한 횟수를 나타내는 매개변수를 부여하는 방법이 있습니다.

또한 BindableFunction을 사용할 수도 있습니다. BindableFunction은 BindableEvent와 매우 유사합니다. 차이가 있다면 BindableEvent는 아무것도 반환하지 않는 반면 BindableFunction은 완료된 데이터를 반환한다는 점입니다.

이 세 가지 방법 모두 장단점을 갖고 있습니다. 여기서는 BindableFunction을 사용하는 방법을 살펴보겠습니다. 실력을 키우고 싶다면 다른 방법도 시도하고 구현해 보세요. BindableEvent와 BindableFunction에는 다음과 같은 차이점이 있습니다.

- BindableFunction의 이벤트는 .OnInvoke로 감지합니다. 이벤트를 감지하면 콜백 callback이 시작됩니다. 콜백은 데이터를 반환해야 하지만 BindableEvent는 데이터를 반환하지 못합니다.
- BindableFunction을 호출하려면 :Invoke() 함수를 사용합니다.
- 하나의 스크립트만 .OnInvoke 이벤트를 감지할 수 있습니다. 결국 :Invoke() 함수를 사용하면 반환값이 있어야 하기 때문입니다. 서로 다른 스크립트에서 두 가지 반환값을 얻을 수 없습니다. 여러 스크립트가 .OnInvoke 이벤트를 감지하면 한 가지 결과만 사용하고 나머지는 무시해야 합니다.

BindableFunction을 구현하도록 JumpedEventHandler 스크립트를 변경하겠습니다.

```lua
local Players = game:GetService("Players")

function playerJoined(player)
    local function characterAdded(character)
        -- 새 캐릭터에서 휴머노이드 찾기
        local humanoid = character:FindFirstChildOfClass("Humanoid")
        if humanoid ~= nil then
            -- 총 점프 수 변수 선언
            local totalJumps = 0

            -- 커스텀 이벤트 생성
            local jumped, timesJumped = createCustomEvents(humanoid)

            -- 휴머노이드에서 .Jumped 이벤트 감지
            humanoid:GetPropertyChangedSignal("Jump"):Connect(function()
                if humanoid.Jump == true then
```

```
                        -- 전체 점프 수 증가
                        totalJumps += 1

                        -- 커스텀 이벤트 실행
                        jumped:Fire()
                    end
                end)

                timesJumped.OnInvoke = function()
                    -- 전체 점프 수 반환
                    return totalJumps
                end
            end
        end
        -- 새 캐릭터 감지
        player.CharacterAdded:Connect(characterAdded)
    end

    function createCustomEvents(humanoid)
        local jumped = Instance.new("BindableEvent")
        jumped.Name = "Jumped"
        jumped.Parent = humanoid

        local timesJumped = Instance.new("BindableFunction")
        timesJumped.Name = "TimesJumped"
        timesJumped.Parent = humanoid

        -- 이벤트 반환
        return jumped, timesJumped
    end

    Players.PlayerAdded:Connect(playerJoined)
```

이전 스크립트에서 크게 변경되지 않았습니다. BindableEvent와 BindableFunction을 생성하는 새로운 함수가 생겼을 뿐입니다. 다른 함수의 크기가 너무 커지는 것을 방지하기 위해 생긴 코드입니다. 앞에서 함수는 한 가지 작업만 수행해야 한다고 설명했습니다. 이벤트 생성은 다른 함수에서 수행할 수 있는 작업입니다. 다른 함수에서 이러한 인스턴스를 사용해야 하므로 createCustomEvents() 함수는 RemoteEvent를 BindableFunction의 형태로 반환합니다.

바인딩 가능한 함수를 호출하는 방식을 자세히 보세요. .Event를 사용할 때는 :Connect()를 사용한 다음 함수를 선언합니다. 콜백은 조금 다릅니다. .OnInvoke를 사용하고, 뒤에 등호 (=)를 추가해 함수를 선언합니다. BindableFunction을 사용할 때 이를 기억해야 합니다.

바인딩 가능한 함수가 작동하는지 테스트하려면 JumpedEventListener 스크립트에서 코드를 변경합니다.

```
-- 커스텀 이벤트 대기
local jumped = humanoid:WaitForChild("Jumped")
local timesJumped = humanoid:WaitForChild("TimesJumped")


-- 커스텀 이벤트 감지
jumped.Event:Connect(function()
    -- 점프한 플레이어명 출력
    print(player.Name .. " jumped " .. timesJumped:Invoke() .. " time(s)")
end)
```

NOTE 위의 코드는 JumpedEventListener 스크립트의 일부입니다. 원본 스크립트에서 이 부분을 교체하세요.

바인딩 가능한 함수를 호출하는 방법을 알았으니 나머지를 구현하겠습니다.

```
-- 커스텀 이벤트 대기
local jumped = humanoid:WaitForChild("Jumped")
local timesJumped = humanoid:WaitForChild("TimesJumped")


-- 커스텀 이벤트 감지
```

```
jumped.Event:Connect(function()
    -- 비율 계산
    local headScale = math.floor(timesJumped:Invoke() / 5) + 1

    -- 비율 값 획득
    local scaleValue = humanoid:FindFirstChild("HeadScale")
    if scaleValue then
        scaleValue.Value = headScale
    end
end)
```

NOTE 위의 코드는 JumpedEventListener 스크립트의 일부입니다.

코드에서 math.floor() 함수를 주목하세요. 이 함수는 10진수를 정수로 변환합니다. 예를 들어 math.floor() 함수는 10진수 1.9를 정수 1로 내림합니다. 숫자를 내림 대신 올림하려면 math.ceil() 함수를 사용합니다. math.ceil() 함수는 십진수 1.2를 2로 올림합니다. 다음 스크린샷에서 플레이어의 커진 머리를 확인하세요.

그림 3-5 커진 머리 크기

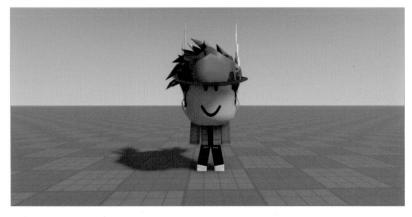

BindableFunction을 사용법을 알았으니 모듈과 비교하겠습니다. 다음에는 커스텀 이벤트와 모듈을 언제 사용하는지 알아보겠습니다.

03.3 | 이벤트와 모듈 비교(고급)

이벤트 기반 프로그래밍 지식을 한 단계 더 높여 보겠습니다. 물론 이해가 어렵다면 이 부분을 건너뛰고, 앞에서 다룬 내용만 사용해도 좋습니다.

바인딩 가능한 이벤트와 바인딩 가능한 함수를 사용하면 다른 스크립트에서 코드를 실행할 수 있습니다. 2장의 '모듈 사용' 절에서 같은 동작을 수행하는 모듈을 확인했습니다. 유일한 차이는 모듈은 다른 스크립트에서 로드되어 모듈의 함수를 해당 스크립트에서 사용할 수 있다는 점입니다.

사실 커스텀 이벤트나 모듈은 언제든 사용할 수 있습니다. 그러나 경우에 따라 특정 선택지가 더 합리적인 경우가 있습니다. 그런 경우를 몇 가지 살펴보겠습니다.

앞서 살펴본 Jumped와 TimesJumped 이벤트처럼 여러 이벤트가 다소 그룹화되었다면 모듈을 만드는 것이 더 합리적입니다. 그러나 이벤트가 하나뿐이라면 BindableEvent나 BindableFunction을 사용하는 것이 더 합리적입니다. 이는 개인의 선호도에 달려 있습니다.

모든 BindableEvent를 모듈로 변경하려면 한 가지 중요한 사항을 기억해야 합니다. 앞에서, 휴머노이드 내부에 새로운 BindableEvent를 만들었습니다. 이 BindableEvent는 사실 어디에서나 만들 수 있습니다. 그렇게 하면 각 캐릭터마다 이벤트를 새로 만드는 대신 모든 플레이어에 대해 BindableEvent를 사용할 수 있습니다. 즉, BindableEvent와 BindableFunction을 우리가 원하는 대로 구현할 수 있다는 뜻입니다. 반면에 모듈은 다릅니다. 모듈을 사용할 때는 모듈을 복사하여 특정 위치에 저장해선 안됩니다. 여러 플레이어가 사용하더라도 하나의 모듈을 사용해야 합니다.

모듈을 사용할 때와 커스텀 이벤트를 사용해야 하는 경우를 알았으니 두 가지를 결합해 보겠습니다. 다음에는 BindableEvent와 모듈을 결합하는 법을 알아보겠습니다.

03.4 | 모듈에서 바인딩 가능한 이벤트 사용하기(고급)

이벤트 기반 프로그래밍 지식을 한 단계 더 높여 보겠습니다. 물론 이해가 어렵다면 이 부분을 건너뛰고, 앞에서 다룬 내용만 사용해도 좋습니다.

여기서는 Jumped 커스텀 이벤트와 TimesJumped 함수가 있으므로, 모듈을 사용할 수 있습니다. 앞서 모듈을 사용하면 모든 캐릭터에 대해 하나만 사용하라고 설명했습니다.

새로운 ModuleScript를 ServerStorage에 생성하고 CharacterEvents라고 이름을 지정한 후, 반환 테이블의 이름을 CharacterEvents로 바꿉니다. 모듈은 마지막에 이 테이블을 반환해야 합니다. 그런 다음 Jumped라는 모듈 함수를 추가합니다. 이 함수의 매개변수는 Player 인스턴스에 대한 참조입니다. 현재 CharacterEvents 모듈의 코드는 다음과 같습니다.

```
local CharacterEvents = {}
function CharacterEvents.Jumped(player)
end


return CharacterEvents
```

NOTE 이 함수의 이름이 로우 카멜 표기법을 따르지 않고 Jumped로 설정된 이유는 이 함수가 이벤트가 되기 때문입니다.

플레이어가 점프하면 Jumped 기능을 트리거할 계획입니다. 그런데 뭔가 이상합니다. 함수가 이벤트에서 실행되는데 이벤트를 어떻게 만들까요? 네. 함수는 이벤트를 만들지 못합니다. 그러나 앞에서 바인딩 가능한 이벤트를 배웠습니다. 바인딩 가능한 이벤트는 이벤트를 트리거할 수 있습니다. 함수가 바인딩 가능한 이벤트를 생성하고 리스너를 반환하면, 이 함수를 호출하는 스크립트는 반환된 리스너를 사용할 수 있습니다.

설명이 어려울 테니, CharacterEvents 모듈의 전체 코드를 살펴보겠습니다.

```
local CharacterEvents = {}


function CharacterEvents.Jumped(player)
    -- 이벤트 생성
    local jumped = Instance.new("BindableEvent")


    -- 캐릭터 추가 이벤트
    local function characterAdded(character)
        -- 새 캐릭터에서 휴머노이드 찾기
```

```lua
            local humanoid = character:FindFirstChildOfClass("Humanoid")
            if humanoid ~= nil then
                -- 휴머노이드에서 .Jumped 이벤트 감지
                humanoid:GetPropertyChangedSignal("Jump"):Connect(function()
                    if humanoid.Jump == true then
                        -- 커스텀 이벤트 실행
                        jumped:Fire()
                    end
                end)
            end
        end

        -- 새 캐릭터 감지
        player.CharacterAdded:Connect(characterAdded)

        -- 리스너 반환
        return jumped.Event
    end

return CharacterEvents
```

정말 복잡한 코드군요. 더 자세히 들여다보겠습니다. 이전 코드와 비교하여 변경된 유일한 부분은 함수입니다. 함수는 먼저 새 BindableEvent를 만듭니다. 그 뒤에는 몇 번 본 코드가 있습니다. 새로운 캐릭터를 감지하고, 휴머노이드를 찾고, Jump 속성에 따라 이벤트를 발생시키는 코드입니다. 함수 상단에서 생성한 BindableEvent가 실행됩니다.

그 아래에는 **CharacterAdded** 이벤트에 대한 리스너가 있습니다. 이 역시 이미 살펴봤습니다. 그런 다음 리스너를 반환합니다. 앞서 BindableEvent를 감지하는 방법과 Bindable-Event 내의 이벤트와 함수에 대해 배웠습니다. 이 이벤트의 이름은 .Event입니다. 여기서 **.Event**가 반환됩니다. 보통은 **.Event** 이벤트가 발생하면 **:Connect()**를 추가하지만, 지금은 트리거를 기반으로 작업을 지정하지 않기 때문에 추가하지 않습니다. 대신 다른 스크립트로 자체 작업을 구현할 겁니다.

이 리스너를 어떻게 사용하는지 살펴보겠습니다. 다음 스크립트를 JumpedEventListener
스크립트라고 합니다.

```
local Players = game:GetService("Players")
local ServerStorage = game:GetService("ServerStorage")
local CharacterEvents = require(ServerStorage.CharacterEvents)

function playerJoined(player)
    -- Jumped 이벤트 감지
    CharacterEvents.Jumped(player):Connect(function()
        print(player.Name .. " jumped!")
    end)
end

Players.PlayerAdded:Connect(playerJoined)
```

전역 변수는 Players와 ServerStorage를 참조합니다. ServerStorage에서 모듈을 찾고
현재 스크립트에서 사용할 수 있도록 이 모듈을 호출합니다.

스크립트 하단에서 .PlayerAdded 이벤트를 감지합니다. 플레이어가 게임에 참여하면
CharacterEvents 모듈에서 .Jumped 이벤트를 호출해 이벤트를 수신하기 시작합니다. 바인
딩 가능한 이벤트를 사용할 때는 캐릭터를 찾고, 휴머노이드를 찾아 이벤트를 감지해야 합
니다. 이 작업은 모듈이 수행하므로 더 이상 별도로 수행할 필요가 없습니다. 따라서 코드
가 훨씬 깔끔해집니다. 이제 자체 Jumped 이벤트를 빠르게 사용할 수 있습니다.

커스텀 이벤트를 기본 로블록스 이벤트와 비교하면 거의 동일합니다. 다음 코드에서 차이
점을 살펴보세요.

```
Players.PlayerAdded:Connect(someFunction) -- 로블록스 이벤트
CharacterEvents.Jumped(player):Connect(someFunction) -- 커스텀 이벤트
```

커스텀 이벤트는 로블록스 기본 이벤트와 달리 호출할 때 이벤트 이름 뒤에 괄호가 붙는다
는 차이가 있습니다. 이는 커스텀 이벤트가 모듈 내부에서 함수를 호출하기 때문입니다.

바인딩 가능한 이벤트와 모듈을 결합하는 방법을 알았으니 이벤트 기반 프로그래밍의 고급 내용도 끝났습니다. 책에서 지금까지 소개한 모든 내용처럼, 연습이 필요합니다.

다음 절에서는 로블록스에서 처음으로 이벤트 기반 게임을 만들겠습니다.

예제

01 | 이벤트 기반 게임

이 예제에서는 이 장에서 배운 지식을 바탕으로 게임을 만들어 보겠습니다. 게임은 두 팀으로 구성됩니다. 각 팀은 가능한 한 많은 파트를 모아야 하며 부품 위를 걸어가면 부품을 차지할 수 있습니다. 이 게임은 건물이 필요하기 때문에 바탕으로 사용할 게임을 만들어 뒀습니다. 오픈 소스 게임이므로 누구나 게임을 편집하고 새 버전을 만들 수 있습니다. 게임이 다 만들어지지 않았다는 점을 명심하세요. 이 예제에서 게임을 완성하겠습니다. 게임은 깃허브 및 영진닷컴 사이트에서 찾을 수 있습니다.

게임을 열면 화면에 사각형이 나타납니다. 회색 영역은 경기장입니다. 이 회색 영역은 144개의 서로 다른 파트로 구성됩니다. ServerScriptService에 TeamAssigner라는 스크립트가 있습니다. 미리 만들어진 스크립트로 아무것도 변경할 필요가 없습니다. 이 스크립트는 새로 참가한 플레이어를 플레이어가 적은 팀에 할당합니다. 이렇게 팀 인원 수가 균형을 이룹니다. 상당히 간단한 팀 할당자입니다.

게임을 시작하면 팀에 배정됩니다. 하지만 회색 파트 위로 넘어가면 아무 일도 일어나지 않습니다. 다음 연습 문제에서 이를 해결해야 합니다. 시작합시다.

다음 단계를 따라 이벤트 기반 게임을 만드세요.

1　ServerScriptService에서 새 스크립트를 만듭니다.

2　Workspace에서 Map이라는 모델을 참조하는 변수를 만듭니다.

3　Players를 참조하는 변수를 만듭니다.

4　setup() 함수를 만들고 :GetChildren() 함수를 사용하여 모델의 모든 자식 인스턴스를 반복하는 for 반복문을 만듭니다. for 반복문의 인덱스 변수는 사용되지 않습니다. 밑줄(_)로 입력해도 됩니다. for 반복문의 값이 파트가 됩니다. 값 변수의 이름은 part로 지정할 수 있습니다.

5　for 반복문에서 :IsA("BasePart") 함수를 사용하여 part 변수가 파트인지 확인합니다.

6　part 변수에서 .Touched 이벤트 수신을 시작합니다. 인스턴스가 파트에 닿을 때마다 .Touched 이벤트가 발생합니다. 이 이벤트를 감지하는 함수에는 파트에 도달하는 인스턴스를 포함하는 매개변수가 있습니다. 예를 들어 이 매개변수의 이름을 hit로 지을 수 있습니다.

7　매개변수 hit에는 파트에 닿는 인스턴스가 있음을 알고 있습니다. 예를 들어 캐릭터가 파트에 닿을 때, 인스턴스는 캐릭터의 다리 파트가 될 수 있습니다. 이때 인스턴스의 부모는 Character 모델입니다. 캐릭터를 참조하는 변수를 만듭니다.

7단계를 위한 팁: local character = hit.Parent

8　Players 서비스에서 :GetPlayerFromCharacter(character)라는 함수를 사용하여 Player 인스턴스에 대한 참조를 가져옵니다.

8단계를 위한 팁: :GetPlayerFromCharacter() 함수를 호출하기 위해 Player 서비스에 대한 참조를 사용합니다. 문자에 대한 참조를 인수로 사용하세요.

9   플레이어의 팀에 대한 참조를 가져와서 변수에 저장합니다.

    9단계를 위한 팁: Player 인스턴스에는 현재 팀에 대한 참조를 가져오는 속성 Team이 있습니다.

10   플레이어가 속한 팀의 .TeamColor를 가져와서 변수에 저장합니다.

    10단계를 위한 팁: Team 인스턴스에 속성이 있습니다. 9단계에서 만든 변수를 사용하여 Team 인스턴스를 참조합니다.

11   **part** 변수의 BrickColor 속성을 10단계에서 저장한 **TeamColor**로 변경합니다.

12   게임을 플레이하여 작동하는지 확인하세요. 제대로 작동하는 모습은 [그림 3-6]을 참조하세요.

그림 3-6 제대로 작동하는 이벤트 기반 게임

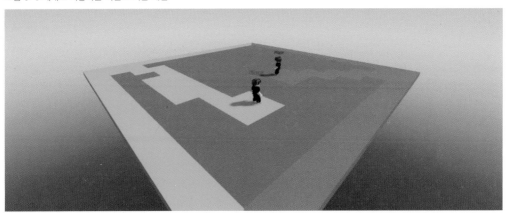

로블록스 스튜디오에서 게임이 제대로 작동한다면 여러분의 프로필에 게임을 업로드하고 친구와 함께 플레이하세요. 또 다른 방법으로는 로블록스 스튜디오에서 로컬 서버를 생성해 테스트 계정 두 개로 테스트하는 것입니다. [그림 3-6]은 테스트 계정으로 플레이한 화면입니다. [테스트]로 이동하여 [로컬 서버]를 선택하면 됩니다. 그런 다음 [그림 3-7]처럼 [플레이어 2명]을 선택하고 [시작]을 누릅니다.

그림 3-7 로블록스 스튜디오에서 로컬 서버 시작

이전 단계 중 구현하지 못하는 단계가 있거나 코드가 원하는 대로 작동하지 않는 경우 예제 코드를 참조하세요.

요약

이 장에서는 인스턴스에 속한 함수에 대해 배웠습니다. 일반적인 함수로 :GetChildren() 과 :FindFirstChild()가 있습니다. 두 이벤트는 모두 인스턴스의 하위 항목을 가져옵니다. 이 외에도 많은 함수가 있습니다. Players 같은 서비스를 얻기 위해 :GetService() 함수를 사용했습니다. 모든 인스턴스에 사용할 수 있는 함수와 인스턴스에 따라 사용할 수 있는 함수가 있다는 것도 배웠습니다.

인스턴스에는 함수뿐 아니라 이벤트도 있습니다. 함수와 비슷하게, 이벤트는 모든 인스턴스에서 발생하는 이벤트와 인스턴스에 따라 발생하는 이벤트가 있습니다. 이벤트를 사용하면 보다 최적화된 방식으로 코드를 작성할 수 있습니다. 특정 사건이 발생하는지 지속적으로 확인하기보다 이벤트를 사용하는 것이 좋습니다. 이벤트를 사용하면, 특정 사건이 발생할 때만 코드가 실행됩니다. 따라서 아무 일도 일어나지 않으면, 코드는 실행되지 않습니다.

또한, 원하는 모든 사건에 이벤트가 있지는 않습니다. 이런 경우에는 속성을 사용합니다. :GetPropertyChangedSignal() 이벤트를 사용하여 속성이 변경되는지 확인하세요. 이를 사용하면 공식적인 이벤트가 없더라도 이벤트를 구현할 수 있습니다.

:GetPropertyChangedSignal 이벤트를 사용하여 바인딩 가능한 이벤트를 직접 만들어 봤고, 이를 실행하고 감지해 봤습니다. 또한, 바인딩 가능한 함수에 대해 배웠습니다. 바인딩 가능한 이벤트를 호출하면 응답을 받지 못합니다. 대신 바인딩 가능한 함수를 호출하면 응답을 받을 수 있습니다. 모듈을 사용할 때도 비슷한 현상을 봤습니다. 모듈도 함수를 호출하고 응답을 받을 수 있습니다.

마지막으로, 모듈에서 바인딩 가능한 이벤트를 사용했습니다. 이를 통해 스크립트는 바인딩 가능한 이벤트를 건드리지 않고 이벤트를 감지했습니다.

다음 장에서는 클라이언트client와 서버server에 대해 알아봅니다. 지금까지는 서버에서만 작업했습니다. 서버와 클라이언트가 무엇이고 언제 사용하는지 알아보겠습니다. 그 외에도 서버와 클라이언트 간에 안전하게 통신하는 방법과 해커가 서버에 접근하지 못하도록 막는 방법도 보겠습니다.

2부

고급
시스템
프로그래밍

2부는 로블록스에서 사용하는 복잡한 기술을 자세히 설명합니다. Luau의 기본 개념을 필수로 이해하고 있어야 합니다. 2부를 마치고 난 후에는 복잡한 시스템을 사용한 자신만의 게임을 처음부터 만들 수 있을 것입니다.

2부는 총 6장으로 구성됩니다.

4장

게임 보안

이 장에서는 고급 로블록스 프로그래밍을 시작하겠습니다. 먼저 클라이언트와 서버에 대해 배웁니다. 그러면 시스템의 어느 부분을 어디에 구현해야 하는지 알 수 있습니다. 그런 다음 RemoteEvent와 RemoteFunction을 사용해 서버와 클라이언트 간 통신 방법을 배웁니다. 이 방법은 해커나 악성 사용자가 악용하기도 합니다. 이러한 일이 발생하지 않도록 보안 조치를 구현하는 방법을 배우겠습니다. 마지막으로, 게임에서 비속어가 나오지 않도록 텍스트를 필터링하는 법도 살펴보겠습니다.

이 장에서 다루는 내용

- 클라이언트와 서버의 이해
- RemoteEvent와 RemoteFunction 사용
- 보안 구현
- 사용자 텍스트 필터링

이 장을 마치면 게임이 어떻게 작동하는지 더 자세히 이해하게 되며, 시스템의 각 부분을 서버와 클라이언트에 적절히 나누어 구현할 수 있습니다. 또한 클라이언트와 서버가 안전하게 통신하는 방법과 사용자 텍스트를 필터링하는 방법을 알게 됩니다.

01 / 준비 사항

Luau로 프로그래밍을 시작하려면 인터넷을 사용해야 합니다. 이때 사용하는 장치에는 윈도우Windows 또는 맥Mac OS가 설치되어 있어야 합니다. 사용하는 컴퓨터에 다음 소프트웨어를 다운로드합니다.

- 로블록스 플레이어Roblox Player
- 로블록스 스튜디오Roblox Studio

이 책의 모든 코드 예제는 깃허브 및 영진닷컴 사이트에 업로드되어 있습니다. 이 장의 실습 영상은 https://bit.ly/3S6IHwA에서 확인하세요.

02 / 클라이언트와 서버의 이해

이전까지 계속해서 LocalScript가 아닌 Script로 작업했습니다. 둘의 차이점은 무엇이고 각자 언제 사용할까요? 이번에는 이러한 질문에 대한 답을 해 보겠습니다. 또한 클라이언트와 서버가 무엇인지도 알아봅니다. LocalScript가 게임에 미치는 영향도 함께 살펴보고, LocalScript에서 변경한 사항이 서버에 복제되지 않도록 방지하는 방법을 살펴보겠습니다. 그 뒤에는 RemoteEvent 및 RemoteFunction을 사용하여 서버와 클라이언트 간에 통신하는 방법을 배웁니다. 서버 접근 권한을 얻으려고 하는 악성 사용자로부터 이러한 Remote-Event와 RemoteFunction을 보호하는 방법을 배웁니다. 이 외에도 게임의 보안을 강화하는 데 사용하는 추가 보안 전술과 사용자가 입력한 텍스트를 필터링하는 방법을 배웁니다.

02.1 | LocalScript 소개

앞서 말했듯 지금까지는 Script로 작업했습니다. 1장에서 첫 번째 스크립트를 만들며 LocalScript를 클릭하지 말라고 했던 걸 기억하나요? 그때 LocalScript를 클릭했다면 무슨 일이 일어났을지 살펴보겠습니다. 다음 단계를 따라하세요.

❶ 먼저 ServerScriptService에 Script를 생성해 'Script에서 출력'이라는 내용을 출력하는 `print()` 함수를 작성합니다. 게임을 플레이하고 출력 창을 열면 다음 내용이 출력됩니다.

> Script에서 출력 - 서버 - Script:1

❷ 이제 똑같이 해보겠습니다. 이번에는 ServerScriptService에서 LocalScript를 생성합니다. 다시 한번 `print()` 함수를 사용합니다. 대신 출력 내용은 'LocalScript에서 출력'으로 바꿉니다.

실행해 보면 Script의 내용만 출력되고 LocalScript의 내용은 출력되지 않음을 확인할 수 있습니다. LocalScript는 클라이언트에서 실행되는 반면 Script는 서버에서 실행되기 때문입니다. 두 용어를 많이 들어는 봤는데 정확히 무슨 의미일까요?

사실 서버와 클라이언트 둘 다 컴퓨터입니다. 로블록스 게임에 참여하면 컴퓨터에서 플레이를 할 겁니다. 현재 사용하는 컴퓨터가 클라이언트입니다. 그런데 로블록스에도 컴퓨터가 있습니다. 그것도 아주 많죠. 로블록스의 컴퓨터는 서버입니다. 로블록스 게임에 참여하면 여러분의 컴퓨터인 클라이언트가 로블록스의 컴퓨터인 서버와 연결됩니다.

그림 4-1 클라이언트와 서버

LocalScript는 클라이언트에서 실행되도록 설계된 스크립트입니다. 이는 LocalScript가 플레이어의 컴퓨터에서 실행된다는 의미입니다. 로블록스 게임에 참여하면 해당 게임의 모든 LocalScript는 여러분의 컴퓨터에서 실행됩니다. 이는 해당 코드가 서버에서 실행되지 않는다는 말입니다.

Script도 마찬가지입니다. Script는 항상 로블록스의 서버에서 실행되며 클라이언트에서
는 실행되지 않습니다. 이제 LocalScript의 코드가 결과를 출력하지 않은 이유를 알아봅
시다.

ServerScriptService는 이름 그대로 서버 전용 서비스입니다. LocalScript의 코드는 이
서비스에서 실행되지 않습니다. 그렇다면 Script는 어디서 실행하고 LocalScript는 어디
서 실행할까요? 다음 표를 살펴보겠습니다.

표 4-1 Script와 LocalScript 실행 가능 위치

위치	Script	LocalScript
Workspace	O	X
Character	O	O
장착한 도구 (Character)	O	O
장착해제한 도구 (Backpack)	O	X
Lighting	X	X
ReplicatedFirst	X	O
ReplicatedStorage	X	X
ServerScriptService	O	X
ServerStorage	X	X
PlayerScripts	X	O

[표 4-1]은 Script와 LocalScript가 실행되는 위치를 정리한 표입니다. 그런데 뭔가 이
상하죠? LocalScript는 Workspace에 있는 Character에서는 실행되지만 Workspace
에서는 실행되지 않습니다. 이상하지만 말은 됩니다. 우리는 플레이어로서 캐릭터를 제어
하며 캐릭터의 움직임을 결정합니다. 이는 클라이언트가 캐릭터를 제어하기 때문에 가능
합니다.

이제 Script와 LocalScript를 저장하는 위치를 알았으니 만들어 보겠습니다. LocalScript를
사용하여 파트를 생성해 보겠습니다. LocalScript의 코드는 Script의 코드와 동일합니다.
다음 코드는 StarterPlayerScripts에 있는 LocalScript의 코드입니다.

```lua
local part = Instance.new("Part")
part.Position = Vector3.new(0, 2, 0)
part.Anchored = true
part.Parent = workspace
```

게임을 플레이하면 Workspace에 파트가 하나 보입니다. 그렇다면 Script와 Local-Script는 실행되는 위치 말고 무슨 차이가 있을까요?

[테스트]로 이동해 [클라이언트 및 서버]에서 플레이어를 1명으로 설정하고 [시작] 버튼을 누르면 두 개의 창이 실행됩니다. 클라이언트 화면은 [그림 4-2]와 같습니다. 이때 플레이어 캐릭터 옆에 파트가 하나 보입니다.

그림 4-2 LocalScript에서 생성한 파트가 클라이언트에서 보이는 모습

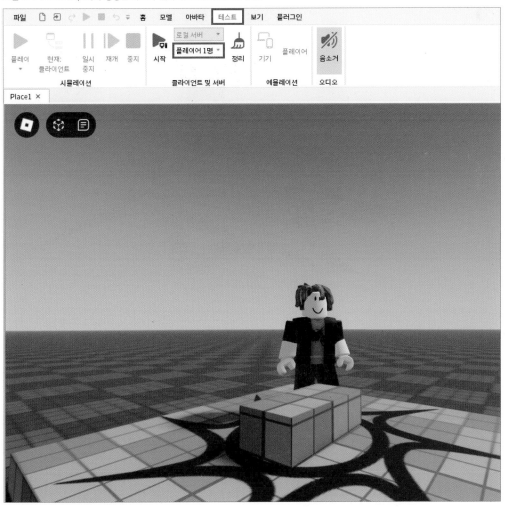

서버 화면은 [그림 4-3]과 같으며, 놀랍게도 파트가 없습니다.

그림 4-3 LocalScript에서 생성한 파트가 서버에서 사라진 모습

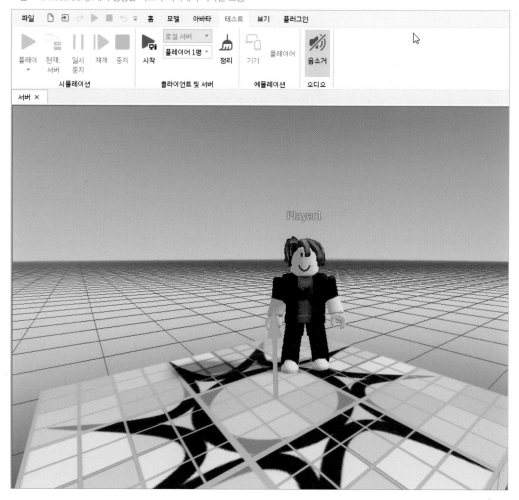

클라이언트와 서버의 이해

ServerScriptService의 Script에 LocalScript의 코드를 넣어 차이를 확인해 보세요.

LocalScript가 무엇이고 일반 Script와 어떻게 다른지 확인했습니다. 또한 클라이언트와 서버에 대해 소개했습니다. 다음에는 서버에서 파트가 나타나지 않은 이유를 자세히 살펴보겠습니다.

02.2 ㅣ FilteringEnabled

앞에서 LocalScript에서 만든 파트가 서버나 다른 클라이언트에 표시되지 않는 모습을 확인했습니다. 2017년 9월, 로블록스는 FilteringEnabled라는 기능을 도입했습니다. 이전에는 LocalScript에서 작성한 모든 변경 사항이 모든 클라이언트에 적용됐습니다. 즉, 게임에서 한 파트를 제거하면 모든 클라이언트에서 해당 파트가 제거됐습니다. 예상했겠지만 이는 보안적으로 매우 위험한 사항이라 많은 악성 사용자가 악용했습니다. 이 취약점은 게임에서 파트를 의도적으로 제거하여 다른 플레이어의 경험을 망쳤죠.

로블록스는 이에 대한 방어 수단으로 FilteringEnabled를 냈습니다. FilteringEnabled는 클라이언트의 모든 변경 사항을 서버에 적용하지 않습니다. 예를 들어, 악성 사용자가 여러분이 만든 게임에서 파트를 제거했다면 해당 파트가 사라지겠지만 다른 사람의 게임에서는 제거되지 않습니다. FilteringEnabled는 악성 사용자에 대응하는 데 매우 효과적입니다. 하지만 불행히도 일부 게임은 LocalScript에 의존해 게임의 동작을 변경했기 때문에, 수많은 게임이 중단되었습니다. 이에 따라 새로운 설정이 도입되었습니다. 게임 제작 시 FilteringEnabled의 사용 여부를 선택할 수 있게 된 것입니다.

이후에 FilteringEnabled는 실험 모드experimental mode로 이름이 바뀌었습니다. 게임에 FilteringEnabled가 없으면 그 게임은 실험 모드가 되었습니다. 그러다가 실험 모드가 지원 종료되었습니다. 지원 종료란 더 이상 사용해서는 안 되거나 더 이상 작동하지 않는다는 말을 멋지게 표현한 단어입니다. 그 시점부터 FilteringEnabled를 모든 게임에 필수로 사용해야 했습니다. 개발자는 더 이상 FilteringEnabled를 비활성화할 수 없게 되었습니다. 즉, 어떤 게임도 더 이상 실험 모드에 있을 수 없다는 뜻입니다.

이제 LocalScript에서 파트를 생성했을 때의 동작을 이해할 수 있습니다. Filtering-Enabled로 인해 파트가 클라이언트에는 존재하지만 서버에는 복제되지 않습니다. 파트가 제거되지 않듯 새 파트도 만들어지지 않습니다. 사실, 게임의 어떠한 변경 사항도 서버에 복제되지 않습니다. 이를 증명하기 위해 Baseplate의 Material(재질) 속성을 Granite(화강암)로 변경하는 LocalScript를 만들어 보겠습니다. StarterPlayerScripts에 LocalScript를 생성하고 다음 코드를 포함합니다.

```
local baseplate = workspace:WaitForChild("Baseplate")
baseplate.Material = Enum.Material.Granite
```

코드를 실행하면 바닥판의 재질 속성이 플라스틱에서 화강암으로 변경됩니다. 그러나 테스트 환경을 서버로 변경하면 바닥판의 재질은 여전히 플라스틱으로 유지됩니다.

그림 4-4 클라이언트 및 서버의 재질 차이

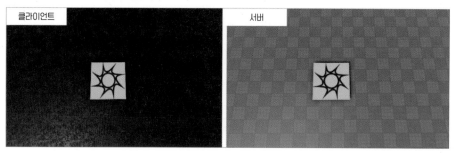

클라이언트와 서버의 이해

ServerScriptService의 Script에 LocalScript의 코드를 넣어 차이를 확인해 보세요.

이는 서버에서 같은 변경이 발생하지 않도록 FilteringEnabled가 개입했기 때문입니다. 그러나 FilteringEnabled가 막지 못하는 사항이 몇 가지 있습니다.

ENUM

위의 코드에서 볼 수 있듯 파트의 Material 속성을 변경할 때 Enum을 사용합니다. Enum은 기본적으로 모든 단일 스크립트에서 사용되는 전역 변수입니다. 이전에 확인했듯 스크립트 상단에 만든 변수는 전체 스크립트에서 접근할 수 있습니다. Enum도 마찬가지입니다. 어디에서나 사용할 수 있습니다. 유일한 차이는 이미 Luau에서 정의했다는 것입니다. 이 책의 나머지 부분에서도 계속해서 Enum을 사용할 겁니다.

이제 FilteringEnabled와, 로블록스가 서버와 클라이언트 사이의 보안을 처리하는 방법을 알았습니다. 클라이언트의 변경 사항이 서버에 복제되지 않는 모습도 확인했습니다. 앞에서 언급한 것처럼 서버에 복제가 되는 몇 가지 예외가 있습니다. 다음으로 이 예외를 알아보겠습니다.

02.3 | FilteringEnabled의 복제 방지를 피하는 예외

이전 항에서 LocalScript가 일으킨 변경 사항이 서버로 복제되는 걸 FilteringEnabled 가 방지한다고 설명했습니다. 예시로 Baseplate의 Material 속성을 변경했습니다. 실제로 Baseplate는 클라이언트에서만 변경되었을 뿐 서버에서는 변경되지 않았습니다. 그 외에도 악성 사용자가 맵의 일부를 제거해 다른 플레이어의 경험을 망치려 한다고도 언급했습니다. FilteringEnabled는 두 경우 모두에서 한 클라이언트의 변경 사항이 서버와 다른 클라이언트에서 발생하지 않도록 개입합니다.

다른 스크립트를 살펴보겠습니다. 다시 한번 StarterCharacterScripts에 LocalScript 를 만듭니다. StarterCharacterScripts의 모든 인스턴스는 생성되면 자동으로 캐릭터가 부모로 배정되므로 LocalScript의 부모는 모델의 캐릭터입니다. 다음 코드는 캐릭터에서 파트 하나를 제거합니다. 이번에 제거할 파트는 `RightLowerArm`입니다.

```
local character = script.Parent
local rightLowerArm = character:FindFirstChild("RightLowerArm")
rightLowerArm:Destroy()
```

> **캐릭터**
>
> 위의 코드는 캐릭터가 R15일 때만 작동합니다. R15는 아바타를 생성할 때 선택하는 체형입니다. R15 아바타는 15개의 파트로 구성되며 R6 아바타는 6개의 파트로 구성됩니다.

위의 LocalScript를 직접 만들어 게임을 실행하면 뭔가 이상한 점을 발견할 수 있습니다. [그림 4-5]에서 볼 수 있듯 클라이언트에서 게임을 보면 예상대로 캐릭터의 아래쪽 팔이 사라졌습니다. 그러나 서버로 전환하면 이상한 일이 발생합니다. 서버에서도 오른쪽 아래 팔 부분이 사라집니다.

그림 4-5 오른팔 하부(RightLowerArm)를 제거한 화면(클라이언트)

앞서 클라이언트에서 일어나는 변경 사항이 서버로 복제되는 걸 FilteringEnabled가 방지한다고 설명했습니다. 그런데 이번에는 변경이 서버에도 적용되었습니다. 우연일까요? 아닙니다. FilteringEnabled를 사용해도 몇 가지 변경 사항은 적용됩니다. 다음 범주에 속하는 변경 사항은 서버에도 적용됩니다.

- 휴머노이드의 일부 속성
- 사운드 재생(SoundService.RespectFilteringEnabled가 false로 설정된 경우)
- ClickDetector 입력 이벤트
- AnimationTrack 재생
- 네트워크 소유권을 가진 클라이언트의 BasePart

이에 대한 정보는 로블록스 개발자 위키에서 자세히 정리되어 있습니다.

목록을 살펴보면 팔이 사라진 이유가 휴머노이드와 관련이 있다고 생각할 겁니다. 아바타는 캐릭터니까요. 하지만 휴머노이드라서 삭제가 반영된 게 아닙니다. 방금 제거한 RightLowerArm은 BasePart 클래스입니다. 휴머노이드는 아무 관련이 없습니다.

이번에 영향을 준 건 네트워크 소유권입니다. 네트워크 소유권은 파트의 속성을 처리하는 사람에게 있습니다. 네트워크 소유권을 가진 사람이 속성을 관리하며 각 플레이어는 자기 캐릭터의 속성을 소유합니다. 따라서 자기 캐릭터의 일부분을 제거하면 FilteringEnabled가 변경을 허용합니다. LocalScript가 플레이어에 속한 캐릭터를 변경할 수 있다는 점을 기억해 두세요. LocalScript가 다른 사람의 캐릭터에서 팔을 제거해도 서버에는 반영되지 않습니다.

FilteringEnabled와 그 예외 사항을 확인하는 가장 좋은 방법은 두 명 이상의 플레이어로 로컬 서버를 실행해, 파트를 제거하거나 여러 가지 변경을 적용해 보며 서버와 다른 클라이언트에서 어떤 일이 발생하는지 확인하는 것입니다. [그림 4-6]을 참조해 로컬 서버를 시작하세요.

그림 4-6 로컬 서버 시작

이제 클라이언트와 서버가 작동하는 방식과 FilteringEnabled가 작동하는 방식을 알았으므로 기본적인 게임 보안 방법을 이해했습니다. 하지만 서버에서는 어떤 작업을 수행하고 클라이언트에서는 어떤 작업을 수행해야 할까요? 이번에는 이에 대해 알아보겠습니다.

02.4 | 클라이언트와 서버의 영역

언제 클라이언트를 사용하고 언제 서버를 사용할까요? 클라이언트에서 수행할 작업과 서버에서 수행할 작업을 결정하는 완벽한 방법은 없지만, 해야 할 일과 하지 말아야 할 일은 확실히 있습니다.

지금부터 이러한 해야 할 일과 하지 말아야 할 일에 대해 자세히 알아볼 것입니다.

클라이언트의 영역

클라이언트부터 시작해 보겠습니다. 클라이언트에서는 기본적으로 게임을 예쁘게 만드는 모든 요소와 클라이언트의 사용자 입력을 처리합니다. 여기에는 그래픽 사용자 인터페이스graphical user interfaces(GUI), 애니메이션animation, 효과effect, 키보드 입력 및 버튼 클릭 감지가 포함됩니다. 물론 클라이언트를 사용해야 하는 사용 사례가 몇 가지 더 있습니다. 예를 들어 나머지 플레이어에게는 보이지 않는 걸 한 플레이어에게만 보여 주는 경우를 들 수 있습니다.

지금까지 이 책에서 클라이언트 영역을 사용하는 사례를 많이 보지 못했습니다. 이후 내용에서는 지금까지 소개한 모든 영역을 자세히 살펴보겠습니다.

클라이언트에서 절대 해서는 안 되는 작업도 있습니다. 한 예로 데이터 저장소와 직접 관련된 모든 동작은 클라이언트에서 조작해서는 안 됩니다. 그 외에도 게임 로직은 클라이언트에서 조작하면 안 됩니다. 게임 로직은 비즈니스 로직business logic이라고도 부릅니다. 게임 로직이란 본질적으로 게임의 규칙을 의미합니다. 예를 들어 게임에 Collect Money 버튼이 있다고 가정합시다. Collect Money 버튼을 클릭할 때마다 0에서 50코인 사이의 금액이 무작위로 계정에 추가되는 기능이 있다고 했을 때, 클라이언트에서 하면 안 되는 행동은 뭘까요? 누군가가 받는 금액은 항상 서버에서 계산해야 합니다. 이후 '보안 구현' 절에서 이 예제를 다시 살펴보며 왜 이런 작업을 서버에서 해야 하는지 살펴보겠습니다.

서버 영역

기본적으로 클라이언트에서 수행하지 않는 모든 작업은 서버에서 수행합니다. 데이터 저장소와 관련된 모든 작업뿐만 아니라 비즈니스 로직도 서버에서 이루어져야 한다고 했습니다. 이 두 가지 사항은 보통 제대로 지켜집니다. 하지만 대부분의 경우, 개발자는 게임을 더 예쁘게 보이게 하는 애니메이션과 효과를 적용하기 위해 서버를 과도하게 사용하는 경향이 있습니다. 서버가 이런 작업을 훨씬 빠르게 수행하기 때문입니다. 따라서 구현하는 시간도 적습니다. 문제는 서버가 더 중요한 작업을 해야 하는데 시각 효과에 시간을 소비한다는 것입니다. 애초에 왜 서버에 아름다운 효과가 필요한가요? 서버를 통해서 게임을 보는 것도 아닌데 말이죠. 5장에서 이러한 효과를 클라이언트에 올바르게 구현하는 방법을 배웁니다.

지금까지 서버와 클라이언트의 영역을 포함한 서버와 클라이언트에 관한 모든 정보를 살펴봤습니다. 앞서 언급했듯이 사용자 입력을 수신한 다음 서버에서 작업을 수행해야 하는 경우가 있습니다. 이때 서버와 클라이언트가 함께 작동하려면 어떻게 해야 할까요? RemoteEvent와 RemoteFunction을 사용하여 수행하면 됩니다. 다음에는 이 둘의 사용법을 설명하겠습니다.

03 / RemoteEvent와 RemoteFunction 사용

클라이언트와 서버가 같은 목적을 위해 함께 작업해야 할 때가 있습니다. 예를 들어 사용자가 팀에 참가하려면 팀 체인저를 사용해 참가하려는 팀을 선택해야 합니다. 이 팀 버튼의 코드는 클라이언트에 프로그래밍됩니다. 그러나 실제 팀 변경은 서버에서 이루어집니다. 한 선수만이 아니라 모든 선수가 팀 변경을 봐야 하기 때문입니다.

이제부터 클라이언트와 서버를 사용하여 시스템을 만들고, RemoteEvent와 Remote-Function을 사용해 서버와 클라이언트 사이의 통신 방법을 배우겠습니다.

03.1 | GUI 설정

이 장에서는 직접 GUI를 디자인하고 생성하지 않습니다. 이미 만들어진 틀로 진행합니다. 깃허브 페이지 및 영진닷컴 사이트에서 GUI가 포함된 로블록스 스튜디오 전용 파일을 다운로드 받으세요. 게임의 이름은 Introducing RemoteEvent and Functions입니다. FillIn으로 시작하는 파일을 다운로드한 후, 로블록스 스튜디오에서 파일을 엽니다. 그러면 [그림 4-7]과 같이 화면 중앙에 Team Changer GUI가 표시됩니다.

그림 4-7 Team Changer GUI

탐색기에서 StarterGui를 엽니다. 이 서비스에서 만든 GUI는 게임에 참여한 모든 플레이어에게 전달됩니다. 사용자 인터페이스도 볼 수 있습니다. 예를 들어 StarterGui를 열면 Team Changer라는 ScreenGui가 표시됩니다. ScreenGui는 전체 GUI를 함께 그룹화하는 인스턴스입니다. ScreenGui 내부에는 TextLabel과 TextButton, ImageLabel, ImageButton 등 다양한 인스턴스를 추가할 수 있습니다.

[그림 4-8]을 보면 TeamChanger GUI의 하위 항목에 ImageLabel이 있습니다. 이 ImageLabel의 이름은 MainFrame입니다. 탐색기에서 인스턴스를 선택하면 전체 Team Changer 프레임 주위에 윤곽선이 나타납니다. 이 이미지가 프레임의 둥근 배경 역할을 합니다. 이미지 아래에는 몇 가지 다른 인스턴스가 자식으로 존재합니다. ImageButton 인 BlueTeam과 RedTeam이 MainFrame의 자식인 이유는 레이어와 스케일링 때문입니다. 6장에서 이에 대해 자세히 알아볼 것입니다.

그림 4-8 Team Changer GUI의 구조

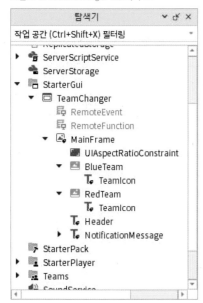

지금은 이 GUI에 두 개의 버튼이 있다는 점을 이해해야 합니다. 왼쪽에 있는 로켓 모양 버튼은 레드 팀에 배정하는 버튼이고, 오른쪽에 있는 비행기 모양 버튼은 블루 팀에 배정하는 버튼입니다. 플레이어가 한 버튼을 선택하면 해당 팀으로 변경됩니다.

지금까지 Team Changer GUI가 포함된 로블록스 스튜디오 파일을 성공적으로 다운로드했으며 해당 구조를 분석했습니다. 이제 프로그래밍을 시작하겠습니다. 다음 항에서는 클라이언트 측에서 Team Changer GUI를 프로그래밍하는 방법을 배웁니다.

03.2 | 클라이언트 측에서 프로그래밍하는 Team Changer

먼저 TeamChanger ScreenGui의 자녀로 LocalScript를 만듭니다. 이 LocalScript에는 논리적으로 적당한 이름을 지정해야 합니다. 이름은 직접 정해 보세요. LocalScript에는 두 버튼에 대한 참조가 필요합니다. 지금까지는 인스턴스에 대한 참조만 만들었습니다. 하지만 이번에는 GUI 내에서 두 개의 버튼을 참조해야 합니다. 각 플레이어는 고유한 GUI를 가지고 있으며 이러한 GUI는 각 Player 인스턴스 내의 PlayerGui 폴더로 복사됩니다. 그런 다음 .PlayerAdded 이벤트를 감지하며 각 GUI를 가져옵니다. 이 방법도 작동은 하겠지만 이보다 더 나은 솔루션이 있습니다.

지금까지 참조를 할 때 절대 경로를 사용했습니다. 절대 경로는 절대 상단을 기준으로 원하는 인스턴스까지 내려갑니다. 그러나 상대 경로를 사용할 수도 있습니다. 상대 경로는 특정 스크립트를 기준으로 원하는 인스턴스로 이동합니다. 상대 경로를 사용하여 두 버튼에 대한 참조를 살펴보겠습니다.

```
local blueTeamButton = script.Parent.MainFrame.BlueTeam
local redTeamButton = script.Parent.MainFrame.RedTeam
```

script 키워드를 사용하면 스크립트의 위치에서 참조가 시작됩니다. ScreenGui 내부에 직접 LocalScript를 만들었기 때문에 LocalScript의 부모인 ScreenGui를 참조하려면 Parent 속성을 사용합니다. 그런 다음 두 버튼으로 간단히 작업할 수 있습니다.

이제 이 버튼을 클릭하는 이벤트를 감지해야 합니다. 한 플레이어가 버튼을 클릭하면 클릭한 팀으로 그 플레이어의 팀을 변경해야 합니다. 그런데 버튼을 클릭한 사람은 어떻게 확인할까요? 다행히 누군가가 버튼을 클릭해야만 이벤트가 발생합니다. 이 이벤트를 .MouseButton1Click 이벤트라고 합니다. 다음 코드를 살펴보겠습니다.

```lua
local Players = game:GetService("Players")
local player = Players.LocalPlayer
local Teams = game:GetService("Teams")
local blueTeamButton = script.Parent.MainFrame.BlueTeam
local redTeamButton = script.Parent.MainFrame.RedTeam

function switchTeam(teamName)
    -- 팀 정보 받아오기
    local team = Teams:FindFirstChild(teamName)

    -- 팀이 있는지 확인
    if team ~= nil then
        player.Team = team
    else
        warn("Team [".. teamName .. "] does not exist!")
    end
end

function switchBlueTeam()
    switchTeam("Blue")
end

function switchRedTeam()
    switchTeam("Red")
end

blueTeamButton.MouseButton1Click:Connect(swichBlueTeam)
redTeamButton.MouseButton1Click:Connect(switchRedTeam)
```

코드를 살펴보겠습니다. 스크립트 상단을 주목하세요. 먼저 **LocalPlayer**를 가져오기 위해 Players 서비스를 가져옵니다. 왜 이러는 걸까요? 일반 스크립트를 사용할 때는 이벤트를 수신하여 플레이어를 참조해야 했습니다. 그러나 각 LocalScript는 한 플레이어만 실행할 수 있으므로 **LocalPlayer**는 이 LocalScript를 실행한 장치의 플레이어를 참조합니다. LocalScript를 테스트하면 팀이 성공적으로 변경됩니다. 클라이언트에서 시스템이 성공적으로 구현됐습니다. 그러나 서버에서 테스트하면 변경이 발생하지 않습니다. 다시 한번 말하지만, 이는 FilteringEnabled 때문입니다. 그렇다면 변경 사항을 서버에도 적용하려면 어떻게 해야 할까요? 이제부터 RemoteEvent를 사용하여 서버에서 플레이어의 팀을 변경하는 방법을 알아보겠습니다.

03.3 | RemoteEvent 사용

앞의 코드에서 플레이어의 팀을 새 팀으로 변경하는 코드를 제거하고 새로운 코드를 서버에 추가해야 합니다. 이렇게 하면 플레이어의 팀이 변경되었을 때, 우리뿐만 아니라 모든 사람이 알 수 있습니다. 이를 위해 RemoteEvent를 사용합니다. 그러나 먼저 서버와 클라이언트에 사용할 스크립트를 만들겠습니다.

먼저 ServerScriptService에 TeamChanger라는 Script를 만듭니다. 다음 코드를 살펴보겠습니다.

```
local Teams = game:GetService("Teams")

function switchTeam(player, teamName)
    -- 팀 정보 받아오기
    local team = Teams:FindFirstChild(teamName)

    -- 팀이 있는지 확인
    if team ~= nil then
        player.Team = team
```

```
    else
        warn("Team [".. teamName .. "] does not exist!")
    end
end
```

서버 측 코드를 보면 앞서 LocalScript에서 만들었던 함수가 있습니다. 유일한 차이점은 **player**라는 추가 매개변수가 있다는 점입니다. 다시 말하지만 이러는 이유는 지금은 서버에서 작업하므로 **LocalPlayer**가 없기 때문입니다.

물론 이 정도로도 훌륭한 것 같지만, 오른쪽 버튼을 클릭했을 때 이 함수가 작동하는지 어떻게 확인할까요? 이를 위해 RemoteEvent를 사용합니다. RemoteEvent는 앞서 3장에서 본 이벤트와 유사합니다. 3장에서는 BindableEvent를 사용했습니다. RemoteEvent도 동일합니다. 차이가 있다면 BindableEvent는 클라이언트-클라이언트 또는 서버-서버 통신을 목적으로 하지만, RemoteEvent는 클라이언트-서버 또는 서버-클라이언트 통신을 목적으로 한다는 점입니다.

이제 RemoteEvent를 만들어 봅시다. 이 작업은 탐색기에서 할 수 있습니다. 일반적으로 RemoteEvent는 ReplicatedStorage에 생성합니다. ReplicatedStorage를 마우스 오른쪽 버튼으로 클릭하고 RemoteEvent를 추가합니다. RemoteEvent의 이름은 ChangeTeam으로 지정합니다. 첫 번째 RemoteEvent를 성공적으로 생성했습니다. 하지만 아직 확인할 게 남아 있습니다.

서버의 Script에서 계속 진행하겠습니다. RemoteEvent가 실행되면 switchTeam() 함수가 실행되도록 만들어야 합니다. RemoteEvent에는 **.OnServerEvent**라는 이벤트가 있습니다. 이 이벤트를 사용하면 클라이언트에서 들어오는 요청을 감지할 수 있습니다. 다음 코드에서 이 작업을 수행합니다.

```
local Teams = game:GetService("Teams")
local ReplicatedStorage = game:GetService("ReplicatedStorage")

function switchTeam(player, teamName)
    -- 팀 정보 받아오기
    local team = Teams:FindFirstChild(teamName)
```

```
    -- 팀이 있는지 확인
    if team ~= nil then
        player.Team = team
    else
        warn("Team [".. teamName ..  "] does not exist!")
    end
end
```

```
ReplicatedStorage.ChangeTeam.OnServerEvent:Connect(switchTeam)
```

ReplicatedStorage에서 RemoteEvent인 **ChangeTeam**에 대한 참조를 얻습니다. RemoteEvent가 실행되면 **switchTeam()** 함수가 호출됩니다. 이제 클라이언트에서 이 RemoteEvent를 발생시키면 됩니다. BindableEvent와 마찬가지로 RemoteEvent도 호출할 수 있는 함수가 있습니다. 바로 **:FireServer()**입니다. 앞서 작성한 LocalScript에서 이 함수를 구현해 보겠습니다.

```
local ReplicatedStorage = game:GetService("ReplicatedStorage")
local blueTeamButton = script.Parent.MainFrame.BlueTeam
local redTeamButton = script.Parent.MainFrame.RedTeam

function switchBlueTeam()
    ReplicatedStorage.ChangeTeam:FireServer("Blue")
end

function switchRedTeam()
    ReplicatedStorage.ChangeTeam:FireServer("Red")
end

blueTeamButton.MouseButton1Click:Connect(switchBlueTeam)
redTeamButton.MouseButton1Click:Connect(switchRedTeam)
```

코드를 보면 팀을 변경하는 두 함수가 RemoteEvent를 실행하도록 변경되었습니다. RemoteEvent를 실행하기 위해 `:FireServer()` 함수를 사용합니다. 괄호 안에는 플레이어가 변경할 팀 이름이 포함된 인수가 있습니다. 서버 코드를 보면 `switchTeam()` 함수에 두 개의 매개변수가 있습니다. 그런데 위의 클라이언트 코드에서는 하나만 제공합니다. 이는 로블록스의 서버에서 플레이어 매개변수를 제공하기 때문입니다.

즉, 서버의 모든 원격 이벤트는 직접 매개변수를 제공하지 않더라도 원격 이벤트를 발생시킨 플레이어를 첫 번째 매개변수로 가져옵니다. 이전 코드 예제에서와 같이 추가 매개 변수를 추가하면 플레이어가 옮길 팀을 결정하는 문자열을 추가합니다. 이 문자열은 서버의 두 번째 매개변수가 됩니다.

새 클라이언트 코드와 서버 코드를 테스트하면 동일한 효과를 볼 수 있습니다. 한 명이 팀을 바꾸면 다른 사람들의 화면에서도 변경 사항이 적용됩니다. 이는 RemoteEvent를 성공적으로 구현했음을 의미합니다. 이렇게 우리는 플레이어의 장치와 로블록스 서버에서 동시에 작동하는 첫 번째 시스템을 만들었습니다.

하지만 서버에서 응답을 받으려면 어떻게 해야 할까요? 지금까진 RemoteEvent를 사용한 클라이언트-서버 방향 통신을 보았지만 반대도 가능합니다. 이어서 RemoteEvent에 `:FireClient()` 함수를 사용하는 법을 배웁니다.

03.4 | 서버에서 클라이언트로 RemoteEvent 사용

이번에는 이미 속한 팀의 버튼을 누르면 변경하지 못한다는 경고 알림을 보여 주도록 시스템을 확장해 보겠습니다. 이미 GUI에는 NotificationMessage라는 TextLabel이 있습니다. 이 TextLabel을 사용하여 이미 해당 팀에 속하므로 팀을 변경할 수 없다는 메시지를 표시하겠습니다.

먼저, 서버에서 플레이어가 이미 팀에 있는지 여부를 확인하는 간단한 `if`문을 작성하겠습니다. 이를 통해 플레이어가 이미 팀에 있는지 확인해 메시지 표시 여부를 클라이언트에 알려야 합니다. 어떻게 해야 할까요? 또 다른 RemoteEvent를 만들고, 이번에는 클라이언트가 서버에 접속하는 대신 서버가 클라이언트에 접속하도록 할 수 있습니다. 이

때는 `:FireServer()` 함수 대신 `:FireClient()` 함수를 사용합니다. 클라이언트에서는 `.OnServerEvent` 대신 `.OnClientEvent`를 감지해야 합니다.

먼저 ReplicatedStorage에 새로운 RemoteEvent인 TeamChangerNotification을 만듭니다. 이 작업을 마치면 **if**문을 만들어 새로운 RemoteEvent에서 `:FireClient()` 함수를 호출할 수 있습니다. 새로 만든 서버 코드를 살펴보겠습니다.

```lua
local Teams = game:GetService("Teams")
local ReplicatedStorage = game:GetService("ReplicatedStorage")

function switchTeam(player, teamName)
    -- 팀 정보 받아오기
    local team = Teams:FindFirstChild(teamName)

    -- 팀이 있는지 확인
    if team ~= nil then
        if player.Team ~= team then
            -- 플레이어가 아직 팀에 없음
            player.Team = team
        else
            -- 플레이어가 이미 팀에 있음
            ReplicatedStorage.TeamChangerNotification:
            FireClient(player, "You are already on this team!")
        end
    else
        ReplicatedStorage.TeamChangerNotification:
        FireClient(player, "Team does not exist!")
    end
end

ReplicatedStorage.ChangeTeam.OnServerEvent:Connect(switchTeam)
```

이 코드에서는 특정 메시지를 표시하고 싶을 때마다 새 RemoteEvent에서 `:FireClient()` 함수를 호출했습니다. `:FireClient()` 함수의 첫 번째 인수는 이 메시지를 보게 될 플레이어입니다. 서버는 게임의 모든 플레이어를 알고 있으며 특정 플레이어에게 그 정보를 표시하려 합니다. 두 번째 인수는 표시하려는 메시지입니다.

그런 다음 클라이언트에서 이 새로운 RemoteEvent를 감지하기 시작해야 합니다. 앞에서 언급한 것처럼 `.OnClientEvent()` 이벤트를 사용합니다. 이전에 만든 LocalScript에 다음 코드를 입력합니다.

```
local ReplicatedStorage = game:GetService("ReplicatedStorage")
local notificationLabel = script.Parent.MainFrame.NotificationMessage

function showNotification(message)
    notificationLabel.Text = message
end

ReplicatedStorage.TeamChangerNotification.OnClientEvent:Connect(showNotification)
```

`.OnClientEvent` 이벤트를 사용하여 `TeamChangerNotification` RemoteEvent를 수신합니다. 팀을 변경하면 달라지는 것은 아무것도 없습니다. 이미 속한 팀으로 변경하려고 하면 [그림 4-9]와 같이 이미 해당 팀에 속한다는 알림을 받게 됩니다.

그림 4-9 "당신은 이미 이 팀에 속해 있습니다!"

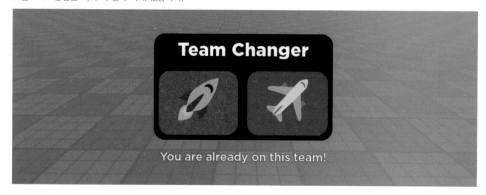

이 코드에서 주목할 점은 `TeamChangerNotification` RemoteEvent를 통해 알림 메시지를 받으면 `showNotification` 함수는 `message`라는 하나의 매개변수만 사용한다는 점입니다. 서버에서는 두 개의 매개변수를 전달합니다. 첫 번째 매개변수는 이 메시지를 받을 플레이어이고 두 번째 매개변수는 플레이어가 받을 메시지입니다. 메시지만 입력하는 이유는 플레이어를 선택하는 첫 번째 매개변수가 로블록스 내부적으로 사용되기 때문입니다. 이 매개변수 자체로는 아무것도 할 수 없습니다.

RemoteEvent에서 `:FireClient()` 함수를 사용하는 방법을 알아보았습니다. 하지만 이제 작은 시스템에 두 개의 RemoteEvent가 존재합니다. 이 문제에는 또 다른 접근 방식이 있습니다. 앞서 BindableFunction에 대해 배웠습니다. BindableFunction은 BindableEvent와 유사하지만 BindableFunction은 데이터를 반환할 수 있습니다. 클라이언트와 서버에도 이와 비슷한 통신 방법이 있습니다. 다음 절에서는 RemoteFunction을 사용해 두 개의 RemoteEvent를 대체하는 방법을 알아보겠습니다.

03.5 | RemoteFunction 사용

RemoteEvent 대신 우리는 RemoteFunction을 사용할 수 있습니다. RemoteFunction은 무엇일까요? 3장에서 BindableFunction을 배웠습니다. BindableFunction은 BindableEvent와 비슷합니다. 차이가 있다면 BindableFunction은 데이터를 반환할 수 있지만 BindableEvent는 반환하지 못한다는 점이었습니다.

BindableFunction과 유사하게 RemoteFunction도 데이터를 반환할 수 있습니다. 그러나 RemoteFunction은 클라이언트에서 호출되어 서버에서 처리됩니다. BindableFunction은 동일한 클라이언트에서 동일한 클라이언트로 또는 동일한 서버에서 동일한 서버로만 작동합니다.

RemoteFunction이 작동하는지 확인하기 위해, 이전에 만든 Team Changer를 두 개의 RemoteEvent 대신 RemoteFunction 하나만 사용하도록 수정하겠습니다. 먼저 ReplicatedStorage 내부에 ChangeTeam이라는 이름의 새로운 RemoteFunction을 만듭니다.

NOTE 직접 시스템을 구현할 때는 앞서 만든 RemoteEvent를 제거해야 합니다. 이름이 *ChangeTeam* 인 RemoteEvent와 RemoteFunction이 같이 존재할 수 없기 때문입니다. 만약 RemoteEvent와 RemoteFunction의 이름이 같으면 이상 동작이 발생할 수 있습니다.

이 작업을 완료하면 서버 측 코드를 업데이트합니다. RemoteFunction으로 업데이트한 서버 코드를 살펴보겠습니다.

```
local Teams = game:GetService("Teams")
local ReplicatedStorage = game:GetService("ReplicatedStorage")


function switchTeam(player, teamName)
    -- 팀 정보 받아오기
    local team = Teams:FindFirstChild(teamName)


    -- 팀이 있는지 확인
    if team ~= nil then
        if player.Team ~= team then
            -- 플레이어를 팀에 배치
            player.Team = team


            -- 성공 반환
            return true
        else
            return "You are already on this team!"
        end
    else
        return "Team does not exist!"
    end
end


ReplicatedStorage.ChangeTeam.OnServerInvoke = switchTeam
```

원래 코드와 거의 동일한 함수를 볼 수 있습니다. 대신 원래 RemoteEvent를 호출하던 위치에 **return**문이 자리잡았습니다. 이는 RemoteFunction에 반환값이 필요하기 때문입니다. 다른 함수와 마찬가지로 반환값은 **return**문을 사용하여 지정합니다. 팀 변경에 성공하면 **true**를 반환하고, 어떤 이유로든 성공하지 못했다면 원인을 설명하는 문자열을 반환합니다.

주목할 만한 또 다른 점은 스크립트의 마지막 줄입니다. BindableFunction을 사용할 때 BindableFunction이 호출된다고 배웠습니다. 그러나 지금 프로그래밍하는 방식은 살짝 다릅니다. **:Connect()** 구문 대신 등호(=)를 입력한 다음 함수 이름을 입력합니다. 3장에서 설명한 것처럼 RemoteFunction과 BindableFunction이 콜백을 사용하기 때문입니다. 따라서 BindableFunction과 동일한 구문을 RemoteFunction에 사용합니다.

이제 서버 코드를 업데이트했으므로 클라이언트 코드만 남았습니다. 다시 한번 클라이언트 코드가 RemoteFunction과 함께 작동하는지 확인하겠습니다. 다음 코드를 살펴보겠습니다.

```
local ReplicatedStorage = game:GetService("ReplicatedStorage")
local blueTeamButton = script.Parent.MainFrame.BlueTeam
local redTeamButton = script.Parent.MainFrame.RedTeam
local notificationLabel = script.Parent.MainFrame.NotificationMessage


function switchTeam(teamName)
    local result = ReplicatedStorage.ChangeTeam:InvokeServer(teamName)
    if result ~= true then
        showNotification(result)
    end
end
```

```
function switchBlueTeam()
    switchTeam("Blue")
end

function switchRedTeam()
    switchTeam("Red")
end

function showNotification(message)
    notificationLabel.Text = tostring(message)
end


blueTeamButton.MouseButton1Click:Connect(swichBlueTeam)
redTeamButton.MouseButton1Click:Connect(switchRedTeam)
```

위의 코드에서는 여전히 .MouseButton1Click() 이벤트를 수신하여 버튼이 눌렸는지 확인합니다. 그런 다음 RemoteFunction을 호출하는 함수를 실행합니다. RemoteFunction의 매개변수는 변경하려는 팀의 이름입니다. RemoteEvent와 마찬가지로 LocalPlayer를 지정할 필요가 없습니다. 그러나 서버에는 계속 첫 번째 매개변수로 표시됩니다. 다시 한번 말하지만 이 작업은 로블록스가 대신 수행합니다.

흥미롭게도 :InvokeServer()의 결과를 result라는 변수에 저장합니다. RemoteFunction이 결과를 기대하기 때문입니다. 이 변수에는 서버 코드에서 반환하는 값이 저장됩니다. 팀을 성공적으로 변경했다면 이 값은 true가 되고 성공하지 못했다면 원인을 설명하는 문자열을 반환합니다.

그런 다음 변숫값이 true가 아닌지 확인합니다. true 값이 반환되면 요청이 성공했다는 의미이기 때문입니다. 그러나 부울값 외의 값이 나오면 서버에 문제가 발생한 것입니다. 팀이 존재하지 않을 수도 있고 플레이어가 이미 해당 팀에 속해 있을 수 있습니다. 이와 같은 문자열을 받으면 showNotification() 함수를 호출합니다. 이 함수는 notificationLabel의 Text 속성을 message 매개 변수에서 제공한 문자열로 설정합니다.

클라이언트와 서버 코드를 모두 바꾼 새 시스템은 RemoteFunction을 사용하여 작동합니다. 이제 RemoteFunction과 RemoteEvent를 사용하여 클라이언트와 서버 간에 통신하는 방법을 알았습니다. 다음 절에서는 몇 가지 추가적인 보안을 구현해 보겠습니다.

04 / 보안 구현

이미 클라이언트와 서버에 대해 많이 다뤘습니다. 클라이언트와 서버의 역할 및 그들 사이의 의사소통 방법까지 알았습니다. 하지만 안타깝게도 게임을 장악하거나 악용하여 재미를 망치려는 사람들은 항상 있습니다. 이미 FilteringEnabled로 이러한 악용을 방지하는 방법을 배웠지만 이 방법에도 한계가 있습니다.

그럼 악성 사용자는 무슨 방법을 사용할까요? 그들은 자신의 캐릭터에 일어나는 모든 일을 제어할 수 있습니다. 그나마 다행인 건 자신의 캐릭터만 제어한다는 겁니다. 다른 플레이어의 캐릭터에는 아무런 영향을 미치지 못합니다. 이는 'FilteringEnabled의 복제 방지를 피하는 예외'에서 설명한 네트워크 소유권 때문입니다.

악성 사용자는 자신의 캐릭터를 조작하는 것 외에도 LocalScript로 모든 조작을 할 수 있습니다. 주로 게임에 악성 코드를 '주입'합니다. 이 작업은 자신의 컴퓨터에서 수행하기 때문에 클라이언트 측 스크립트입니다. 이 스크립트는 여러분이 가진 LocalScript와 비교할 수 있습니다. 개발자는 이 주입이 언제 발생하는지 알 수 없습니다. 로블록스가 플랫폼의 보안을 지속적으로 개선하고 악성 사용자를 찾아내고자 노력하고 있지만 로블록스도 모든 것을 막지는 못합니다. 그렇기 때문에 우리는 스스로 게임을 보호해야 합니다.

악성 사용자는 악성 코드를 게임에 주입해 서버에 대한 접근 권한을 얻으려 할 수 있습니다. 접근 권한을 얻을 때는 RemoteEvent와 RemoteFunction을 사용합니다. 이들은 LocalScript를 확인해 RemoteEvent와 RemoteFunction에 필요한 인수를 확인한 다음, RemoteEvent와 RemoteFunction에 잘못된 데이터를 넣어 실행하거나 호출합니다. 이런 행동을 하는 이유는 서버에서 원치 않는 동작을 일으키기 위해서입니다.

또한 게임 머니를 표적으로 삼기도 합니다. RemoteEvent와 RemoteFunction을 찾아 오류를 통해 게임 머니를 취득하려고 하죠. 이건 수많은 예 중 하나입니다. 이전에 언급했듯 우리가 LocalScript로 할 수 있는 모든 작업을 악성 사용자도 할 수 있습니다.

물론, 우리가 원하는 바는 아니므로 게임의 보안을 강화해야 합니다. 다음에는 보안을 강화하는 방법을 설명하겠습니다. 또한 RemoteEvent와 RemoteFunction을 만들 때 염두에 두어야 할 사항을 소개하겠습니다.

04.1 | 서버 검사

앞에서 이미 다양한 서버 검사를 구현했습니다. 플레이어가 팀을 바꾸려 할 때 이미 그 팀에 속해 있는지 확인하는 과정 역시 서버 검사입니다. 매우 중요한 검사는 아니지만 플레이어가 하면 안 되는 특정 동작이 있습니다. 팀 인원수가 불균형해지지 않도록 하는 검사가 있다고 합시다. 이 검사는 모든 플레이어가 한 팀으로 몰리는 일을 막습니다. 상상할 수 있듯 한쪽에 인원이 몰리면 상대편에 불공평한 결과가 나올 수 있으므로 일어나지 않도록 해야 합니다.

이론적으로는 이 검사를 서버에서 실행하든 클라이언트에서 실행하든 중요하지 않습니다. 팀의 불균형을 막는 if문은 클라이언트와 서버 모두에서 작동합니다. 하지만 많은 초보 개발자가 이 부분에서 실수하는 경우가 많습니다. 아무데서나 작동한다고 아무데서나 실행하면 안 됩니다. 일반 사용자에게는 중요한 문제가 아닙니다. 검사가 제 역할을 할 테니까요. 하지만 악성 사용자는 이 검사를 악용할 수 있습니다.

클라이언트에 검사를 두면 악성 사용자는 RemoteEvent와 RemoteFunction을 마음대로 실행할 수 있습니다. 그래서 검사를 서버에 둬야 합니다. 모든 RemoteEvent와 RemoteFunction에는 자체적인 검사가 필요합니다. 예방할 수 있는 방법이 많을수록 게임은 더 안전해집니다. 그렇기에 클라이언트가 보낸 모든 매개변수를 확인해야 합니다. 클라이언트가 보내는 데이터를 절대 신뢰해선 안됩니다. 올바른 데이터인지 항상 확인하세요. RemoteEvent와 RemoteFunction에 구현할 수 있는 검사 몇 가지를 소개하겠습니다. 단순히 예시일 뿐이라는 점을 명심하세요. 여러분이 만들 게임에 맞는 검사를 생각해야 합니다.

- 상점 GUI에 사용할 데이터를 검색하는 RemoteFunction을 상상해 보세요. 플레이어는 상점 건물 근처에 있을 때만 상점 GUI를 볼 수 있습니다. 이때 캐릭터와 상점 사이의 거리를 계산하는 검사를 만들 수 있습니다. 플레이어가 너무 멀리 떨어져 있으면 요청을 무시하는 거죠.

- 거래 시스템의 매개변수 중 하나는 거래할 플레이어입니다. 따라서 첫 번째 확인은 두 번째 플레이어가 게임에 접속했는지 확인해야 합니다. 그런 다음 해당 플레이어가 자신과 거래하려 하는지 확인해야 합니다. 마지막으로, 두 플레이어가 거래할 아이템을 실제로 소유하고 있는지도 확인해야 합니다.

- 상점 시스템에서 플레이어가 아이템을 100코인에 구매하려고 할 때, 실제로 그 아이템이 있는지, 플레이어가 100코인을 가지고 있는지 검사할 수 있습니다. 어떤 게임은 플레이어가 같은 아이템을 여러 개 갖지 못하게 막을 수도 있습니다. 이 경우 검사를 통해 플레이어가 이 항목을 가지고 있는지 확인할 수 있습니다.

보안 위험

아이템의 가격을 매개변수로 사용하지 마세요. 플레이어마다 다른 할인율을 적용하더라도 서버에서 계산하세요. 항상 아이템의 가격은 서버에 저장해야 합니다. 불법 사용자가 멀쩡한 데이터에 0 코인을 섞어 RemoteEvent를 실행할 수 있습니다!

- 재입고 시스템에서 아이템을 500개 재입고하려고 합니다. 이 구매에 대해 실행되는 RemoteEvent는 매개변수로 재입고하려는 아이템 수를 받습니다. 어처구니없게도 이 숫자가 음수인지 여부를 확인하는 검사는 정말 많이 빠집니다. 이 검사는 게임에서 구현해야 할 아주 중요한 검사입니다! 게임에서 이를 구현하지 않았다간 돈 복사 문제가 벌어질 가능성이 큽니다.

이는 RemoteEvent와 RemoteFunction에서 서버 검사를 구현할 때 주의해야 할 몇 가지 예와 팁입니다. 앞서 언급한 바와 같이 게임에 따라 적용할 검사는 다를 수 있습니다. 어떤 데이터가 잘못 전송될 수 있는지 파악해 보세요. 상대는 기상천외한 방법을 씁니다. 이제 서버 검사가 필요한 이유와 서버 검사의 예시 몇 가지를 살펴보았으므로 악성 사용자가 일으킬 오작동을 막기 위해 구현할 수 있는 사항을 살펴보겠습니다. 다음 항에서는 디바운스debounce 개념과 사용법을 설명하겠습니다.

04.2 ┆ 디바운스 구현

RemoteEvent와 RemoteFunction 뒤에서 작동하는 함수는 정말 서버 집약적입니다. 서버 집약적이란 말은 함수가 복잡해지며 어려운 계산을 많이 한다는 의미입니다. 이런 함수가 있다면 악성 사용자는 일부러 과도하게 올바른 데이터를 전송해 서버에 지연을 일으킬수 있습니다.

서버에 지연이 발생하는 것을 막으려면 어떻게 해야 할까요? 악성 사용자는 서버에서 확인해도 막지 않는 올바른 데이터를 보냅니다. 경우에 따라 서버에 요청을 몇 초 또는 몇 분에 한 번만 보내도록 설정할 수 있습니다. 어떻게 하면 될까요? 디바운스debounce를 생성하면 됩니다.

디바운스가 무엇일까요? 기술적으로 보면 각 플레이어에 대한 변수를 사용하는 간단한 if문입니다. 이 변수에 함수를 사용한 플레이어의 마지막 시간을 저장합니다. 그런 다음 if문에 **time** 변수를 사용하고 여기에 몇 초를 추가합니다. **time**의 값이 현재 시간보다 작은 경우, 플레이어는 다시 함수를 사용할 수 있습니다. 플레이어가 다시 함수를 사용하면 잠시 동안 사용할 수 없도록 변수를 업데이트합니다. 이런 식으로 복잡한 함수의 로직이 계산되는 횟수를 제한해 RemoteEvent와 RemoteFunction을 과도하게 보내지 못하도록 만듭니다.

간단한 숫자를 사용한 예시로 디바운스를 시각화하겠습니다. 디바운스를 사용해야 할 RemoteEvent가 있다고 가정하겠습니다. 각 플레이어는 이 RemoteEvent를 5초마다 한 번만 실행할 수 있습니다. 플레이어가 이 기능을 마지막으로 사용한 시간은 10초이고, 현재 시간은 16초라고 가정합시다.

먼저 플레이어가 이 함수를 마지막으로 사용한 시간을 얻습니다. 현재 변수의 값은 **10**입니다. 그런 다음 마지막으로 함수를 사용한 시간에 디바운스 기간을 추가합니다. 이 예에서 디바운스 기간은 5입니다. 이를 합치면 숫자 15가 됩니다. 즉, 플레이어가 이 기능을 다시 사용하려면 현재 시간이 15 이상이 되어야 합니다. 현재 시간은 16이므로 다시 사용할 수 있습니다. 다시 말해 플레이어는 이 함수를 디바운스 없이 사용할 수 있습니다. 마지막으로 사용한 시간을 현재 시간인 16으로 업데이트합니다.

이제 디바운스를 확인하는 간단한 시스템을 구현하겠습니다. 먼저 각 플레이어에 대한 변수가 필요합니다. 이 변수 딕셔너리를 사용해 서버에 저장합니다. 게임 내 플레이어의 이름을 키로 삼고, 해당 함수를 마지막으로 사용한 시간을 값으로 저장합니다. 플레이어가 게임에 참여하면 이 값을 0으로 설정합니다. 코드는 다음과 같습니다.

```lua
local Players = game:GetService("Players")
local debounceValues = {}

function playerJoined(player)
    debounceValues[player.Name] = 0
end


Players.PlayerAdded:Connect(playerJoined)
```

하지만 플레이어가 나가면 데이터를 제거해야 합니다. 우리는 게임에 포함되지 않은 플레이어까지 저장할 필요가 없습니다. 다음 코드에서는 .PlayerRemoving 이벤트를 사용합니다. 이 이벤트는 플레이어가 떠나기 직전에 시작됩니다. 이렇게 하면 떠나는 플레이어의 값을 제거할 수 있습니다.

```lua
function playerLeft(player)
    debounceValues[player.Name] = nil
end


Players.PlayerRemoving:Connect(playerLeft)
```

> **NOTE** 따로 표기하지 않는 한 이 절의 모든 코드는 동일한 스크립트에 속합니다. 수정하지 않은 함수나 변수는 복사하여 붙여넣지 않습니다.

앞의 코드에서는 .PlayerRemoving 이벤트를 사용합니다. 이제 더 이상 게임에 참여하지 않는 플레이어가 사용할 데이터가 저장되는 일을 걱정하지 않아도 됩니다.

마지막으로 RemoteEvent를 만들고 디바운스를 추가합니다. ReplicatedStorage에서 **DebounceTesting**이라는 RemoteEvent를 만듭니다. 그다음, 이 이벤트를 감지하고 디바운스를 추가합니다. 플레이어가 RemoteEvent를 실행할 수 있다면 Allowed를 인쇄하고 아니라면 그냥 넘어갑니다. 다음 코드를 살펴보죠.

```lua
local ReplicatedStorage = game:GetService("ReplicatedStorage")
local DEBOUNCE_DURATION = 5

function debounceFunction(player)
    if(debounceValues[player.Name] + DEBOUNCE_DURATION) < os.time() then
        debounceValues[player.Name] = os.time()
        print("Allowed")
    end
end

ReplicatedStorage.DebounceTesting.OnServerEvent:Connect(debounceFunction)
```

위 코드에 강조된 부분이 바로 디바운스입니다. 먼저 플레이어가 이 함수를 마지막으로 사용한 시간을 테이블에서 얻습니다. 그런 다음 디바운스 시간(5초)을 추가합니다. 마지막으로 이 디바운스 시간을 합친 값이 현재 시간보다 작은지 확인합니다. 현재 시간은 **os.time()** 함수를 사용하여 가져옵니다. 이 함수는 1970년 1월 1일 자정부터 지금까지 몇 초가 지났는지 알려 줍니다. 이 기능은 초를 구별할 때 유용합니다. 다음 줄에서 함수를 호출한 플레이어의 값을 현재 시간으로 업데이트합니다.

물론 디바운스가 작동하는지 테스트해야 합니다. StarterPlayerScript에 LocalScript를 만들어 보겠습니다. StarterPlayerScript가 아니더라도 LocalScript가 실행될 수 있는 위치면 어디든 상관없습니다. 다음 코드를 참조하세요.

```lua
local ReplicatedStorage = game:GetService("ReplicatedStorage")

function setup()
    while true do
        task.wait(1)
        ReplicatedStorage.DebounceTesting:FireServer()
    end
end

setup()
```

이 코드에는 영원히 실행되는 while 반복문이 들어간 setup() 함수가 있습니다. 이 함수는 매초마다 DebounceTesting이라는 RemoteEvent를 실행합니다. 그러나 게임을 실행하면 [그림 4-10]과 같이 5초에 한 번 Allowed라는 메시지만 표시됩니다. 이것은 디바운스 시스템이 작동한다는 의미입니다.

그림 4-10 디바운스

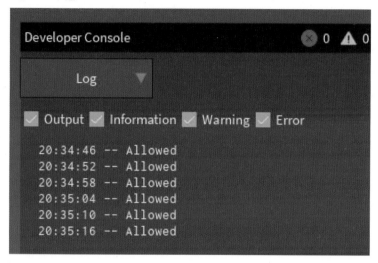

이제 디바운스의 개념과 구현 방법을 알았으니 게임의 보안을 강화할 다른 작업으로 넘어 가겠습니다. 다음에는 허니팟honeypot이 무엇이며 게임의 보안을 강화하는 데 어떻게 쓰이는지 알아보겠습니다.

04.3 ｜ 허니팟

악성 사용자가 RemoteEvent와 RemoteFunction을 실행하고 호출한다는 사실을 역으로 이용해 보겠습니다. 우리는 AddMoney나 GetPromoCodes 같은 매력적인 이름을 가진 RemoteEvent나 RemoteFunction을 만들 수도 있지만 이런 유혹적인 RemoteEvent나 RemoteFunction을 구현하는 대신, 이를 사용하는 플레이어를 추방하거나 금지할 수 있습니다. 단, 일반 플레이어가 이런 이벤트를 실행하도록 해서는 절대 안 됩니다.

허니팟은 이런 RemoteEvent나 RemoteFunction을 사용해 악성 사용자를 속아냅니다.

평범한 플레이어는 이런 미끼를 물지 않겠죠. 따라서 이 이벤트가 사용된다면 분명 악성 사용자의 짓일 겁니다.

이와 같은 RemoteEvent나 RemoteFunction을 허니팟honeypot이라고 부릅니다. 이 방식은 로블록스 외에도 많은 시스템에서 사용되며, 다른 시스템에서 구현한 허니팟은 로블록스보다 훨씬 더 뛰어난 방식으로 사용됩니다. 우리에게 가장 중요한 건 게임에 들어온 악성 사용자의 수를 줄이는 겁니다.

로블록스에서는 허니팟을 어떻게 구현할까요? 앞서 언급했듯 서버 측에 RemoteEvent나 RemoteFunction을 구현해야 합니다. 그러면 악성 사용자를 쫓아낼 수 있습니다.

다음 코드를 살펴보겠습니다.

```
local ReplicatedStorage = game:GetService("ReplicatedStorage")

function kickPlayer(player)
    player:Kick("Do not exploit in our game!")
end

ReplicatedStorage.AddMoney.OnServerEvent:Connect(kickPlayer)
```

AddMoney RemoteEvent에 대해 들어오는 서버 이벤트를 감지하는 ServerScriptService의 스크립트입니다. 이 이벤트가 발생하면 플레이어의 인스턴스에 구현된 :Kick() 함수를 사용하여 플레이어를 쫓아냅니다. 이러한 플레이어는 쫓아내기보다 차단하는 편이 더 나을 수 있습니다. 차단을 구현하려면 데이터 저장소를 사용해야 합니다. 8장에서 데이터 저장소가 무엇이고 어떻게 사용하는지 설명하겠습니다.

> NOTE 게임에서 허니팟을 구현할 때는 절대로 LocalScript에서 허니팟을 호출해서는 안됩니다. 무고한
> 플레이어가 차단될 수 있습니다.

허니팟이 무엇인지, 로블록스 게임에서 어떻게 구현하는지 알았으니 어느덧 보안 방법을 세 개나 배운 것입니다. 앞서 디바운스와 서버 검사를 배웠습니다. 이러한 모든 개선 사항을 FilteringEnabled와 결합하면 게임은 훨씬 더 안전해집니다. 프로그래밍을 배울 때와 마찬가지로 방금 배운 내용도 직접 구현해 보길 추천합니다. 그래야만 각 방법을 제대로 마스터할 수 있습니다.

다음으로 텍스트 필터링text filtering에 대해 알아보겠습니다. 텍스트를 필터링한다고 게임의 보안이 강화되지는 않습니다. 하지만 게임을 즐기는 플레이어, 특히 어린 플레이어의 안전한 게임 생활을 유지할 수 있습니다.

05 / 사용자 텍스트 필터링

대부분의 로블록스 사용자는 어린 편입니다. 그런 플레이어에게 적절치 못한 텍스트를 노출하는 건 좋지 않습니다. 따라서 게임에서는 많은 텍스트를 걸러 내야 합니다. 로블록스는 이미 많은 텍스트 필터링을 적용해 뒀습니다. 플레이어가 게임 내에서 메시지를 보낼 때는 확실한 필터링이 적용됩니다. 하지만 사용자끼리 소통하는 시스템을 만들 경우에는 직접 텍스트 필터링을 해야 합니다. 필터링을 적용하지 않은 게임은 로블록스의 커뮤니티 규정을 어기므로 삭제될 수 있습니다.

얼핏 보면 텍스트 필터링은 매우 복잡해 보입니다. 게임에서 메시지를 필터링하기 위해 프로그래밍해야 하는 각 단계를 천천히 살펴보겠습니다.

05.1 | TextObject

텍스트를 필터링하는 방법을 알아보기 위해 미리 사용자 인터페이스가 만들어진 로블록스 게임을 사용하겠습니다. 이 외에도 부분적으로 만들어진 서버 스크립트는 사용자 인터페이스가 발생시키는 RemoteEvent인 ReceivedMessage를 감지합니다. 또한 Script에는 앞서 설명한 보안 개선 사항이 적용되어 있어 보안 개선 사항이 실제 게임에서 어떻게 구현되는지 확인할 수 있습니다. 이제 마지막 개선 사항인 텍스트 필터링을 추가하겠습니다. 깃허브 페이지 및 영진닷컴 사이트에서 로블록스 스튜디오 전용 파일을 다운받으세요.

> NOTE 책의 내용을 순서대로 따라 하며 로블록스 스튜디오에서 직접 구현하길 추천합니다. 특히 이해하기 어려운 개념이므로 실습을 통해 이해하는 게 가장 좋습니다.

서버에서 게임을 구현해 봅시다. ServerScriptService 내에 ServerMessageSystem이라는 Script가 있습니다. 스크립트에는 **SendMessage** RemoteEvent에 들어오는 서버 요청을 감지하는 함수 `messageReceived()`가 있습니다. 이 함수에는 미리 만들어진 서버 검사 두 개와 함수 내부의 디바운스 검사가 있습니다. 이전 절을 참조하여 직접 비교해 보세요.

이제 이 함수에 로직을 추가하여 `messageReceived()` 함수를 채워야 합니다. 로블록스의 텍스트 필터링 시스템을 사용하여 `inputMessage` 매개변수를 필터링하겠습니다. 필터링을 마치면 게임의 모든 플레이어에 대해 **ReceivedMessage** RemoteEvent를 실행합니다. 이렇게 하면 모든 플레이어에게 새 메시지가 노출됩니다.

그런데 사용자가 입력한 텍스트는 어떻게 필터링할까요? 텍스트 필터링을 하기 위해서는 이와 관련된 모든 사항을 담당하는 서비스인 TextService를 사용하여 TextObject를 만들어야 합니다. 이 서비스의 `:FilterStringAsync()`라는 함수를 사용하면 TextObject를 만들 수 있습니다. 이 함수를 호출하면 끝이라고 생각하고 이름을 혼동하지 않길 바랍니다.

그런데 이 함수에서는 흥미로운 일이 벌어집니다. 지금까지 본 함수는 모두 항상 제대로 작동했습니다. 하지만 프로그래밍을 하다 보면 함수에 오류가 발생해 작동하지 않는 경우도 있습니다. `:FilterStringAsync()`는 오류가 일어나는 함수 중 하나입니다. 일반적으로 이 함수를 사용하는 동안은 아무 문제가 없지만 프로그래머는 코드가 제대로 작동하는지 확인해야 합니다.

그렇다면 이 오류를 처리할 수 있는지 어떻게 확인할 수 있을까요? 오류가 발생할 가능성이 있다면 함수에 보호 장치를 둬야 합니다. 이를 위해 `pcall()` 함수를 사용합니다.

이해를 돕기 위해 `:FilterStringAsync()` 함수의 구현을 살펴보겠습니다.

```
function getTextObject(player, inputMessage)
    -- TextObject용 변수 선언
    local textObject = nil

    -- :FilterStringAsync() 함수에서
    -- 오류가 발생할 수 있으므로 pcall 사용
    local success, err = pcall(function()
        -- 변수 textObject 초기화
        textObject = TextService:FilterStringAsync(
```

```
                inputMessage,
                player.UserId
        )
    end)

    -- :FilterStringAsync() 함수에서 오류가 발생하는지 확인
    if err then
        warn("Something went wrong creating text object.\nError: " .. err)
    end

    -- textObject 반환
    return textObject
end
```

복잡한 코드군요. 함수 하나에 처음 보는 코드가 잔뜩 있습니다. 하나씩 차근차근 살펴보겠습니다. 함수 내에서 가장 먼저 한 일은 변수를 만들고 nil 값을 대입한 겁니다. 그렇게 새롭진 않군요. 그런 다음 success와 err라는 새로운 변수 두 가지를 만듭니다. 그다음, 방금 언급한 pcall() 함수를 호출하고, pcall() 함수 내부에 새 함수를 만듭니다. pcall() 함수에는 오류가 발생할 수 있는 함수를 인수로 전달합니다. 그런 다음 인수로 사용한 함수에서 앞서 만든 textObject 변수에 :FilterStringAsync() 함수의 결과를 대입합니다. 이 함수의 첫 번째 인수는 필터링하려는 메시지이고 두 번째 인수는 메시지를 보낸 플레이어의 ID입니다.

이것만 해도 꽤 많아 보이죠? 안타깝지만 아직 더 남았습니다. 지금 살펴본 건 pcall() 함수의 사용법입니다. 아직 어떻게 작동하는지는 모릅니다. 그 전에 두 변수는 왜 필요할까요? pcall() 함수는 두 개의 값을 반환합니다. 첫 번째 값은 오류의 존재 여부이고, 두 번째 값은 문제가 발생했을 때의 오류 정보입니다. pcall() 함수를 호출한 직후에 오류가 있는지 확인하는 이유가 이것입니다. 오류가 있으면 경고가 출력됩니다. 마지막으로 이 함수의 목적은 TextObject를 제공하는 것이기 때문에 생성된 textObject 변수를 반환합니다. getTextObject() 함수를 구현했으니 messageReceived() 함수를 구현해 보겠습니다. 다음 코드를 살펴봅시다.

```
function messageReceived(player, inputMessage)
    -- ... 서버 및 디바운스 검사 ...


    -- 함수 구현
    local textObject = getTextObject(player, inputMessage)
    if textObject ~= nil then
        -- ... 추후 작업
    end
end
```

미리 만들어진 코드는 변경된 사항이 없으므로 생략했습니다. 이제 messageReceived() 함수에서 getTextObject() 함수를 호출합니다. 그런 다음, 결과가 nil이 아닌지 확인합니다. :FilterStringAsync() 함수를 사용하는 동안 오류가 발생하면 nil이 반환되기 때문입니다. 지금까지 TextObject를 만드는 방법을 배웠습니다. 이 과정에서 pcall() 함수를 사용하여 보호 함수를 만드는 방법도 배웠습니다. 아직 텍스트 필터링은 완료되지 않았습니다. 다음 항에서 텍스트 필터링 시스템을 완성하겠습니다.

05.2 | GetNonChatStringForBroadcastAsync 함수

모든 텍스트를 한 번에 필터링하지 못하는 이유가 궁금할 것입니다. 이는 로블록스에 다양한 유형의 텍스트 필터링이 있기 때문입니다. 지금은 게임의 모든 플레이어에게 표시되는 텍스트를 필터링하려 합니다. 이를 위해 TextObject에서 :GetNonChatStringForBroad-castAsync() 함수를 호출해야 합니다.

짐작했겠지만 :GetNonChatStringForBroadcastAsync() 함수에도 오류가 발생할 수 있습니다. 따라서 보호 함수(pcall)로 다시 둘러싸야 합니다.

이 함수의 구현을 살펴보겠습니다.

```
function filterBroadcastString(textObject)
    -- 필터링된 메시지를 저장하는 변수 선언
    local filteredMessage = nil


    -- :GetNonChatStringForBroadcastAsync() 함수에서
    -- 오류가 발생할 수 있으므로 pcall 사용
    local success, err = pcall(function()
        filteredMessage = textObject:GetNonChatStringForBroadcastAsync()
    end)


    -- :GetNonChatStringForBroadcastAsync() 함수에서 오류 발생 확인
    if err then
        warn("Something went wrong while filtering message. Error: " .. err)
        return "[Failed to filter message]"
    end


    -- 필터링된 메시지 반환
    return filteredMessage
end
```

코드를 보면 앞에서 TextObject를 만든 함수와 매우 유사합니다. 먼저 필터링된 메시지를
담을 변수를 만듭니다. 다음에는 `:GetNonChatStringForBroadcastAsync()` 함수가 포함된
`pcall()` 함수를 작성하고, 오류가 있는지 확인합니다. 오류가 있다면 `warn()` 함수를 사용
하여 콘솔에 표시하고 `[Failed to filter message]`라는 메시지를 반환합니다. 로블록스
가 오프라인이 되어 오류가 발생했을 때 사용자 인터페이스에 나타나는 메시지입니다.
`filterBroadcastString()` 함수를 구현한 후에도 `messageReceived()` 함수가 다른 함수를
사용하도록 업데이트해야 합니다. 다음 코드를 살펴보겠습니다.

```
function messageReceived(player, inputMessage)
    -- ... 서버 및 디바운스 검사 ...

    -- 함수 구현
    local textObject = getTextObject(player, inputMessage)
    if textObject ~= nil then
        local filteredMessage = filterBroadcastString(textObject)
        ReplicatedStorage.ReceivedMessage:FireAllClients(
        player, filteredMessage)
    end
end
```

미리 만들어진 코드는 변경된 사항이 없으므로 책에 표기하지 않았습니다. `if`문 바로 뒤에 `filterBroadcastString()` 함수에 대한 호출만 추가했습니다. 이 함수의 결과가 `nil`인지 확인하는 추가 `if`문은 없습니다. 이는 [Failed to filter message] 메시지를 반환하거나 필터링된 메시지가 있기 때문입니다. 필터링된 메시지를 클라이언트에 보낼 준비가 끝났습니다. 메시지는 게임의 모든 플레이어에게 전달해야 하므로 각 플레이어에 `:FireClient()` 함수를 실행해야 합니다. 이를 위해서는 반복문이 필요합니다. 다행히도 `:FireAllClients()`라는 대안이 있습니다. 앞서 말한 작업을 수행하는 함수로, 이와 같은 시스템을 만들 때 편리합니다.

`:FireAllClients()`는 모든 클라이언트에 실행되므로 어떤 플레이어에게 보낼지 지정할 필요가 없습니다. 그런데 왜 첫 번째 인수로 플레이어가 있을까요? 이 메시지를 보낸 플레이어를 알리기 위해서입니다. 게임을 실행하고 시스템을 테스트하면 [그림 4-11]과 같이 위에서 보낸 플레이어의 이름과 함께 입력 메시지가 사용자 인터페이스에 표시됩니다.

그림 4-11 필터링된 메시지

Message from Madpoint83:
Hello!

그런데 로블록스 스튜디오에서 게임을 테스트해 보면 욕설을 보내도 필터링이 작동하지 않습니다. 로블록스 스튜디오에서는 텍스트 필터링이 작동하지 않습니다. 그러니 로블록스 플레이어에서 게임을 게시하고 테스트하세요. 스크립트가 작동하지 않아 필터링되지 않은 메시지가 표시될 수도 있으니 게임을 공개하진 마세요.

이제 TextObject에서 :GetNonChatStringForBroadcastAsync() 함수를 사용하는 방법과 :FireAllClients() 함수를 사용하는 방법을 알았습니다. 앞에서 언급했듯이 :GetNon-ChatStringForBroadcastAsync() 함수는 전체 서버에 텍스트를 표시할 때만 사용합니다. 그런데 두 명의 플레이어가 일대일 대화를 나누는 경우가 있습니다. 이러한 경우에는 TextObject에 다른 함수를 사용합니다. 이어서 자세히 알아보겠습니다.

05.3 ㅣ GetChatForUserAsync 함수

앞서 얘기했듯이 현재 텍스트 필터링 시스템은 서버의 모든 플레이어에게 전송되는 메시지에만 적용됩니다. 한 플레이어에게만 메시지를 보내도록 시스템을 다시 빌드하려면 TextObject에 다른 함수를 사용해야 합니다. 이때는 :GetChatForUserAsync() 함수를 사용합니다. 이 함수를 사용하는 이유는 향상된 필터링을 위해 이전 메시지의 컨텍스트를 사용하기 때문입니다.

:GetChatForUserAsync()는 어떻게 사용할까요? 이 함수는 TextObject에서 직접 호출합니다. TextObject의 생성은 :GetNonChatStringForBroadcastAsync() 함수를 사용했을 때와 다르지 않습니다. :GetChatForUserAsync() 함수에는 매개변수로 메시지를 받을 플레이어의 ID가 있습니다. 메시지를 보낸 사람의 UserId를 제공하여 TextObject를 만들었기 때문에 이를 다시 지정할 필요가 없습니다. :GetChatForUserAsync() 함수를 통한 텍스트 필터링은 다음과 같습니다.

```
function filterPrivateMessage(textObject, recipient)
    -- 필터링된 메시지를 저장하는 변수 선언
    local filteredMessage = nil
```

```
    --:GetChatForUserAsync() 함수에서 오류가 발생할 수 있으므로 pcall 사용
    local success, err = pcall(function()
        filteredMessage = textObject:GetChatForUserAsync(
        recipient.UserId)
    end)


    -- :GetChatForUserAsync() 함수에서 오류 발생 확인
    if err then
        warn("Something went wrong while filtering private message. Error: "
        .. err)
        return "[ Failed to filter message ]"
    end


    -- 필터링된 메시지 반환
    return filteredMessage
end
```

코드를 보면 :GetChatForUserAsync() 함수와 :GetNonChatStringForBroadcastAsync() 함수 사이에는 큰 차이가 없습니다. 유일한 차이점은 이 메시지가 누구에게 전송되는지 전달하는 매개변수입니다.

정리하자면, 텍스트를 필터링하려면 먼저 TextObject를 만듭니다. 이 작업이 완료되면 이 메시지를 받게 될 사람 수를 고민해야 합니다. 게임에서 이 메시지를 볼 사람이 두 명 이상이라면 :GetNonChatStringForBroadcastAsync()를 사용하고, 메시지를 한 사람만 보는 경우에는 :GetChatForUserAsync() 함수를 사용해야 합니다.

사용자가 잠재적으로 유해한 콘텐츠를 보지 않도록 보호하려면 게임의 모든 텍스트를 필터링해야 합니다. 게다가 텍스트 필터링의 적용은 선택 사항이 아닙니다. 로블록스의 커뮤니티 표준을 따라야 합니다.

01 | 게임 보안

이번 예제는 이 장에서 배운 모든 지식을 기반으로 개인 메시지 시스템을 만들어 봅니다.
이 예제를 풀기 위해 클라이언트와 서버가 작동하는 방법과 그들이 의사소통하는 방법을
알아야 합니다. 이 외에도 서버 검사를 사용하여 RemoteEvent를 보호하는 방법을 이해해
야 하고, 마지막으로 개인 메시지가 필터링되도록 하려면 텍스트 필터링에 대한 지식을 사
용해야 합니다. GUI는 약간의 필수 코드와 함께 제공됩니다. 그러나 여전히 LocalScript
에서 많은 작업을 수행해야 하며 서버 스크립트를 완전히 직접 작성해야 합니다.

연/습/문/제

PrivateMessages ScreenGui 내부의 PrivateMessages LocalScript에서 다음 연습을
완료하세요.

1   LocalScript 하단에서 **sendMessageButton**의 **.MouseButton1Down** 이벤트를 수
    신하고 **sendMessage()** 함수를 시작합니다.

2   **sendMessage()** 함수 내에서 **string.len()** 함수를 사용하여 **playerInput**과
    messageInput에 대한 입력 길이가 0자를 초과하는지 확인합니다.

3   이전 **if**문 직후에 입력한 플레이어가 실제로 게임에 있는지 확인합니다.
    3단계를 위한 팁: Players 서비스와 **:FindFirstChild()** 함수를 사용하세요.

4   앞의 두 **if**문 다음에 ReplicatedStorage에서 **SendMessage** RemoteEvent를 실행
    합니다.
    인수 1: **playerInput.Text**
    인수 2: **messageInput.Text**

ServerScriptService 내부의 PrivateMessages Script에서 다음 단계를 완료합니다.

5 스크립트 하단에서 ReplicatedStorage의 **SendMessage** RemoteEvent를 수신하고 `incomingMessage()` 함수를 시작합니다.

6 `incomingMessage()` 함수 내에서 `toPlayerName` 매개변수와 `message` 매개변수가 `nil`이 아닌지 확인하고 문자열인지 확인하는 서버 검사를 구현합니다. 그렇지 않은 경우 `return`문을 사용합니다.

   6단계를 위한 팁: 이러한 매개변수가 문자열인지 확인하려면 `typeof()` 함수를 사용하세요.

7 `toPlayerName` 매개변수와 `message` 매개변수의 길이가 0자를 초과하는지 확인하는 서버 검사를 구현합니다. 그렇지 않은 경우 `return`문을 사용합니다.

   7단계를 위한 팁: `string.len()` 함수를 사용하여 문자 수를 가져옵니다.

8 메시지를 보낸 플레이어가 실제로 서버에 있는지 여부를 확인하는 서버 검사를 구현합니다. 그렇지 않은 경우 `return`문을 사용합니다.

   8단계를 위한 팁: Players 서비스와 `:FindFirstChild()` 함수를 사용하세요.

9 최소한 다음 항목들을 이용해 `getTextObject()` 함수를 구현합니다.
   `pcall()`
   `:FilterStringAsync()`

   9단계를 위한 팁: 어떻게 작동하는지 잊었다면 'TextObject' 항을 참고하세요.

10 `incomingMessage()` 함수 내에서 `getTextObject()` 함수를 사용하여 결과가 `nil`인지 확인합니다.

11 최소한 다음 항목들을 사용해 `filterPrivateMessage()` 함수를 구현하세요.
   `pcall()`
   `:GetChatForUserAsync()`

   11단계를 위한 팁: 어떻게 작동하는지 잊었다면 'GetChatForUserAsync 함수' 항을 참조하세요.

12 `incomingMessage()` 함수 내에서 `filterPrivateMessage()` 함수를 사용하여 그 결과를 `filteredText`라는 변수에 저장합니다.

13 **ReceivedMessage** RemoteEvent를 사용하여 올바른 클라이언트에 실행합니다.

　　인수 1: `toPlayer`

　　인수 2: `fromPlayer`

　　인수 3: `filteredMessage`

게임을 플레이하여 작동하는지 확인하세요. 앞서 언급했듯이 텍스트 필터링은 로블록스 스튜디오가 아닌 실제 게임에서만 작동합니다. 게임을 공개하기 전에 필터가 작동하는지 확인하세요.

문제를 해결하는 방법에는 여러 가지가 있습니다. 답안 코드가 여러분이 쓴 코드와 다르다고 여러분의 코드가 틀린 건 아닙니다. 모든 코더는 자신이 선호하는 코딩 스타일이 있으니 괜찮습니다. 책 전체에서 설명하는 나쁜 버릇을 피하면서 모범 사례를 따르세요.

요약

먼저 클라이언트와 서버가 무엇인지 알아봤습니다. 클라이언트는 서버에 연결하는 PC와 같은 장치를 의미합니다. 로블록스에서 클라이언트는 전화나 태블릿, 데스크톱, 노트북, 심지어 Xbox도 될 수 있습니다. 이러한 장치 중 하나가 로블록스 게임에 참여하면 로블록스의 서버에 연결됩니다. 이 외에도 Script와 LocalScript라는 두 가지 종류의 스크립트가 있음을 배웠습니다. Script는 로블록스 서버에서 실행되는 반면 LocalScript는 서버에 연결된 모든 장치에서 실행됩니다.

로블록스가 구축한 FilteringEnabled라는 시스템에 대해서도 배웠습니다. 이 시스템은 클라이언트가 변경한 사항이 서버에 반영되지 않으므로 다른 클라이언트에서도 변경이 발생하지 않습니다. 로블록스가 만든 보안 구현 중 하나입니다. 악성 사용자가 우리 게임을 망치지 못하도록 방지하는 조치입니다. 하지만 이는 곧 클라이언트와 서버 사이의 규칙을 엄격히 지켜야 한다는 의미이기도 합니다. 클라이언트에서 작업을 하려면 RemoteEvent나 RemoteFunction을 사용하여 서버에서 함수를 시작해야 합니다. 이를 수행하는 방법을 배웠고, 주의하지 않으면 악성 사용자가 이를 남용할 수 있다는 것도 확인했습니다.

악성 사용자가 RemoteEvent나 RemoteFunction을 남용하지 않도록 다양한 보안 조치를 구현할 수 있습니다. 게임에 추가할 수 있는 가장 강력한 보안 구현은 서버 검사입니다. 서버 검사는 클라이언트에서 들어오는 입력의 유효성을 검사해 요청이 합법적인지 여부를 확인합니다. 유용한 서버 검사가 많을수록 악성 사용자가 RemoteEvent나 RemoteFunction을 악용할 가능성이 줄어듭니다. 서버 검사를 잘 하려면 종종 생각지도 못한 방향에서 문제를 봐야 합니다. 이 장 전체에서 서버 검사의 다양한 예를 보았습니다.

때로는 서버 검사만으로는 충분하지 않습니다. RemoteEvent나 RemoteFunction에 연결된 함수는 매우 복잡합니다. 악성 사용자가 많은 요청을 보내면 서버에 지연이 발생할 수 있습니다. 이러한 일이 발생하지 않도록 디바운스를 이용하는 방법을 배웠습니다. 디바운스는 특정 플레이어가 특정 함수를 일정 시간에 한 번만 실행하도록 조절합니다. 마지막으로 허니팟에 대해서도 배웠습니다. 허니팟은 악성 사용자가 특정 RemoteEvent나 RemoteFunction을 사용하도록 속입니다. 우리는 이것을 미끼로 사용합니다. 실제로 아무도 이런 RemoteEvent나 RemoteFunction을 직접 사용하지 않습니다. 따라서 누군가가 이 미끼를 사용한다면 그 사람이 악성 사용자임을 알 수 있습니다. 이를 사용하는 사람이 감지되면 해당 사용자를 게임에서 금지하거나 추방합니다.

Roblox를 주로 플레이하는 대상은 어린이이므로, 게임에서 부적절한 메시지가 나오지 않게 해야 합니다. 사용자가 보낸 텍스트를 필터링하여 이러한 일이 발생하지 않도록 할 수 있습니다. 로블록스는 이미 많은 텍스트 필터링을 처리하고 있습니다. 하지만 채팅 기능은 자체적으로 만들어야 합니다. 그래서 이를 구현하는 방법과 전체 서버에 텍스트 필터링을 사용하는 방법, 개인 대화 내에서 텍스트 필터링을 사용하는 방법을 알아봤습니다.

다음 장에서는 게임을 최적화해 보겠습니다. 클라이언트에서 수행하는 작업과 서버에서 수행하는 작업을 구분한다고 앞서 설명했습니다. 하지만 서버보다 클라이언트에서 특정 작업을 수행하는 경우가 더 많습니다. 이렇게 하면 게임의 성능이 향상되고 사용자를 위한 고급 설정을 생성할 수 있어 원하는 것과 원하지 않는 것을 선택할 수 있습니다. 그리고 StreamingEnabled에 대해 배울 것입니다. StreamingEnabled는 저사양 장치에서 큰 맵이 나오면 발생하는 지연 현상을 방지합니다.

5장

게임 최적화

이 장에서는 게임을 최적화하는 방법을 살펴보겠습니다. 로블록스 게임은 저사양 기기를 포함한 다양한 기기에서 플레이할 수 있어, 모든 사람이 게임을 플레이하면서 즐거운 시간을 보낼 수 있도록 해야 합니다. 다행히도 게임의 성능을 높이는 몇 가지 비법이 있습니다. 뿐만 아니라, 로블록스에는 StreamingEnabled라는 시스템이 내장돼 있습니다. StreamingEnabled는 사용자가 랙을 겪고 있으면 플레이어와 멀리 떨어진 파트를 자동으로 제거하여 성능을 향상합니다. 그러나 일부 파트를 제거하기 때문에 스크립트 작성법을 살짝 바꿔야 합니다.

이 장에서 다루는 내용

- StreamingEnabled 사용
- 애니메이션 작업
- 트윈 작업

이 장을 마치면 StreamingEnabled를 사용하여 게임 성능을 향상시키는 방법을 알게 됩니다. 이 외에도 게임에서 애니메이션을 사용하는 방법과 이러한 애니메이션을 최적화하는 방법. 마지막으로 트윈을 사용하여 게임 내에서 캐릭터가 아닌 문 같은 개체에 애니메이션을 적용하는 방법을 배우게 됩니다.

01 / 준비 사항

Luau로 프로그래밍을 시작하려면 인터넷을 사용해야 합니다. 이때 사용하는 장치에는 윈도우Windows 또는 맥Mac OS가 설치되어 있어야 합니다. 사용하는 컴퓨터에 다음 소프트웨어를 다운로드합니다.

- 로블록스 플레이어Roblox Player
- 로블록스 스튜디오Roblox Studio

이 책의 모든 코드 예제는 깃허브 및 영진닷컴 사이트에 업로드되어 있습니다. 이 장의 실습 영상은 https://bit.ly/3z3ksqk 에서 확인하세요.

02 / StreamingEnabled의 개념과 사용법

게임에서 맵 크기가 커지면 문제가 생깁니다. 게임이 느려지고, 플레이어가 게임을 로딩하는 시간이 길어지며, 저사양 장치는 게임이 꺼져 버리기까지 합니다. 물론 가능한 한 많은 플레이어가 게임을 즐겨야겠죠. 그러나 게임이 계속 꺼지고, 로딩도 오래 걸리는 데다, 겨우 들어갔더니 버벅거리고 있다면 플레이하고 싶은 마음이 사라질 겁니다. 이 세 가지 문제는 모두 StreamingEnabled를 사용해 해결할 수 있습니다.

StreamingEnabled는 대체 뭘까요? 그리고 어떻게 플레이어의 지연 시간을 줄이는 걸까요? 일반적으로 게임에 참여하면 전체 맵이 로드됩니다. 그러나 StreamingEnabled를 사용하면 맵 전체가 로드되지 않습니다. 사실, 한동안 플레이한 후에도 맵 전체를 로드하지 않을 수도 있습니다. 이는 StreamingEnabled가 사용자 주변의 맵만 로드하기 때문입니다. StreamingEnabled를 사용하면 상호 작용하지 않는 부분의 맵은 존재하지 않게 됩니다.

StreamingEnabled는 지난 몇 년 동안 여러 개선을 거쳤고, 새로운 기능이 추가되며 그

능력을 점점 키워왔습니다. 하지만 무슨 기능이 추가되든 StreamingEnabled의 본질은 그대로입니다.

이제부터 StreamingEnabled가 작동하는 방식과 StreamingEnabled의 동작이 스크립트에 미치는 영향을 자세히 살펴보겠습니다.

02.1 | StreamingEnabled 사용하기

StreamingEnabled는 기본적으로 활성화되어 있지 않습니다. StreamingEnabled를 사용하면 맵 로드 방식이 변하기 때문에 스크립트를 약간 다르게 작성해야 합니다. 스크립트에 필요한 변경 사항은 나중에 알아보겠습니다. 먼저 StreamingEnabled가 정확히 어떻게 작동하는지 파악해야 합니다. 이를 알면 스크립트에 어떤 부분을 변경해야 하는지 추측할 수 있습니다.

먼저 StreamingEnabled를 활성화하는 방법을 살펴보겠습니다. StreamingEnabled를 활성화하는 방법은 간단합니다. 다음 단계를 수행하세요.

❶ 로블록스 스튜디오에서 게임을 엽니다.

❷ 탐색기 창에서 Workspace를 선택합니다.

❸ 속성 창에서 StreamingEnabled를 찾아 선택합니다.

StreamingEnabled를 성공적으로 활성화했습니다. 활성화하고 나니 몇 가지 속성이 추가로 나타났습니다. StreamingMinRadius 속성과 StreamingTargetRadius 속성이 그 예입니다(그림 5-1).

그림 5-1 스트리밍 관련 속성

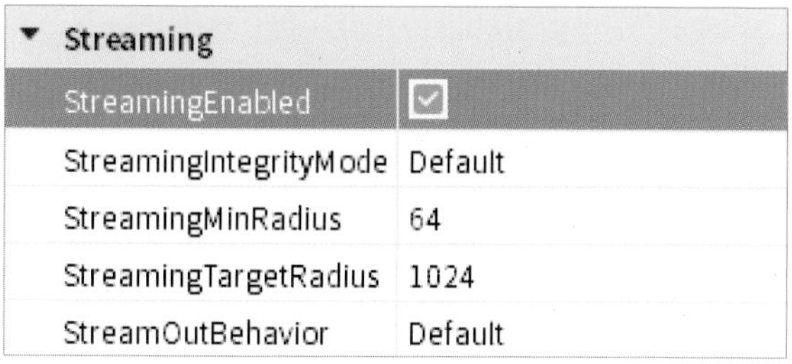

▼ Streaming	
StreamingEnabled	☑
StreamingIntegrityMode	Default
StreamingMinRadius	64
StreamingTargetRadius	1024
StreamOutBehavior	Default

이 두 속성의 역할은 무엇일까요? StreamingEnabled는 맵 전체를 한 번에 로드하지 않는다고 설명했습니다. 플레이어가 가까이 있는 영역만 로드하죠. 이 점을 생각하면 속성의 이름에서 의미를 유추할 수 있습니다. StreamingTargetRadius 속성은 스터드stud 단위로 로드할 맵의 범위를 지정합니다. 스터드는 현실에서 센티미터나 인치처럼 크기와 거리를 측정하는 기준입니다. StreamingMinRadius는 맵에서 로드할 최소 거리입니다. 플레이어가 사용하는 기기의 성능에 따라 로드할 맵의 크기가 결정됩니다. 성능이 좋지 않은 장치에서는 로드하는 맵의 크기가 작아집니다. 이때, 맵의 크기는 StreamingMinRadius 속성보다는 크고 StreamingTargetRadius 속성보다는 작습니다.

그렇다면 실제 게임에서는 어떤 모습일까요? [그림 5-2]를 살펴보겠습니다. 같은 맵이지만 약간의 차이가 있습니다.

그림 5-2 StreamingEnabled 설정에 따른 화면

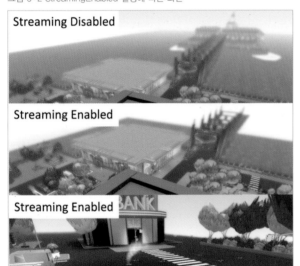

[그림 5-2]에서 맨 위의 맵은 StreamingEnabled가 활성화되지 않았을 때의 모습입니다. 보다시피 플레이어가 있는 주변의 모든 맵이 로드되었습니다. 더 멀리 봐도 이미 전체 지도가 로드되어 있습니다. 좋아 보이기는 하지만 성능 면에서는 그리 효율적이지 않습니다. 어차피 플레이어가 가지도 않은 곳이니까요.

물론 지금 위치하지 않은 곳까지 보이는 게 더 좋다고 생각할 수 있습니다. 이러한 경우에는 StreamingTargetRadius 속성을 높이는 걸 추천합니다. 그러면 Streaming-

Enabled를 사용하면서도 다음 맵(두 번째 지역)을 볼 수 있게 됩니다. 그리고 로블록스는 멀리 있는 파트의 퀄리티를 자동으로 낮춥니다. 만약 뒤로 또 다른 제3의 지역이 있다면 로블록스는 두 번째 지역까지만 보여 주고 제3의 지역은 삭제할 겁니다. 이는 결국 개발자가 직접 게임에 맞게 디자인을 선택해야 합니다.

이번에는 한 번에 하나의 지역만 표시하도록 하겠습니다. 이는 [그림 5-2]의 가운데 있는 StreamingEnabled 스크린샷에서 확인할 수 있습니다. 보다시피 현재 맵 전체가 보이지만 다리에서 맵이 잘립니다. 저사양 기기에서 게임을 한다면 맵은 어떻게 될까요? 맨 아래 있는 StreamingEnabled 스크린샷처럼 됩니다. 맵이 완전히 로드되지 않습니다. 다시 말하지만 저사양 장치에서 게임을 플레이하면 이런 일이 발생합니다.

TIP StreamingEnabled을 활성화하고 직접 확인하는 것이 가장 좋습니다. 간단한 Baseplate 템플릿 게임을 만들어 Baseplate 주변에 다양한 파트를 배치하여 어떻게 작동하는지 확인해 보세요. 그다음, StreamingEnabled를 활성화하고 StreamingTargetRadius 속성을 64로 설정합니다. 게임을 플레이하여 돌아다녀 봅니다. 멀리 있는 파트가 어떻게 제거되고 로드되는지 볼 수 있습니다.

StreamingEnabled를 활성화하는 방법과 가장 필수적인 속성, StreamingEnabled가 맵에 미치는 영향을 확인했습니다. 다음에는 StreamingEnabled와 함께 작동하도록 스크립트를 변경하는 방법을 알아봅니다.

02.2 | StreamingEnabled를 사용한 프로그래밍

몇 번이나 이야기했지만, StreamingEnabled를 사용하면 맵이 완전히 로드되지 않기 때문에 스크립트를 변경해야 합니다. 혼동할 만한 요점을 하나 정리하겠습니다. 실제로는 Script가 아닌 LocalScript만 변경하면 됩니다. 맵은 클라이언트가 아니라 서버에 로드됩니다. 클라이언트에서 수행하던 작업 몇 가지를 서버로 옮겨야 하지만, 서버에서 프로그래밍하는 방식은 바뀌지 않습니다.

특정 항목은 게임에 접속하면 즉시 로드되지만 즉시 로드되지 않는 항목도 많습니다. 예를 들어 StreamingEnabled를 사용하는 게임에 플레이어가 참가하면 어떤 파트는 전혀 로드되지 않다가 나중에 전송됩니다. StreamingTargetRadius 속성에 적힌 범위 내에 있는 파트만 전송된다는 점에 유의하세요. 그렇다면 어떤 게 전송되고 전송되지 않을까요? 다음은 플레이어가 참여할 때 발생하는 일을 정리한 목록입니다.

표 5-1 StreamingEnabled를 사용한 게임에 참가하면 전송되는 인스턴스 목록

클래스명	참여 시 로딩 여부
BasePart	X
Model/Folder	O
Model/Folder 내의 BasePart	X
Model/Folder 내의 Model/Foler	O
BasePart 내의 Model/Folder	X
Script	O
Model/Folder 내의 Script	O
BasePart 내의 Script	X
Humanoid	O*
Terrain	O**

NOTE * 휴머노이드 개체는 부모가 모두 모델이거나 폴더인 경우에만 로드됩니다.

　　　 ** Terrain 개체는 참여 시 전송됩니다. 그러나 실제 지형은 완전히 전송되지 않습니다.

이 목록을 보면 모든 구조화 클래스는 전송되지만 BasePart인 파트나 메시 같은 클래스는 전송되지 않는다는 결론을 내릴 수 있습니다. 또한 Model 〉 BasePart 〉 Model 같은 구조는 플레이어가 참여할 때 최종 모델이 전송되지 않습니다. BasePart 내부에 다른 BasePart가 있으면 이상한 스트리밍 동작이 발생할 수 있습니다. 그러므로 BasePart 내부에는 자식을 만들지 않는 걸 추천합니다.

다음에는 StreamingEnabled와 호환되는 LocalScript를 만드는 다양한 방법을 알아봅니다.

WaitForChild 사용하기

앞서 게임에 참여하면 파트가 바로 로드되지 않는다고 설명했습니다. 간단한 Baseplate 게임으로 이를 직접 테스트할 수 있습니다. StreamingEnabled를 활성화하고 어디든 작동하는 곳에 LocalScript를 생성합니다. 그다음, LocalScript에 다음 코드를 입력합니다.

```
local spawnLocation = workspace:FindFirstChild("SpawnLocation")
print(tostring(spawnLocation))
```

게임을 실행하면 출력 창에 **nil**이 출력됩니다. 이 스크립트가 실행될 때 SpawnLocation 이 존재하지 않는다는 말입니다. SpawnLocation도 BasePart이므로 플레이어가 참가할 때보다 늦게 전송됩니다.

그럼 이 부분을 참조하려면 어떻게 해야 할까요? 3장에서 :WaitForChild() 함수는 양도 yield를 한다고 배웠습니다. 즉, 인스턴스를 찾을 때까지 현재 스레드는 최대 5초 동안 일시적으로 중지됩니다. 지금 겪는 문제에 대한 완벽한 해결책인 것 같습니다. 다음 코드를 살펴보겠습니다.

```
local spawnLocation = workspace:WaitForChild("SpawnLocation")
print(tostring(spawnLocation))
```

이제 게임을 실행하면 출력 창에 **nil** 대신 **SpawnLocation**이 표시되는 것을 볼 수 있습니다. 이는 SpawnLocation을 성공적으로 참조했음을 의미합니다. StreamingEnabled 가 켜져 있을 때 Workspace의 개체를 참조하려면 :WaitForChild()를 사용해야 합니다. StreamingEnabled를 사용하지 않더라도 스크립트는 StreamingEnabled와 호환되도록 만드는 것이 가장 좋습니다. 나중에 StreamingEnabled를 켜기로 결정했을 때 업데이트할 코드가 줄어들기 때문입니다.

하지만 :WaitForChild() 함수를 사용해 존재하지 않는 인스턴스를 찾으면 어떻게 될까요? 다음 코드를 살펴보겠습니다.

```
local spawnLocation = workspace:WaitForChild("SomethingThatDoesNotExist")
if spawnLocation ~= nil then
    print("Found!")
```

```
else
    print("Couldn't find!")
end
```

위의 코드는 Workspace에서 SomethingThatDoesNotExist라는 인스턴스를 찾고 있습니다. 이름이 알려주듯 실제로 게임에 존재하는 요소가 아닙니다. 그런데 흥미로운 일이 발생합니다. 인스턴스를 찾을 수 없으면 출력 창에는 무한 양도 경고가 표시되어야 합니다. 'Couldn't find!'가 출력될 줄 알았는데 의외의 결과가 나왔습니다. 이상한 이유로 이 작업은 수행되지 않습니다. 이는 :WaitForChild() 함수를 사용하면 예상되는 동작으로, 프로그래밍할 때 염두에 두어야 할 사항입니다.

하지만 때로는 스레드가 무한 양도 상태에 들어가는 것을 막을 수 없는 경우도 있습니다. 이런 경우 :WaitForChild() 함수에 두 번째 인수를 추가할 수 있습니다. 이 두 번째 인수는 함수가 양도할 수 있는 시간을 결정합니다. 이 시간을 초과하면 :FindFirstChild() 함수처럼 nil을 반환합니다. 두 번째 인수가 있는 코드는 다음과 같습니다.

```
local spawnLocation = workspace:WaitForChild("SomethingThatDoesNotExist", 5)
if spawnLocation ~= nil then
    print("Found!")
else
    print("Couldn't find!")
end
```

이제 두 번째 인수를 지정했으므로 더 이상 무한 양도 대신 nil이 출력됩니다. 앞에서 언급했듯이 두 번째 인수는 인스턴스를 찾는 시간을 결정합니다. 이 시간은 원하는 시간으로 지정할 수 있습니다.

:WaitForChild() 함수에 대해 살펴봤으니 StreamingEnabled를 사용할 때 필요한 다음 작업으로 넘어가겠습니다. 이어서 유용한 이벤트인 .ChildAdded를 살펴보겠습니다.

.ChildAdded 사용하기

정사각형 파트가 연결된 넓은 평면 공간을 상상해 봅시다. 모든 파트는 ColoredParts라는 폴더에 저장됩니다. 모든 파트에 임의의 색을 부여하려 합니다. 그러나 한 가지 문제가 있습니다. 이 색상은 클라이언트마다 달라야 합니다. 즉, 클라이언트가 사용할 색칠 스크립트를 만들어야 합니다. 먼저 이 평면 공간을 만들겠습니다. 다음 코드는 게임에서 정사각형 파트가 가로 50개, 세로 50개로 이루어진 공간을 만듭니다.

```lua
local BLOCK_SIZE = 25
local AMOUNT_OF_BLOCKS = 50

local folder = Instance.new("Folder")
folder.Name = "ColoredParts"
folder.Parent = workspace


for x = 1, AMOUNT_OF_BLOCKS do
    for y = 1, AMOUNT_OF_BLOCKS do
        local part = Instance.new("Part")
        part.Parent = folder

        part.Name = x .. ", " .. y
        part.Anchored = true
        part.Size = Vector3.new(BLOCK_SIZE, .25, BLOCK_SIZE)

        local positionToCenter = ((BLOCK_SIZE * AMOUNT_OF_BLOCKS)/2)
        part.Position = Vector3.new(x * BLOCK_SIZE - positionToCenter, 1, y *
        BLOCK_SIZE - positionToCenter)
    end
    task.wait()
end
print("Command completed!")
```

위의 코드는 어디에 작성할까요? [그림 5-3]과 같이 로블록스 스튜디오 맨 하단에 있는 명령 실행 바에 코드를 실행할 수 있습니다.

그림 5-3 명령 실행 바

```
  BLOCK_SIZE -        positionToCenter, 1, y * BLOCK_SIZE -        positionToCenter)    end    task.wait() end print("Com
```

명령 실행 바에 스크립트를 입력한 뒤 키보드에서 [Enter↵] 키를 누르면, 게임에서 회색 파트로 이루어진 평면 공간이 나타납니다. 명령 실행 바를 사용하면 게임을 실행하지 않고도 로블록스 스튜디오에서 코드를 실행할 수 있습니다.

이제 평면 공간이 만들어졌으니 StreamingEnabled를 활성화해 보겠습니다. 먼저 테스트를 보다 쉽게 만들기 위해 StreamingTargetRadius 속성을 64로 설정합니다. StreamingEnabled가 활성화되지 않은 게임에서 이 시스템을 구현하는 건 큰 문제가 되지 않습니다. 3장에서 진행한 실습처럼 :GetChildren() 함수를 사용하고 각 파트에 대한 반복문으로 임의의 색상을 부여하면 됩니다. 하지만 안타깝게도 StreamingEnabled를 사용하면 이 방법을 사용할 수 없습니다. 모든 파트가 한 번에 로드되지 않을 가능성이 높기 때문입니다. 한 가지 해결책은 같은 함수를 여러 번 호출하는 것입니다.

하지만 3장에서 설명했듯 이는 좋은 발상이 아닙니다. 이번 장에서 설명한 것처럼 파트가 로드될 때 발생하는 이벤트를 이용해야 합니다. 운 좋게도 그런 이벤트가 하나 있습니다. 바로 .CharacterAdded입니다. 다음 코드를 살펴보겠습니다.

```lua
local coloredParts = workspace:WaitForChild("ColoredParts")

function randomRGB()
    local r = math.random(0, 255)
    local g = math.random(0, 255)
    local b = math.random(0, 255)
    return Color3.fromRGB(r, g, b)
end
```

```
coloredParts.ChildAdded:Connect(function(addedInstance)
    if addedInstance:IsA("BasePart") then
        addedInstance.Color = randomRGB()
        print("New instance colored!")
    end
end)
```

위의 코드는 LocalScript에서 사용합니다. 게임을 실행하면 평면 공간에 색이 있는 파트가 표시되고 특정 방향으로 걷기 시작하면 더 많은 파트가 나타납니다. .ChildAdded 이벤트를 사용하므로 새로 나타난 파트에 자동으로 임의의 색상이 할당됩니다. 이제 스크립트가 StreamingEnabled와 호환됩니다.

그림 5-4 StreamingEnabled를 사용해 색칠된 블록

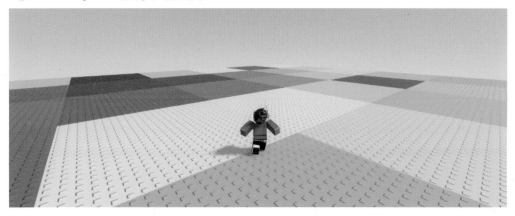

StreamingEnabled는 모든 파트가 한 번에 로드되지 않도록 하므로 LocalScript를 동적dynamic으로 만들어야 합니다. .ChildAdded 이벤트가 훌륭한 예입니다. 다음에는 플레이어가 곧 이 영역에 들어올 것이라 예측하고 특정 파트를 로드하는 방법을 살펴보겠습니다.

RequestStreamAroundAsync 함수

이번에는 맵의 양 끝에 파트가 하나씩 있습니다. 파트 하나를 터치하면 반대편 파트로 순간이동합니다. 하지만 두 파트가 맵의 반대편에 있기 때문에 플레이어가 순간이동할 공간이 로드되지 않을 가능성이 높습니다.

```lua
local Players = game:GetService("Players")
local partA = workspace.PartA
local partB = workspace.PartB

function teleportPlayer(player, position)
    if playerHasDebounce(player) == false then
        -- 공간 미리 로드
        player:RequestStreamAroundAsync(position)

        -- 플레이어 순간이동
        player.Character:SetPrimaryPartCFrame(CFrame.new(
        position + Vector3.new(0, 5, 0)))
    end
end

function teleportA(hit)
    local player = wasHit(hit)
    if player then
        teleportPlayer(player, partA.Position)
    end
end

function teleportB(hit)
    local player = wasHit(hit)
    if player then
        teleportPlayer(player, partB.Position)
    end
end

function wasHit(hit)
    -- 캐릭터 확인
    local character = hit.Parent
```

```
    if character ~= nil then
        -- 플레이어 확인
        local player = Players:GetPlayerFromCharacter(character)
        if player ~= nil then
            return player
        end
    end
    return false
end


partA.Touched:Connect(teleportB)
partB.Touched:Connect(teleportA)
```

디바운스와 관련된 모든 함수 및 변수는 지면상 생략했습니다. 전체 코드는 예제 파일을 참고하세요. 이 코드가 수행하는 작업을 단계별로 분석해 봅니다. 스크립트 맨 아래에 있는 리스너부터 시작하겠습니다. partA나 partB에 무언가 닿으면 순간이동 함수가 실행됩니다. partA가 teleportB() 함수를 사용하는 이유는 상대편으로 순간이동하기 위함입니다. 이미 있는 위치에 순간이동하는 건 의미가 없습니다.

teleportA()와 teleportB()에는 hit이라는 매개변수가 있습니다. 이 매개변수에는 파트에 닿은 인스턴스를 넣습니다. 이는 플레이어 캐릭터의 파트일 수 있습니다. 닿은 게 캐릭터의 파트인지는 wasHit() 함수가 확인합니다. hit 매개변수에 캐릭터의 BasePart가 포함되면 플레이어의 캐릭터 모델이 hit의 부모(Parent)가 됩니다. 파트에 닿은 캐릭터를 파악했다면 Players 서비스에서 :GetPlayerFromCharacter() 함수를 사용해 실제 캐릭터인지 확인합니다.

실제 플레이어가 이 파트를 건드렸다면 teleportPlayer() 함수를 실행합니다. 이 함수는 플레이어에 활성 디바운스가 있는지 확인합니다. 디바운스는 4장에서 배웠습니다. 디바운스와 관련된 함수는 지면상 생략했습니다. 그다음으로 :RequestStreamAroundAsync() 함수를 사용합니다. 이 함수는 위치 및 크기에 사용하는 데이터 타입인 Vector3를 사용합니다. 이 데이터 타입은 영역을 로드하려는 위치를 정의할 때 사용합니다. 이 덕에 순간이동을 할 쯤에는 지도가 대부분 로드됩니다.

마지막으로 플레이어 캐릭터에 :SetPrimaryPartCFrame() 함수를 사용하여 플레이어를 이동시킵니다. 기본 파트primary part가 있는 모든 모델에 이 함수를 사용할 수 있습니다. 탐색기에서 모델을 선택해 PrimaryPart 속성으로 기본 파트를 지정할 수 있습니다. 플레이어를 텔레포트할 때는 CFrame이라는 데이터 타입을 사용합니다. CFrame은 회전 위치를 지정하는 데이터 타입입니다. 앞의 코드를 사용하여 CFrame을 만들 수 있습니다. 이 책의 뒷부분에서 CFrame의 사용 사례를 더 보게 될 것입니다.

이 절에서는 유용한 함수를 많이 배웠습니다. 가장 중요한 함수는 StreamingEnabled 활성화 시, 플레이어를 텔레포트할 때 사용하는 :RequestStreamAroundAsync()입니다. 또한, :GetPlayerFromCharacter() 함수의 다른 사용 사례도 보았습니다. 이전에는 3장에서 사용했습니다. 마지막으로 CFrame과 :SetPrimaryPartCFrame() 함수에 대해 짧게 소개했습니다. 다음에는 StreamingEnabled를 사용할 때 서버에서 수행해야 할 작업을 살펴보겠습니다.

StreamingEnabled를 사용할 때 서버에서 해야 하는 작업

지금까지 StreamingEnabled와 호환되도록 스크립트를 수정하는 방법을 살펴보았습니다. 그러나 클라이언트에서 수행하던 작업 중 몇몇은 서버로 옮겨야만 합니다. 서버로 옮겨야 하는 몇 가지 예와 그 이유를 들어보겠습니다.

- 내비게이션 시스템을 생각해 보세요. 캐릭터와 특정 물체, 다른 플레이어 사이의 거리를 알고 싶습니다. StreamingEnabled를 사용했을 때 이 개체나 플레이어가 로드된다는 보장이 없습니다. 로드되지 않은 요소와의 거리를 계산하는 건 매우 어렵습니다. StreamingEnabled를 사용하지 않았다면 클라이언트에서 수행했겠지만, 이제는 서버에서 수행해야 합니다.

- 로블록스에서 시뮬레이터 혹은 타이쿤 게임을 해본 적이 있나요? 이런 게임에는 보통 상호 작용할 대상을 가리키는 일종의 포인터가 있습니다. 이는 타이쿤 게임에서 구입할 수 있는 가장 가까운 업그레이드일 수도 있고 가장 저렴한 업그레이드일 수도 있

습니다. 플레이어에게 가장 저렴한 업그레이드를 안내하려면 모든 업그레이드의 정보를 알아야 합니다. 이전에는 클라이언트에서 이 작업을 수행할 수 있었습니다. 하지만 StreamingEnabled를 활성화하면 플레이어에 따라 모든 업그레이드가 로드되지 않을 수 있습니다. 따라서 서버가 가장 저렴한 업그레이드를 찾아야 합니다.

- 앞에서 순간이동 시스템을 살펴봤습니다. 순간이동은 클라이언트에서도 할 수 있습니다. 하지만 파트나 위치가 로드되지 않은 경우, 클라이언트에 코드를 유지하는 건 현명하지 못합니다. 따라서 텔레포트는 서버에서 처리해야 합니다.

이 세 가지 예는 부분적으로나 전체적으로 서버에서 수행해야 하는 시스템의 예입니다. 수행해야 하는 작업과 위치에 대해 정해진 항목은 없지만, 특정 인스턴스가 존재하지 않을 가능성이 있는지, 그리고 그것이 중요한지 항상 스스로 질문하는 편이 좋습니다. 이런 질문을 던지다 보면 StreamingEnabled와 호환되는 시스템을 만들 수 있습니다.

StreamingEnabled에 대한 많은 것을 배웠습니다. StreamingEnabled가 무엇이고 어떤 이점이 있는지 배웠고, 게임에서 프로그래밍하는 방법을 변경해야 한다고 배웠습니다. `:WaitForChild()`나 `:RequestStreamAroundAsync()` 같은 유용한 함수도 배웠습니다. 이 외에도 `.ChildAdded` 이벤트를 사용하여 스크립트를 동적으로 만드는 방법도 배웠습니다.

StreamingEnabled는 선택 사항이며, 활성화하면 프로그래밍할 때 몇 가지를 주의해야 합니다. 그러니 활성화 여부와 관계없이 스크립트를 호환 가능하게 만드는 것을 추천합니다. 이제부터 이 책에서 만드는 모든 스크립트는 StreamingEnabled와 호환됩니다. 다음 절에는 애니메이션의 개념과 사용법을 설명하겠습니다.

03 / 애니메이션 작업

걷고, 점프하고, 수영하고, 오르고, 넘어지고, 춤을 추는 등 다양한 행동을 할 때마다 애니메이션을 사용합니다. 애니메이션은 캐릭터를 움직이게 만듭니다. 대부분의 게임에서 /e dance를 입력하면 춤을 춥니다. 이 춤이 애니메이션입니다. 이 책에서는 애니메이션을 만드는 방법은 다루지 않습니다. 대신 스크립트에서 사용하는 방법을 배웁니다.

이어서 애니메이션을 로드하고 실행하는 방법을 설명하겠습니다. 이 외에도 캐릭터와 NPC^{Non-Player Character}에 애니메이션을 적용할 수 있는 작업을 알아보겠습니다.

03.1 | 애니메이션 업로드

애니메이션을 실행하려면 애니메이션이 필요합니다. 탐색기에 있는 모든 인스턴스를 마우스 오른쪽 버튼으로 클릭하면 [개체 삽입] 메뉴가 표시됩니다. 이 메뉴에서 Animation을 선택해 애니메이션을 삽입합니다. 애니메이션에는 AnimationId라고 하는 고유한 속성이 있습니다. 이 속성에 로블록스 애셋 ID를 지정합니다. 이미지나 애니메이션, 사운드를 업로드하면 고유한 로블록스 애셋 ID가 부여됩니다. 애니메이터는 애셋 ID를 제공하거나 직접 업로드할 자료를 전달합니다. 애니메이션 자료를 전달받는 경우, 로블록스 스튜디오에서 [Roblox에 저장] 버튼을 누르면 애니메이션이 업로드되고 로블록스 애셋 ID를 받습니다.

로블록스 애셋 ID가 4212455378이라면, 이를 애니메이션의 AnimationId 속성으로 사용할 수 있습니다. 속성을 지정하면 그 값이 로블록스 애셋 ID 형식인 `rbxassetid://4212455378`로 자동 변경되죠. 애니메이션을 성공적으로 설정했습니다. 그러나 한 가지 문제가 남습니다. 이 애니메이션을 어디다 둬야 할까요?

앞서 말했듯 애니메이션은 모든 인스턴스의 자식으로 만들 수 있습니다. 그렇다고 아무데나 두어도 된다는 말은 아닙니다. 애니메이션을 저장할 위치에 대해 정해진 것은 없지만, 두 가지 선택지가 있습니다. 둘 다 장단점이 있습니다. 첫 번째 선택지는 애니메이션이 속한 모델이나 인스턴스에 애니메이션을 배치하는 것입니다. 이렇게 하면 애니메이션이 사용될 위치 가까이에 저장됩니다. 단점이 있다면 같은 모델이 여러 번 복제될 경우, AnimationId 속성을 변경하고자 할 때 여러 곳에서 변경해야 합니다. 두 번째 선택지는 ReplicatedStorage 서비스입니다. Animations라는 새 폴더를 만들고 여기에 모든 애니메이션을 배치합니다. 모든 애니메이션을 한 곳에 모음으로써 인스턴스마다 애니메이션을 변경하던 단점을 해결합니다. 그러나 애니메이션이 많은 게임은 혼란에 빠질 수 있습니다. 그렇다면 댄싱 애니메이션은 어떻게 사용했을까요?

이 책에서는 모든 애니메이션을 ReplicatedStorage 내부의 폴더에 배치합니다. 각자 원하는 방법을 자유롭게 사용하세요. 이제 애니메이션을 만드는 방법을 알았으니 프로그래밍을 시작하겠습니다. 다음 항에서는 Animator 개체를 살펴보겠습니다.

03.2 ｜ Animator 개체

Animation 개체가 있으니 실행해 봐야겠죠? 아쉽게도 Animation 개체에는 `:Play()` 함수가 없습니다. 어떤 캐릭터에 애니메이션을 재생해야 하는지 어떻게 알까요? 그래서 별도의 개체를 사용해야 합니다. 이것이 Animator 개체입니다. Humanoid 개체 내에서 Animator 개체를 찾을 수 있습니다.

> **애니메이션의 역사**
>
> 과거에는 Humanoid 오브젝트에 애니메이션이 로드되었습니다. 그러나 2020년 11월부터 이 방법은 사용되지 않습니다.

미리 만든 애니메이션을 Animator 개체에 로드해야 합니다. 다음의 코드는 Starter CharacterScripts 폴더 내의 LocalScript입니다.

```lua
local ReplicatedStorage = game:GetService("ReplicatedStorage")
local character = script.Parent
local animations = ReplicatedStorage:WaitForChild("Animations")

function playAnimation()
    local humanoid = character:FindFirstChildOfClass("Humanoid")
    if humanoid ~= nil then
        local animator = humanoid:FindFirstChild("Animator")
        local animation = animations:FindFirstChild("DorkyDance")
        if animator ~= nil and animation ~= nil then
            local animationTrack = animator:LoadAnimation(animation)
            -- 추후 구현
```

```
        end
    end
end

task.wait(1)
playAnimation()
```

위의 코드를 살펴보겠습니다. LocalScript를 StarterCharacterScripts 폴더 안에 배치했으므로 스크립트의 부모는 플레이어의 캐릭터입니다. 또한 코드에서 애니메이션은 ReplicatedStorage 내부의 **Animations**라는 폴더에 저장됩니다.

스크립트에는 **playAnimation()**이라는 함수가 있습니다. 이 함수는 제일 먼저 캐릭터 내부의 Humanoid 개체를 찾습니다. 그런 다음 Humanoid 개체 내부에서 **Animator** 개체를 찾고 ReplicatedStorage의 **Animations** 폴더에서 **DorkyDance**라는 애니메이션을 찾습니다. 모두 찾으면 **:LoadAnimation()** 함수를 사용하여 **Animator** 개체에 **DorkyDance** 애니메이션을 로드합니다. 이 함수는 **AnimationTrack**을 반환합니다.

이제 Animator 개체와 **:LoadAnimation()** 함수를 사용하는 방법을 알았으니 다음에는 **AnimationTrack**을 자세히 알아보겠습니다.

03.3 | AnimationTrack 프로그래밍

앞서 **:LoadAnimation()** 함수를 사용하는 코드를 보았습니다. 변수 이름에서 짐작할 수 있듯 이 함수는 **AnimationTrack**을 반환합니다. 이 **AnimationTrack**은 실제로 애니메이션을 제어합니다.

지금부터 AnimationTrack에서 사용하는 고유한 함수를 살펴보겠습니다.

애니메이션 시작하기

AnimationTrack이 있으므로 애니메이션을 시작하여 작동하는지 확인하겠습니다. 다음 코드를 살펴보겠습니다.

```
local animationTrack = animator:LoadAnimation(animation)
animationTrack:Play()
```

'Animator 개체' 항에서 만든 스크립트에 위의 코드를 배치합니다. 이전 코드에서는 Ani-mationTrack에서 :Play() 함수를 사용하여 애니메이션을 재생했습니다. 게임을 실행하면 [그림 5-5] 같이 캐릭터가 움직입니다.

그림 5-5 dorky 춤 애니메이션

애니메이션 추천

사용할 수 있는 애니메이션은 많습니다. rbxassetid://4841405708와 rbxassetid://4265725525, rbxassetid://5917459365, rbxassetid://5918726674, rbxassetid://3333387824, rbxassetid://3333331310 도 시도해보세요.

이 특정 애니메이션은 반복되는 애니메이션이기 때문에 중지할 때까지 계속 재생됩니다. 계속 반복할지 여부는 AnimationTrack의 .Looped라는 간단한 속성으로 설정할 수 있습니다. 다음 코드를 살펴보겠습니다.

```
local animationTrack = animator:LoadAnimation(animation)
animationTrack.Looped = false
animationTrack:Play()
```

지금 게임을 실행하면 애니메이션이 계속 재생되다가 일정 시간이 지나면 자동으로 중지됩니다. 하지만 그 전에 애니메이션을 중지하려면 어떻게 할까요? 예를 들어, 1초만 실행되게 하고 싶다면 어떻게 할까요? 이제부터 애니메이션을 멈추는 법을 살펴보겠습니다.

애니메이션 중지

애니메이션의 처음 2초만 재생하려면 어떻게 해야 할까요? 다음 코드를 살펴보겠습니다.

```lua
local animationTrack = animator:LoadAnimation(animation)

while true do
    animationTrack.TimePosition = 0
    animationTrack:Play()
    task.wait(2)
    animationTrack:Stop()
    task.wait(2)
end
```

코드에는 .TimePosition 속성을 사용하여 애니메이션의 위치를 애니메이션의 시작점인 0초로 설정하는 while문이 있습니다. 그런 다음 2초 동안 애니메이션을 재생하고, :Stop() 함수를 사용하여 애니메이션 재생을 중지합니다. 그리고 2초 더 기다렸다가 루프를 반복합니다.

참고로 while문에서 조건으로 true를 지정했기 때문에 반복문은 무한정 실행됩니다. 결국, while문은 조건이 거짓일 때까지 계속 실행되며 여기서는 절대 멈출 수 없습니다.

이제 애니메이션을 시작하고 중지하는 방법과 애니메이션 작업의 기본 사항도 이해했습니다. 다음에는 애니메이션의 속도를 변경하는 방법을 살펴보겠습니다.

애니메이션 속도 조절하기

애니메이션으로 할 수 있는 멋진 작업이 또 있습니다. 그중 하나는 애니메이션의 속도 조절입니다. 다음 코드를 살펴보겠습니다.

```
local animationTrack = animator:LoadAnimation(animation)
animationTrack:Play()
animationTrack:AdjustSpeed(5)
```

이 코드는 애니메이션을 로드한 다음 :Play() 함수를 로드합니다. 이제 애니메이션이 재생됩니다. 그런 다음 :AdjustSpeed() 함수를 사용하여 속도를 5로 조정합니다. 이 5는 애니메이션이 원본보다 5배 빠르게 재생된다는 말입니다. 2를 사용하면 애니메이션이 두 배 빠르게 재생되고 1을 사용하면 기본 속도가 됩니다. 그러나 1보다 낮을 수도 있습니다. 숫자 0.5를 사용하면 애니메이션의 지속 시간이 기본 시간의 2배가 됩니다.

이제 AnimationTrack의 모든 필수 기능에 대해 알았습니다. 애니메이션을 설정하고, Animator 개체를 사용하고, Animator 개체에 애니메이션을 로드하여 AnimationTrack을 가져오는 방법도 배웠습니다. 마지막으로 :Play()와 :Stop() 같은 AnimationTrack의 다양한 기능과 .Looped 및 .TimePosition과 같은 속성을 사용하는 방법을 배웠습니다. 이어서 애니메이션에 대해 계속 알아보겠습니다. 대신 이번에는 NPC에서 애니메이션을 사용하겠습니다.

03.4 | NPC의 애니메이션

앞서 우리는 각자의 캐릭터에 애니메이션을 사용하는 법을 배웠습니다. 하지만 이러한 애니메이션을 NPC에 사용하려면 어떻게 해야 할까요? 다행히도 거의 동일하게 작동합니다. 그러나 몇 가지 명심해야 할 사항이 있습니다.

먼저, Animator 개체가 NPC의 Humanoid 개체 내부에 항상 있지는 않다는 점을 기억해야 합니다. 운 좋게도 매우 간단한 수정 방법이 있습니다. 직접 만드는 겁니다. 이는 탐색기에서 직접 만들 수 있습니다. 첫 번째 잠재 문제가 해결되었습니다. 계속합시다.

NPC의 경우 애니메이션에 몇 가지 최적화를 수행할 수 있습니다. 먼저 서버가 아닌 각 클라이언트에서 모든 애니메이션을 수행해야 합니다. 이는 NPC 애니메이션이 클라이언트에서 시작되면 서버에 복제되지 않기 때문입니다. 이것은 좋은 일입니다. 이 애니메이션을 서버에서 재생할 필요가 없기 때문입니다. 이는 플레이어 캐릭터의 애니메이션과 다릅니다. 플레이어 캐릭터의 애니메이션은 서버에 복제됩니다.

서버에서 애니메이션을 실행하면 성능을 미미하게 떨어뜨릴 뿐 아니라 별로 유용하지도 않습니다. 하지만 클라이언트에서 애니메이션을 실행하면 각 클라이언트의 애니메이션을 개별적으로 제어하기 때문에, 플레이어마다 다르게 상호 작용할 수 있습니다. 예를 들어, 옷가게를 운영하는 NPC가 있다고 합시다. 플레이어가 상점에 들어올 때마다 NPC는 손을 흔드는 애니메이션을 수행합니다. 이 애니메이션을 클라이언트에서만 수행하기 때문에 상점에 들어오는 플레이어는 애니메이션을 보고 이미 내부에 있는 모든 플레이어는 애니메이션을 보지 못합니다.

또한 NPC에는 기본적으로 애니메이션이 없다는 점을 명심해야 합니다. 아무 동작도 하지 않으면 플레이어의 캐릭터는 대기 애니메이션을 실행하지만 NPC는 아무 애니메이션도 실행하지 않습니다. NPC가 움직이게 하려면 직접 대기 애니메이션을 재생해야 합니다.

다시 한 번 클라이언트에서 애니메이션을 시작합니다. 모든 것을 테스트하기 위해 테스트 영역을 설정하겠습니다. 테스트 영역을 설정하려면 다음 단계를 따르세요.

❶ ReplicatedStorage에 **Animations**라는 폴더를 만듭니다. 이 폴더 안에 **WaveAnimation**(손 흔들기)과 **IdleAnimation**(대기)이라는 두 개의 애니메이션을 만듭니다.
WaveAnimation의 애셋 ID: **rbxassetid://507770239**
IdleAnimation의 애셋 ID: **rbxassetid://507766666**

❷ [그림 5-6]처럼 로블록스 스튜디오에서 제공하는 리그 빌더를 사용하여 R15 더미 NPC를 생성합니다. 이 NPC의 이름을 **Dummy**로 유지합니다. 그리고 Dummy의 Humanoid 아래에 Animator를 생성합니다.

❸ StarterPlayerScripts 폴더 안에 LocalScript를 만듭니다. 그런 다음 오른쪽의 코드를 삽입합니다.

그림 5-6 리그 빌더

```lua
local ReplicatedStorage = game:GetService("ReplicatedStorage")
local animations = ReplicatedStorage:WaitForChild("Animations")
local npc = workspace:WaitForChild("Dummy")

function setup()
    playAnimation(npc, "IdleAnimation", true, Enum.AnimationPriority.Idle)
    task.wait(10)
    playAnimation(npc, "WaveAnimation", false, Enum.AnimationPriority.Action)
End

function playAnimation(character, animationName, looped, animationPriority)
    -- 휴머노이드와 애니메이션 받아오기
    local humanoid = npc:WaitForChild("Humanoid", 5)
    local animation = animations:FindFirstChild(animationName)
    if humanoid ~= nil and animation ~= nil then
        -- 애니메이터 호출
        local animator = humanoid:WaitForChild("Animator", 5)
        if animator ~= nil then
            -- 애니메이션 재생
            local animationTrack = animator:LoadAnimation(animation)
            animationTrack.Looped = looped
            animationTrack.Priority = animationPriority
            animationTrack:Play()
        end
    end
end

setup()
```

이 모든 단계를 따르면 대기 애니메이션으로 계속 둘러보는 NPC가 생깁니다. 그런 다음 10초 후에 손을 흔들기 시작합니다. 흔들기가 끝나면 대기 애니메이션을 계속합니다.

애니메이션을 멈추는 동작은 아직 다루지 않았지만 흥미로운 애니메이션 동작입니다. 이 스크립트가 수행하는 작업을 살펴보겠습니다. setup() 함수가 있습니다. 이 setup() 함수는 playAnimation() 함수를 호출합니다. 먼저 대기 애니메이션 재생을 시작하고 10초 후에 동일한 함수를 다시 사용합니다. 하지만 이번에는 대기 애니메이션 대신 손 흔들기 애니메이션을 재생합니다. 손 흔들기 애니메이션이 완료되면 NPC는 지시하지 않았는데도 대기 애니메이션으로 돌아갑니다.

이유는 매우 간단합니다. 대기 애니메이션을 중지하지 않았기 때문입니다. 그런데 플레이를 해 보면 왜 대기 애니메이션을 중지하고 손 흔들기 애니메이션을 재생할까요? 이는 애니메이션에 부여한 우선순위의 영향입니다. playAnimation() 함수의 네 번째 매개변수가 이 우선순위를 결정합니다.

playAnimation() 함수를 호출할 때 볼 수 있듯이 Idle 우선순위 유형으로 대기 애니메이션을 반복하도록 설정했습니다. 손 흔들기 애니메이션은 반복이 꺼진 상태에서 작업 우선순위 유형을 가져옵니다. 우선순위에는 네 가지 유형이 있습니다.

- Action(가장 높은 우선순위)
- Movement
- Idle
- Core(가장 낮은 우선순위)

각 AnimationTrack에는 우선순위를 지정할 수 있습니다. 우선순위가 가장 높은 애니메이션이 먼저 재생됩니다. 우선순위가 낮은 다른 애니메이션이 이미 재생 중이라면 다시 우선순위가 가장 높은 애니메이션이 될 때까지 중지됩니다. 이 우선순위 시스템은 NPC가 아닌 개체에도 적용됩니다. 애니메이션의 우선순위는 Enum으로 지정해야 한다는 점을 명심하세요. Enum은 4장에서 배웠습니다.

어떨 때는 우선순위로는 부족해 모든 애니메이션을 중지하고 새로운 애니메이션 세트를 재생하고 싶을 때가 있습니다. 그렇다면 Animator 개체에서 재생 중인 AnimationTrack 정보는 어떻게 얻을까요? 이를 위해 :GetPlayingAnimationTracks() 함수를 사용합니다. 다음 코드를 살펴보겠습니다.

```lua
local npc = workspace:WaitForChild("Dummy")

function stopAllAnimations()
    -- 휴머노이드 찾기
    local humanoid = npc:WaitForChild("Humanoid", 5)
    if humanoid ~= nil then
        -- 애니메이터 찾기
        local animator = humanoid:WaitForChild("Animator", 5)
        if animator ~= nil then
            -- 애니메이션 재생
            local animationTracks = animator:GetPlayingAnimationTracks()

            -- 애니메이션 트랙 반복
            for _, animationTrack in pairs(animationTracks)
            do
                animationTrack:Stop()
            end
        end
    end
end

stopAllAnimations()
```

위의 코드는 :GetPlayingAnimationTracks() 함수를 사용합니다. 이 함수는 이 Animator 개체에서 활성화된 모든 AnimationTrack을 테이블로 반환합니다. 그런 다음 for 반복문을 사용하여 모든 AnimationTrack을 반복하고, 각 AnimationTrack에서 :Stop() 함수를 사용하여 모든 애니메이션 트랙을 중지합니다.

앞에서 애니메이션에 대한 모든 정보를 배웠습니다. 여기에 NPC를 사용할 때 알아야 할 사항과 우선순위에 대한 정보를 더했습니다. 이제 애니메이션이 어떻게 작동하는지 이해했습니다. 그러나 인스턴스에서 휴머노이드 개체 없이 애니메이션을 재생하려면 어떻게 할까요? 이어서 트윈tween에 대해 자세히 살펴보겠습니다.

가끔은 캐릭터나 NPC 대신 문 같은 다른 사물에 애니메이션을 적용하고 싶습니다. 예를 들어 가까이 가면 열리는 성문 같은 효과를 낼 수 있습니다. 문은 바로 열리는 것보다는 애니메이션을 사용하여 여는 게 훨씬 더 멋져 보입니다. 기술적으로는 성문이 포함된 모델에 휴머노이드 개체를 추가한 다음 애니메이션을 적용하는 해커 같은 방법을 사용할 수 있습니다. 하지만 더 나은 대안이 있습니다. 트윈tween입니다.

방금 설명한 성문을 만들어 봅니다. 직접 문을 만들고 Pivot에 대해 알아보겠습니다. 그 후에는 문에 애니메이션을 적용해 보겠습니다.

04.1 | 문 만들기

문을 만들어 봅시다. [그림 5-7]에는 문이 두 개인 성문이 있습니다. 직접 이런 성문을 만들어 보겠습니다.

그림 5-7 성문

다음 단계를 따라 두 문을 모두 만드세요.

① Workspace에서 새 파트를 만들고 이름을 **RightGatePart** 또는 **LeftGatePart**로 지정합니다.

② 파트를 고정했는지 확인하세요. Anchored 속성을 **true**로 설정하면 됩니다.

③ 크기가 **{17.5, 1, 28}**이 되도록 파트의 Size 속성을 변경합니다.

④ 방향이 **{-90, 0, 0}**이 되도록 파트의 Orientation 속성을 변경합니다.

⑤ 파트의 Material 속성을 나무 판자로 변경합니다.

⑥ Workspace에 파트를 위치시킵니다.

이 단계를 반복하여 성문의 반대편 파트를 만들고 서로 옆에 위치시킵니다. [그림 5-8]처럼 두 개의 동일한 문이 붙어 있는 성문이 생기면 됩니다.

그림 5-8 LeftGatePart와 RightGatePart

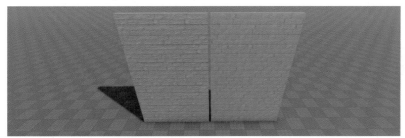

이제 양쪽을 90도로 회전시켜 양쪽 문을 열고자 합니다. 스크립트를 작성하기 전에 로블록스 스튜디오의 회전 도구를 사용하여 부품을 돌릴 수 있습니다. 그러나 두 파트를 90도 회전시키면 [그림 5-9]처럼 중앙에서 회전하는 것을 볼 수 있습니다. 일반적인 문이라면 측면을 기준으로 회전해야 합니다.

그림 5-9 잘못 회전한 RightGatePart

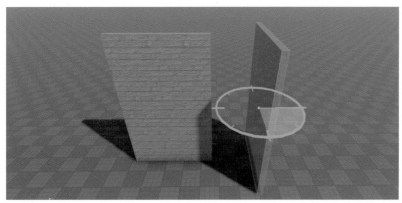

부품이 중심에서 회전하는 이유는 Pivot 속성 때문입니다. 기본적으로 회전점이 되는 파트의 피벗(Pivot)은 중앙에 있습니다. 파트는 중심에서 회전하는게 아니라 오른쪽이나 왼쪽에서 회전해야 합니다. RightGatePart는 파트의 오른쪽에 회전점이 있어야 합니다. 해당 파트의 PivotOffset의 Position 속성을 변경하면 회전점을 이동시킬 수 있습니다.

두 문 파트의 폭이 17.5 스터드이기 때문에 PivotOffset의 Position 속성을 오른쪽으로 8.75 스터드만큼 이동해야 합니다. 기본적으로 피벗은 중앙에 있기 때문에, 너비의 절반을 추가하면 피벗이 측면으로 이동합니다. RightGatePart의 PivotOffset Position 속성을 {-8.75, 0, 0}으로, LeftGatePart의 PivotOffset Position 속성을 {8.75, 0, 0}으로 설정합니다.

이 작업을 완료하면 [그림 5-10]처럼 문을 회전시킬 수 있습니다.

그림 5-10 제대로 회전한 RightGatePart

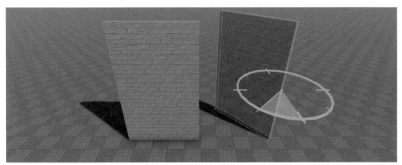

이제 피벗을 변경했으므로 문을 더 쉽게 회전시킬 수 있습니다. 회전하는 동안 Position 속성과 Orientation 속성이 변경되는 것을 확인할 수 있습니다. 이후 절에서는 이런 속성을 사용합니다.

이제 성문의 각 파트를 설정했으니 스크립트를 작성하겠습니다. 다음 절에서는 성문에 사용할 서버 스크립트를 설정합니다.

04.2 | 서버 스크립트 설정

성문에 트윈을 적용하기 전에 문을 여는 동작을 만들어야 합니다. 이 문 파트 앞에 GateActivation이라는 파트를 생성합니다. 이 파트는 CanCollide 속성을 비활성화해야 합니다. 원하는 동작은 GateActivation 파트를 통과하면 트윈을 재생하는 것입니다. StreamingEnabled와 함께 작동하기 때문에 서버에서 이 활성화 스크립트를 만들겠습니다. 그러나 클라이언트에서도 이 작업을 수행할 수 있습니다. 이후 장에서 이를 수행하는 방법을 살펴보겠습니다. 먼저 다음 코드를 살펴보겠습니다.

```lua
local Players = game:GetService("Players")
local ReplicatedStorage = game:GetService("ReplicatedStorage")
local events = ReplicatedStorage.Events
local gateActivation = workspace.GateActivation

-- 게이트 함수
function toggleGate(hit)
    -- 서버 검사
    local distance = (hit.Position - gateActivation.Position).Magnitude
    if distance >= 25 then
        return
    end

    -- 함수 구현
    local player = getPlayerFromHit(hit)
    if player ~= nil then
        if playerHasDebounce(player) == false then
            events.ToggleGate:FireClient(player)
        end
    end
end

function getPlayerFromHit(hit)
    -- 변수 확인
    if hit ~= nil and hit.Parent ~= nil then
        -- 플레이어 확인
```

```
        local character = hit.Parent
        return Players:GetPlayerFromCharacter(character)
    end
    return nil
end


-- 디바운스 함수
-- ... 디바운스 함수 ...


gateActivation.Touched:Connect(toggleGate)
```

이 코드는 ServerScriptService에 작성한 서버 스크립트입니다. 스크립트의 작동 과정을 살펴보겠습니다. 스크립트의 맨 아래에 .Touched 이벤트 리스너가 있습니다. 플레이어가 gateActivation 파트에 언제 접촉하는지 알기 위해 이 이벤트를 사용합니다. 누군가 gateActivation 파트에 닿으면 toggleGate() 함수가 활성화됩니다.

toggleGate() 함수 내에서 서버 검사를 시작합니다. 직접 서버 검사를 할 거라 생각하지는 않았을 것입니다. 불필요한 작업처럼 느껴지지 않나요? .Touched 이벤트는 누군가 파트에 닿으면 발생합니다. 하지만 악성 사용자도 이 이벤트를 실행할 수 있기 때문에 거리가 얼마나 떨어져 있는지 서버 검사를 하는 편이 현명합니다.

이 서버 검사는 어떻게 작동할까요? 거리를 계산하기 위해 두 위치를 사용합니다. 이 경우, gateActivation 파트와 gateActivation 파트에 접촉한 파트의 위치입니다. 두 위치의 값을 빼면 거리가 필요한 상황에서 Vector3 값을 얻을 수 있습니다. 이때 .Magnitude 속성을 사용합니다. 각 Vector3와 Vector2 데이터 타입에는 .Magnitude 속성이 있는데, 이 함수를 사용하면 거리를 계산할 수 있습니다. 이 속성으로 거리가 25 스터드보다 큰지 확인합니다. 25보다 크다면 플레이어가 gateActivation 파트에서 너무 멀리 떨어져 있다는 의미입니다. 따라서 함수를 중지합니다.

플레이어와 파트가 충분히 가까이 있으면 함수를 계속합니다. 먼저 gateActivation 파트에 부딪힌 파트가 플레이어 캐릭터의 일부인지, 게임 내 다른 파트가 아닌지 확인합니다. 그다음, 플레이어에 활성 디바운스가 있는지 확인합니다. 코드가 긴 관계로 디바운스와 관련된 코드는 생략했습니다. 전체 코드는 예제 파일을 참고하세요. 플레이어에 디바운스가 없으면

ReplicatedStorage의 Events 폴더에서 **ToggleGate** RemoteEvent를 실행합니다.
이제 게이트에서 트윈을 활성화하는 트리거를 구현했습니다. 다음에는 트윈이 사용할 정
보를 수집하겠습니다.

04.3 | 트윈 데이터 가져오기

이제 성문을 만들고 서버 이벤트를 설정했으니 트윈 작업을 시작하겠습니다. 먼저 트윈에
사용할 값을 가져와야 합니다. 문 파트가 닫힐 때 위치와 회전은 두 파트를 직접 회전하고
속성을 읽어 값을 구해야 합니다. 이렇게 구한 데이터를 3차원 테이블에 저장합니다. 잠깐.
3차원 테이블은 처음 사용하는군요. 하지만 앞에서 2차원 테이블을 사용해 봤습니다. 2차
원 테이블과 3차원 테이블은 거의 동일합니다. 3차원 테이블의 코드는 다음과 같습니다.

```lua
local GATE_DATA = {
    ["Open"] = {
        ["LeftGatePart"] = {
            ["Orientation"] = Vector3.new(-90, 90, 0),
            ["Position"] = Vector3.new(-40, 15, 83)
        },
        ["RightGatePart"] = {
            ["Orientation"] = Vector3.new(-90, -90, 0),
            ["Position"] = Vector3.new(-74, 15, 83)
        }
    },
    ["Closed"]= {
        ["LeftGatePart"] = {
            ["Orientation"] = Vector3.new(-90, 0, 0),
            ["Position"] = Vector3.new(-50, 15, 75)
        },
        ["RightGatePart"] = {
```

```
        ["Orientation"] = Vector3.new(-90, 0, 0),
        ["Position"] = Vector3.new(-67, 15, 75)
      }
    }
  }
```

위의 코드는 문의 각 파트에 대한 많은 데이터를 저장하는 3차원 테이블입니다. 먼저 문이 열렸을 때의 데이터를 저장할 Open과 닫혔을 때의 데이터를 저장할 Closed로 데이터를 나누고, 왼쪽 문과 오른쪽 문 파트를 구분합니다. 마지막으로 파트의 Orientation과 Position 속성 값을 저장합니다. 다시 말하지만 지금 작성한 Vector3 값은 그저 예시입니다. 여러분이 직접 두 파트를 모두 회전한 후 속성 창에 표시되는 값으로 변경하세요.

이제 트윈에 필요한 데이터를 구했으니 트윈을 만들 수 있습니다. 이어서 TweenInfo 데이터 타입을 알아보겠습니다.

04.4 ¦ TweenInfo 이해하기

이제 ToggleGate RemoteEvent를 감지한 다음 트윈을 사용하여 문의 방향과 위치를 변경할 수 있습니다. 그런데 트윈은 어떻게 작동할까요? 트윈을 사용하려면 TweenService를 사용해야 합니다. TweenService 외에 TweenInfo도 필요합니다. TweenInfo는 또 다른 데이터 타입입니다. 코드로 살펴보겠습니다.

```
local tweenInfo = TweenInfo.new(
    1,                          -- 트윈 길이
    Enum.EasingStyle.Quad,      -- 트윈 스타일(EasingStyle)
    Enum.EasingDirection.Out,   -- EasingStyle 방향
    0,                          -- 트윈 반복 횟수
    false,                      -- 트윈 반전
    0                           -- 트윈 시작 전 대기 시간
)
```

위의 코드는 모든 인수를 포함해 TweenInfo 데이터 타입을 생성합니다. 지금 코드에 작성한 값은 기본값입니다. 모두 그대로 입력할 필요는 없습니다. 보통은 첫 번째 인수나 두 개의 인수만 입력하는 게 보통입니다. 첫 번째 트윈을 만들면 다양한 값을 모두 실험할 수 있습니다.

TweenInfo가 어떻게 작동하는지 살펴보았으므로 실제 트윈에서 사용하겠습니다. 이제 지금까지 배운 정보를 모두 결합하여 첫 번째 트윈을 만들어 보겠습니다.

04.5 | 트윈 만들기

앞서 언급했듯 ToggleGate RemoteEvent를 감지하면 트윈이 시작됩니다. 다음 코드를 살펴보겠습니다.

```lua
local ReplicatedStorage = game:GetService("ReplicatedStorage")
local TweenService = game:GetService("TweenService")
local events = ReplicatedStorage:WaitForChild("Events")
local GATE_DATA = ...

function toggleGate()
    -- Gate 파트 불러오기
    local leftGatePart = workspace:WaitForChild("LeftGatePart", 5)
    local rightGatePart = workspace:WaitForChild("RightGatePart", 5)
    if leftGatePart ~= nil and rightGatePart ~= nil then
        -- 문 열기
        animateGate(leftGatePart, "Open")
        animateGate(rightGatePart, "Open")

        task.wait(10)

        -- 문 닫기
```

```
        animateGate(leftGatePart, "Closed")
        animateGate(rightGatePart, "Closed")
    end
end


function animateGate(gate, doorStatus)
    -- 트윈 데이터 읽기
    local tweenData = GATE_DATA[doorStatus][gate.Name]
    local tween = TweenService:Create(gate, TweenInfo.new(2), tweenData)
    tween:Play()
end


events:WaitForChild("ToggleGate").OnClientEvent:Connect(toggleGate)
```

위의 코드를 살펴보겠습니다. 스크립트 하단에서 **ToggleGate** RemoteEvent를 감지합니다. 이 RemoteEvent가 실행되면 **toggleGate()** 함수를 시작합니다. 이 함수는 가장 먼저 **:WaitForChild()** 함수를 사용하여 성문의 문 파트 두 개에 대한 참조를 가져옵니다. **:WaitForChild()**에서 두 번째 인수는 어떻게 사용하는지 기억하나요? 네, 원하는 파트를 찾지 못하면 **nil**을 반환하라는 소리입니다. 그래서 다음 줄에 반환값이 **nil**인지 확인하는 **if**문이 있습니다. 마지막으로 문 파트 두 개를 모두 찾았다면 **animateGate()** 함수를 실행합니다.

animateGate() 함수는 첫 번째 매개변수로 문 파트를 받습니다. 매개변수에는 애니메이션을 적용할 파트를 넣습니다. 두 번째 매개변수는 **doorStatus**입니다. 이 매개변수는 문이 열릴지 닫힐지를 알려 줍니다. 여기에는 '트윈 데이터 가져오기' 항에서 만든 **GATE_DATA** 변수를 사용합니다. **GATE_DATA** 변수에서 올바른 데이터를 선택하려면 두 매개변수가 모두 필요합니다. 마지막으로 이 올바른 데이터를 **tweenData**라는 변수에 저장합니다.

이제 실제로 트윈을 만드는 코드입니다. TweenService의 **:Create()** 함수를 사용하여 트윈을 수행합니다. **:Create()** 함수에는 세 개의 인수가 있습니다. 첫 번째 인수는 이 시나리오에서 트윈을 적용할 객체(문 파트)입니다. 두 번째 인수는 앞에서 본 **TweenInfo** 데이터 타입입니다. 지금은 트윈의 지속 시간만 지정합니다. 시간만 지정하므로 다른 모든 인수는 기본값으로 설정됩니다. 마지막 인수는 tweenData 변수입니다. tweenData 변수는 변경될 항목을 포함한 테이블입니다. 지금은 GATE_DATA 딕셔너리에 저장된 항목인 Position 속성과 Orientation 속성을 변경합니다.

이렇게 트윈을 만들었습니다. 애니메이션과 마찬가지로 트윈을 시작해야 합니다. 트윈은 간단히 :Play() 함수만 호출하면 됩니다. 모든 스크립트를 작성하고 게임을 시작한 뒤, [그림 5-11]과 같이 gateActivation 파트에 접촉하면 게이트가 열립니다.

그림 5-11 첫 번째 트윈

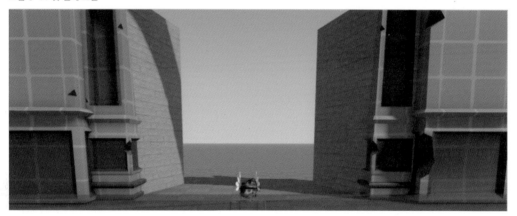

이제 트윈을 만드는 방법을 배웠습니다. 그러나 몇 가지 멋진 비법과 기억해야 할 사항이 있습니다. 다음에는 클라이언트 측 디바운스에 대해 알아보겠습니다.

04.6 | 클라이언트 측 디바운스

현재 서버에는 이미 디바운스가 있습니다. 이 디바운스는 몇 초 정도 걸립니다. 지금은 20초쯤 걸린다고 칩시다. 클라이언트 측의 트윈은 여는 데 2초가 걸리고 8초의 추가 중단이 있습니다. 추가 시간이 8초뿐인 이유는 트윈을 실행할 때 처음 2초를 이미 계산했기 때문입니다. 마지막으로 닫을 시간이 2초 더 있습니다. 이를 모두 합치면 트윈은 14초가 걸리며 이는 서버 디바운스가 충분히 길다는 의미입니다. 하지만 실수로 서버에서 디바운스를 낮추거나 트윈을 더 길게 만들었다면 어떻게 될까요? 서버가 여전히 이전 트윈을 수행하는 중인데 트윈이 시작될 수 있습니다.

클라이언트 측 디바운스를 추가하면 이런 문제를 예방할 수 있습니다. 클라이언트 측 디바운스는 훨씬 구현하기 쉽습니다. 이제 클라이언트 측 디바운스 기능을 제공하도록 `toggleGate()` 함수를 업데이트하겠습니다. 다음 코드에서는 아무것도 변경되지 않았으므로 모든 함수 내용을 생략했습니다.

```
local debounce = false

function toggleGate()
    if debounce == false then
        debounce = true

        -- 함수 구현

        debounce = false
    end
end

events:WaitForChild("ToggleGate").OnClientEvent:Connect(toggleGate)
```

이 코드에는 클라이언트 측 디바운스가 포함되어 있습니다. 이 디바운스는 if문이 하나 있는 간단한 변수입니다. 함수가 시작되면 활성 디바운스가 있는지 확인합니다. 활성 디바운스가 있으면 함수를 종료합니다. 그러나 활성 디바운스가 없으면 debounce 변수를 true로 설정합니다. 그런 다음 함수는 일반적으로 수행하는 작업을 수행합니다. 완료되면 debounce 변수는 다시 false로 설정됩니다.

실수로 서버에서 디바운스를 너무 짧게 만들더라도 클라이언트 측 디바운스는 트윈 두 개가 동시에 시작되는 것을 방지합니다. 네, 서버의 디바운스는 여전히 작업을 수행했다고 판단합니다. 그러나 이건 디바운스가 몇 시간이 넘지 않는 이상 심각한 문제는 아닙니다. 만약 디바운스가 오래 걸린다면, 클라이언트 측 디바운스가 적용된 트윈이나 수행할 수 있는 다른 작업의 지속 시간을 간단히 측정해, 서버 디바운스가 더 긴지 확인하세요.

클라이언트 측 디바운스를 만드는 방법을 살펴보았습니다. 이 방법은 이상하게 동작하는 트윈에 추가적인 보호 기능을 제공합니다. 그러나 다른 용도로도 사용할 수 있습니다. 이

론적으로는 모든 함수에서 클라이언트 측 디바운스를 사용할 수 있습니다. 그러나 필요하지 않다면 구현할 필요가 없습니다. 클라이언트 측 디바운스를 추가하여 코드의 결함을 제거했지만 또 다른 문제가 있습니다. 다음에는 커스텀 양도 함수custom yielding function를 만들어 이 결함을 제거합니다.

04.7 ╎ 커스텀 양도 함수

다음 코드를 살펴보겠습니다.

```
-- 문 열기
animateGate(leftGatePart, "Open")
animateGate(rightGatePart, "Open")

task.wait(10)

-- 문 닫기
animateGate(leftGatePart, "Closed")
animateGate(rightGatePart, "Closed")
```

위의 코드는 toggleGate() 함수의 일부입니다. 이 코드에는 앞에서 해결한 문제와 유사한 문제가 있습니다. 이전에 toggleGate() 함수가 이미 활성화된 상태에서 여러 번 실행될 수 있음을 확인했습니다. 기술적으로는 여기에서도 그렇습니다. 하지만 트윈을 12초 동안 지속한다면 어떻게 될까요? 문제가 생길 겁니다. 문을 닫는 트윈이 시작되는 동안 문은 계속 열리고 있을 겁니다.

앞서 언급했듯이 이 문제는 클라이언트 측 디바운스를 추가하여 해결했습니다. 그렇다면 animateGate() 함수에도 클라이언트 측 디바운스를 추가할 수 있을까요? 안타깝게도 불가능합니다. 이렇게 하면 rightGatePart가 절대 열리지 않습니다. animateGate() 함수에도 디바운스가 있기 때문입니다. 그렇다면 문제를 어떻게 해결할까요? 한 가지 가능한 해결책은 양도yielding를 활용하는 것입니다. 이미 앞에서 함수의 양도를 다뤘습니다. 양도 함수의 예로는 `:WaitForChild()` 함수가 있습니다.

양도가 어떻게 해결책이 될까요? 수정한 코드를 살펴보겠습니다.

```lua
local INTERMISSION_TIME = 5
local TWEEN_DURATION = 2
local GATE_DATA = ...
local debounce = false

function toggleGate ()
    if debounce == false then
        debounce = true

        -- Gate 파트 불러오기
        local leftGatePart = workspace:WaitForChild("LeftGatePart", 5)
        local rightGatePart = workspace:WaitForChild("RightGatePart", 5)
        if leftGatePart ~= nil and rightGatePart ~= nil then
            -- 문 열기
            animateGate(leftGatePart, "Open", false)
            animateGate(rightGatePart, "Open", true)

            -- 대기
            task.wait(INTERMISSION_TIME)

            -- 문 닫기
            animateGate(leftGatePart, "Closed", false)
            animateGate(rightGatePart, "Closed", true)
        end

        -- 클라이언트 측 디바운스 종료
        debounce = false
    end
```

```
end

function animateGate(gate, doorStatus, yield)
    local tweenData = GATE_DATA[doorStatus][gate.Name]
    local tween = TweenService:Create(gate, TweenInfo.new(TWEEN_DURATION),
    tweenData)
    tween:Play()

    if yield == true then
        tween.Completed:Wait()
    end
end

events:WaitForChild("ToggleGate").OnClientEvent:Connect(toggleGate)
```

이 코드에는 양도를 추가한 함수가 정리되어 있습니다. 다시 말하지만 이 스크립트는 일부만 정리했습니다.

animateGate() 함수에 세 번째 매개변수 yield가 있습니다. 이 매개변수는 부울 데이터 타입을 입력받습니다. 부울값이 참이면 함수가 양도됩니다. 하지만 함수를 어떻게 양도되도록 만들 수 있을까요? 함수가 양도되도록 만들기 위해 트윈에서 .Completed라는 이벤트를 사용합니다. 이 .Completed 이벤트를 :Wait() 함수와 결합하면 .Completed 이벤트가 발생할 때까지 함수가 대기합니다.

자, 어떻게 작동할까요? 이름에서 알 수 있듯이 :Wait() 함수는 대기하는 함수이므로 양도합니다. 그러나 :Wait() 함수는 .Completed 이벤트뿐만 아니라 다른 이벤트에도 사용할 수 있습니다. 사실 :Wait()는 모든 이벤트에 사용할 수 있습니다. 이벤트에 :Wait() 함수를 추가하면 이벤트가 실행될 때까지 현재 스레드가 생성됩니다. 이를 사용하여 매개 변수의 입력에 따라 animateGate() 함수가 양도되도록 만들었습니다.

그러나 animateGate() 함수의 변경 사항 외에도 toggleGate() 함수에 약간의 변경이 있었습니다. 이제 toggleGate() 함수는 animateGate() 함수를 호출할 때 세 번째 인수를 제공합니다. 주목할 점은 첫 번째 문이 아닌 두 번째 문 파트만 양도하도록 되어 있다는 것입니다. 직접 두 문을 모두 참으로 변경하고 두 문 파트가 차례대로 열리고 닫히는 이유를 설명해 보세요.

이제 코드의 두 번째 결함을 이전에 배운 양도를 활용하여 해결했습니다. 이제 앞서 배운 모든 정보를 결합해 환상적인 트윈을 만들 수 있습니다. 지금까지 TweenService와 TweenInfo, Tweens, 클라이언트 측 디바운스, 양도 함수, 피벗에 대해 설명했습니다. 다음에는 이 장에서 배운 모든 지식을 활용해 문제를 풀어 보겠습니다.

예제

01 | NPC 인사하기

이 예제에서는 StreamingEnabled와 호환되는 인사 시스템을 만들겠습니다. 맵에 지속적으로 대기 애니메이션을 재생하는 NPC가 있습니다. 플레이어가 근처에 오면 NPC가 손을 흔듭니다. NPC가 손을 흔들면 동시에 NPC 근처에 있는 플레이어도 손을 흔듭니다. NPC의 손 흔드는 애니메이션은 다른 클라이언트에서 볼 수 없어야 합니다. 즉, NPC가 NPC 근처에 있는 플레이어에게만 손을 흔드는 것으로, NPC를 보고 있지만 가까이 있지 않은 다른 플레이어에게는 손을 흔들지 않습니다.

이를 구현하는 방법은 여러 가지입니다. 이런 시스템을 만드는 과정을 소개하겠습니다. 하지만 이 단계를 모두 따를 필요는 없습니다. 더 나은 방법을 알고 있거나 직접 실험하고 싶다면 자유롭게 시도해 보세요. 시스템이 이전에 언급한 모든 기준을 충족하는지 확인하세요.

빈 Baseplate 템플릿에서 게임을 설정하는 것부터 시작하겠습니다.

1 Workspace에 리그 빌더 플러그인으로 R15 더미를 만들고 이름을 Dummy로 둡니다. Humanoid 개체 내에 Animator 개체를 만듭니다.

2 ReplicatedStorage에 Events 폴더를 만들고 ActivateGreeting RemoteEvent를 생성합니다.

3 ReplicatedStorage에 Animations라는 폴더를 만들고 두 개의 애니메이션을 생성합니다.
   - IdleAnimation의 애셋 ID: rbxassetid://507766666
   - WaveAnimation의 애셋 ID: rbxassetid://507770239

4 Workspace에 GreetingActivation이라는 파트를 생성하고, Anchored 속성이 true이며 CanCollide 속성이 false로 설정되었는지 확인합니다. 파트의 크기 속성을 {15, 1, 15}로 변경해 더미 캐릭터에 배치합니다. GreetingActivation 파트 중심에 더미 캐릭터를 배치합니다.

이제 ServerScriptService에서 GreetingSystem이라는 서버 스크립트를 만듭니다.

1 GreetingActivation 파트에서 .Touched 이벤트를 감지하기 시작합니다. 이 리스너를 activateGreeting()이라는 함수에 연결합니다. 이 함수의 첫 번째이자 유일한 매개변수는 hit입니다.

2 Vector3 데이터 타입의 .Magnitude 속성을 사용하여 hit 파트가 GreetingActivation 파트의 25 스터드 이내에 있는지 확인하세요.

3 hit 매개변수를 사용하여 실제 플레이어가 GreetingActivation 파트에 닿았는지 확인하세요. 먼저 이 hit 매개변수에 연결된 캐릭터를 가져옵니다. 그런 다음 :GetPlayerFromCharacter() 함수를 사용하여 플레이어를 가져오고 결과가 nil이 아닌지 확인합니다.

4 플레이어가 GreetingActivation 파트와 30초에 한 번만 상호 작용하는 디바운스 시스템을 만듭니다. 이 시스템을 만드는 사이 플레이어가 나가면 쿨다운 테이블이 삭제되는지 확인하세요.

5 플레이어에게 디바운스가 없으면, 해당 플레이어에 대해 **Events** 폴더 내에 있는 **ActivateGreeting** RemoteEvent를 실행하세요.

이제 서버 스크립트가 완성되었으니 StarterPlayerScripts 내부의 **AnimationHandler** 라는 LocalScript에서 계속 진행합니다.

1 `character, animationName, priority, looped, yield` 매개변수를 사용하는 함수 playAnimation()을 만듭니다.

2 `playAnimation()` 함수에서 ReplicatedStorage의 **Animations** 폴더와 **animationName** 매개변수를 사용하여 애니메이션에 대한 참조를 가져옵니다.

3 `playAnimation()` 함수에서 **Humanoid** 개체 내부의 **Animator** 개체에 대한 참조를 가져옵니다.

4 **Animator** 개체에서 이전에 참조한 **Animation** 개체를 로드하여 **AnimationTrack** 을 가져옵니다. 1단계에서 만든 매개변수의 값을 기반으로 **AnimationTrack**에서 **priority** 속성과 **looped** 속성을 활성화했는지 확인하세요. 마지막으로 애니메이션을 재생합니다.

5 `playAnimation()` 함수 하단에서 매개변수 yield가 **true**인지, **AnimationTrack** 객체의 **IsPlaying** 속성이 **true**인지 확인합니다. 둘 다 **true**이면 **:Wait()** 함수를 사용하여 **AnimationTrack**이 완료될 때까지 함수를 양도합니다.
5단계를 위한 팁: AnimationTrack에 **.Stopped**라는 이벤트가 있습니다.

6 NPC에 대기 애니메이션을 재생하는 **setup()** 함수를 만듭니다. 애니메이션의 우선순위가 Idle, 매개변수 **looped**가 **true**, 매개변수 **yield**가 **false**인지 확인합니다.

7 **ActivateGreeting** RemoteEvent를 감지하고 **greetingSequence()**라는 함수를 시작합니다.

8 `greetingSequence()` 함수에서 플레이어와 NPC 모두에 대해 손 흔들기 애니메이션을 시작합니다. 애니메이션의 우선순위가 Action이고 매개변수 **looped**가 **false**인지 확인합니다. 두 번째로 playAnimation() 함수를 호출할 때 매개변수 **yield**가 **true**인지 확인하고 첫 번째 매개변수는 **false**로 유지합니다.

9 `greetingSequence()` 함수에 대한 클라이언트 측 디바운스를 만듭니다.

게임을 실행하고 NPC를 향해 걸어가서 두 캐릭터가 인사하는지 테스트합니다.

02 | 떨어지는 블록

이 예제에서는 공중에 간단한 파트를 배치합니다. 물리학에 의해 블록을 떨어뜨리는 대신, 트윈을 사용하여 이 블록을 떨어뜨립니다. 트윈이 완료되면 떨어진 파트를 원래 위치로 되돌리고 다른 트윈을 만듭니다. 이 예제는 'TweenInfo 이해하기'에서 설명한 대로 다양한 EasingStyle을 사용합니다. 이렇게 하면 낙하할 때마다 다른 효과가 나타납니다.

연·습·문·제

먼저 트윈을 만들 부분을 설정합니다.

1   Workspace에 새 파트를 만듭니다. 이 파트의 속성을 다음과 같이 지정합니다.
    - Name: `TweenPart`
    - Size: `{5, 5, 5}`
    - Position: `{0, 2.5, 0}`
    - Anchored: `true`

2   이제 TweenPart가 준비되었으니 트윈을 만들겠습니다. StarterPlayerScripts에 새 LocalScript를 만듭니다.

3   LocalScript에서 다음과 같이 전역 변수를 만듭니다.
    - `targetPosition`: `Vector3.new(0, 2.5, 0)`
    - `startPosition`: `Vector3.new(0, 10, 0)`
    - `tweenDuration`: `2`
    3단계를 위한 팁: 다음 단계에서 필요하다면 전역 변수를 추가할 수 있습니다.

4   `part`, `easingStyle`, `yield` 매개변수를 사용하는 함수 `tween()`을 만듭니다.

5 tween() 함수 내에서 파트의 Position 속성을 **startPosition** 변수에 저장된 위치로 변경합니다.

6 tween() 함수 내에서 **tweenInfo**라는 새 변수를 만듭니다. **TweenInfo** 데이터 타입에 대해 다음 속성을 설정합니다.
  - **time**: **tweenDuration** 전역 변수
  - **easingStyle**: **easingStyle** 매개변수

7 TweenService에서 **:Create()** 및 **:Play()** 함수를 사용하여 새 트윈을 만들고 시작합니다.

8 tween() 함수에서 커스텀 양도를 구현합니다. **yield** 매개변수를 사용합니다.

9 tween() 함수에 디바운스 시스템을 구현합니다.

10 setup()이라는 새 함수를 만듭니다. **setup()** 함수에 다음 코드를 삽입합니다.

```
while true do
    tween(tweenPart, Enum.EasingStyle.Linear, true)
    tween(tweenPart, Enum.EasingStyle.Bounce, true)
    tween(tweenPart, Enum.EasingStyle.Elastic, true)
end
```

게임을 실행하면 파트가 다른 EasingStyle로 떨어집니다.

요약

이 장에서는 먼저 StreamingEnabled에 대해 알아보았습니다. StreamingEnabled는 게임에서 로드하는 방식을 변경하므로 기본적으로 활성화되어 있지 않습니다. 보통은 플레이어가 게임에 참여하면 모든 요소가 즉시 로드됩니다. 그러나 StreamingEnabled가

활성화된 게임에 참여하면 특정 인스턴스만 전송됩니다. 접속 과정이 마무리된 후에도 맵에 있는 모든 요소가 로드되지 않을 가능성이 높습니다. 이것은 StreamingMinRadius 속성과 StreamingTargetRadius 속성의 영향입니다.

StreamingEnabled를 사용하면 게임의 동작이 바뀌므로, StreamingEnabled와 호환되도록 LocalScript를 변경해야 합니다. 예를 들어 Workspace의 인스턴스를 참조하려면 :WaitForChild() 함수를 사용해야 합니다. 때로는 파트가 근처에 있지 않으면 로드되지 않을 수 있기 때문에 :WaitForChild() 함수를 사용할 수 없는 경우도 있습니다. 이때는 .ChildAdded 이벤트를 사용합니다. 뿐만 아니라, 플레이어를 맵 주변으로 순간이동시키고자 할 때 :RequestStreamAroundAsync()라는 함수를 사용했습니다.

이 장에서 StreamingEnabled만 다룬 건 아닙니다. 애니메이션 사용법도 배웠습니다. 애니메이션은 AnimationId 속성에 로블록스 애셋 ID를 지정합니다. 이 애니메이션은 로블록스 서버에 업로드됩니다. 애니메이션을 재생하려면 Animator 개체에서 애니메이션을 로드해야 합니다. Animator 개체에 애니메이션을 로드하면 AnimationTrack이라는 항목이 표시되는데, 여기에서 :Play()와 :Stop(), .Looped, .TimePosition 같은 다양한 기능과 속성을 사용합니다.

마지막으로 Animator 개체에서 재생되지 않는 애니메이션인 트윈도 배웠습니다. 천천히 열리는 성 문을 만드는 과정에서 TweenService, TweenInfo, 클라이언트 측 디바운스를 이용하여 트윈을 만드는 방법을 배웠고, 커스텀 양도 함수도 만들었습니다. Vector3 데이터 타입에 있는 .Magnitude 속성을 사용하여 거리도 계산했으며, 2차원 테이블과 똑같이 작동하는 3차원 테이블도 만들었습니다.

지금까지 로블록스 게임 프로그래밍에 대한 정말 많은 것을 배웠습니다. 다음 장에서는 그래픽 유저 인터페이스Graphical User Interface(GUI)에 대해 자세히 살펴보겠습니다. 4장에서 간략하게 GUI를 소개했습니다. 그러나 다음 장에서는 이 지식을 한 단계 더 발전시켜 보겠습니다. GUI를 직접 만드는 방법과 로블록스가 지원하는 모든 장치에 맞게 GUI를 확장하고 프로그래밍하는 방법을 배웁니다.

6장

장치별 사용자 인터페이스 구축

이 장에서는 그래픽 사용자 인터페이스(GUI)에 대해 배웁니다. 다양한 유형의 GUI와 각 GUI의 차이점, 사용되는 용도를 알아보고, GUI를 올바르게 구축해 모든 장치에 맞게 확장하는 방법을 배웁니다. 그런 다음 로블록스 스튜디오에 내장된 에뮬레이터를 사용해, 다양한 해상도에서 게임의 사용자 인터페이스user interface(UI)를 테스트하는 방법을 배웁니다. 마지막으로 색각이상자를 위한 접근성 지원과 GUI의 사용성 향상 등 GUI를 만들 때 염두에 두어야 할 세부 사항에 대해서도 알아봅니다.

이 장에서 다루는 내용

- GUI 만들기
- GUI 테스트
- UI 세부 개선

이 장을 마치면 여러 장치에서 사용할 수 있는 GUI를 올바르게 구축하는 방법을 알게 됩니다. 또한 로블록스가 제공하는 모든 주요 GUI 요소와 에뮬레이터를 사용하여 GUI를 테스트하는 방법, GUI를 한 단계 끌어올리는 데 도움이 되는 팁을 배우게 됩니다.

01 / 준비 사항

Luau로 프로그래밍을 시작하려면 인터넷을 사용해야 합니다. 이때 사용하는 장치에는 윈도우Windows 또는 맥Mac OS가 설치되어 있어야 합니다. 사용하는 컴퓨터에 다음 소프트웨어를 다운로드합니다.

- 로블록스 플레이어Roblox Player
- 로블록스 스튜디오Roblox Studio

이 책의 모든 코드 예제는 깃허브 및 영진닷컴 사이트에 업로드되어 있습니다. 이 장의 실습 영상은 https://bit.ly/3OygUlv에서 확인하세요.

02 / GUI 만들기

이 절에서는 GUI를 만드는 과정에 필요한 모든 것을 배웁니다. 4장에서 이미 팀 선택 실습을 진행하며 GUI를 도입했습니다. 그러나 GUI를 직접 만들지는 않았습니다. 그래서 이번에는 직접 UI를 만드는 방법을 배워 보겠습니다.

UI는 플레이어가 상호작용하는 요소입니다. 플레이어는 클라이언트에서 GUI와 직접 상호작용합니다. 이걸 기억해야 합니다. 많은 초보 프로그래머는 일반 스크립트를 사용해 UI를 제어하려고 합니다. 최악인 사실은 그게 어찌저찌 돌아는 간다는 점입니다. 매우 나쁜 습관으로 절대로 시도해서는 안됩니다.

GUI에는 여러 유형이 있습니다. 4장에서는 ScreenGui를 사용했습니다. 이 장에서는 ScreenGui 외에도 SurfaceGui와 BillboardGui에 대해 알아봅니다. 이제부터 Screen-Gui에 대해 자세히 살펴보겠습니다.

02.1 | ScreenGui 사용법

ScreenGui가 무엇인지 살펴보기 전에 GUI에 사용하는 서비스인 StarterGui부터 살펴봅시다. 이 서비스 안에 모든 ScreenGui를 만듭니다. GUI가 클라이언트에 있다고 배웠는데 왜 모든 GUI가 StarterGui에 있어야 할까요?

플레이어가 보는 ScreenGui는 StarterGui에 있는 ScreenGui가 아닙니다. StarterGui 내부에 ScreenGui를 생성하고 게임을 실행하면 ScreenGui가 여전히 StarterGui에 있음을 알 수 있습니다. ScreenGui가 계속 StarterGui에 있는 것은 맞지만 다른 위치로 복제됩니다. Players 서비스에서 Player 인스턴스를 열고 PlayerGui를 찾아보세요. PlayerGui에 방금 만든 ScreenGui와 로블록스가 자체적으로 삽입한 기본 ScreenGui가 있습니다. PlayerGui에 복제된 ScreenGui가 플레이어가 보는 UI입니다.

이제 StarterGui의 동작을 알았으니 ScreenGui를 살펴보겠습니다. 그렇게 복잡하지 않습니다. Workspace에 있던 파트를 모델에 저장했던 걸 기억하나요? ScreenGui는 모델과 비슷합니다. ScreenGui에는 다양한 GUI 요소가 담겨 있습니다. 이러한 GUI 요소는 버튼이나 텍스트, 이미지 같은 다양한 인스턴스가 될 수 있습니다. ScreenGui 자체는 아무것도 표시하지 않고, 이러한 GUI 요소를 모아 화면으로 보여 주는 겁니다.

StarterGui의 작동 방식과 ScreenGui가 무엇인지 알았으니 이제 다양한 GUI 요소를 살펴보겠습니다. 가장 기본적인 GUI 요소인 Frame부터 살펴보겠습니다.

Frame GUI 요소

앞에서 만든 ScreenGui에 Frame을 추가하여 그 역할을 알아봅시다. ScreenGui 위로 마우스를 가져가면 옆에 + 아이콘이 나타납니다. 이 아이콘을 클릭하면 메뉴가 열립니다. 이 메뉴에서 Frame이라는 항목을 찾아 클릭합니다.

그림 6-1 새 Frame 삽입

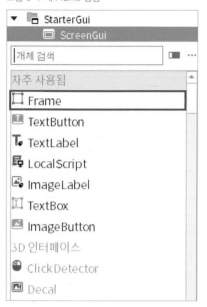

Frame을 삽입하면 왼쪽 상단 모서리에 100×100 픽셀 크기의 흰색 상자가 나타납니다. 이것이 프레임입니다. 속성 창을 열면 프레임에 있는 여러 속성이 나타납니다. 그 중 하나가 프레임의 색상을 변경하는 BackgroundColor3입니다. 이 속성은 Color3 데이터 타입으로, 3장에서 이 데이터 타입을 사용했습니다.

프레임의 색상을 변경하면 주위에 색상이 변경되지 않는 검은색 윤곽이 있습니다. 이는 테두리 픽셀border pixel입니다. BorderColor3 속성은 테두리 색상을 변경합니다. 대부분의 개발자는 테두리를 좋아하지 않습니다. 고맙게도 BorderSizePixel 값을 0으로 설정하면 테두리의 크기가 0픽셀이 되어 테두리가 제거됩니다.

이제 프레임이 무엇인지, ScreenGui 내에서 어떻게 생성하는지 알았습니다. 이 외에도 프레임의 색상을 변경하는 방법과 테두리 픽셀을 배웠습니다. 이제부터 프레임의 크기와 위치를 지정하는 UDim2 데이터 타입을 살펴보겠습니다.

UDim2 데이터 타입

프레임의 크기를 변경하려면 Size 속성을 변경해야 합니다. 하지만 속성 값을 보면 값이 살짝 특이합니다. 프레임의 기본 값이 {0, 100}, {0, 100}인데, 이게 무슨 의미일까요? Size 속성의 값은 UDim2 데이터 타입입니다. UDim2 데이터 타입은 GUI로 작업할 때 사용합니다. Size를 보면 중괄호({})로 둘러싸인 숫자 두 개가 보이고, 쉼표와 중괄호에 둘러싸인 숫자 두 개가 더 보입니다. 이는 UDim2 데이터 타입이 UDim 데이터 타입 두 개로 구성되기 때문입니다. 여기서 UDim 데이터 타입은 {0, 100}입니다.

UDim2 데이터 타입은 UDim 데이터 타입 두 개의 조합입니다. 하지만 두 숫자가 무엇을 의미하는지는 여전히 모르겠습니다. 속성 창에서 Size와 Position 속성을 보면 질문에 대한 답을 얻을 수 있습니다. 다음 스크린샷을 보겠습니다.

그림 6-2 프레임 속성 창의 Size 속성에 표시된 UDim2

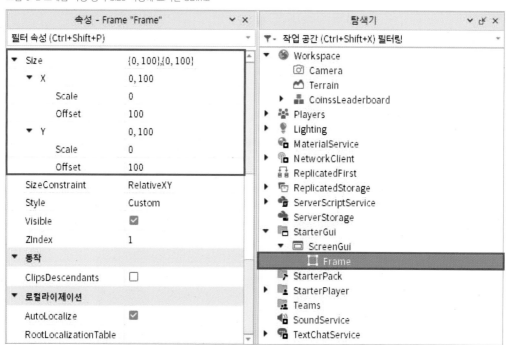

속성 창에서 Size 속성을 열면 X와 Y가 나타납니다. 두 UDim 데이터 타입의 이름입니다. Size 속성은 UDim2 데이터 타입인 반면 X와 Y는 모두 UDim 데이터 타입입니다. X와 Y의 UDim 데이터 타입은 첫 번째 숫자가 Scale 값이고 두 번째 숫자가 Offset 값입니다.

대부분의 초보 개발자는 Scale(배율)과 Offset(오프셋)의 차이를 모릅니다. 이로 인해 이상한 GUI가 생성되곤 하죠. 다음은 두 속성의 정의와 사용 예제입니다.

- Scale은 플레이어 화면에서 사용할 일정 비율을 지정합니다. Scale 속성은 0과 1 사이의 숫자를 값으로 가집니다. 예를 들어 Scale 속성 값을 0.5로 지정하면 화면의 절반을 차지합니다.
- Offset은 일정량의 픽셀을 지정합니다. 화면 크기가 다르더라도 크기나 위치는 모든 플레이어에게 동일합니다. 따라서 Offset 속성을 잘못 사용하면 매우 이상한 GUI가 생성됩니다.

그런데 왜 Scale과 Offset 속성이 두 개나 있을까요? 두 속성 모두 UDim 데이터 타입 X와 Y를 갖습니다. 이름에서 알 수 있듯 X는 화면의 수평인 x축 방향의 값을 지정하고 Y는 화면의 수직인 y축 방향의 값을 지정합니다. UDim2 데이터 타입을 텍스트로 작성하면 {x축 배율, x축 오프셋}, {y축 배율, y축 오프셋}입니다.

아직 이런 속성이 혼란스럽기만 합니다. 직접 실험하며 이해해 봅시다. 프레임에 Size 값으로 {0, 500},{0, 500}을 지정합니다. 큰 사각형입니다. 사각형의 크기는 500×500픽셀입니다. 화면을 더 작게 만들어 볼까요? 로블록스 스튜디오의 창 크기를 조정해 보세요. 다음 스크린샷에서 볼 수 있듯이 로블록스 스튜디오 창을 아무리 작게 만들어도 사각형은 같은 크기로 유지됩니다.

그림 6-3 프레임에 오프셋이 미치는 영향

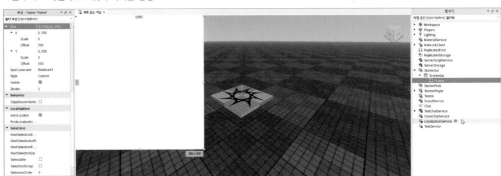

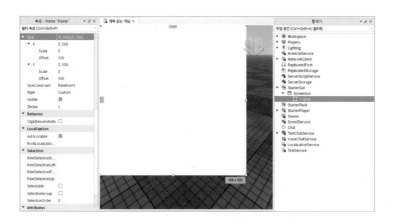

[그림 6-3]에서 볼 수 있듯 프레임은 어떤 경우에도 크기가 동일합니다. 이것이 Offset이
가진 효과입니다. 이를 Scale과 비교해 보겠습니다. 프레임의 Size를 {0.5, 0},{0.5, 0}
으로 변경하면 프레임이 항상 화면 너비와 높이의 절반을 차지합니다. 다음 스크린샷에서
볼 수 있듯이 로블록스 스튜디오를 아무리 작게 만들더라도 이 배율은 계속 유지됩니다.

그림 6-4 프레임에 배율이 미치는 영향

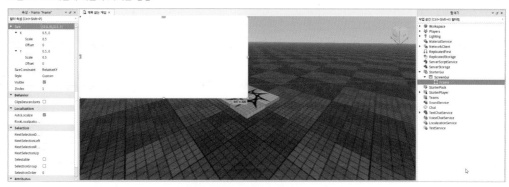

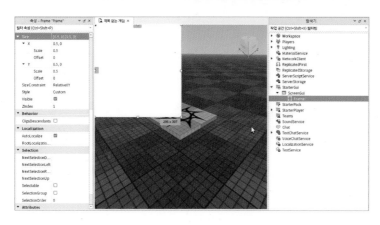

[그림 6-4]에서 위쪽 프레임의 AbsoluteSize 값은 647×306픽셀입니다. 정확히 화면의 절반입니다. 그러나 로블록스 스튜디오의 크기를 더 작게 만들면 프레임이 화면의 절반을 차지해야 하므로 AbsoluteSize 값이 295×306픽셀로 변경됩니다.

UDim2 및 UDim 데이터 타입을 알아보았고, Scale 속성과 Offset 속성의 차이점도 배웠습니다. 이제 프레임을 배치하는 방법과 AnchorPoint 속성을 사용하는 방법을 알아보겠습니다.

AnchorPoint 속성

프레임을 화면 중앙에 배치하려 합니다. 먼저 프레임의 Size 속성을 {0.25, 0},{0.25, 0}으로 지정합니다. 지금 프로그래밍을 진행 중인 모니터의 해상도가 HD 화질의 기본값인 1920x1080 픽셀이라고 가정합시다. 중앙의 위치값을 사용하려면 두 수를 절반으로 나눕니다. 이렇게 화면 중심의 픽셀값을 구할 수 있습니다. 다시 한 번 말하지만 모든 사람이 같은 해상도를 사용하지는 않습니다. 그러므로 Offset 대신 Scale을 사용해야 합니다. Scale은 어떤 화면에서나 항상 중앙에 프레임을 배치합니다.

Scale을 사용할 때 화면 중앙의 값은 {0.5, 0},{0.5, 0}입니다. 프레임의 Position에 UDim2 데이터 타입 값으로 {0.5, 0},{0.5, 0}을 넣고 어떻게 되는지 확인해 보세요. 프레임의 왼쪽 상단 부분이 정확히 중앙에 놓입니다. 하지만 지금은 왼쪽 상단 부분을 중앙에 두는 게 아니라 프레임 요소 전체를 중앙에 배치하려고 합니다. 이를 위해 약간의 계산을 해 보겠습니다.

프레임의 위치는 왼쪽 상단 부분을 기준으로 측정합니다. 그러므로 화면 중앙에 프레임을 배치하려면 현재 위치에서 크기의 절반만큼 빼야 합니다. 따라서 프레임의 새 위치는 {0.375, 0},{0.375, 0}입니다. 0.5-(0.25/2)가 0.375이므로 값을 제대로 구했습니다. 프레임의 위치를 이 위치로 변경하면 프레임은 중앙에 놓입니다.

그런데 직접 이렇게 계산하는 건 너무 비효율적입니다. 프레임의 크기를 변경하려면 또 위치를 변경해야 하죠. 5장에서 파트의 피벗을 소개했습니다. GUI 요소도 이와 비슷합니다. GUI 요소에는 피벗 대신 AnchorPoint가 있습니다. GUI 요소의 AnchorPoint는 기본적으로 왼쪽 상단 모서리에 있습니다. 이는 AnchorPoint의 값이 {0, 0}이란 뜻입니다.

AnchorPoint 속성에는 Vector2 데이터 타입의 값이 지정됩니다. Vector2 데이터 타입에는 X와 Y라는 두 숫자가 있습니다. AnchorPoint의 두 숫자는 모두 0과 1 사이의 값을 갖습니다. 두 숫자가 모두 0이면 AnchorPoint는 왼쪽 상단 모서리가 되지만, 두 숫자를 모두 1로 변경하면 AnchorPoint는 오른쪽 하단 모서리로 변합니다. 즉, AnchorPoint를 {0.5, 0.5}로 설정하면 쉽게 프레임을 중앙에 배치할 수 있습니다. 이제 위치를 다시 {0.5, 0},{0.5, 0}로 변경하겠습니다. 이제 프레임 크기를 조정할 때마다 위치값을 업데이트하지 않아도 프레임이 알아서 중앙에 놓입니다.

여기서는 AnchorPoint를 사용하여 프레임을 배치하는 방법을 알아보았고, 그 앞에서는 UDim2 데이터 타입을 사용하여 프레임 크기를 조정하는 방법도 배웠습니다. 이제 다음 GUI 요소인 TextLabel로 넘어가겠습니다.

TextLabel GUI 요소

이름 그대로 TextLabel은 게임에 텍스트를 표시합니다. 보통 TextLabel은 Frame의 자식입니다. Frame에 TextLabel을 삽입하고 속성 창을 보면 많은 속성이 나타납니다. 이미 Frame GUI 요소에서 이러한 속성 중 일부를 보았습니다. 유사 속성에는 Anchor-Point, Size, Position, BackgroundColor 등이 있습니다.

하지만 TextLabel에만 고유하게 존재하는 속성도 있습니다. 그 중 하나가 Text입니다. 이름에서 알 수 있듯 TextLabel에 표시할 텍스트입니다. Font라는 속성은 텍스트의 모양을 변경하고, TextSize 속성은 텍스트의 크기를 변경합니다. 편리한 속성이니 알아 두길 바랍니다. 이 외에도 RichText라는 속성도 있습니다. RichText를 활성화하면 Text 속성에서 HTML 태그를 사용할 수 있습니다. 예를 들어 특정 단어나 구문을 굵게 표시하고 싶다면 Text 속성에 '다음 단어는 굵게 표시됩니다.'와 같이 입력하면 됩니다.

TextScaled라는 매력적인 속성도 있습니다. 이 속성은 TextSize 속성을 재정의해 텍스트를 최대한 크게 만듭니다. 텍스트를 TextLabel 크기에 맞춰 자동으로 크기를 조절하는 것이죠.

TextLabel이 가진 몇 가지 속성인 Text와 TextSize, RichText, TextScaled 등을 살펴보았습니다. 이제 TextScaled 속성을 더 잘 제어하는 방법을 알아봅시다.

UITextSizeConstraint

앞에서 TextScaled 속성이 TextSize 속성을 재정의한다고 이야기했습니다. 안타깝지만 이 속성을 사용하면 더 이상 텍스트의 크기를 제어할 수 없게 됩니다. 그렇기 때문에 텍스트 크기를 자동으로 조정하려는 때에만 사용해야 합니다. 그럼에도 불구하고 이 속성을 사용하면서 텍스트 크기를 어느 정도 조정하고 싶을 수 있습니다. 이럴 때는 TextLabel에 UITextSizeConstraint를 추가하면 일부를 다시 제어할 수 있습니다.

UITextSizeConstraint를 추가하면 속성 창에서 두 가지 속성이 나타납니다. 첫 번째는 텍스트의 최소 크기를 설정하는 MinTextSize 속성으로, TextScaled 속성이 켜져 있어도 작동합니다. 다른 속성은 MinTextSize 속성과 정확히 반대되는 MaxTextSize로, 최대 텍스트 크기를 설정합니다.

방금 언급했듯 UITextSizeConstraint는 TextScaled를 사용할 때도 작동하므로 텍스트 크기를 다시 조정할 수 있게 됩니다. 이제 다음 GUI 요소인 TextBox로 넘어가겠습니다.

TextBox GUI 요소

TextBox 요소를 사용하면 게임 플레이어가 텍스트를 입력할 수 있게 됩니다. TextBox에 플레이어가 텍스트를 입력하면 이 텍스트를 읽고 이를 이용할 수 있습니다. TextBox 요소는 많은 곳에서 사용됩니다. 채팅에 메시지를 입력하는 데에도 TextBox를 사용합니다. 4장에서 텍스트를 필터링할 때도 TextBox를 사용했습니다. 그때는 직접 텍스트를 입력하며 필터링을 확인했습니다. 이번에는 TextBox에서 데이터를 읽는 방법을 살펴보겠습니다.

```lua
local textBox = ...

function textboxChanged()
    print(textBox.Text)
end

textBox.FocusLost:Connect(textboxChanged)
```

코드를 살펴보겠습니다. 스크립트의 맨 위에는 **textBox**라는 변수가 있습니다. 이 변수는 TextBox에 대한 GUI에서 TextBox를 배치하는 위치에 따른 상대 참조를 저장합니다. 스크립트 하단에서는 .FocusLost 이벤트를 감지합니다. 한 플레이어가 TextBox에 텍스트를 입력하면 이 TextBox에 포커스가 생기고, TextBox에 입력을 마치면 포커스는 사라집니다. 플레이어가 입력을 마치면 .FocusLost 이벤트가 시작되고, 이 이벤트가 실행되면 **textboxChanged()** 함수를 시작합니다. **textboxChanged()** 함수는 단순히 TextBox의 **.Text** 속성을 출력하는 함수로, 플레이어가 입력한 내용을 출력합니다.

이 외에도 살펴볼 만한 흥미로운 속성이 있습니다. 바로 PlaceholderText입니다. 이 속성을 사용하면 Text 속성이 비어 있을 때 텍스트를 표시하여, 주어진 입력이 없을 때 플레이어를 안내할 수 있습니다. 예를 들어, 커스텀 채팅 GUI를 만들면 플레이어가 메시지를 입력할 수 있는 TextBox가 있는데, 이때 PlaceholderText 속성을 사용해 '여기에 메시지를 입력하십시오.'와 같이 입력할 수 있습니다.

Text 속성을 사용해도 메시지를 표시할 수 있습니다. 하지만 Text 속성을 사용하면 입력창이 비어 있지만, PlaceholderText 속성을 사용하면 '여기에 메시지를 입력하십시오.'라는 메시지가 입력창에 남습니다. PlaceholderText 속성을 사용할 때는 Text 속성의 길이가 0보다 큰지 확인하여 플레이어가 입력한 텍스트가 0자라면 전송되지 못하도록 막고 계속 안내 메시지를 표시할 수 있습니다.

이제 TextBox GUI 요소가 어떻게 작동하는지 알게 되었고, 플레이어가 TextBox에 입력한 데이터를 읽는 방법을 배웠습니다. 또한 .FocusLost 이벤트가 작동하는 방법도 살펴보았으며, 게임 플레이어가 GUI를 더 쉽게 탐색하도록 돕는 PlaceholderText 속성도 배웠습니다. 이제 거의 모든 GUI 요소가 가진 속성인 ZIndex를 알아보겠습니다.

ZIndex 속성

GUI 요소를 직접 만져 봤다면 몇몇 요소에서 ZIndex 속성을 봤을 겁니다. 어쩌면 직접 숫자를 변경해서 어떤 역할을 하는지 파악하려 했을 수도 있습니다. 숫자가 바뀌며 효과가 나타났을 수도, 나타나지 않았을 수도 있습니다. 이번에는 이 속성이 무슨 일을 하고, 언제 사용하는지 설명합니다.

GUI 요소의 x축과 y축을 변경하는 UDim2 데이터 타입을 기억하나요? 우리가 플레이하는 화면은 평평하기 때문에 GUI는 2차원(2D)입니다. 그러나 여러 GUI 요소를 겹칠 수 있습니다. 이때 ZIndex 속성을 사용하여 어떤 GUI 요소가 다른 GUI 요소 위에 보이게 할지 결정할 수 있습니다. ZIndex 값이 높을수록 특정 GUI 요소의 우선순위가 높아집니다.

아직 이해하기가 어렵군요. ScreenGui에는 ZIndexBehavior라는 속성이 있습니다. 이 속성은 두 값 중 하나를 가질 수 있습니다. 두 선택지의 차이를 설명하기 위해 다음 스크린샷에 표시된 GUI 구조를 사용하겠습니다.

그림 6-5 GUI 구조

기본적으로 TextBox는 Frame 위에 표시됩니다. 하지만 이를 바꿀 수도 있습니다. 유일하게 해야 할 일은 ScreenGui의 ZIndexBehavior 속성을 Global로 설정하는 것입니다. 그다음 TextBox의 ZIndex 값을 1로 유지하고, Frame의 ZIndex 값을 2로 변경합니다. 이런 변경이 유효한 이유는 ZIndexBehavior가 Global로 설정되면 TextBox가 Frame의 자식인지 아닌지 신경쓰지 않기 때문입니다. 하지만 다른 ZIndexBehavior 옵션인 Sibling은 이런 관계를 중요하게 생각합니다. Frame의 ZIndex 속성을 무엇으로 설정하든 Sibling 동작을 사용하면 TextBox는 항상 Frame의 위에 위치합니다. 임의로 겹치는 GUI 요소가 나타난다면 ZIndex 값을 변경하면 됩니다.

ZIndex가 무엇인지 배웠고 ZIndexBehaviors 속성이 갖는 두 가지 값도 배웠습니다. 이제 TextButton을 살펴봐야 합니다.

TextButton GUI 요소

버튼은 매우 중요합니다. 우리는 사용자가 특정 작업을 수행하고자 할 때 이를 기록하려고 합니다. 로블록스에는 버튼과 TextLabel이 하나로 합쳐진 TextButton이라는 GUI 요소가 있습니다. TextButton 요소에는 `.MouseButton1Down`부터 `.MouseButton1Click`,

.MouseButton1Up, .MouseEnter와 같은 이벤트가 있으며, Text 및 Font처럼 TextLabel 요소에 속한 속성도 있습니다.

TextButton 요소를 직접 만져 볼 수 있도록, 버튼을 사용하여 GUI가 수행하는 작업을 변경하는 간단한 피드백 제공 GUI를 만들어 보겠습니다. 이 작업을 수행하기 전에 다음 단계를 따라 직접 GUI를 직접 만들어 보세요.

❶ StarterGui에서 새 ScreenGui를 만듭니다.

❷ ScreenGui 내부에 Frame을 생성하고 이름을 GivingFeedback으로 지정합니다. 이 프레임에 대해 다음과 같이 속성을 설정합니다.

   A. AnchorPoint: {0.5, 0.5}

   B. Position: {0.5, 0},{0.5, 0}

   C. Size: {0.35, 50},{0.3, 25}

   D. BorderSizePixel: 0

   E. BackgroundColor3: 원하는 색을 입력하세요.

❸ GivingFeedback 프레임 안에 다음 속성을 가진 TextLabel을 입력합니다.

   A. BorderSizePixel: 0

   B. Position: {0, 0},{0, 5}

   C. Size: {1, 0},{0.2, -5}

   D. Font: 원하는 글꼴을 선택하세요.

   E. Text: Feedback

   F. TextScaled: True

❹ TextLabel 외에도 다음 속성을 사용하여 GivingFeedback 프레임에 TextBox를 삽입합니다.

   A. AnchorPoint: {0.5, 0.5}

   B. BorderSizePixel: 3

   C. Position: {0.5, 0},{0.5, 0}

   D. Size: {0.8, 0},{0.4, 0}

   E. PlaceholderText: [여기에 피드백을 입력하세요]

   F. TextTruncate: AtEnd

G. TextWrapped: **true**

H. TextYAlignment: **Top**

❺ GivingFeedback 프레임 안에 다음 속성을 가진 TextButton을 입력합니다.

A. AnchorPoint: **{0.5, 1}**

B. Name: **SubmitFeedback**

C. Position: **{0.5, 0},{1, -5}**

D. Size: **{0.5, 0},{0.2, -5}**

E. Font: 원하는 폰트명을 입력하세요.

F. Text: 피드백 제출

G. TextScaled: **true**

그림 6-6 GivingFeedback GUI

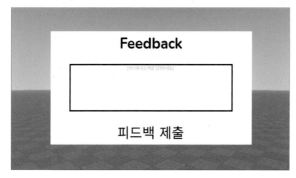

축하합니다! 이제 첫 번째 GUI 프레임을 밑바닥부터 만들어 봤습니다. [그림 6-6]에서 결과를 볼 수 있습니다. 프레임의 구성을 자유롭게 변경해 보세요. 대신 GUI 요소의 이름이나 GUI 요소의 부모 구조는 변경되지 않도록 조심하세요.

이제 피드백용 프레임이 생겼습니다. 잘 만들었습니다! 사용자가 피드백을 제출할 때 피드백이 등록되었다는 결과가 표시되면 더 좋을 것 같습니다. 이 프레임도 만들어 봅시다.

먼저 GivingFeedback 프레임의 Visible 속성을 **false**로 변경합니다. 이러면 두 번째 프레임을 다른 프레임 요소와 겹치지 않게 만들 수 있습니다. 이 작업을 마치면 다음 단계를 따라 두 번째 Frame을 만드십시오.

① 이전에 만든 ScreenGui 내부에 Frame을 생성하고 이름을 **FeedbackReceived**로 지정합니다. 이 프레임에 대해 다음 속성을 설정합니다.

    A. AnchorPoint: **{0.5, 0.5}**

    B. Position: **{0.5, 0},{0.5, 0}**

    C. Size: **{0.2, 50},{0.2, 25}**

    D. BackgroundColor3: 원하는 색을 입력하세요.

② GivingFeedback 프레임에서 만든 TextLabel을 복사하여 FeedbackReceived 프레임에 삽입합니다. 속성을 변경할 필요는 없습니다.

③ 다음 속성을 사용하여 FeedbackReceived 프레임에 새 TextLabel을 만듭니다.

    A. AnchorPoint: **{0.5, 0.5}**

    B. Position: **{0.5, 0},{0.5, 0}**

    C. Size: **{0.8, 0},{0.5, 0}**

    D. Font: 원하는 글꼴을 입력하세요.

    E. Text: 피드백을 보내 주셔서 감사합니다. 당신의 피드백이 접수되었습니다.

    F. TextScaled: **true**

④ 마지막으로 FeedbackReceived 프레임에 추가로 TextButton을 생성합니다. 이 버튼을 **Back**이라고 부르겠습니다. Back 버튼에 다음 속성을 지정합니다.

    A. AnchorPoint: **{0.5, 1}**

    B. Position: **{0.5, 0},{1, -5}**

    C. Size: **{0.5, 0},{0.2, -5}**

    D. Font: 원하는 글꼴을 입력하세요.

    E. Text: Back

    F. TextScaled: **true**

그림 6-7 FeedbackReceived GUI

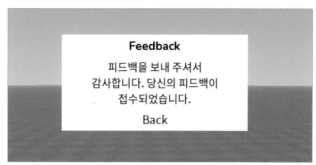

축하합니다! 이제 두 번째 프레임을 만들었습니다. [그림 6-7]에서 결과를 볼 수 있습니다. 다시 한번 말하지만, 구조나 이름을 변경하지 않는 한 원하는 대로 자유롭게 변경해도 좋습니다. 물론 이런 프레임은 상호작용할 때 아무 작업도 수행하지 않습니다. 피드백을 받은 후 프레임을 변경하려면 스크립트로 작성해야 합니다. ScreenGui에 LocalScript를 생성합니다. 다음 코드를 살펴보겠습니다.

```lua
local screenGui = script.Parent
local givingFeedback = screenGui:WaitForChild("GivingFeedback")
local feedbackReceived = screenGui:WaitForChild("FeedbackReceived")

function setup()
    givingFeedback.Visible = true
    feedbackReceived.Visible = false
end

function submitFeedback()
    -- 사용자 입력
    local textbox = givingFeedback:WaitForChild("TextBox")
    local input = textbox.Text

    -- 사용자가 작성한 피드백 확인
    if string.len(input) >= 3 then
        -- 피드백 작성 화면 표시
```

```
        givingFeedback.Visible = false
        feedbackReceived.Visible = true


        -- 피드백 텍스트 재설정
        textbox.Text = ""
    else
        warn("Cannot submit feedback less than 3 characters!")
    end
end

function submitMoreFeedback()
    givingFeedback.Visible = true
    feedbackReceived.Visible = false
end

setup()
givingFeedback:WaitForChild("SubmitFeedback").MouseButton1Click:Connect
(submitFeedback)
feedbackReceived:WaitForChild("Back").MouseButton1Click:Connect
(submitMoreFeedback)
```

코드를 살펴보겠습니다. setup() 함수는 두 프레임의 가시성(visible)을 간단히 변경해 GivingFeedback 프레임만 표시되도록 합니다. 이 프레임만 표시되도록 하는 건 당연합니다. 피드백을 제출할 기회도 주지 않고 고맙다고는 할 수 없기 때문입니다.

submitFeedback() 함수는 GivingFeedback 프레임의 SubmitFeedback 버튼을 눌러 .MouseButton1Click 이벤트가 발생하면 실행됩니다. 이 함수는 .Text 속성에서 사용자의 입력을 읽습니다. 그런 다음 string.len(input) 함수가 3 이상의 값을 반환하는지 확인하는 if문이 있습니다. string.len() 함수는 문자열의 문자 수를 반환합니다. 따라서 사용자는 3자 이상의 피드백을 제공해야 합니다. 사용자가 3자 이상의 텍스트를 입력하면 FeedbackReceived 프레임이 표시되고 TextBox에 빈 문자열이 설정됩니다.

마지막으로 submitMoreFeedback() 함수입니다. FeedbackReceived 프레임에서 Back 버튼을 클릭하면 실행되는 함수입니다. 플레이어가 이 버튼을 누르면 FeedbackReceived 프레임이 사라지고 다시 GivingFeedback 프레임이 표시됩니다.

사실 현재 코드는 실제로 플레이어의 피드백을 기록하지 않습니다. 현재의 범위를 벗어난 영역이기 때문입니다. 이 시스템을 실제로 구현하려면 Webhook을 사용하거나 데이터 저장소data store를 사용해야 합니다. 데이터 저장소에 대해서는 8장에서 살펴보겠습니다.

이 외에도 warn() 함수를 사용하여 피드백이 최소 3자 이상이어야 함을 플레이어에게 알립니다. 어떤 플레이어도 이 메시지를 확인하기 위해 개발자 콘솔을 열어 보지는 않을 겁니다. 게임의 플레이어가 취하는 행동에 따라 각자 피드백을 주는 요소를 GUI에 만들 것을 적극 권장합니다.

이제 TextButton 요소가 어떻게 작동하는지 살펴보았습니다. 이 외에도 Frame과 Text-Label, TextBox, TextButton 요소를 사용해 GUI를 만드는 연습을 했습니다. Local-Script를 사용하여 Frame을 전환하는 방법도 살펴봤습니다. 이제 두 가지 GUI 요소를 더 알아보겠습니다.

ImageLabel 및 ImageButton

지금까지 텍스트 관련 GUI 요소를 많이 봤지만 이미지보다 좋은 게 있을까요? 대부분의 플레이어는 이미지에만 집중하고 텍스트는 최대한 피하려 합니다. 이러한 이유로, 명확한 이미지를 사용하여 플레이어에게 안내하는 것이 좋습니다. 이렇게 하면 사용자 경험UX이 크게 향상됩니다.

ImageLabel부터 시작해 보죠. ImageLabel 요소에는 Image라는 고유 속성이 있습니다. 이 속성에 로블록스 애셋 식별자(애셋 ID)를 입력할 수 있습니다. 5장에서 애니메이션을 적용하는 데 로블록스 에셋 ID를 사용했습니다. 이미지도 로블록스 애셋 ID를 사용합니다. 이미지는 https://www.roblox.com/develop?View=13에 업로드합니다. 업로드되면 애니메이션 ID를 가져온 것과 유사한 방법으로 URL에서 ID를 가져와서 ImageLabel과 ImageButton의 Image 속성에 ID를 배치합니다.

그런데 ImageLabel과 ImageButton에는 어떤 차이가 있을까요? ImageLabel은 이

미지를 표시해 GUI를 더 보기 좋게 만듭니다. ImageButton도 같은 작업을 수행하지만 TextButton과 유사하게 **.MouseButton1Click** 같은 이벤트를 갖고 있습니다.

비교해 보자면, ImageLabel은 TextLabel과 동일합니다. 텍스트나 이미지를 표시하지만 플레이어가 상호작용할 수 없습니다. 이 요소는 정적입니다. 반면에 ImageButton은 TextButton과 비슷합니다. 둘 다 버튼입니다. ImageButton은 이미지를 표시하는 반면 TextButton은 텍스트를 표시합니다.

많은 초보 개발자가 빈 TextButton을 만들고 그 안에 ImageLabel을 배치하곤 합니다. 하지만 ImageButton을 사용하고 내부에 TextLabel을 추가하는 편이 훨씬 좋습니다.

> **TIP** 이미지에는 텍스트가 들어가지 않도록 합니다. 이미지 위에 텍스트를 표시하려면 TextLabel이나 TextButton을 사용하세요. 이미지에 텍스트를 두면 배율이 이상해질 수 있습니다. 뿐만 아니라 게임을 다른 언어로 번역하기도 어려워집니다.

지금까지 ScreenGui에 관한 많은 것을 배웠습니다. ScreenGui는 StarterGui 내부에 있습니다. ScreenGui에는 Frame, TextLabel, ImageLabel, TextButton, TextBox, ImageButton 같은 다양한 GUI 요소가 들어갑니다. 이러한 GUI 요소를 배우면서 그 속성과 고유한 데이터 타입도 배웠습니다. 예를 들어, Size와 Position은 UDim2라는 데이터 타입을 사용하는 X와 Y로 구성되며, X와 Y는 Scale과 Offset이라는 하위 속성을 갖습니다. GUI 요소는 서로 겹치기도 하기 때문에, ZIndex라는 또 다른 속성을 사용하면 GUI 요소가 표시되는 우선순위를 지정할 수 있습니다.

이 장의 도입부에서 언급했듯이 GUI 요소는 아주 많습니다. 지금까지 ScreenGui를 보았으니, 이어서 SurfaceGui를 살펴보겠습니다. SurfaceGui란 무엇이고 어디에 쓰이는지 알아봅시다.

02.2 ı SurfaceGui 사용법

때때로 ScreenGui가 아닌 다른 것을 사용해 무언가를 표시하고 싶을 때가 있습니다. 예를 들어, 플레이어를 특정 방향으로 안내하는 표지판을 만든다고 합시다. 이때 데칼decal을 사용할 수 있습니다. 데칼은 GUI에서 사용하는 ImageLabel과 유사합니다. 다만 데칼은

BasePart에 표시되는 반면 ImageLabel은 GUI에서 사용된다는 차이가 있습니다. 표지판에 데칼을 사용한다면 여기 적힌 텍스트는 번역하기 어려워집니다. 게다가 표지판의 내용을 변경하는 건 훨씬 더 어렵습니다. 이러한 시나리오에는 데칼을 사용하는 걸 권장하지 않습니다. 텍스트를 포함한 데칼은 절대 사용해선 안 됩니다.

대안은 SurfaceGui입니다. SurfaceGui는 기본적으로 ScreenGui와 유사한 GUI 요소로 구성된 모델입니다. 그러나 차이점은 SurfaceGui가 StarterGui가 아닌 BasePart에 있다는 것입니다. 따라서 간단한 파트를 만들고 여기에 SurfaceGui를 삽입해 보겠습니다. 다음 스크린샷은 파트에 SurfaceGui를 추가한 모습입니다. SurfaceGui를 추가하면 ScreenGui를 추가할 때와 비슷하게 아무것도 나오지 않습니다.

그림 6-8 파트 내에 생성한 SurfaceGui

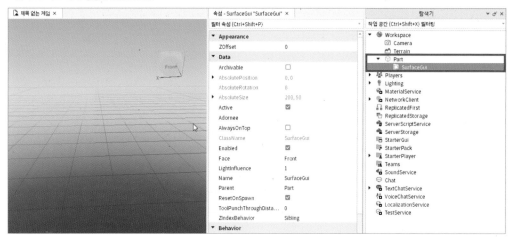

이는 SurfaceGui가 무언가를 표시할 때 GUI 요소를 사용하기 때문입니다. 그러니 기본 상태로는 아무것도 나오지 않습니다.

[그림 6-8]에서 Face(면)라는 독특한 속성이 보입니다. SurfaceGui는 BasePart에 표시됩니다. 이러한 BasePart는 여러 '면'을 갖습니다. Face 속성은 BasePart의 6가지 면 중 어느 면에 SurfaceGui를 표시할지 선택합니다.

언급했듯이 SurfaceGui는 GUI 요소를 사용하며, 앞서 배운 모든 GUI 요소를 사용할 수 있습니다. SurfaceGui를 사용하는 예시 중 하나가 리더보드입니다. 이어서 SurfaceGui를 사용해 직접 리더보드를 만들어 보겠습니다.

SurfaceGui로 리더보드 만들기

이번에는 게임에서 가장 많은 동전을 가진 플레이어를 표시하는 순위표를 만들겠습니다. 다음 스크린샷은 이번에 SurfaceGui로 만들 결과물입니다.

그림 6-9 직접 만들 리더보드

먼저 보드 역할을 할 파트가 필요합니다. 파트의 속성을 원하는 대로 변경합니다. 그다음, 파트에 SurfaceGui를 삽입하고, SurfaceGui의 Face 속성을 올바르게 설정합니다.

[그림 6-9]를 보면 이 SurfaceGui의 핵심을 두 가지로 나눌 수 있습니다. SurfaceGui의 상단에는 리더보드의 이름과 각 열의 이름이 나타납니다. 하단에는 모든 플레이어의 순위가 나타납니다. 상단과 하단에 모두 Frame을 만들어야 합니다. 다음 단계를 따라 하세요.

❶ SurfaceGui에 다음 속성을 사용하는 새 Frame을 만듭니다.

   A. Name: `TopSection`

   B. Size: `{1, 0},{0.2, 0}`

   C. Position: `{0, 0},{0, 0}`

❷ SurfaceGui에 다음 속성을 사용하는 두 번째 Frame을 만듭니다.

   A. Name: `PlayersSection`

   B. Size: `{1, 0},{0.8, 0}`

   C. Position: `{0, 0},{0.2, 0}`

이렇게 하면 다음과 같은 결과가 나타납니다.

그림 6-10 Frame이 생성된 모습

이제 다음과 같이 TopSection Frame의 내부를 만들겠습니다.

❶ 먼저 리더보드의 맨 위에 제목을 표시하는 TextLabel을 만듭니다.

❷ 그다음 TextLabel 요소를 세 개 더 만들어 각 열의 이름을 입력합니다.

Rank와 Coins 열은 너비를 전체 너비의 30%로 지정하고, Name 열은 너비를 전체 너비의 40%로 지정합니다. 이 작업은 GUI 요소를 다루는 좋은 연습이 될 것입니다. 작업이 완료된 TopSection Frame의 모습은 다음과 같습니다.

그림 6-11 TopSection의 모습

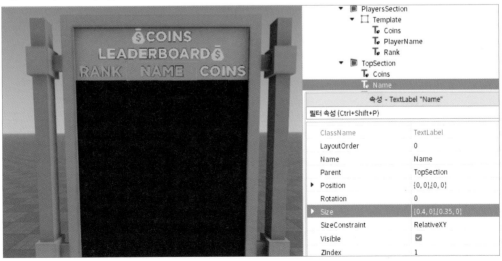

이어서 PlayersSection Frame을 만들어 보겠습니다. 이 Frame은 플레이어 데이터로 행이 구성됩니다. 먼저 리더보드에 들어갈 행을 만들겠습니다. 이 행은 한 번 만들면 여러 번 복사할 수 있습니다. 다음 단계를 따라 첫 번째 행을 만드세요.

❶ **Template**이라는 Frame을 만들고 다음 속성을 지정합니다.

   A. Position: {0, 0},{0, 0}

   B. Size: {1, 0},{0, 150}

❷ **Template** Frame 안에 앞서 만든 열 이름과 유사한 TextLabel 요소 3개를 만듭니다. 이번에는 열 이름 대신 예시 텍스트를 값으로 입력합니다. Frame의 Size를 {1, 0},{0, 150}으로 맞춥니다.

그럼 다음과 같은 화면이 만들어집니다.

그림 6-12 예시 값을 채운 리더보드

첫 번째 SurfaceGui 리더보드가 생겼습니다. 축하합니다! 그런데 이 리더보드에는 가장 많은 코인을 보유한 플레이어의 정보가 나오지 않습니다. 당연합니다. 지금은 리더보드의 UI만 만들고 있기 때문입니다. 실제 순위표를 만드는 데 사용할 OrderedDataStore는 8장에서 살펴보겠습니다.

지금까지 첫 번째 SurfaceGui를 만드는 방법을 배웠고 GUI 요소를 만드는 연습을 했습니다. 이어서 UIListLayout을 알아보겠습니다.

UIListLayout 사용

앞에서 리더보드의 틀을 만들었고 플레이어 데이터를 표시할 Template Frame을 만들었습니다. 플레이어 데이터를 한 줄만 표시하고 싶지는 않겠죠. 상위 10위 또는 상위 20위까지 나열하고 싶을 겁니다. 하지만 Template Frame을 복제할 때마다 위치를 변경해야 합니다. 너무 할 일이 많습니다. 다행히 이를 해결할 방법이 있습니다. UIListLayout을 사용하면 GUI 요소를 자동으로 배치할 수 있습니다.

PlayerSection Frame에 UIListLayout을 추가하고 Template Frame을 복제하면 자동으로 배치되기 시작합니다. UIListLayout에서 Padding 속성을 변경하면 Template 요소 사이에 간격을 추가할 수 있습니다.

그림 6-13 Template Frame을 자동으로 배치하는 UIListLayout

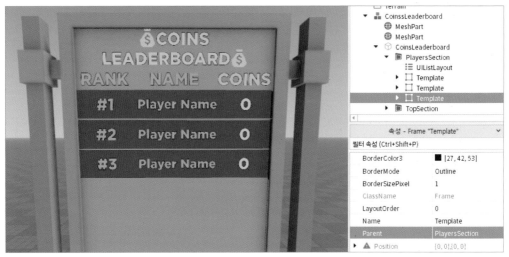

[그림 6-13]에서는 10픽셀의 패딩을 사용했습니다. Padding 속성은 목록의 모든 GUI 요소 간에 10픽셀의 간격을 둔다는 의미입니다.

다음으로 LayoutOrder와 SortOrder 속성을 살펴보겠습니다.

LayoutOrder와 SortOrder

앞서 UIListLayout으로 GUI 요소를 배치해 목록을 생성했습니다. 그런데 GUI 요소는 어떤 순서로 표시될까요? UIListLayout의 SortOrder라는 속성에는 LayoutOrder와 Name이라는 두 가지 옵션이 있습니다. 이름에서 알 수 있듯 Name 옵션은 모든 GUI 요소를 이름을 기준으로 정렬합니다. 이는 알파벳순 정렬입니다.

다른 SortOrder 옵션은 LayoutOrder 속성을 기반으로 합니다. 모든 GUI 요소에는 LayoutOrder라는 속성이 있습니다. 숫자가 낮을수록 목록에서 더 높게 표시되죠. 이 SortOrder를 사용하면 LayoutOrder가 1인 GUI 요소가 LayoutOrder가 2인 GUI 요소보다 위에 표시됩니다. 앞서 말했듯 LayoutOrder가 기본값입니다. 만들었던 리더보드에서는 LayoutOrder를 순위와 똑같이 할당하는 편이 좋습니다. 이러면 플레이어 #4의 Template Frame에는 LayoutOrder가 4로 설정합니다.

이제 UIListLayout을 사용할 때 목록을 정렬하는 방법을 알았고, SortOrder 속성에 사용하는 두 가지 옵션인 Name과 LayoutOrder를 배웠습니다. 이제 다음 GUI 요소인 ScrollingFrame으로 넘어가겠습니다.

ScrollingFrame GUI 요소

SurfaceGui의 크기는 파트 크기에 비례합니다. 리더보드에 가장 많은 코인을 보유한 플레이어를 20위까지 나열하고 싶다고 해 봅시다. 현재 우리는 Frame을 사용하고 있습니다. Frame은 맨 아래까지 도달하면 아직 20행을 표시하지 않아도 크기 제한에 도달합니다. 문제로군요.

앞에서 다양한 GUI 요소를 보았지만, 한 가지 살펴보지 않은 요소가 있습니다. 바로 ScrollingFrame입니다. ScrollingFrame은 일반 Frame과 비슷하지만 데이터가 다 들어가지 않으면 스크롤바가 생긴다는 점에서 차이가 있습니다. 앞에서 생긴 문제를 해결할 완벽한 대안입니다.

NOTE ScrollingFrame은 ScreenGui와 BillboardGui에서도 사용할 수 있습니다.

Frame을 ScrollingFrame으로 변경합니다. 속성은 Frame에 지정한 값을 유지합니다. Template Frame을 몇 번 복제해 보면 파트에 다 들어가지 않아 여전히 '숨겨진' 상태로 유지되는 것을 확인할 수 있습니다. 하지만 아래로 스크롤하면 '숨겨진' 프레임이 나타납니다. ScrollingFrame의 마법입니다. 로블록스 스튜디오에서 카메라를 움직여야만 스크롤된다면, 게임을 플레이해 보세요. 게임 내에서는 ScrollingFrame을 훨씬 쉽게 제어할 수 있습니다.

이제 ScrollingFrame에서 사용하는 속성인 CanvasSize를 알아보겠습니다.

CanvasSize 속성

ScrollingFrame을 사용해 아래로 스크롤할 때, 어느 시점이 되면 더 아래로 스크롤할 수 없습니다. 아래로 스크롤할 수 있는 총 크기는 CanvasSize라는 속성의 영향을 받습니다. CanvasSize 속성에는 UDim2 데이터 타입의 값이 지정됩니다. 기본적으로 CanvasSize 는 {0, 0},{2, 0} 크기로 설정되어 있습니다. 즉, ScrollingFrame의 절대 크기(보이지 않는 영역까지 모두 포함한 크기)는 보이는 크기의 두 배입니다.

> **TIP** 단순 설명만으로는 이해하기 어려울 것입니다. CanvasSize 속성의 크기를 변경하면서 어떤 일이 발생하는지 확인해 보세요.

이전에는 모든 Template Frame을 수동으로 배치했습니다. 그러나 ScrollingFrame 내에 많은 Template Frame을 추가하는 경우, 모든 Frame이 ScrollingFrame에 들어가도록 CanvasSize 속성을 조정해야 합니다. 이를 해결하기 위해 ScrollingFrame의 AutomaticCanvasSize 속성을 사용합니다. 이 속성에는 세 가지 옵션인 X, Y, XY가 있습니다. 이 옵션에서 방향을 선택하면, 해당 방향의 CanvasSize 속성의 크기가 자동으로 조정됩니다.

지금은 위에서 아래로 내려가는 목록이므로 Y를 선택해야 합니다. 설정된 CanvasSize 속성이 이제 최소 CanvasSize 속성으로 바뀐다는 점을 기억하세요. CanvasSize 속성이 자동으로 조정되어도 CanvasSize 속성에서 지정한 크기보다 작아지지 않습니다.

이번에는 SurfaceGui의 작동 방식과 용도에 대해 배웠고, GUI를 만드는 연습을 했습니다. ScrollingFrame이라는 새로운 GUI 요소와 해당 요소에서 사용하는 속성인

CanvasSize와 AutomaticCanvasSize에 대해서도 배웠습니다. 또한 UIListLayout을 사용하여 GUI 요소를 자동으로 배치하는 목록을 생성하는 방법도 알아봤습니다. 이제 다음 GUI 요소로 넘어가겠습니다. BillboardGui입니다.

02.3 | BillboardGui 사용법

지금까지 화면에 지속적으로 표시되는 요소인 ScreenGui와 BasePart의 표면에 표시되는 요소인 SurfaceGui를 살펴보았습니다. 둘 다 이미 많은 사용 사례를 다루고 있지만 또 다른 유형의 GUI가 있습니다. 바로 BillboardGui입니다. BillboardGui는 SurfaceGui처럼 BasePart에 들어갑니다. 하지만 BasePart의 표면에 표시되는 대신 ScreenGui처럼 BasePart의 위치에 머무릅니다.

그렇다면 BillboardGui는 어디에 사용할까요? 보통 BillboardGui는 컨트롤 방법이나 힌트, 게임에서 보이는 사물에 대한 정보를 표시하는 데 사용합니다. 예를 들어, 다음 스크린샷은 BillboardGui를 사용해 상점에서 악기 가격을 표시합니다. 작동 방식을 설명하기 위해 동일한 BillboardGui를 두 가지 각도로 촬영했습니다.

그림 6-14 아코디언의 가격을 표시하는 BillboardGui

BillboardGui에서 살펴봐야 할 흥미로운 속성 중 하나가 AlwaysOnTop입니다. 이 속성이 활성화되면 카메라와 BillboardGui 사이에 다른 요소가 있어도 UI가 표시됩니다. 다음 스크린샷에서 이 속성의 효과를 확인할 수 있습니다.

그림 6-15 AlwaysOnTop 속성의 효과

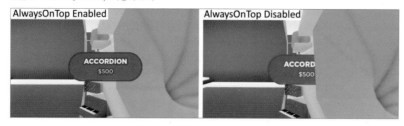

이 속성은 객체가 가까이 있을 때 유용합니다. 하지만 맵의 반대편에 있을 때는 제품 가격을 보는 것이 귀찮을 수 있습니다. 이때 MaxDistance 속성이 유용합니다. 이 속성으로 BillboardGui가 표시될 최대 거리를 설정할 수 있습니다. 플레이어가 BillboardGui에서 멀리 떨어져 있다면 보이지 않게 됩니다.

BillboardGui가 무엇이고 어디에 쓰이는지, AlwaysOnTop과 MaxDistance 속성이 어떤 작업을 수행하는지 배웠습니다. 다음으로 가격을 표시하는 BillboardGui를 직접 만들어 보겠습니다.

상품 가격 BillboardGui 만들기

먼저, BillboardGui를 삽입할 파트를 만들고 BillboardGui를 삽입합니다. BillboardGui를 삽입한 뒤에는 크기를 조정합니다. BillboardGui의 Scale 속성을 사용하는 게 가장 좋습니다. Scale을 사용하면 동일한 종횡비를 유지하여 멀어질수록 작아집니다. 만약 Scale 속성 대신 Offset 속성을 사용하면 반대 현상이 발생하여 BillboardGui가 멀어질수록 점점 더 커집니다. BillboardGui의 Size를 {7, 0},{2.5, 0}으로 설정합니다.

크기 조정이 끝나면 Frame을 삽입하고 Frame의 크기를 {1, 0},{1, 0}로 설정합니다. 이 Frame은 GUI의 배경이 됩니다. 원하는 대로 색칠하세요. 그다음, TextLabel 요소 두 개를 삽입합니다. 하나는 제품 이름을 표시할 요소이고, 다른 하나는 가격을 표시할 요소입니다. 제품 이름과 가격은 자유롭게 입력하세요. GUI와 일치하는 멋진 Font와 TextColor를 선택하세요. TextColor 속성이 프레임의 BackgroundColor3와 비슷하면 읽기 어려우니 다른 색으로 설정합니다.

[그림 6-14]와 거의 비슷한 BillboardGui가 만들어졌을 것입니다. 유일한 차이점은 [그

림 6-14]의 BillboardGui가 둥글고 윤곽선이 있다는 것입니다. 다음으로 UICorner와 UIStroke 인스턴스를 살펴보겠습니다.

UICorner 사용

GUI 요소 안에 UICorner를 추가하면 UICorner의 부모는 모서리가 둥글게 됩니다. [그림 6-14]에서 BillboardGui의 프레임을 둥글게 만들기 위해 이런 과정이 진행되었습니다. CornerRadius 속성을 사용하면 GUI 요소의 둥근 정도를 결정할 수 있습니다. 다시한 번 Scale과 Offset에서 차이가 만들어집니다. 그러나 어떤 것을 사용하는지는 중요하지 않습니다. UICorner에 Scale과 Offset을 함께 사용하지 않도록 합니다.

성능

UICorner보다는 모서리가 둥근 이미지를 사용하는 편이 컴퓨터 성능이 절약됩니다. UICorner를 과도하게 사용하지 않는 것을 추천합니다. 성능이 걱정된다면 9-Slices Editor를 사용해도 좋습니다. 그러나 이에 대해서는 다루지 않겠습니다.

이제 UICorner를 사용하여 GUI 요소를 둥글게 만드는 방법을 알았습니다. UICorner는 ScreenGui와 SurfaceGui에서도 작동하니 유용하게 사용해 보세요. 이어서 UIStroke를 살펴보겠습니다.

UIStroke 사용

UIStroke는 GUI 요소 주위에 테두리를 추가합니다. BorderSizePixel 속성을 쓰면 되지 않냐는 의문이 생기겠지만 해당 속성을 사용할 수 없는 경우도 있기 때문입니다. 예를 들어 UICorner를 사용하면 더 이상 BorderSizePixel 속성을 사용할 수 없습니다. 반면에 UICorner가 없는 프레임을 사용하면 BorderSizePixel 속성을 사용할 수 있습니다.

그러나 UIStroke는 프레임 주위에 테두리를 두는 것 이상의 역할을 합니다. UIStroke를 생성하면 ApplyStrokeMode라는 속성이 생깁니다. 이 속성의 값은 Contextual 또는 Border가 됩니다. 이때 UIStroke의 장점이 드러납니다. UIStroke는 TextLabel이나 TextButton, TextBox에서도 사용할 수 있습니다.

UIStroke를 사용하면 Contextual ApplyStrokeMode를 사용하여 텍스트에 테두리를 적용할 수 있습니다. 이 책을 집필하는 시점에서 UIStroke는 RichText에서 작동하지 않는다는 점을 명심하세요. UIStroke는 BillboardGui뿐만 아니라 ScreenGui 및 SurfaceGui에서도 작동합니다.

지금까지 GUI에 대한 많은 것을 배웠습니다. ScreenGui와 SurfaceGui, BillboardGui가 무엇인지 배웠고, Frame을 비롯해 ScrollingFrame, TextLabel, ImageLabel, TextButton, ImageButton, TextBox 같이 GUI 내에서 사용할 수 있는 많은 GUI 요소를 배웠습니다.

또한, Size와 Position, ZIndex, LayoutOrder, CanvasSize 같은 GUI 요소의 많은 속성도 배웠으며, GUI에 더 많은 구조와 더 나은 디자인을 제공하는 유용한 UI 제약 조건에 대해서도 배웠습니다. 이러한 UI 제약 조건에는 UITextSizeConstraint와 UIListLayout, UICorner, UIStroke 등이 있습니다. 간단히 말해, 이제 적절한 GUI를 직접 만들 수 있게 되었습니다. 다음에는 GUI를 조정해 게임의 성능을 높이는 작은 최적화 방법을 살펴보겠습니다.

02.4 | UI 최적화

GUI를 만들 때 구현할 수 있는 작은 최적화가 있습니다. 이 최적화는 GUI 속도를 몇 밀리초 정도만 증가시켜 주지만 저사양 장치와 모바일 장치에는 아주 효과적입니다. 그렇다면 GUI를 어떻게 최적화할까요? 이 질문에 답하려면 GUI가 어떻게 작동하는지 알아야 합니다.

GUI는 매 프레임마다 계산됩니다. 기본적으로 로블록스는 60FPS(초당 60프레임)로 제한됩니다. 이상적이라면 이전 프레임과 비교하여 변경 사항이 없어도 GUI가 초당 60번 재계산된다는 의미입니다. 예를 들어, GUI 내부에서 UICorner를 사용한다면 변경 사항이 없는 경우에도 UICorner에 할당된 모든 수식이 다시 계산됩니다. 보다시피 이는 이상적이지 않을 뿐더러 많은 컴퓨터 전력을 낭비합니다.

다행히 로블록스가 해결책을 내놓았습니다. 매 프레임마다 GUI를 재계산하는 대신, 이제

GUI나 GUI 내부 요소가 변경되는 경우에만 재계산되도록 한 것입니다. 예를 들어 속성이 변경되지 않고 새 인스턴스가 삽입되거나 제거되지 않으면 GUI가 다시 계산되지 않습니다. 그러나 프레임의 가시성을 변경하면 GUI가 다시 계산됩니다.

이는 그 자체로 모든 게임의 성능을 획기적으로 높인 업그레이드이며, 이를 적용하기 위해 아무것도 변경할 필요가 없습니다. GUI가 변경되지 않는 한 재계산되지 않는다는 사실을 사용하면 게임의 성능을 더욱 향상시킬 수 있습니다. 그렇다면 어떻게 할까요? 단일 ScreenGui 안에 전체 UI를 두는 대신 특정 프레임에 별도의 GUI를 만들면 됩니다.

예를 들어 사용자가 로벅스로 게임 머니를 구매하는 PurchaseCurrency라는 프레임과 사용자가 게임 내 설정을 변경하는 SettingsFrame이라는 프레임이 있다고 합시다. 이 둘은 서로 완전히 다른 프레임입니다. 누군가가 설정을 변경해도 PurchaseCurrency 프레임이 업데이트될 가능성은 거의 없습니다.

두 프레임이 동일한 ScreenGui 내부에 있다고 상상해 봅시다. 이 경우 설정을 변경하면 PurchaseCurrency 프레임이 다시 계산됩니다. 매우 비효율적이죠. 대신 두 프레임을 서로 다른 ScreenGui로 분리해야 합니다. 그러면 SettingsFrame 프레임에서 설정을 변경해도 PurchaseCurrency 프레임이 다시 계산되지 않습니다. ScreenGui나 SurfaceGui, BillboardGui를 생성할 때 이 최적화를 잊지 마세요.

GUI가 내부적으로 어떻게 작동하는지 배웠습니다. 내부 작업을 이해함으로써 GUI를 최적화하는 방법을 알아냈습니다. 다음에는 에뮬레이터emulator를 사용하여 다른 장치에서 게임의 자체 GUI가 제대로 나오는지 테스트하는 방법을 배웁니다.

---

03 / GUI 테스트

게임에서 GUI가 비정상적으로 확대되면 매우 귀찮을 뿐 아니라 비전문적으로 보입니다. 이미 이 장 전체에서 UDim2 데이터 타입의 Scale 속성을 사용하여 GUI를 확대하는 방법을 배웠습니다. 이렇게 하면 GUI가 다양한 크기의 화면에 적절하게 조절됩니다.

로블록스는 다양한 기기에서 플레이할 수 있습니다. 거대한 TV에 연결할 수 있는 콘솔에서도, 휴대폰과 태블릿에서도 플레이할 수 있죠. 스마트폰은 화면이 점점 더 커지는 추세지만 여전히 매우 작은 기기가 많습니다. 우리는 이런 스마트폰을 포함한 모든 장치에서 GUI가 환상적으로 작동하도록 만들어야 합니다.

GUI가 잘 나타나는지 확인하기 위해 모든 장치를 구입할 수는 없어도, 이러한 장치에서 어떻게 보이는지 확인할 수 있는 방법이 있습니다. 로블록스 스튜디오에는 다른 장치의 화면을 확인할 수 있는 에뮬레이터가 내장되어 있습니다. 에뮬레이터를 사용하면 GUI를 확인할 수 있습니다. 이에 대해서는 이후 장에서 다시 다루겠습니다.

상단의 [테스트] 탭을 누르면 에뮬레이션 섹션에 [기기]라는 버튼이 있습니다. 이 버튼을 클릭하면 다른 기기의 GUI를 확인할 수 있습니다. 또한 게임 플레이를 시작해 장치별 조작법을 비롯한 게임의 작동 방식을 제대로 확인할 수 있습니다. 다음 스크린샷에서 에뮬레이터가 작동하는 모습을 확인해 보세요.

그림 6-16 에뮬레이터 내에서 게임하기

휴대폰용 GUI를 만들 때 아무 게임이나 플레이해 보세요. 편안한 레이아웃을 가진 게임이 있다면 해당 게임의 스크린샷을 찍은 다음, PC에서 이미지 편집 프로그램을 사용해 여러분의 UI와 스크린샷을 비교해 봅니다. 크기 및 위치 차이를 살펴보고 개선하는 데 사용하세요. 에뮬레이터의 작동법을 통해 GUI를 더 효과적으로 테스트할 수 있게 되었습니다. 다음에는 GUI를 다음 단계로 끌어올리는 데 도움이 될 몇가지 개선 사항을 살펴보겠습니다.

04 / UI 세부 개선

지금까지 GUI를 적절하게 확장하고 테스트하는 방법을 배웠습니다. 하지만 UI 품질을 크게 향상시키기 위해 GUI에서 개선할 수 있는 몇 가지 방법이 있습니다. 지금부터, 이 모든 작은 개선 사항을 자세히 설명하겠습니다. 먼저 색각이상을 가진 플레이어를 위한 GUI 개선 방법부터 살펴본 다음, GUI의 조작 버튼과 안내 창을 살펴보고 이미지에 대해서도 이야기하겠습니다. 또한 GUI에서 Tween을 사용하고, 그 외의 몇 가지 작은 개선 사항도 살펴보겠습니다.

04.1 | 색각이상자를 위한 접근성 지원

GUI용 색상을 선택할 때 사람들은 색각이상의 존재를 잘 잊습니다. 색각이상을 가진 플레이어도 쉽게 사용할 수 있는 UI를 만들 수 있다면 얼마나 좋을까요? GUI를 만들어 본 경험이 있다면, 빨간색과 녹색을 조합했을 가능성이 높습니다. 대부분의 개발자에게 매우 기본적인 색상 조합이지만 색각이상을 가진 사람에게는 매우 불편한 조합입니다. 빨간색과 녹색을 사용하는 대신 빨간색과 파란색 혹은 파란색과 노란색 조합을 사용해 보세요. 그러나 GUI를 개선할 수 있는 방법은 더 있습니다. 다음은 GUI를 만들 때의 팁입니다.

- 앞서 언급했듯이 사용할 색상 조합을 확인하세요.
- 색상에만 의존하지 마세요. 팀의 색이 빨간색과 파란색인 게임을 몇 번이나 해 봤나 요? 아마 많을 겁니다. 색상 조합 자체는 문제가 되지 않지만 이러한 팀에는 아이콘을 두는 것이 좋습니다. 예를 들어 레드 팀에는 해적이나 강도 아이콘을 둘 수 있습니다. 게임의 테마와 일치하는 간단한 아이콘으로 놀라운 효과를 줄 수 있습니다.
- 패턴이나 텍스트를 추가해 보세요. 예를 들어, 색상 블록 격자가 있고 플레이어가 특 정 색상으로 걸어가야 한다면 누군가에겐 색상 식별이 어려울 수 있습니다. 그러나 블 록에 임의의 패턴이 있다면 훨씬 구별하기가 쉬워집니다. 예를 들어 파란색 블록에 줄 무늬가 있고, 빨간색 블록에 점이 있고, 노란색에 십자 표시가 있으면 누구나 쉽게 구 분할 수 있습니다.

이러한 팁을 잊지 않고 게임을 개발하면 색각이상이 있는 사람이 게임을 즐기는 데 도움이 될 뿐만 아니라 다른 사람들에게도 도움이 됩니다. 이 방식을 통해 모든 사람에게 더 나은 GUI와 게임을 제공할 수 있습니다. 다음에는 장치에 따라 게임에 표시되는 조작 버튼을 보다 동적으로 만드는 방법을 배웁니다.

04.2 │ 조작 버튼 표시

일부 GUI는 플레이어가 조작할 특정 작업에 대한 조작 버튼을 표시합니다. 플레이어가 사용하지 않는 장치에서 쓸 조작 버튼을 표시할 필요는 없습니다. 콘솔을 사용하는 플레이어에게 필요없는 조작 버튼을 표시해서는 안 됩니다. 이를 무시하고 계속 표시했다간 게임이 삭제될 수 있습니다. 하지만 문제는 플레이어가 어떤 장치를 사용 중인지 감지할 방법이 없다는 것입니다. 그렇다면 어떤 조작 버튼을 표시해야 할까요?

플레이어가 사용하는 장치에 맞춰 조작 버튼을 바꾸는 대신, 모든 조작 버튼에 대한 GUI

를 동적으로 만들어야 합니다. 사용되는 입력 장치에 따라 변경될 수 있도록 만드는 것이죠. 이를 어떻게 구현할 수 있을까요? 사용자의 입력 장치와 관련된 많은 함수를 가진 UserInputService라는 서비스가 있습니다. 이 서비스는 7장에서 자세히 알아보겠습니다. 지금은 `.LastInputTypeChanged`라는 이벤트 하나만 사용합니다. 이 이벤트에는 UserInputType enum이 있습니다. 다음의 클라이언트 측 코드를 살펴보겠습니다.

```lua
local UserInputService = game:GetService("UserInputService")
local ui = script.Parent
local controlsText = ui:WaitForChild("ControlsText")
local previousInputType = nil

function updateControls(lastInputType)
    -- 변경 사항을 확인할 것
    -- 약간의 최적화로 엄청난 효과를 볼 수 있음
    if previousInputType == lastInputType then
        return
    end

    -- 컨트롤 변경
    if lastInputType == Enum.UserInputType.Gamepad1 then
        -- 플레이어가 게임패드를 사용 중
        previousInputType = lastInputType
        controlsText.Text = "Press [X] to confirm"

    elseif lastInputType == Enum.UserInputType.Touch then
        -- 플레이어가 터치스크린, 스마트폰, 태블릿을 사용 중
        previousInputType = lastInputType
        controlsText.Text = "Click here to confirm"

    elseif lastInputType == Enum.UserInputType.Keyboard then
        -- 플레이어가 키보드를 사용 중
```

```
        previousInputType = lastInputType
        controlsText.Text  = "Press Enter to confirm"
    end
end


UserInputService.LastInputTypeChanged:Connect(updateControls)
```

위의 코드에서는 마지막 입력 장치에 따라 텍스트가 달라지는 가상의 **controlsText**
TextButton을 변경합니다. 이렇게 하면 데스크톱에서 컨트롤러를 연결해 플레이하는 경
우에도 사용하려는 조작 버튼을 전환할 수 있습니다. 사실, 게임을 하는 중에도 아무 문제
없이 전환할 수 있습니다.

게임의 조작 버튼을 동적으로 만들면 GUI 수준이 한 단계 더 높아집니다. 약간의 추가 시
간을 할애해 이를 구현하여 GUI를 완성하는 편이 좋습니다. 다음으로 GUI의 안내 창에
대해 알아보겠습니다.

04.3 ∣ GUI 안내 창 개선

매우 당연한 말이지만 GUI는 사용하기 쉬워야 합니다. 개발자들은 신규 플레이어가 이 게
임의 GUI를 사용한 적이 없고 각 버튼의 역할을 전혀 모른다는 사실을 잊는 경향이 있습
니다. 물론 GUI가 개발자에게 직관적일지라도 처음 접하는 사람은 음표 모양 버튼이 무슨
기능인지 모를 수 있습니다. 다음 스크린샷을 보면 탁월한 해결책을 볼 수 있습니다. 플레
이어가 음악 아이콘 위로 마우스를 가져가면 이 버튼이 무슨 버튼인지 바로 알 수 있도록
표시하는 것입니다.

그림 6-17 마우스를 올려놓으면 버튼을 안내하는 텍스트

이렇게 하면 GUI의 이해도가 크게 향상됩니다. 그러나 GUI에는 또 다른 문제가 있습니다. 게임에서 프레임을 닫는 방법은 두 가지가 있습니다. 하나의 버튼을 눌러 열고 닫는 방법과 여는 버튼과 닫는 버튼을 따로 사용하는 방법이 있습니다. 일부 게임은 사용 편의성을 위해 두 가지를 모두 추가하기도 합니다. 그러나 게임 전체에서 이 동작을 섞어서 사용해선 안 됩니다. 예를 들어, Change Music Frame을 같은 버튼으로 열고 닫도록 만들었다면, Shop Frame은 A 버튼으로 열고 B 버튼으로 닫는 식으로 구성해서는 안됩니다.

TIP 콘솔 사용자의 경우 컨트롤러의 뒤로 버튼을 누르면 프레임이 닫히는지 확인하세요. 이 기능은 대부분의 게임에 적용됩니다. 게임에 일반적으로 사용되는 기능이므로, 작동하지 않는다면 플레이어가 불편해 할 것입니다. 7장에서 적용하는 방법을 자세히 알아보겠습니다.

GUI를 개선하는 방법을 알았습니다. 이제 GUI에서 이미지를 사용하는 방법을 알아보겠습니다.

04.4 | 이미지 사용

GUI를 디자인할 때는 이미지를 적절히 사용했는지 확인해야 합니다. 플레이어가 문을 열 때 특정 키를 눌러야 한다고 설명하는 긴 텍스트가 있다면 금방 싫증이 나겠죠. 대신 조작 버튼을 표시하면서 전후 시나리오를 표현하는 이미지를 띄워 주는 게 좋습니다.

TIP 이미지에 조작 버튼을 넣는 대신 ImageLabel 위에 조작 버튼을 표시하는 TextLabel을 추가합니다. 이렇게 하면 여러 장치에서 동일한 이미지를 사용할 수 있습니다.

이런 이미지는 직접 만들거나 아티스트를 고용하여 만들 수 있습니다. 아티스트를 고용하길 추천하지만 게임 예산에 따라 선택하세요.

이어서 GUI에서 트윈을 사용하는 방법을 살펴보겠습니다.

04.5 | 트윈 사용

5장에서 트윈에 대해 배웠습니다. 트윈을 사용해 성문에 애니메이션을 적용했고, 떨어지는 파트를 만들어 봤습니다. 그런데 트윈이 GUI와 무슨 관련이 있을까요? GUI 요소에도 트윈을 사용할 수 있습니다. 예를 들어 특정 프레임을 표시할 때, 프레임이 더 커지거나 위치가 이동되는 식으로 나타나게 만들 수 있습니다.

여기서도 5장에서 배운 것과 같은 방식으로 트윈을 사용할 수 있습니다. 예를 들어, 다음 클라이언트 측 코드에는 TweenService를 사용하여 프레임의 Position 속성에 트윈을 적용하는 함수가 있습니다. 이 함수를 분석해 보겠습니다.

```
local TweenService = game:GetService("TweenService")
local ui = script.Parent
local frame = ui:WaitForChild("SomeFrame")

function openMenu()
    -- 화면 밖 프레임 설정
    frame.Position = UDim2.new(0.5, 0, 1.5, 0)

    -- 프레임 표시
    frame.Visible = true

    -- TweenInfo 설정
    local tweenInfo = TweenInfo.new(
        1,                          -- 트윈 길이
        Enum.EasingStyle.Quad,      -- 트윈 스타일(EasingStyle)
        Enum.EasingDirection.Out,   -- EasingStyle 방향
        0,                          -- 트윈 반복 횟수
        false,                      -- 트윈 반전
        0                           -- 트윈 시작 전 대기 시간
    )
```

```
    local tween = TweenService:Create(frame, tweenInfo,
    {Position = UDim2.new(0.5, 0, 0.5, 0)})
    tween:Play()
end

openMenu()
```

이 코드는 openMenu()라는 함수를 사용합니다. 먼저 프레임의 Position 속성을 1보다 큰 y축 스케일을 가진 UDim2 데이터 타입으로 설정합니다. 이 위치에서 프레임은 보이지 않습니다. 그런 다음 프레임의 visible을 true로 설정합니다. 여전히 Position 속성이 화면 외부에 있기 때문에 프레임은 보이지 않지만, 대부분의 개발자는 사용하지 않는 요소의 Visible 속성을 false로 설정합니다.

그런 다음 트윈에 대한 TweenInfo를 저장할 새 변수를 만듭니다. TweenInfo에는 인수가 많습니다. 5장에서 설명했듯 이 모든 것을 사용할 필요는 없습니다. 위의 코드에서 입력한 인수는 모두 기본값입니다. 마지막으로 TweenService에서 :Create() 함수를 사용하여 Tween을 만듭니다. 이제 :Play() 함수를 사용하여 Tween을 시작합니다.

이전에 배운 대로 GUI 요소에 Tween을 적용해 봤습니다. 그런데 로블록스에는 GUI 요소에 쉽게 트윈을 적용하는 TweenPosition()과 :TweenSize()라는 두 가지 함수가 있습니다.

다음 코드는 이전과 똑같은 Tween을 만듭니다. 하지만 이번에는 TweenService 대신 :TweenPosition() 함수를 사용하겠습니다. 이 코드를 살펴봅시다.

```
local ui = script.Parent
local frame = ui:WaitForChild("SomeFrame")

function openMenu()
    -- 화면 밖 프레임 설정
    frame.Position = UDim2.new(0.5, 0, 1.5, 0)

    -- 프레임 표시
    frame.Visible = true
```

```
    -- 프레임을 화면 안으로 이동
    frame:TweenPosition(
        -- (필수) 이동할 위치
        UDim2.new(0.5, 0, 0.5, 0),

        -- (선택사항) EasingStyle 방향
        Enum.EasingDirection.Out,

        -- (선택사항) 트윈 스타일(EasingStyle)
        Enum.EasingStyle.Quad,

        -- (선택사항) 트윈 길이
        1,

        -- (선택사항) true로 설정 시 트윈이 프레임에서 바로 작동
        false,

        -- (선택사항):TweenPosition 완료 후 작동할 함수
        function()
            print("Tween has finished!")
        end
    )
end

openMenu()
```

위의 코드는 **openMenu()** 함수를 사용합니다. 먼저 프레임의 Position 속성을 1보다 큰 y축 스케일을 가진 UDim2 데이터 타입으로 설정합니다. 그런 다음 프레임의 visible을 **true**로 설정합니다.

여기까지는 TweenService를 사용할 때와 동일하지만 지금부터 차이가 생겨납니다.

TweenInfo를 만드는 대신 꽤 많은 인수와 함께 :TweenPosition() 함수를 사용합니다. 인수 중 일부는 TweenInfo의 인수와 유사하지만 순서가 섞여 있습니다.

먼저 목표 위치를 지정합니다. 이 위치는 트윈이 끝나면 프레임이 있을 위치입니다. 이 인수는 필수로 입력해야 합니다. 그런 다음 선택적 인수를 입력합니다. 생략해도 괜찮습니다. 자유롭게 모든 인수를 입력해 보세요. 그런데 마지막 인수는 집중해서 봐야 합니다. 여기에 함수를 만들 수 있습니다. Tween이 끝나면 이 함수가 실행됩니다. 5장에서 설명한 클라이언트 측 디바운스를 비활성화하는 데 이 함수를 이용하기도 합니다.

이제 GUI 요소에서 Tween을 사용하는 방법을 배웠습니다. 5장에서 설명한 대로 '일반' 트윈을 사용할 수도 있습니다. 다음으로 로블록스의 주요 GUI 요소로 넘어가겠습니다.

04.6 | 주요 GUI

이번 내용을 살펴보기 전에 먼저 주요 Gui가 무엇인지 이해해야 합니다. 로블록스는 기본적으로 모든 게임에 몇 가지 GUI를 제공하는데, 이를 주요 GUI라고 부릅니다. 이러한 주요 GUI에는 Chat과 Backpack, Leaderboard 등이 포함됩니다. 경우에 따라 이런 주요 GUI를 사용하지 않을 수도 있습니다. 직접 GUI를 수정하거나 자기만의 GUI를 사용할 수도 있기 때문입니다. 일반적으로 GUI와 Frame이 겹치면 매우 복잡해 보이기 때문에 이를 피하려고 합니다.

다행히도 주요 GUI 중 일부를 비활성화할 수 있습니다. PlayerGui에는 가시성을 변경할 수 있는 ScreenGui가 없지만 호출할 수 있는 함수가 있습니다. StarterGui에는 :SetCoreGuiEnabled()라는 함수가 있습니다. 다음 클라이언트 측 코드에서는 주요 GUI인 Chat GUI를 비활성화합니다.

```
local StarterGui = game:GetService("StarterGui")

StarterGui:SetCoreGuiEnabled(Enum.CoreGuiType.Chat, false)
--                           Enum.CoreGuiType.Health
--                           Enum.CoreGuiType.PlayerList
```

```
--                          Enum.CoreGuiType.Backpack
--                          Enum.CoreGuiType.EmotesMenu
--                          Enum.CoreGuiType.All
```

위의 코드는 :SetCoreGuiEnabled() 함수로 채팅을 비활성화합니다. Chat GUI를 비활성화하기 위해 enum을 사용합니다. 이 함수의 두 번째 인수는 부울값입니다. 이번 코드에서는 false를 사용합니다. 이는 Chat GUI를 비활성화한다는 의미입니다. Chat GUI를 다시 활성화하려면 두 번째 인수로 true를 지정해야 합니다.

이제 주요 GUI에 대해 알았습니다. 이 외에도 게임에서 주요 GUI를 활성화 및 비활성화하는 방법을 배웠습니다. 색각이상을 가진 플레이어를 위해 GUI를 개선하는 방법도 배웠으며, 플레이어의 장치에 따라 적절한 조작 버튼을 표시하는 방법을 배웠습니다. 또한, GUI를 개선하는 방법과 GUI 요소에서 Tween을 재생하는 방법도 배웠습니다. 다음 절에서는 이 장에서 배운 모든 것을 사용한 문제를 풀겠습니다.

예제

01 | 상점 GUI 만들기

이 실습에서는 사용자가 게임에서 게임 패스를 구매하는 GUI를 생성합니다. GUI만 생성하고 게임 패스는 판매하지 않을 겁니다. 판매 방법은 9장에서 자세히 알아보겠습니다.

다음 스크린샷은 이번 예제의 결과입니다. 지금 설명하는 단계를 따르거나 스크린샷을 참고해 직접 GUI를 만들어 보세요.

그림 6-18 이번 예제의 결과물

언급한 바와 같이 [그림 6-18]에 표시된 GUI는 예제의 결과입니다. 다른 스타일을 선호하면 참고해 수정하세요. 예제에는 속성 값을 안내하지 않습니다. 각 속성의 값은 스스로 결정해야 합니다. 때로는 힌트로 특정 속성을 선택하라고 안내하기도 합니다. 이때는 꼭 따라 하세요. Size와 Position, AnchorPoint 속성은 제대로 작동하는 항목을 선택해야 합니다. 선택한 속성이 모든 장치에서 작동하는지 확인하려면 에뮬레이터를 사용하세요. 많은 테스트가 필요할 겁니다. 한 번에 올바른 속성을 선택하는 사람은 없습니다. 시간을 들여 감을 잡으세요.

연/습/문/제

먼저 GUI를 만들겠습니다. 다음을 따라 진행하세요.

1 StarterGui 내부에 GamepassUI라는 ScreenGui를 만듭니다.

2 GamepassUI 내에 MainFrame이라는 Frame을 만듭니다. 이 Frame의 속성을 조정해 멋진 색상과 적당한 크기, 둥근 모서리를 적용하세요.

3 **MainFrame** 프레임 내부에 두 개의 Frame을 만듭니다. 첫 번째 Frame의 이름은 **Header**이고, 이 프레임의 제목을 띄워야 합니다. 두 번째 Frame은 **Body**라는 이름의 ScrollingFrame 프레임입니다.

4 **Header** 프레임 내에 **Gamepasses**라는 텍스트를 표시할 TextLabel을 만듭니다. 이 텍스트에 Thickness(두께) 값이 **3**인 윤곽선을 지정합니다.

5 CanvasSize 값을 수동으로 변경하지 않아도 **Body** ScrollingFrame이 올바른 CanvasSize 값을 자동으로 가져오는지 확인합니다. 이 CanvasSize의 최솟값을 **{0, 0},{0, 0}**으로 설정합니다.

6 각 GUI 요소를 수동으로 배치하지 않고 **Body** ScrollingFrame이 모든 하위 GUI 요소 목록을 자동으로 배치하는지 확인하세요.

7 **MainFrame** 프레임 내부에 X를 표시하는 **Close**라는 TextButton을 만듭니다. Close 버튼은 모서리가 둥글어야 합니다. 추가로, X에 윤곽선이 있어야 합니다.

8 **Body** ScrollingFrame 내부에 **Body** ScrollingFrame과 폭이 같은(ScrollingBar의 크기 제외) TextButton을 만듭니다. 이 TextButton의 이름을 **GamepassButton**으로 바꿉니다.
   8단계를 위한 팁: ScrollingFrame에는 ScrollBarThickness라는 속성이 있습니다. 이 속성의 값은 ScrollingBar의 픽셀 크기입니다.

9 **GamePassButton**에 ImageLabel을 생성합니다. 실제 이미지를 추가해도 좋습니다. ScaleType 속성이 Fit으로 설정되어 있는지 확인하세요.

10 **GamepassButton**에 게임 패스의 이름을 표시하는 TextLabel을 만듭니다. 이를 위해 글꼴을 굵게 선택하세요. TextLabel에 Thickness(두께) 값이 **2**인 윤곽선을 지정하세요.

11 **GamepassButton**에 게임 패스를 설명하을 표시하는 TextLabel을 만듭니다. TextLabel에 Thickness(두께) 값이 **2**인 윤곽선을 지정하세요. 이 외에도 텍스트는 Scaled로 설정합니다. 그러나 TextSize 값은 **15** 이상 **25** 이하여야 합니다. 텍스트가 넘치면 TextLabel 끝에 세 개의 점이 나타납니다.

11단계를 위한 팁: 설명한 모든 정보는 UI 요소를 삽입하거나 속성을 변경하여 적용할 수 있습니다. 여기엔 스크립트가 필요 없습니다.

GamePassUI ScreenGui를 완성했습니다. 다음으로 MainFrame 프레임을 열고 닫는 버튼을 생성합니다. 다음 단계를 따라 하세요.

1 StarterGui 내부에 **SideButtons**라는 ScreenGui를 만듭니다.

2 **SideButtons** 내부에 **OpenGamepasses**라는 TextButton을 만듭니다. TextButton 은 모서리가 둥글어야 합니다.

3 **OpenGamePasses** TextButton에 'G'가 표시되는지 확인합니다. Thickness(두께) 값이 **3**인 윤곽선을 지정합니다.

GUI 디자인을 마쳤습니다. 지금까지는 스크립트를 사용할 필요가 없었습니다. 특정 작업이 수행되면 프레임이 보이거나 보이지 않도록 GUI 스크립트를 작성하겠습니다. 다음 요구 사항을 읽고 조건에 맞는 LocalScript를 만듭니다.

1 **SideButtons** ScreenGui의 **OpenGamePasses** 버튼이 눌리면 **GamepassUI** ScreenGui의 **MainFrame** 프레임의 가시성이 변경됩니다.

2 **OpenGamePasses** 버튼을 눌렀을 때 **MainFrame** 프레임이 이미 표시되어 있으면 **MainFrame** 프레임이 보이지 않아야 합니다.

3 보이거나 보이지 않는 전환은 Tween을 사용하여 수행해야 합니다. Tween의 타입은 자유롭게 선택하세요.

4 **MainFrame** 프레임 내부의 Close 버튼을 누르면 **MainFrame** 프레임이 닫혀야 합니다. Close 버튼을 사용해도 **OpenGamePasses** 버튼이 버그를 일으키지 않는지 확인하세요.

4단계를 위한 팁: GamePassUI에 LocalScript나 Module을 생성해 **MainFrame** 프레임을 열고 닫도록 만듭니다. 그런 다음 이 Module을 사용하거나 BindableEvent 를 만들어 이 프레임을 열고 닫습니다. 다음은 선택적 함수와 BindableEvent, BindableFunction의 목록입니다.

- Module: `:OpenFrame()`, `:CloseFrame()`, `:IsOpen()`
- BindableEvent: `OpenFrame`, `CloseFrame`
- BindableFunction: `IsOpen`

Module이나 BindableEvent/BindableFunction의 작동 방식을 잊었다면 3장으로 돌아가세요.

게임을 플레이하여 작동하는지 확인하세요. 예제를 완료하지 못했다고 걱정하지 마세요. 매우 길고 복잡한 예제였습니다. 모든 방법을 시도하는 게 좋습니다. 작업이 완료되었다고 생각되면 [그림 6-18]을 살펴보고 비교해 보세요. 그 후에 예제를 다시 풀어 보세요. 예제 파일 중 advanced 버전의 코드는 이해하기 어려울 수 있습니다. 스크립트로 더 나은 GUI를 만들려는 사람들을 위한 예제입니다.

요약

이 장에서는 GUI에 대해 알아보았습니다. ScreenGui와 SurfaceGui, BillboardGui 라는 세 가지 유형의 GUI를 배웠습니다. 이 GUI는 가진 목적이 서로 다릅니다. 이러한 GUI는 자체적으로 아무 것도 표시하지 않으며, 무언가 표시하기 위해서는 Frame과 ScrollingFrame, TextLabel, ImageLabel, TextButton, ImageButton, TextBox 같은 GUI 요소가 필요합니다. 이 GUI 요소가 어떻게 작동하는지 확인했습니다.

모든 GUI 요소에 대해 배우는 동안 많은 속성을 사용했습니다. 가장 일반적인 속성은 Size 와 Position입니다. 두 속성 모두 UDim2라는 고유한 데이터 타입을 사용합니다. UDim2 데이터 타입은 UDim 데이터 타입 두 개의 조합입니다. x축과 y축에 각각 하나씩의 UDim 데이터 타입의 값이 지정됩니다. UDim 데이터 타입의 값을 작성하는 법은 Scale과 Offset 속성을 살펴보며 알아봤습니다. Scale을 사용하면 플레이어의 화면 크기에 맞춰지지만 Offset은 픽셀 단위로 측정됩니다. 이 픽셀은 모두에게 동일합니다. 개발자가 실수로 Scale 대신 Offset을 사용하면 GUI가 플레이어 화면 밖에 위치할 수 있습니다.

스크립트 작성 없이 GUI에 제약 조건을 추가하는 방법도 배웠습니다. 이런 제약 조건에는

UITextSizeConstraint와 UIListLayout가 있습니다. 이 외에도 CanvasSize의 크기를 수동으로 변경하지 않고 자동으로 처리하는 AutomaticCanvasSize와 같은 유용한 속성도 알아봤습니다.

GUI를 구축하는 방법과 연결되지 않은 프레임에 여러 ScreenGui를 생성하여 GUI를 최적화하는 방법을 배웠습니다. 또한 로블록스 스튜디오에 내장된 에뮬레이터를 사용하여 GUI를 테스트하는 방법을 배웠습니다. GUI가 어떤 모습인지 보기 위해 에뮬레이터를 사용하는 방법을 살펴보았고, 이 작업을 수행하는 동안 Scale을 사용하고 Offset을 추가하여 스마트폰 같은 소형 장치의 GUI를 자동으로 크게 만들 수 있었습니다. 이렇게 하면 플레이어가 텍스트를 읽고 버튼을 누르기 더 쉬워집니다.

마지막으로 GUI를 만들 때 유의해야 할 몇 가지 사항도 살펴보았습니다. 이러한 것들은 구현하는 데 많은 노력이 들지 않지만 GUI의 품질에 막대한 영향을 미칩니다. 예를 들어, 색각이상자에게 도움이 되는 GUI를 디자인하고, GUI의 이해도를 키우고, GUI에 Tween을 추가할 수 있습니다.

GUI는 만들기 그다지 복잡하지 않지만 많은 연습이 필요합니다. GUI를 만드는 전문가가 되는 길은 멉니다. 더 많이 연습할수록 더 쉬워지고 GUI가 더 좋아질 겁니다. 조작 버튼을 설명하며 UserInputService를 간략히 소개했습니다. 다음 장에서는 이 서비스를 사용하여 사용자 입력을 수신하는 방법에 대해 알아보겠습니다.

7장

사용자 입력 감지

이 장에서는 사용자 입력을 감지하는 여러 가지 방법을 배웁니다. ClickDetector와 ProximityPrompt, 툴을 사용한 사용자 입력 감지 방법부터 살펴본 다음, 사용자 입력을 감지하는 방법을 실험할 간단한 시스템을 만들어 보겠습니다. 이러한 방법을 이해하고 나면 사용자 입력을 감지하는 더욱 복잡한 방법으로 넘어가는데, 이를 고급 사용자 입력이라 부릅니다. 키보드와 마우스의 입력을 감지하는 방법과 다양한 게임패드의 입력을 감지하는 방법도 배웁니다. 마지막으로 ContextActionService를 사용하여 이러한 고급 입력을 더 쉽게 만드는 방법을 배웁니다.

이 장에서 다루는 내용

- ClickDetector와 ProximityPrompt, 툴 사용법
- 고급 사용자 입력 구현
- 사용자 입력 감지 방법 선택

이 장을 마치면 ClickDetector와 ProximityPrompt, 툴을 사용하여 사용자 입력을 감지하는 방법과 UserInputService를 사용하여 키보드와 마우스, 게임패드의 입력을 감지하는 방법을 알게 됩니다. 또한, ContextActionService를 사용하여 사용자 입력을 감지하는 방법, 리더보드나 파티클, 툴, SpotLight 인스턴스의 사용법, Lighting과 HapticService를 사용하는 방법을 이해하게 됩니다.

01 / 준비 사항

Luau로 프로그래밍을 시작하려면 인터넷을 사용해야 합니다. 이때 사용하는 장치에는 윈도우Windows 또는 맥Mac OS가 설치되어 있어야 합니다. 사용하는 컴퓨터에 다음 소프트웨어를 다운로드합니다.

- 로블록스 플레이어Roblox Player
- 로블록스 스튜디오Roblox Studio

게임패드 입력을 설명할 때는 Microsoft 엑스박스Xbox 컨트롤러를 사용합니다.

이 책의 모든 코드 예제는 깃허브 및 영진닷컴 사이트에 업로드되어 있습니다. 이 장의 실습 영상은 https://bit.ly/3z5ZsPI에서 확인하세요.

02 / ClickDetector와 ProximityPrompt, 툴 사용법

6장의 그래픽 사용자 인터페이스(GUI)에서 사용자 입력을 감지했습니다. 기억이 안 나는 분들을 위해 정확히 짚자면 `.MouseButton1Click` 이벤트를 감지했습니다. 이 이벤트로 플레이어가 TextButton이나 ImageButton을 클릭했는지 확인했습니다. 개발 경력이 길어질수록 더 많이 사용하게 될 강력한 이벤트지만 사용자가 제공할 수 있는 입력은 훨씬 더 많습니다. 이제부터 ClickDetector와 ProximityPrompt, 툴을 사용하여 사용자 입력을 감지하는 방법을 살펴보겠습니다. 먼저 ClickDetector부터 시작하겠습니다.

02.1 | ClickDetector 사용

플레이어가 게임 내 개체와 상호 작용하도록 만들어야 할 때가 있습니다. 예를 들어 플레이어가 버튼을 눌러 문을 열거나 특정 아이템을 집어 드는 시스템을 만들 수 있습니다. 이때 ClickDetector를 사용합니다.

ClickDetector는 어떻게 작동할까요? BasePart 내부에 ClickDetector를 추가하면 이 BasePart를 클릭할 수 있습니다. 다음 스크린샷에서 볼 수 있듯이 ClickDetector가 포함된 BasePart 위로 마우스 커서를 가져가면 커서 아이콘이 바뀝니다.

그림 7-1 ClickDetector가 포함된 파트

[그림 7-1]에서 바뀐 커서 아이콘은 이 파트가 클릭할 수 있는 요소임을 플레이어에게 알려 줍니다. 하지만 이 아이콘이 모든 게임 장르에 적합한 것은 아닙니다. 다행히도 커서 아이콘은 변경할 수 있습니다. ClickDetector에서 CursorIcon 속성을 변경하면 해당 속성에 입력한 로블록스 애셋 ID가 커서 아이콘이 됩니다. 이때 입력하는 로블록스 애셋 ID는 이미지에 속한 ID여야 합니다.

이제 ClickDetector의 기초를 알았습니다. 하지만 아직 실제 작동 모습은 보지 못했습니다. ClickDetector를 사용하여 플레이어 목록 leaderstats의 값을 증가시켜 보겠습니다.

Leaderstats 값 증가시키기

ClickDetector를 사용해 leaderstats의 값을 증가시키기에 앞서, leaderstats가 무엇이고 ClickDetector는 어떻게 작동하는지 이해해야 합니다. 그 후에 이어서 leaderstats를 살펴보고 ClickDetector로 값을 늘리는 간단한 스크립트를 만들어 보겠습니다. 이렇게 하면 각 시스템이 작동하는 방식을 이해할 수 있습니다. 두 시스템이 모두 작동하면, 원하는 시스템이 제대로 작동함을 증명하는 개념 증명proof of concept(POC)이 생깁니다. 마지막으로 두 시스템을 결합하여 leaderstats 값을 증가시킬 것입니다.

leaderstats 이해

그렇다면 leaderstats는 무엇일까요? 6장에서 로블록스에 주요 GUI가 몇 가지 있다고 언급했습니다. 이러한 주요 GUI 중에는 동일한 서버에 연결된 모든 플레이어의 이름을 표시하는 PlayerList가 있습니다. 이 PlayerList를 리더보드로 바꿀 수 있습니다.
어떻게 작동할까요? 다음 코드를 살펴보겠습니다.

```
local Players = game:GetService("Players")

function newPlayer(player)
    local leaderstats = Instance.new("Model")
    leaderstats.Name = "leaderstats"
    leaderstats.Parent = player

    local statistic = Instance.new("IntValue")
    statistic.Name = "SomeStatistic"
    statistic.Parent = leaderstats
    statistic.Value = 0
end

Players.PlayerAdded:Connect(newPlayer)
```

코드를 살펴보겠습니다. 플레이어가 게임에 참여하면 Player 개체 내부에 모델을 만듭니다. 이 모델을 leaderstats라 합니다. 그다음 IntValue 인스턴스를 만듭니다. IntValue 인스턴스를 SomeStatistic이라고 하고, 이전에 만든 leaderstats 모델을 부모로 설정합니다. IntValue는 1, 5, 10, 25와 같은 정수를 저장할 수 있는 인스턴스입니다. IntValue 인스턴스는 10진수를 허용하지 않습니다.

첫 번째 리더보드가 생겼습니다. 게임을 플레이해 플레이어 목록*을 보면 다음과 같이 표시됩니다.

그림 7-2 새로 만든 리더보드

이제 리더보드와 leaderstats가 무엇인지 알았습니다. 이를 바탕으로 ClickDetector 입력에 따라 증가하는 leaderstats를 만드는 첫 번째 단계를 마쳤습니다. 이제 본격적으로 ClickDetector에 대해 알아보겠습니다.

ClickDetector 이해

다음으로 ClickDetector의 작동 방식을 알아봅니다. 앞서 ClickDetector가 BasePart 내부에 있다고 배웠습니다. Workspace에 Part를 생성하고 Part의 이름은 ClickablePart라고 짓겠습니다. 생성을 마치면 이 파트에 ClickDetector를 삽입합니다.

---

* **역주_** 캡처한 이미지와 같이 세 명의 플레이어 정보를 확인하려면 [테스트] - [클라이언트 및 서버]에서 플레이어 수를 3명으로 설정한 뒤 [시작] 버튼을 누릅니다.

홀륭합니다. ClickDetector가 작동하는 데 필요한 모든 것을 설정했습니다. 그런데 누가 ClickDetector를 눌렀는지는 어떻게 확인할까요? 다행히 이를 감지하는 이벤트가 있습니다. .MouseClick라는 이벤트입니다. 다음 코드를 살펴보겠습니다.

```lua
local clickDetector = workspace.ClickablePart.ClickDetector

function clicked(player)
    print(player.Name)
end

clickDetector.MouseClick:Connect(clicked)
```

이 코드는 .MouseClick 이벤트를 감지합니다. 이 이벤트가 실행되면 clicked() 함수가 실행됩니다. .MouseClick 이벤트가 발생할 때 ClickDetector를 사용한 Player 개체가 첫 번째 매개 변수로 전달되고, 이 매개 변수는 ClickDetector를 사용한 플레이어의 이름을 출력하는 데 사용합니다.

코드를 작성하고 게임을 실행하면 개발자 콘솔은 다음처럼 보입니다.

그림 7-3 ClickDetector의 이벤트 감지

[그림 7-3]을 보면 ClickDetector를 사용할 때마다 사용자 이름이 출력됩니다. 직접 실행해 보세요.

이제 ClickDetector에서 입력을 감지하는 방법을 알았습니다. 이제 이 지식과 앞서 학습한 leaderstats에 대한 지식을 결합하겠습니다. 두 시스템을 결합해 ClickDetector를 사용할 때 leaderstats의 값이 증가하는 시스템을 만들어 보겠습니다.

ClickDetector를 사용한 leaderstats 증가

우리가 만들려는 시스템을 다시 한 번 살펴봅시다. 클릭 수를 표시하는 리더보드를 만들고자 합니다. 누군가 ClickDetector가 있는 파트를 클릭하면 클릭 수가 하나씩 증가합니다. leaderstats는 Player 개체 내부의 모델에 저장되어 있습니다. 또한, clicked() 함수의 첫 번째 매개 변수로는 ClickDetector와 상호 작용한 플레이어가 전달됩니다. 이 매개 변수를 사용하여 leaderstats를 찾고 값을 증가시킬 것입니다. 다음 코드를 살펴보겠습니다.

```lua
local Players = game:GetService("Players")
local clickDetector = workspace.ClickablePart.ClickDetector

function newPlayer(player)
    local leaderstats = Instance.new("Model")
    leaderstats.Name = "leaderstats"
    leaderstats.Parent = player

    local clicks = Instance.new("IntValue")
    clicks.Name = "Clicks"
    clicks.Parent = leaderstats
    clicks.Value = 0
end

function incrementClicks(player)
    local leaderstats = player:FindFirstChild("leaderstats")
```

```
    if leaderstats ~= nil then
        local clicks = leaderstats:FindFirstChild("Clicks")
        if clicks ~= nil then
            clicks.Value += 1
        end
    end
end

Players.PlayerAdded:Connect(newPlayer)
clickDetector.MouseClick:Connect(incrementClicks)
```

위의 코드에는 두 가지 함수가 있습니다. newPlayer()는 새로운 플레이어가 게임에 참여하면 실행되며, leaderstats를 생성합니다. 다른 함수는 incrementClicks() 함수입니다. 누군가가 ClickDetector와 상호 작용하면 실행되며, leaderstats 모델과 IntValue 인스턴스인 Clicks를 찾습니다. 모델과 인스턴스를 찾은 뒤에는 IntValue 인스턴스인 Clicks의 값을 1만큼 증가시킵니다.

게임을 플레이하고 ClickDetector를 사용하면 누를 때마다 Clicks가 증가하는 것을 확인할 수 있습니다.

지금까지 ClickDetector와 leaderstats를 사용하는 방법을 배웠습니다. 하지만 그 과정에서 더 중요한 사실을 배웠습니다. 바로 익숙하지 않은 요소로 시스템을 만드는 방법입니다. 먼저, 시스템을 하위 시스템 여러 개로 분할한 다음, 각 하위 시스템의 작동 방식과 작동 여부를 확인해 개념 증명(POC)을 만듭니다. 마지막으로 개념 증명을 응용해 원하는 시스템을 만듭니다. ClickDetector를 조금 더 사용해 보도록 하죠. 이번에는 클라이언트와 서버에서 .MouseClick 이벤트를 감지하는 시점을 파악해 보겠습니다.

파티클 활성화

앞에서는 ClickDetector를 사용할 때마다 Clicks leaderstat를 증가시키는 시스템을 만들었습니다. 이번에는 leaderstats 대신 파티클particle을 사용합니다.

파티클이란 뭘까요? 로블록스에는 다양한 파티클이 있습니다. 간단하게는 스파클부터 연기, 폭발, 불, 빔 같은 파티클이 있습니다. 그 외에도 개발자가 마음대로 수정할 수 있는 파티클 이미터particle emitter라는 파티클도 있습니다. 파티클 이미터는 게임 내에 멋진 파티클을 만듭니다. 이러한 파티클 만드는 방법은 다루지 않겠습니다. 이런 일은 게임용 파티클을 디자인하는 시각 효과(VFX) 디자이너에게 부탁하세요.

파티클은 게임의 외양을 향상시키므로 클라이언트에서 작업해야 합니다. 이렇게 하면 서버에 가해지는 부하가 줄어듭니다.

부엌의 가스레인지에서 불fire 파티클이 켜졌다 꺼지도록 토글을 만들어 보겠습니다. 불 파티클은 클라이언트에서 변경합니다. 이때 ClickDetector에서 .MouseClick 이벤트를 감지하는 스크립트를 만든 다음, RemoteEvent를 사용해 특정 클라이언트에게 불 파티클을 토글하도록 지시합니다. 이렇게 만들어도 원하는 대로 작동하지만 상당히 많은 작업을 해야 합니다. 대신 훨씬 더 나은 대안이 있습니다.

지금까지 서버에서만 .MouseClick 이벤트를 감지했는데 굳이 그래야 할까요? 앞에서는 리더보드 값을 변경해야 했으니 서버에서 수행했습니다. 하지만 파티클은 클라이언트에서 수행할 사항이니 클라이언트에서 전체 시스템을 만드는 게 어떨까요?

클라이언트도 이벤트를 감지할 수 있습니다. 이번 시스템은 모두 클라이언트에 만드는 편이 훨씬 낫습니다. 다음 클라이언트 측 코드를 살펴보겠습니다.

```lua
local furnace = workspace:WaitForChild("KitchenFurnace")
local clickDetector = furnace:WaitForChild("ClickDetector")
local fire = furnace:WaitForChild("Fire")

function clicked()
    fire.Enabled = not fire.Enabled
end

clickDetector.MouseClick:Connect(clicked)
```

코드에는 Workspace에 KitchenFurnace라는 파트가 있습니다. 이 KitchenFurnace 파트에는 ClickDetector와 Fire 파티클이 있습니다.

스크립트 하단에서 `.MouseClick` 이벤트를 감지합니다. 플레이어가 ClickDetector를 사용하면 Fire 파티클의 Enabled 속성이 변경됩니다. Enabled 속성은 Fire 파티클의 활성화 여부를 결정하는 부울값입니다. 이 속성 값을 전환할 때 `not`을 사용합니다. 먼저, `true`일 속성의 현재 값을 읽습니다. 그다음 `not` 키워드가 부울값을 반전시켜 `true`가 `false`로 변경됩니다. 이렇게 부울값을 사용하는 속성을 쉽게 전환합니다.

StreamingEnabled

StreamingEnabled를 사용하면 앞의 코드를 게임에 맞게 조정해야 합니다. 항상 ClickDetector를 찾을 수 있도록 `.ChildAdded`를 사용하세요.

게임을 실행해 KitchenFurnace 파트를 클릭하면 Fire 파티클이 상태에 따라 켜지거나 꺼집니다. 다음 스크린샷에서 실행한 모습을 확인하세요.

그림 7-4 가스레인지에 Fire 파티클 토글

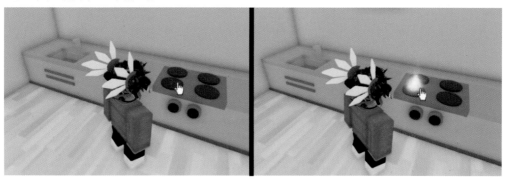

> **NOTE** 클라이언트에서 `.MouseClick` 이벤트를 감지하도록 했으므로 다른 클라이언트에서는 Fire 파티클의 상태가 변경되지 않습니다. Fire 파티클을 모든 클라이언트에서 변경하려면 서버에서 `.MouseClick` 이벤트를 감지해 `:FireAllClients()` 함수를 실행하는 RemoteEvent를 사용해야 합니다.

이번에는 파티클에 대해 간략히 알아보았습니다. 먼저 Fire 파티클의 사용법을 배웠습니다. Fire 입자를 다른 입자로 변경해 작동을 확인해 보세요. 또한 특정 이벤트는 서버보다 클라이언트에서 감지하는 것이 더 낫다는 것도 배웠습니다. 다음에는 ProximityPrompt를 사용해 사용자 입력을 감지하는 방법을 알아보겠습니다.

02.2 | ProximityPrompt 작업

ProximityPrompt는 2020년 12월에 출시된 기능입니다. 출시된 지 오래되지는 않았지만, 다양한 장치에 대한 사용자 입력을 쉽게 감지한다는 장점으로 많은 게임에 빠르게 적용되고 있습니다.

그렇다면 ProximityPrompt는 뭘까요? ProximityPrompt는 6장에서 본 BillboardGui와 매우 유사합니다. ProximityPrompt를 사용하려면 먼저 BasePart에 삽입합니다. 다음 스크린샷에서 ProximityPrompt가 작동하는 모습을 확인해 보세요.

그림 7-5 ProximityPrompt

ProximityPrompt가 보이지 않는 경우

로블록스 스튜디오에서 개발하는 동안에는 ProximityPrompt가 표시되지 않으면 게임을 플레이해서 확인해보세요. 플레이 중에는 표시됩니다.

[그림 7-5]에서 파트에 들어 있는 ProximityPrompt를 확인할 수 있습니다. Proximity-Prompt의 왼쪽에 'E'라는 글자가 있습니다. 이 ProximityPrompt와 상호 작용하려면 키보드에서 E 키를 눌러야 한다는 의미입니다. 그러면 자연히 '키보드가 없는 사람은 어쩌지?'라는 의문이 들 겁니다. 로블록스는 이 모든 것을 대신 해결해 줍니다. 휴대폰이나 태블릿에서는 ProximityPrompt를 누르면 상호 작용이 일어납니다. PC와 콘솔에는 GamepadKeyCode와 KeyboardKeyCode라는 두 가지 속성이 있습니다. 이 속성에 원하는 키를 지정할 수 있습니다. 다음 스크린샷에서 두 속성이 작동하는 모습을 확인해 보세요.

그림 7-6 ProximityPrompt의 속성

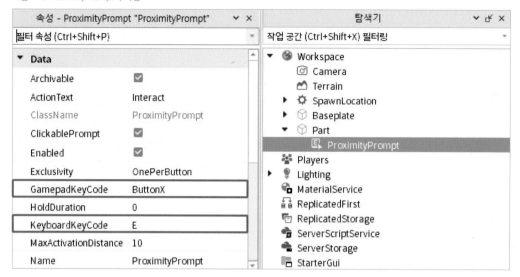

ProximityPrompt의 속성 중 ActionText 속성은 기본으로 표시되는 텍스트로, Proximity-Prompt가 수행할 작업을 플레이어에게 알릴 때 사용합니다. ProximityPrompt를 사용하여 상점 메뉴를 열고 싶다면 '상점 열기'로 변경하세요. 추가적인 설명을 작성할 때는 ObjectText 속성을 사용합니다.

ProximityPrompt에 사용자 지정 옵션을 설정할 수 없는 것처럼 들리지만, 그렇지 않습니다. ProximityPrompt는 많은 것을 변경할 수 있습니다. [그림 7-7]에는 게임 디자인에 맞게 변경한 ProximityPrompt가 있습니다. ProximityPrompt의 모양을 변경하는 방법은 다루지 않겠지만 가능하다는 사실은 알아 두세요.

그림 7-7 디자인에 맞게 수정한 ProximityPrompt

ProximityPrompt에 대해 알아봤습니다. 어떻게 작동하는지, 장치별로 키 바인딩을 어떻게 변경하는지 살펴봤으며, ActionText 및 ObjectText 속성에 대해서도 배웠습니다. 이번에는 ProximityPrompt를 사용하여 툴을 집는 시스템을 만들어 보겠습니다.

ProximityPrompt를 사용한 툴 집기

앞서 ProximityPrompt에 대한 많은 것을 배웠지만 사용자의 입력을 감지하는 방법은 아직 알아보지 않았습니다. 지금부터 플레이어가 ProximityPrompt를 사용해 인벤토리에 넣을 툴을 만들겠습니다.

지금까지 툴은 사용한 적이 없습니다. 그러니 툴이 무엇이고 어떻게 작동하는지부터 살펴보겠습니다. 길진 않을 겁니다. 툴을 사용하여 사용자 입력을 감지하는 방법은 뒤에서 자세히 살펴보겠습니다. 툴의 작동 방식을 살펴본 뒤 플레이어가 사용할 손전등을 만들고, 그 뒤 사용자가 ProximityPrompt를 사용하여 이 손전등을 얻는 코드를 살펴봅니다.

툴

플레이어가 게임 내에서 사용하는 모든 것이 툴입니다. 원하는 모든 툴을 만들 수 있습니다. 농사 게임을 만든다면 쇠스랑이나 갈퀴, 삽 같은 농기구를 만들 수 있습니다.

툴을 만들면 StarterPack에 넣을 수 있습니다. StarterPack에 있는 툴은 자동으로 모든 플레이어의 인벤토리에 지급됩니다. 각 Player 개체에는 Backpack이라는 폴더가 있는데, Backpack 폴더에는 플레이어 인벤토리에서 현재 사용하지 않는 모든 툴을 저장합니다. 플레이어가 이 툴을 장착하면 플레이어 캐릭터 모델의 자녀로 툴이 생성됩니다. 따라서 캐릭터 모델 내부에 있는 툴은 사용중인 툴이라고 결론 내릴 수 있습니다.

툴을 사용할 때는 아바타의 손 어딘가에 툴을 잡아야 합니다. 툴을 잡는 위치는 각 도구 내부에 있을 Handle이라는 BasePart에 따라 결정됩니다. 이 이름을 가진 툴 내부에는 하나의 BasePart가 있어야 합니다. 이 BasePart가 없으면 툴은 작동하지 않습니다. Handle에 대해서는 잠시 후 알아보겠습니다.

지금까지 툴과 StarterPack에 대해 알아보았습니다. 비활성화된 툴은 Player 개체 내부의 Backpack 폴더에 저장됩니다. 플레이어가 툴을 사용하면 플레이어의 캐릭터 모델을 부모로 삼습니다. 다음으로 손전등을 만드는 방법을 설명하겠습니다.

손전등 만들기

어두울 때 지도를 밝혀 주는 간단한 손전등을 만들어 봅시다. 이 책은 프로그래밍을 설명하는 책이기 때문에 보기 예쁜 손전등을 모델링하는 대신, 작동하는 정도로만 만들겠습니다. 혹여라도 모델링 방법이나 파트를 합치는 방법을 알고 있다면 더 나은 모양의 손전등을 만들어 보세요.

첫 번째 툴은 다음 단계를 따라 만드세요.

① 새 툴을 만들고 이름을 Flashlight로 지정합니다. 어떻게 보이는지 봐야 하므로 Workspace에 보관합니다.

② 툴 내부에 파트를 생성하고 이름을 Handle로 지정합니다. 이 파트의 크기를 {0.5, 0.5, 2}로 조정합니다. Handle 파트가 고정되지 않도록 하세요.

③ Handle 파트 내부에 SpotLight를 생성합니다. SpotLight는 빛을 만듭니다. Face 속성을 제대로 설정하세요. SpotLight는 앞을 향해야 합니다. 그런 다음 Brightness 속성을 5로 변경합니다.

Lighting

Lighting 서비스를 사용하면 게임 내 조명과 관련된 모든 사항을 변경할 수 있습니다. 시간을 자정으로 변경하면 SpotLight가 앞을 향하는지 가장 쉽게 확인할 수 있습니다. Lighting의 ClockTime 속성을 0으로 변경해 보세요.

④ StarterPack을 툴의 부모로 지정합니다.

첫 번째 툴을 만들었습니다. 꽤 쉬웠죠? 게임을 플레이하면 손전등이 앞을 비춥니다. 이는 Handle 파트 내부에 SpotLight를 추가했기 때문입니다. 다음 스크린샷에서 결과를 확인해 봅시다.

그림 7-8 작동하는 손전등

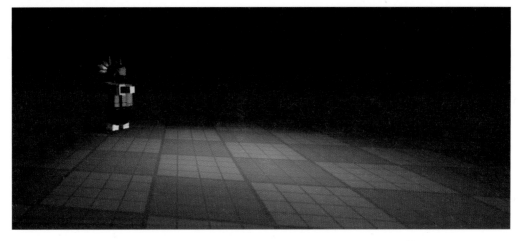

이번에는 툴을 만드는 방법과 SpotLight가 무엇인지 배웠고 몇 가지 속성을 보았습니다. Lighting 서비스도 간략히 소개했습니다. 이어서 ProximityPrompt를 사용하여 도구를 줍는 방법을 알아보겠습니다.

손전등 줍기

StarterPack에 손전등이 저장되어 있습니다. 이는 모든 플레이어가 기본적으로 이 손전등을 가지고 있음을 의미합니다. 그러나 플레이어가 손전등을 줍도록 만들고 싶습니다. 예를 들어 여러 경로의 미로를 만들고 이 중 한 경로에 손전등을 두면, 이 손전등을 사용해 플레이어가 미로를 더 쉽게 탐색할 수 있습니다.

먼저 StarterPack에서 손전등을 제거합니다. 그럼 손전등을 어디다 둬야 할까요? 일반적으로 툴은 ReplicatedStorage나 ServerStorage에 저장됩니다. 두 서비스의 차이는 무엇일까요?

- 클라이언트는 ReplicatedStorage에 속한 툴을 볼 수 있습니다. 이 특징 덕에 GUI에 특정 도구의 미리보기를 표시할 수 있습니다. 예를 들어 플레이어가 구매할 수 있는 모든 툴을 표시할 GUI를 만든다고 했을 때, ReplicatedStorage를 사용합니다.
- 클라이언트는 ServerStorage에 액세스할 수 없습니다. 따라서 클라이언트가 툴에 직접 액세스할 필요가 없으면 여기에 저장합니다.

이제 툴이 저장되는 기본 위치를 알았으니 손전등을 이동해 보겠습니다. 지금은 GUI에 도구를 표시할 생각이 없습니다. 따라서 손전등을 ServerStorage에 저장하여 좀 더 체계적으로 유지하겠습니다.

손전등을 설정하려면 다음 단계를 따르세요.

❶ 먼저 ServerStorage에 Tools라는 폴더를 만듭니다.

❷ 손전등을 이 폴더로 옮깁니다.

이제 ProximityPrompt를 추가합니다. ProximityPrompt를 생성하려면 다음 단계를 따르세요.

❶ Workspace 어딘가에 Part를 생성합니다. 이 파트의 이름을 FlashlightGiver로 지정합니다.

❷ GiveTool이라는 ProximityPrompt를 추가합니다.

❸ ActionText 속성을 Get a Flashlight!로 변경합니다.

❹ 원한다면 ProximityPrompt의 HoldDuration 속성을 1로 변경해도 좋습니다. HoldDuration을 1로 변경하면 플레이어가 지정된 키를 1초 동안 누르고 있어야 합니다.

이를 바탕으로 다음 코드를 분석해 보겠습니다.

```
local ServerStorage = game:GetService("ServerStorage")
local toolsStorage = ServerStorage.Tools
local flashlightGiver = workspace.FlashlightGiver
local proximityPrompt = flashlightGiver.GiveTool


function proximityPromptTriggered(player)
    -- ServerStorage > Tools에 손전등이 있는지 확인
    local flashlight = toolsStorage:FindFirstChild("Flashlight")
    if flashlight ~= nil then
        -- 손전등 복사
        local toolClone = flashlight:Clone()

        -- Backpack 자녀로 넣기
```

```
            toolClone.Parent = player.Backpack
        else
            warn("Flashlight tool is not in the Tools folder!")
        end
    end

proximityPrompt.Triggered:Connect(proximityPromptTriggered)
```

이 코드는 먼저 몇 가지 변수를 만듭니다. 변수는 앞서 만든 ProximityPrompt 같은 게임의 특정 인스턴스에 대한 참조를 지정합니다. 스크립트 하단의 **proximityPrompt** 참조를 사용하여 **.Triggered** 이벤트를 감지합니다. 이 이벤트는 플레이어가 ProximityPrompt와 상호 작용하면 감지됩니다. 이 이벤트가 실행되면 **proximityPromptTriggered()** 함수가 실행되는데, 이 함수는 ProximityPrompt와 상호 작용할 Player 개체를 첫 번째 매개 변수로 제공합니다.

proximityPromptTriggered() 함수는 먼저 ServerStorage에서 만든 Tools 폴더 내에서 손전등 툴이 있는지 확인합니다. 툴을 찾으면 손전등 툴을 참조하여 **:Clone()** 함수를 실행합니다. **:Clone()** 함수는 인스턴스와 모든 하위 요소를 복제합니다. 하위 요소에는 자녀부터 자녀의 자녀 등 모든 요소가 포함됩니다.

손전등의 복제본을 플레이어의 폴더 아래 Backpack에 자녀로 지정합니다. Backpack 폴더 대신 플레이어의 캐릭터 모델에 손전등을 복제하면 어떻게 될지 직접 확인하며 그 답을 찾아보세요.

위의 코드에서는 Script를 사용했습니다. 파티클 활성화를 설명할 때 클라이언트도 이런 이벤트를 감지할 수 있다고 설명했습니다. 그럼 클라이언트에서도 ProximityPrompt의 **.Triggered** 이벤트를 감지할 수 있을까요? 경우에 따라 다릅니다. 클라이언트는 **.Triggered** 이벤트를 감지할 수 있지만, 코드는 툴을 복제하므로 이 작업은 서버에서 수행해야 합니다. 우선 손전등은 ServerStorage에 저장됩니다. 그러나 LocalScript는 이 서비스에 액세스할 수 없습니다. 또한, 클라이언트에서 툴을 복제해 Backpack 폴더를 부모로 지정하면 해당 도구는 사용자에게만 표시되고 다른 사람에게는 표시되지 않습니다. 이는 4장에서 배운 FilteringEnabled 때문입니다.

여기서는 ProximityPrompt로 사용자 입력을 감지하는 방법을 알아봤고, 이 외에도 게임에서 툴을 보관하는 방법을 배웠습니다. 이 과정에서 :Clone() 함수의 역할도 배웠습니다. :Clone() 함수는 모든 자녀를 포함한 인스턴스의 정확한 복사본을 만듭니다. 마지막으로 이 시스템을 구현하는 위치를 확인했습니다. 앞서 배운 FilteringEnabled 정보를 사용하여 시스템을 서버에 구현할지 클라이언트에 구현할지 정했습니다. 이제 플레이어의 인벤토리에 같은 툴이 중복되지 않도록 제어하는 방법을 알아봅니다.

툴 중복 방지

앞에서 게임 플레이어가 손전등을 얻도록 하는 ProximityPrompt를 만들었습니다. 문제는 이 ProximityPrompt를 원하는 만큼 여러 번 사용할 수 있다는 점입니다. 플레이어에 따라 손전등이 복제되는 횟수를 제한하고 싶다면 어떻게 해야 할까요? 다음 코드를 살펴보겠습니다.

```lua
function proximityPromptTriggered(player)
    -- 이미 해당 툴이 있는지 확인
    if not playerHasTool(player, "Flashlight") then
        -- ... 함수 구현
    end
end


function playerHasTool(player, toolName)
    local character = player.Character
    local backpack = player.Backpack
    --
    local characterTool = character:FindFirstChildOfClass("Tool")
    if
        backpack:FindFirstChild(toolName)
        or
        (characterTool ~= nil and characterTool.Name == toolName)
```

```
    then
        -- 이미 도구가 있음
        return true
    end
    -- 도구가 없음
    return false
end
```

이 코드에는 이전 스크립트와 비교하여 새로운 함수를 도입했습니다. 지금 코드는 새로 변경된 부분만 실었음을 유의하길 바랍니다. 새로운 함수는 playerHasTool()입니다. 두 번째 매개 변수인 toolName에는 확인하려는 도구의 이름을 지정할 수 있습니다. 툴은 Backpack 폴더나 캐릭터 모델 내부에 위치할 수 있으니 두 곳 모두에서 확인해야 합니다.

먼저 Backpack 폴더에서 툴을 찾아봅니다. 지금까지 여러 번 보았던 :FindFirstChild() 함수를 사용합니다. 그러나 Character 모델에서 툴을 찾을 수 있는지 확인하기 위해 지금까지와는 다른 방법을 사용합니다. 먼저 :FindFirstChildOfClass() 함수를 사용하여 툴을 찾습니다. 툴을 찾았다면 이 툴이 찾는 툴과 일치하는지 확인합니다. 복잡한 if문을 분석해도 재미있겠지만 이렇게 하는 데에는 이유가 있습니다.

Backpack 폴더 안에는 Tool과 LocalScript만 있을 겁니다. 여기서는 :FindFirstChild() 함수를 사용하는 게 편합니다. 스크립트 이름을 툴 이름과 비슷하게 지정하지만 않으면 됩니다. 그러나 Character 폴더 안에는 여러 가지가 있습니다. 여기에는 다양한 액세서리도 포함됩니다. 특히 사용자 생성 콘텐츠user-generated content(UGC) 프로그램이 점점 확대되고 있어 툴과 동일한 이름을 가진 액세서리가 있을 수 있습니다. :FindFirstChildOfClass() 함수를 사용하면 하나의 툴만 나타납니다. 이렇게 하면 모든 액세서리와 기타 인스턴스가 자동으로 필터링됩니다.

이번에는 플레이어가 특정 도구를 가지고 있는지 확인하는 방법을 설명했습니다. 이렇게 하면 플레이어가 중복된 도구를 가지지 않도록 방지할 수 있습니다. 이때, 플레이어의 Character 모델과 Backpack 폴더를 모두 확인했습니다. 이제 ProximityPrompt를 올바르게 사용하여 사용자 입력을 감지하는 방법을 알았습니다. 이어서 툴을 사용해 사용자 입력을 감지하는 방법을 알아보겠습니다.

02.3 | 툴 사용하기

앞에서 ClickDetector와 ProximityPrompt를 사용하여 사용자 입력을 감지하는 방법을 살펴봤습니다. ProximityPrompt를 배우는 동안 툴을 잠시 소개했습니다. 툴은 그다지 복잡하지 않지만 게임에 툴을 만들면 경험은 크게 달라집니다.

도구를 사용할 때 사용자 입력을 어떻게 감지할까요? 툴과 관련된 이벤트 중에서 알아 둬야 할 건 4개뿐입니다. 다음 표를 확인하세요.

표 7-1 중요한 툴 관련 이벤트

이벤트	목적
.Equipped	툴이 플레이어의 Character 모델의 자녀로 들어가면 실행되는 이벤트입니다. 이 이벤트를 사용해 캐릭터가 툴을 장착했음을 감지합니다.
.Unequipped	툴이 Backpack의 자녀로 들어가면 실행되는 이벤트입니다. 이 이벤트를 사용해 캐릭터가 툴을 장착 해제했음을 감지합니다.
.Activated	플레이어가 툴을 사용하면 실행되는 이벤트입니다. 모든 장치에서 실행되는 이벤트로 사용하는 입력 도구에 따라 구분하지 않아도 됩니다. PC에서는 GUI 요소에서 발생하는 .MouseButton1Down 이벤트와 비슷합니다.
.Deactivated	플레이어가 툴의 사용을 멈추면 실행되는 이벤트입니다. .Activated 이벤트와 유사하게 모든 장치에서 실행됩니다. PC에서는 GUI 요소에서 발생하는 .MouseButton1Up 이벤트와 비슷합니다.

이제 툴과 관련된 가장 일반적인 이벤트를 알았습니다. 이번 장에서 이벤트를 클라이언트와 서버 중 어느 쪽에서 감지할지 여러 번 고민했습니다. 다시 한번 말하지만, 사용 사례에 따라 다릅니다. 예를 들어, 툴을 사용할 때 특정 애니메이션을 재생하고 싶거나 GUI를 업데이트하고 싶다면 클라이언트에서 수행해야 합니다. 그러나 서버의 모든 사람이 봐야 할 더 복잡한 논리나 동작이 있다면 서버에서 수행해야 합니다.

4장에서 LocalScript는 Workspace 내에서 작동하지 않는다고 설명했습니다. 활성화된 툴은 Workspace의 자녀인 Character 모델 내부에 있지만 툴에 삽입한 LocalScript는 계속 작동합니다. 이는 Character 개체는 Workspace 규칙의 예외에 속하기 때문입니다. LocalScript는 Character 모델 내부에 있을 때 작동합니다. 따라서 LocalScript는 Character 모델의 자식인 툴의 내부에서도 작동합니다.

툴에 대한 가장 일반적인 이벤트를 알았으니 이제 툴을 사용할 수 있습니다. 이전에 만든 손전등 툴의 예시로 돌아가겠습니다. 현재 상태에 따라 손전등을 켜거나 끄도록 만들겠습니다.

손전등 켜고 끄기

이 시스템을 구현하기 전에 서버와 클라이언트 중 어디에서 구현해야 할지 먼저 생각해 봐야 합니다. 이에 대한 답은 개발자가 손전등이라는 툴에 어떤 동작을 원하는지에 따라 달라집니다. 한 플레이어가 사용하는 손전등의 효과를 다른 플레이어가 받지 못하도록 하려면 클라이언트에서 구현해야 합니다. 반대로 모든 플레이어가 손전등의 효과를 받길 바랄수도 있습니다. 예를 들어 게임에 괴물이 있다고 칩시다. 손전등이 꺼지면 괴물은 플레이어를 찾지 못합니다. 이런 경우라면 서버에 시스템을 구현해야 합니다.

가장 합리적인 경우인 것 같으니 서버에 시스템을 구현하겠습니다. 다음 코드를 살펴봅시다.

```
local tool = script.Parent
local handle = tool.Handle

function activated()
    local spotlight = handle:FindFirstChild("SpotLight")
    if spotlight ~= nil then
        spotlight.Enabled = not spotlight.Enabled
    end
end

tool.Activated:Connect(activated)
```

앞의 코드는 .Activated 이벤트를 감지합니다. 이 이벤트가 실행되면 activated() 함수가 실행됩니다. activated() 함수는 :FindFirstChild() 함수를 사용해 Handle 파트에서 SpotLight를 찾습니다. SpotLight를 찾으면 .Enabled 속성을 토글합니다. 파티클 활성화를 설명할 때 not 키워드를 사용해 토글을 구현했습니다.

이제 툴에서 .Activated 이벤트를 사용하는 방법을 살펴보았습니다. 직접 툴을 만들어 보세요. 단, 처음 만들 때는 복잡한 툴을 만들고 싶다는 속삭임에 넘어가지 마세요. 간단한 툴을 만드세요. 먼저 간단한 시스템을 작업하며, 작동하는 툴과 작동하지 않는 툴을 파악합니다. 처음부터 복잡한 툴을 만들겠다고 뛰어들면 작동하지 않는 경우가 많아 개발자가 의욕을 잃게 되는 경우가 부지기수입니다. 간단하게 유지하세요. 이미 아는 지식과 결합해 보세요. 예를 들어 .Activated 이벤트가 발생할 때 임의의 애니메이션을 재생하는 툴을 만드는 것도 좋습니다. .Deactivated 이벤트와 결합해서 만들어 봐도 좋습니다.

03 / 고급 사용자 입력 구현

지금까지 사용자 입력을 감지하는 여러 방법을 살펴보았습니다. 6장에서는 GUI에서 사용자 입력을 수신하는 방법을 살펴봤고, ClickDetector와 ProximityPrompt, 툴을 사용하여 사용자 입력을 감지하는 방법도 배웠습니다. 이는 모바일 장치에서 사용자 입력을 감지하는 가장 일반적인 방법입니다. 스마트폰에는 자이로스코프나 가속도계 센서 같이 '입력'을 감지할 다른 방법이 존재합니다. 자주 사용되지는 않지만요.

콘솔과 PC에는 더 많은 입력 방법이 있습니다. 이런 입력 방식을 '고급' 입력이라 부릅니다. 툴 같은 입력에 비해 더 많은 요소를 생각해야 하기 때문입니다. 툴을 사용할 때, 로블록스는 플레이어가 상호 작용하면 실행되는 .Activated라는 이벤트를 만들었습니다. 이때는 플레이어가 어떤 장치에서 게임을 하는지 걱정할 필요가 없었습니다. 모두 로블록스에서 대신 처리했습니다. 하지만 지금부터 살펴볼 고급 사용자 입력은 이 모든 작업을 직접 수행해야 합니다. 이 외에도 감지할 모든 입력은 클라이언트에 프로그래밍해야 합니다. 클라이언트에서 수행하는 이유는 서버는 사용할 이벤트를 감지하지 못하기 때문입니다.

지금부터 플레이어의 마우스와 키보드, 게임패드에서 입력을 감지하는 방법을 배웁니다. 먼저 키보드 입력을 감지하는 방법을 살펴보겠습니다.

03.1 | 키보드 입력

키보드 입력을 감지하려면 UserInputService를 사용해야 합니다. 이 서비스는 플레이어의 입력과 관련된 모든 내용을 알고 있습니다. 6장에서 이 서비스를 간략히 소개했습니다. 6장에서는 이 서비스의 .LastInputTypeChanged 이벤트를 사용해 플레이어에게 어떤 조작 버튼을 보여 줄지 파악했습니다.

클라이언트에서 이 서비스를 감지해야 하는데 어떻게 설정할까요? UserInputService에서 두 가지 이벤트인 .InputBegan과 .InputEnded를 살펴봐야 합니다. .InputBegan 이벤트는 사용자가 키를 누를 때 발생하고 .InputEnded 이벤트는 사용자가 키를 놓을 때 발생합니다. .InputBegan 이벤트를 사용하는 간단한 스크립트를 살펴보겠습니다.*

```lua
local UserInputService = game:GetService("UserInputService")

function inputBegan(inputObject, gameProcessedEvent)
    print(gameProcessedEvent, inputObject.KeyCode)
end

UserInputService.InputBegan:Connect(inputBegan)
```

위의 코드는 .InputBegan 이벤트를 감지합니다. 이 이벤트가 실행되면 inputBegan() 함수가 실행됩니다. 이 함수의 매개 변수는 inputObject와 gameProcessedEvent입니다. 아직 이 둘이 무엇인지 알지 못합니다. 그러나 print() 함수에서 gameProcessedEvent를 출력하고 inputObject 내부에 있는 KeyCode를 출력한다는 건 추론할 수 있습니다.

이 스크립트를 입력한 뒤 게임을 실행하고 마우스로 여기저기 클릭해 보면 개발자 콘솔에 Enum.KeyCode.Unknown이라는 내용이 많이 출력됩니다. 그러다 키보드에서 키를 누르면 다음 스크린샷처럼 누르는 키에 맞는 KeyCode가 출력됩니다.

---

* 역주_ 클라이언트에서 감지해야 하므로 LocalScript로 작성합니다.

그림 7-9 gameProcessedEvent와 KeyCode 출력

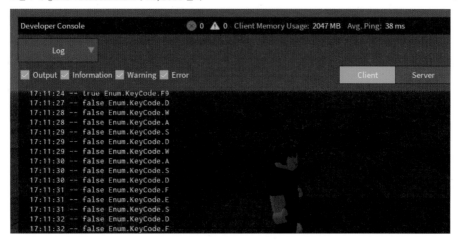

[그림 7-9]에서 키보드를 사용하면 올바른 enum KeyCode가 출력되는 것을 볼 수 있습니다. 하지만 부울값인 gameProcessedEvent의 의미는 아직 잘 모르겠습니다. 매개 변수 gameProcessedEvent는 로블록스가 이 입력을 다른 항목에 등록했는지 알려 줍니다. [그림 7-9]의 맨 윗줄과 같이 F9 키를 누른 후 개발자 콘솔을 열면 gameProcessedEvent가 true로 출력됩니다. 이는 로블록스가 개발자 콘솔을 열기 위해 F9 키를 사용했기 때문입니다. 따라서 gameProcessedEvent가 true라면 다른 사용자 입력을 감지하지 않아야 합니다. 이 입력은 이미 다른 기능에 사용하기 때문입니다.

지금까지 이런 이벤트를 감지하는 방법을 많이 살펴봤습니다. 그러나 모든 사람이 키보드가 있는 장치를 사용하지는 않습니다. 이를 어떻게 처리해야 할까요? 사용할 수 없는 장치에 대한 이벤트를 수신하는 건 바람직하지 않습니다. 다음 코드를 살펴보겠습니다.

```lua
local Players = game:GetService("Players")
local UserInputService = game:GetService("UserInputService")
local player = Players.LocalPlayer

function setup()
    -- 키보드 사용 가능 여부 확인
    if UserInputService.KeyboardEnabled == true then
        -- .InputBegan 이벤트 감지
```

```
            UserInputService.InputBegan:Connect(inputBegan)
        end
    end


    function inputBegan(inputObject, gameProcessedEvent)
        -- 로블록스에서 해당 이벤트 사용 여부 확인
        if gameProcessedEvent == false then
            -- B 키 입력 확인
            if inputObject.KeyCode == Enum.KeyCode.B then
                -- 클라이언트 측에서 폭발 생성
                local explosion = Instance.new("Explosion")
                explosion.Parent = player.Character.PrimaryPart
                explosion.Position = explosion.Parent.Position
            end
        end
    end

    setup()
```

위의 코드는 스크립트를 시작할 때 키보드가 연결되어 있는지 setup() 함수로 확인합니다. UserInputService에서 .KeyboardEnabled 속성의 값으로 키보드가 연결되어 있는지 확인합니다. 키보드를 사용할 수 있는지 확인해야 한다고 설명했을 때 여러분은 '좋아. 그냥 inputBegan() 함수를 쓰면 되겠네.'라고 생각했을지 모르겠습니다. 많은 개발자가 자주 빠지는 함정입니다. 사실은 정반대로 해야 합니다. 키보드의 활성 여부는 .InputBegan 이벤트 발생 후가 아니라 전에 확인해야 합니다. 이벤트를 먼저 감지하면 키보드 활성 여부 확인은 무효화됩니다.

inputBegan() 함수가 시작되면 gameProcessedEvent가 false인지 확인합니다. 이 키가 다른 용도로 사용되면 다른 작업은 실행되지 않기 때문입니다. 그리고, inputObject 내부의 KeyCode가 B 키와 일치하는지 확인합니다. 모든 조건이 맞으면 폭발explosion 파티클을 생성합니다. 폭발 파티클은 로블록스에서 제공하는 기본 파티클입니다.

예제를 단순하게 만들기 위해 클라이언트 측에서만 폭발이 일어납니다. FilteringEnabled 때문에 이 폭발은 다른 플레이어에게 보이지 않습니다.

UserInputService를 사용하여 키보드에서 사용자 입력을 감지하는 방법을 알아보았습니다. .InputBegan과 .InputEnded 이벤트에 대해서도 알아보았으며, 두 이벤트가 제공하는 매개 변수(inputObject와 gameProcessedEvent)에 대해 배웠습니다. 키보드의 활성 여부를 확인하는 방법과 폭발 파티클을 사용하는 방법도 살펴보았습니다. 이번에는 게임패드를 이용한 사용자 입력을 감지하는 방법을 알아보겠습니다.

03.2 | 게임패드 입력

로블록스는 다양한 장치를 지원합니다. 콘솔도 그 중 하나입니다. 콘솔은 키보드가 없는 대신 게임패드를 사용합니다. 로블록스 게임은 동시에 최대 10개의 게임패드를 지원합니다. 정확히 말하면 한 장치에서 사용할 수 있는 게임패드가 최대 10개입니다.

지금은 게임패드를 하나만 쓰는 경우에만 집중하겠습니다. 게임패드의 입력은 어떻게 감지할까요? 사실 키보드와 매우 유사합니다. 게임패드의 키와 키보드의 키가 동일하지 않다는 점만 명심하세요. 이 책의 집필 시점에 로블록스는 마이크로소프트사의 Xbox 콘솔만 지원합니다. 이는 향후 변경될 수 있습니다.

다음 코드는 이전에 만든 폭발을 생성하는 코드에 콘솔 지원을 추가하겠습니다. 코드를 살펴보겠습니다.

```
local Players = game:GetService("Players")
local UserInputService = game:GetService("UserInputService")
local player = Players.LocalPlayer


function setup()
    if
        -- 키보드 사용 가능 여부 확인
        UserInputService.KeyboardEnabled == true
```

```
        -- 게임패드 사용 가능 여부 확인
        or UserInputService.GamepadEnabled == true
    then
        -- .InputBegan 이벤트 감지
        UserInputService.InputBegan:Connect(inputBegan)
    end
end

function inputBegan(inputObject, gameProcessedEvent)
    -- 로블록스에서 해당 이벤트 사용 여부 확인
    if gameProcessedEvent == false then
        if
            -- B 키 입력 확인(키보드)
            inputObject.KeyCode == Enum.KeyCode.B
            -- X 버튼 입력 확인(게임패드)
            or inputObject.KeyCode == Enum.KeyCode.ButtonX
        then
            -- 클라이언트 측에서 폭발 생성
            local explosion = Instance.new("Explosion")
            explosion.Parent = player.Character.PrimaryPart
            explosion.Position = explosion.Parent.Position
        end
    end
end

setup()
```

이전 코드와 비교하여 변경된 사항만 살펴보겠습니다. 먼저 .KeyboardEnabled 속성과 .GamepadEnabled 속성이 true인지 확인합니다. 둘 다 .InputBegan과 .InputEnded 이벤트를 사용하므로 결합할 수 있습니다. 이 외에도 inputBegan() 함수를 변경해야 합니다. 이제 KeyCode가 키보드의 B 키인 Enum.KeyCode.B를 확인하던 부분에 Xbox 컨트롤러의 ⊗ 버튼인 Enum.KeyCode.ButtonX와 일치하는지 확인하는 코드를 추가합니다.

테스트는 더 복잡합니다. 테스트 게임을 로블록스에 게시하고 실제 Xbox에서 테스트하거나 PC에 Xbox 컨트롤러를 연결합니다. 모든 PC나 컨트롤러가 무선 연결을 지원하지는 않습니다. 이를 위해 어댑터를 구입해야 할 수도 있습니다. 어댑터가 있다면 로블록스 스튜디오를 시작하기 전에 어댑터를 연결하세요. 무선 연결도 마찬가지입니다. 로블록스 스튜디오를 시작하기 전에 연결을 설정해야 합니다.

게임패드를 이용한 사용자 입력을 감지하는 방법을 알아보았습니다. UserInputService의 .GamepadEnabled 속성을 사용하여 컨트롤러가 연결되었는지 확인한 다음, 키보드와 마찬가지로 .InputBegan 이벤트를 사용하여 사용자 입력을 감지했습니다. 게임패드 버튼을 지원하려면 다른 KeyCode만 추가하면 됩니다.

게임패드 사용자 입력을 수신하는 기본 사항을 알았습니다. 게임패드에 관한 지식을 넓혀 보겠습니다. 먼저 게임에 게임패드를 여러 개 지원하는 방법을 살펴본 다음, 컨트롤러의 햅틱 피드백을 살펴보겠습니다.

다중 게임패드

로블록스 클라이언트는 최대 10개의 게임패드를 연결할 수 있습니다. 게임패드를 10개까지 쓰는 경우를 생각해 보면, 재미있는 콘셉트를 가진 게임이나 가족 게임이 될 것입니다. 그렇다면, 어떻게 여러 개의 게임패드 입력을 감지할까요? 현재 코드를 변경할 필요는 없지만 몇 가지 사항을 알아야 합니다.

이전에는 KeyCode 속성을 사용하여 어떤 키를 눌렀는지 InputObject 매개 변수로 확인했습니다. 그러나 InputObject에는 훨씬 더 많은 데이터가 들어 있습니다. 그중 눈여겨봐야 할 속성은 UserInputType입니다. 다음 코드를 살펴보겠습니다.

```
local UserInputService = game:GetService("UserInputService")

function inputBegan(inputObject, gameProcessedEvent)
    print(inputObject.UserInputType)
end
```

```
UserInputService.InputBegan:Connect(inputBegan)
```

위의 코드는 .InputBegan 이벤트를 수신해 inputObject 매개 변수에서 UserInputType 속
성을 출력하는 매우 간단한 함수입니다. 이 LocalScript를 게임에 추가하고 게임패드나
키보드, 마우스를 눌러 보면 다음 스크린샷과 같이 UserInputType 열거형이 출력됩니다.

그림 7-10 다양한 UserInputTypes 값

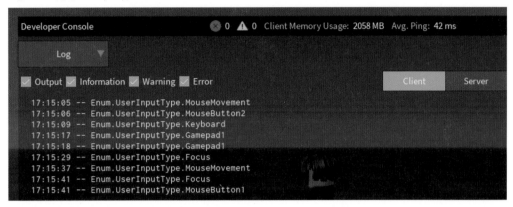

주어진 입력을 구분하기 위해 UserInputType enum을 사용합니다. 눈에 들어오는 열거형
하나는 Gamepad1 열거형입니다. 이 UserInputType은 로블록스에 연결된 첫 번째 게임패
드입니다. 이 열거형은 Gamepad1, Gamepad2부터 Gamepad10까지 10가지가 있습니다. 이걸
알아 두면 특정 게임패드에 대한 특정 작업을 만들 수 있습니다.

다음 코드는 Gamepad1만 ⊗ 버튼을 눌러 폭발을 생성합니다.

```
function inputBegan(inputObject, gameProcessedEvent)
    -- 로블록스에서 해당 이벤트 사용 여부 확인
    if gameProcessedEvent == false then
        if
            -- B 키 입력 확인(키보드)
            inputObject.KeyCode == Enum.KeyCode.B
            -- 게임패드 버튼 입력 확인
            or
            (
                -- Gamepad1에서 입력되었는지 확인
```

```
                inputObject.UserInputType == Enum.UserInputType.Gamepad1
                -- X 버튼 입력 확인(게임패드)
                and inputObject.KeyCode == Enum.KeyCode.ButtonX
            )
        then
            -- ... 클라이언트 측에서 폭발 생성 ...
        end
    end
end
```

이 코드는 이전에 만든 폭발 스크립트의 일부입니다. 앞의 코드에서 볼 수 있듯 키보드의 Ⓑ 키를 누르거나 Gamepad1의 Ⓧ 버튼을 눌러 폭발을 일으킬 수 있습니다.

이제 UserInputType 열거형을 사용하여 특정 입력의 출처를 구별하는 방법을 알았습니다. 이 열거형을 사용하여 여러 게임패드를 구별할 수도 있습니다. 이렇게 하면 한 플레이어가 여러 게임패드를 사용할 수 있습니다. 다음에는 게임패드의 햅틱 피드백에 대해 설명하겠습니다.

햅틱 피드백

여러분도 게임패드를 사용한 경험이 있을 거라 생각합니다. 사용해 봤다면 햅틱 피드백을 알 겁니다. 햅틱 피드백은 어떤 일이 발생했을 때 스마트폰이나 컨트롤러가 진동으로 알리는 기능입니다. 로블록스 게임에서도 특정 동작이 발생하면 컨트롤러가 진동하도록 만들 수 있습니다. 이를 위해서는 HapticService를 사용합니다.

진동을 사용하기 전에 우선 몇 가지 사항을 알아야 합니다. 먼저 진동할 게임패드를 지정해야 합니다. 앞에서 UserInputType에 대해 소개했습니다. 이 열거형을 사용하여 진동할 게임패드를 지정합니다. 이 외에도 게임패드 내부에 여러 개의 모터가 있다는 점을 알아두는 것이 좋습니다. 모터가 작동하면 게임패드가 진동합니다. 그러나 모든 게임패드에 모든 모터가 설치된 것은 아닙니다. 이에 대해서는 나중에 자세히 알아보겠습니다.

당장은, 다음 코드를 살펴보겠습니다.

```
local HapticService = game:GetService("HapticService")

HapticService:SetMotor(
    -- UserInputType
    Enum.UserInputType.Gamepad1,

    -- Vibration Motor Enum
    Enum.VibrationMotor.Large,
    --Enum.VibrationMotor.Small
    --Enum.VibrationMotor.LeftHand
    --Enum.VibrationMotor.RightHand
    --Enum.VibrationMotor.LeftTrigger
    --Enum.VibrationMotor.RightTrigger

    -- Intensity (0-1)
    0.5
)
```

위의 코드는 HapticService의 :SetMotor() 함수를 사용합니다. :SetMotor() 함수에는 UserInputType 열거형과 VibrationMotor 열거형, Intensity라는 세 가지 매개 변수가 있습니다. UserInputType 열거형은 진동이 시작될 게임패드를 결정합니다. 그다음에 어떤 VibrationMotor(진동 모터)가 진동할지 지정해야 합니다. 진동할 모터는 동작을 기준으로 결정합니다. 대부분의 컨트롤러에는 소형 모터와 대형 모터만 있습니다. 마지막으로 이 진동 모터의 Intensity(강도)도 지정합니다. 이 값은 0과 1 사이의 값이어야 합니다. 숫자가 0이면 진동 모터가 꺼집니다.

앞에서 언급했듯이 모든 컨트롤러에 모든 모터가 설치되어 있지는 않습니다. 진동 기능이 전혀 없는 컨트롤러도 많습니다. 다행히도 HapticService에는 컨트롤러에 설치된 모터를 파악하는 몇 가지 함수가 있습니다. 다음 코드를 살펴보겠습니다.

```lua
local HapticService = game:GetService("HapticService")

function giveHapticFeedback(inputType, vibrationMotor, duration, ... )
    if
        -- 진동 지원 여부 확인
        HapticService:IsVibrationSupported(inputType) == true
        -- 모터 지원 확인
        and HapticService:IsMotorSupported(inputType, vibrationMotor) == true
    then
        -- 게임패드 모터 설정
        HapticService:SetMotor(inputType, vibrationMotor, ... )

        -- 대기
        if duration > 0 then
            task.wait(duration)
            HapticService:SetMotor(inputType, vibrationMotor, 0)
        end
    end
end

giveHapticFeedback(
    Enum.UserInputType.Gamepad1, -- inputType
    Enum.VibrationMotor.Large,   -- vibrationMotor
    .5, -- duration
    .5  -- intensity
)
```

위의 코드에는 giveHapticFeedback()이라는 함수를 만들었습니다. 이 함수에는 inputType 과 vibrationMotor, duration, 세 개의 점(...) 등 네 가지 매개 변수가 있습니다. 이 세 개 의 점은 가변적인 수의 매개 변수를 표시하는 방법으로 튜플 매개 변수tuple parameters라고도 부릅니다. 세 개의 점은 이 함수에 인수를 무제한으로 입력할 수 있음을 의미합니다. 가변 개수의 매개 변수를 사용하는 예를 빠르게 살펴보겠습니다.

```lua
function printEverything(...)
    local arg = {...}
    for _, data in pairs(arg) do
        print(tostring(data))
    end
end

printEverything("Hey!")
printEverything("Hey, ", "how are ", "you?")
printEverything("Numbers", 124)
printEverything({"table data"})
```

이 코드는 가변적인 매개 변수를 arg라는 변수에 저장된 테이블로 바꿉니다. 그런 다음 이 테이블을 반복하는 for문을 사용해 함수에 제공된 모든 내용을 출력합니다. 가변적인 양의 매개 변수를 사용하는 방법을 살펴봤으니 이제 원래 코드를 계속 설명하겠습니다.

코드에서는 HapticService의 :IsVibrationSupported()와 :IsMotorSupported() 함수를 사용합니다. 두 함수 모두 true를 반환할 때 진동이 가능합니다. :IsVibrationSupported() 함수는 게임패드가 햅틱 피드백을 지원하면 true를 반환합니다. 하지만 컨트롤러마다 설치된 모터가 다르기 때문에 작동시키려는 모터를 지원하는지 확인해야 합니다. 이때 :IsMotorSupported() 함수를 사용합니다.

게임패드에서 원하는 모터를 지원한다면 :SetMotor() 함수를 사용합니다. 이렇게 햅틱 피드백을 발생시킵니다.

게임패드를 사용한 사용자 입력을 감지하는 방법을 살펴봤고 게임패드로 플레이어에게 피드백을 제공하는 방법을 배웠습니다. 또한 세 개의 점(...)을 사용하여 가변 개수의 인수를 사용하는 방법을 배웠습니다. 이번에는 마우스에서 사용자 입력을 감지하는 방법을 알아보겠습니다.

03.3 | 마우스 입력

마우스는 대부분의 PC 플레이어에게 매우 중요합니다. 마우스 입력을 수신하는 많은 방법을 이미 배웠습니다. 툴에서 `.Activated` 이벤트를 사용하거나 ClickDetector를 사용하는 식이었죠. 하지만 마우스에도 고급 입력이 있습니다. 이 문제를 살펴보기 전에 한 가지 되돌아봅시다. 키보드와 게임패드 입력을 감지할 때는 KeyCode 열거형을 사용했습니다. 그러나 마우스 입력에는 KeyCode가 없습니다. 이는 마우스 입력이 각 입력에 대해 고유한 `UserInputType` 열거형을 갖기 때문입니다. 다음 표에서 마우스와 관련된 모든 `UserInputType` 열거형을 살펴보겠습니다.

표 7-2 마우스 입력 열거형

열거형	의미
Enum.UserInputType.MouseButton1	마우스 왼쪽 버튼
Enum.UserInputType.MouseButton2	마우스 오른쪽 버튼
Enum.UserInputType.MouseButton3	마우스 휠 클릭
Enum.UserInputType.MouseMovement	마우스 움직임
Enum.UserInputType.MouseWheel	마우스 휠 조정

[표 7-2]에서 `UserInputType`에 대해 알았으니 다음 코드를 살펴보겠습니다.

```lua
local UserInputService = game:GetService("UserInputService")

function inputBegan(inputObject, gameProcessedEvent)
    print(inputObject.UserInputType)
end

UserInputService.InputBegan:Connect(inputBegan)
```

여러 게임패드를 지원하는 방법을 설명할 때와 같은 코드입니다. 그러나 이번에는 어떤 마우스 UserInputType 열거형이 출력되는지 확인합니다.

이를 테스트하면 `MouseButton1`과 `MouseButton2`, `MouseButton3` 세 가지 열거형만 작동하는 것을 알 수 있습니다. 마우스로 이동하거나 스크롤할 때는 왜 아무 일도 일어나지 않을까요? 이는 .InputBegan 이벤트를 사용하기 때문입니다.

앞선 코드에서는 주로 .InputBegan 이벤트를 사용해 작업했습니다. 그러나 MouseWheel과 MouseMovement 열거형은 UserInputService의 .InputChanged를 사용해야 합니다. 마우스에는 항상 위치값이 있기 때문에 .InputChanged가 유용합니다. 위치에는 시작이나 끝이 없습니다. 그저 변경될 뿐입니다. 다음 코드에서 MouseMovement와 MouseWheel 열거형을 수신하는 방법을 살펴보겠습니다.

```lua
local UserInputService = game:GetService("UserInputService")

function inputChanged(inputObject, gameProcessedEvent)
    print(inputObject.UserInputType)
end

UserInputService.InputChanged:Connect(inputChanged)
```

위의 코드는 이전 코드와 비교할 때 크게 변경되지 않았습니다. 이벤트와 함수의 이름만 변경되었고 나머지는 동일합니다. 이제 마우스를 스크롤하거나 이동하면 올바른 열거형이 출력됩니다.

그럼 이 마우스 입력으로 무엇을 할 수 있을까요? 한 예로 마우스를 따라다니는 프레임을 만들 수 있습니다. 이 외에도 마우스 왼쪽 버튼을 사용할 때마다 프레임의 색상이 변경되도록 만들 수도 있습니다. UserInputService를 사용해 이 시스템을 만들어 보겠습니다.

이 시스템을 구현하기 전에 먼저 간단한 GUI를 만듭니다. 다음 단계를 따라 GUI를 만드세요.

❶ StarterGui 내부에 ScreenGui를 만듭니다.

❷ ScreenGui 내부에 프레임을 만듭니다. 이 프레임의 이름을 Frame으로 유지하세요.

❸ ScreenGui에서 LocalScript를 생성합니다. 코드는 걱정하지 마세요. 나중에 만들겠습니다.

이제 GUI가 있으니 시스템을 프로그래밍해 보겠습니다. 이 작업을 수행하기 전에 화면에서 마우스 위치를 가져오는 방법을 알아보겠습니다. 다행히 UserInputService에는 위치를 가져오는 함수가 있습니다. 바로 :GetMouseLocation() 함수입니다. 이 함수는 마우스의 X 및 Y 오프셋으로 이루어진 `Vector2` 값을 반환합니다. 이제 위치를 가져오는 방법을 알았으니 시스템을 구현해 봅시다.

```lua
local UserInputService = game:GetService("UserInputService")
local ui = script.Parent
local frame = ui:WaitForChild("Frame")


function setup()
    -- 마우스 연결 여부 확인
    if UserInputService.MouseEnabled == true then


        -- 마우스 입력 제어
        local function listenToMouseInput(inputObject, gameProcessedEvent)
            -- 로블록스에서 해당 이벤트 사용 여부 확인
            if gameProcessedEvent == false then
                if inputObject.UserInputType ==
                Enum.UserInputType.MouseMovement then
                    -- 마우스 움직임
                    repositionFrame()
                elseif inputObject.UserInputType ==
                Enum.UserInputType.MouseButton1 then
                    -- 마우스 왼쪽 버튼 클릭
                    changeFrameColor()
                end
            end
        end


        -- .InputBegan 이벤트 감지
        UserInputService.InputBegan:Connect(listenToMouseInput)
        -- .InputChanged 이벤트 감지
        UserInputService.InputChanged:Connect(listenToMouseInput)
```

```
        end
    end

    function changeFrameColor()
        local r = math.random(0, 255)
        local g = math.random(0, 255)
        local b = math.random(0, 255)
        frame.BackgroundColor3 = Color3.fromRGB(r, g, b)
    end

    function repositionFrame()
        -- 마우스 위치 감지
        local mouseLocation = UserInputService:GetMouseLocation()

        -- 프레임 위치 설정
        frame.Position = UDim2.new(0, mouseLocation.X, 0, mouseLocation. Y)
    end

    setup()
```

코드를 살펴보겠습니다. setup() 함수에서 UserInputService의 .MouseEnabled 속성을 확인하여 장치에 마우스가 연결되어 있는지 확인합니다. 이 장치에 마우스가 연결되어 있으면 .InputBegan 및 .InputChanged 이벤트 감지를 시작합니다. .InputBegan 이벤트를 사용하여 클릭을 감지하고 .InputChanged 이벤트를 사용하여 마우스의 움직임을 확인합니다. 두 이벤트의 기능이 매우 유사하므로 중첩 함수를 사용했습니다. 이에 대한 내용은 2장에서 찾을 수 있습니다.

중첩 함수 내에서 UserInputType이 MouseMovement나 MouseButton1과 같은지 확인합니다. 마우스 왼쪽 버튼을 누르면 changeFrameColor() 함수가 실행됩니다. 이 함수는 프레임의 BackgroundColor3 속성을 변경합니다. 마우스가 움직이면 repositionFrame() 함수를 사용합니다. 이 함수는 UserInputService의 :GetMouseLocation() 함수를 사용하여 마우스 위치를 결정합니다. 앞서 말했듯 이 함수는 마우스의 X 및 Y 오프셋으로 이루어진

Vector2 값을 반환합니다. 이 데이터를 사용하여 프레임을 올바르게 배치하는 `UDim2` 데이터 타입을 생성합니다.

게임을 테스트하면 프레임이 마우스를 따라다니고 마우스 왼쪽 버튼을 누르면 다음 스크린샷과 같이 프레임 색상이 새로운 임의의 색상으로 변경됩니다.

그림 7-11 마우스를 따라오는 프레임

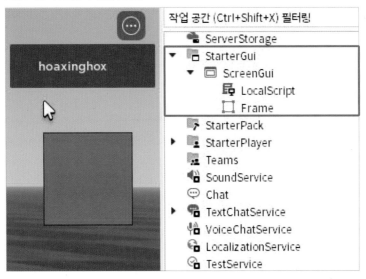

 **모범 사례**

인터넷에서 마우스 입력에 대한 정보를 찾을 때 `Player:GetMouse()`를 사용하는 코드 예제를 많이 볼 수 있습니다. 하지만 이 방법은 사용하지 않는 것이 좋습니다. 집필 시점을 기준으로 `Player:GetMouse()`가 중단되지는 않았지만, 다양한 장치를 지원하는 UserInputService가 더 적합합니다.

이번에는 마우스에서 사용자 입력을 감지하는 방법을 살펴봤습니다. 먼저 마우스 입력을 위한 KeyCode가 없어, 이때 사용할 열거형을 배웠습니다. 특정 열거형은 `.InputBegan`이나 `.InputEnded` 이벤트가 작동하지 않아 `.InputChanged` 이벤트를 사용해야 합니다. 이렇게 익힌 지식을 바탕으로 마우스 위치를 기반으로 프레임의 위치를 업데이트하는 시스템을 만들었고, 마우스 왼쪽 버튼을 누를 때마다 이 프레임의 색상이 바뀌도록 만들었습니다. 이 모든 작업은 UserInputService의 입력을 사용했습니다.

이제 키보드와 게임패드, 마우스에서 고급 사용자 입력을 감지하는 방법을 이해했습니다.

또한 게임패드 같이 특정 장치가 연결되지 않으면 UserInputService에 대한 연결을 생성하지 않도록 하는 방법도 배웠습니다. 현재 이러한 장치 조작은 상황에 관계없이 항상 활성화되어 있습니다. 이러한 조작 방식의 작동 시기를 결정하는 if문을 작성할 수도 있지만 더 나은 방법이 있습니다. 다음으로 ContextActionService에 대해 알아보겠습니다.

03.4 | ContextActionService

앞에서 고급 사용자 입력을 감지하는 방법을 배웠습니다. 매우 유용한 방법이긴 하지만 항상 효율적이지는 않습니다. 특정 장치가 연결되어 있지 않으면 해당 장치의 연결을 차단하는 방법을 이미 살펴보았지만 .InputBegan과 .InputEnded, .InputChanged 이벤트는 계속해서 불필요하게 실행됩니다. 앞서 살펴본 내용에서 세 가지 이벤트는 여러 번 발생했습니다. 로블록스에서 입력을 이미 처리했지만 이벤트는 계속 발생했습니다. 이 경우 필요 없는 함수가 실행되는 일이 여러 번 발생합니다. 예를 들어 플레이어가 E 키를 누르면 상점 메뉴가 나타나도록 만들었는데, 이 메뉴는 플레이어가 상점 안에 있을 때만 열 수 있습니다. 그런데 플레이어가 지도 반대편에 있다고 상상해 보세요. E 키를 누를 때마다 입력을 무시해야 합니다. .InputBegan 이벤트에 리스너 연결 여부를 결정하는 코드를 작성할 수도 있지만 훨씬 더 나은 대안이 있습니다. 바로 ContextActionService입니다.

ContextActionService는 뭘까요? ContextActionService를 사용하면 플레이어가 특정 상황context에 있을 때 특정 사용자 입력을 감지하는 시스템을 쉽게 만들 수 있습니다. 예를 들어 ContextActionService를 사용하면, 플레이어가 가게 안에 있으면 E 키 감지를 시작하고 플레이어가 상점을 떠나면 감지를 멈출 수 있습니다.

ContextActionService에는 :BindAction()과 :UnbindAction()이라는 두 가지 주요 함수가 있습니다. :BindAction() 함수는 사용자 입력 감지를 시작하고 :UnbindAction() 함수는 시작한 사용자 입력 감지를 중단합니다.

ContextActionService에 대해 알아보았으니, 이제부터 ContextActionService를 사용해 플레이어가 상점 안에 있으면 상점 프레임을 여는 시스템을 만들어 보겠습니다. 플레이어가 상점 안에 있는지 확인하는 방법부터 알아본 다음 ContextActionService를 사용하여 프레임의 표시 여부를 전환하고, 휴대폰과 태블릿에서 ContextActionService가 작동하는 방식을 살펴보겠습니다.

상점 입장 및 퇴장

ContextActionService는 플레이어가 특정 상황에 있을 때 사용합니다. 상황이란 무엇이든 될 수 있습니다. 지금 설명하는 상황의 조건은 상점입니다. 플레이어는 상점 안에 있을 때만 상점 프레임을 열 수 있습니다. 어떻게 구현해야 할까요?

플레이어가 특정 영역에 있는지 확인하는 방법은 여러 가지가 있습니다. 사실 개발자가 쉽게 구현할 수 있도록 돕는 오픈 소스 모듈도 있습니다. 하지만 이 책은 로블록스의 애플리케이션 프로그래밍 인터페이스Application Programming Interface(API)를 사용한 개발 방식에 집중하므로 오픈 소스 모듈을 소개하지는 않겠습니다. 그럼 어떻게 구현할까요? 두 가지 방법이 있습니다.

- while 반복문을 만들어 플레이어의 위치를 지속적으로 확인합니다. 플레이어가 일정 거리 내에 있으면 상점 메뉴를 열 수 있습니다.
- workspace:GetPartBoundsInBox()를 사용합니다.

두 선택지 각자 장단점이 있지만 둘 다 지속적인 계산을 유지한다는 공통점이 있습니다. 그럼 이 문제는 어떻게 해결할 수 있을까요?

플레이어가 특정 위치에 있는지 알아내는 '영리한' 방법이 있습니다. 각 Character 모델 내부의 Humanoid 객체에는 FloorMaterial이라는 속성이 있습니다. 지도 안에 보이지 않는 파트를 만들어 게임에서 사용하지 않는 재질material을 부여하면 됩니다. 상점이 여러 개라면, 거리를 확인하는 if문을 추가해도 됩니다. 이 옵션이 모든 게임에 적용되는 것은 아닙니다. 앞서 제안한 두 가지 방법을 자유롭게 시도해 보세요.

다음 코드를 통해 작동 방식을 살펴보겠습니다.

```lua
local Players = game:GetService("Players")
local character = Players.LocalPlayer.Character
local humanoid = character:WaitForChild("Humanoid")

function setup()
    -- FloorMaterial 속성 변경 감지
    humanoid:GetPropertyChangedSignal("FloorMaterial"):
    Connect(function()
        -- 플레이어의 위치가 Foil 위인지 확인
        -- 플레이어가 특정 위치에 있는지 파악하는 데 사용
        if humanoid.FloorMaterial == Enum.Material.Foil
        then
            -- 플레이어가 상황 안에 있음
        else
            -- 플레이어가 상황 밖에 있음
        end
    end)
end

setup()
```

이 코드는 GetPropertyChangedSignal() 함수를 사용하여 FloorMaterial 속성이 변경될 때마다 실행되는 이벤트를 만들었습니다. 이 이벤트가 발생하면 플레이어가 Foil 재질의 BasePart에 서 있는지 확인합니다. Foil은 플레이어가 상점 안에 있는지 확인하기 위해 선택한 재료입니다. 상점 근처에 보이지 않는 파트를 만들어 Foil 재질을 선택합니다. Foil 파트의 모습은 [그림 7-12]에서 확인할 수 있습니다. 플레이어가 이 BasePart에 서 있으면 플레이어는 '상황' 안에 있고, 서 있지 않으면 '상황'을 벗어납니다.

그림 7-12 생성된 Foil 파트(이해를 위해 볼 수 있게 설정함)

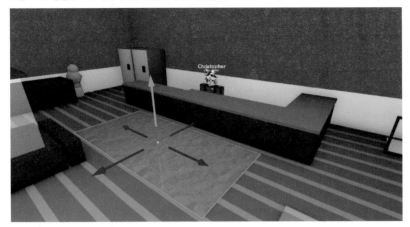

FloorMaterial 속성을 사용하여 플레이어가 특정 위치에 있는지 알아냈습니다. 앞서 언급 했듯 플레이어가 상황에 있는지 확인하는 방법은 다양합니다. 지금 보여 준 코드는 예시일 뿐입니다. 모든 방법에는 장단점이 있으니 자유롭게 여러 방법을 시도해 보세요. 이어서 ContextActionService를 사용해 상점 프레임을 토글해 보겠습니다.

ContextActionService를 사용해 프레임 열기

앞서 플레이어가 '상황' 안에 있는 경우를 파악했습니다. '상황'의 만족 여부는 구현 중인 시스 템에 반드시 필요합니다. 이제 :BindAction()과 :UnbindAction() 함수를 사용할 수 있습니 다. 먼저 상점 프레임 역할을 할 간단한 GUI를 만들겠습니다. 다음 단계를 따라 하세요.

❶ StarterGui에서 새 ScreenGui를 만듭니다.

❷ ScreenGui 내부에 Frame을 생성하고 이름을 ShopFrame으로 지정합니다.

❸ ScreenGui에서 새 LocalScript를 생성합니다.

매우 간단한 GUI가 만들어졌습니다. GUI 제작을 좀 더 연습하고 싶다면 TextLabel이나 TextButton 같은 다양한 GUI 요소를 자유롭게 추가해 보세요.

이미 설명했듯이 플레이어가 특정 상황에 있으면 :BindAction() 함수를 사용하고, 플레이어가 상황에서 벗어나면 :UnbindAction() 함수를 사용해 바인딩을 해제합니다. 그런데 이두 함수는 어떻게 작동하는 걸까요? 다음 코드를 통해 두 함수에 필요한 인수를 살펴보겠습니다.

```lua
local ContextActionService = game:GetService("ContextActionService")

function someFunction()
end

ContextActionService:BindAction(
    -- 액션 이름
    "ToggleShop",

    -- 함수 이름
    someFunction,

    -- 터치 버튼 여부
    true,

    -- (가변 개수의 매개 변수)
    -- KeyCode, UserInputType
    Enum.UserInputType.MouseButton3,
    Enum.KeyCode.ButtonX,
    Enum.KeyCode.E
)

ContextActionService:UnbindAction(
    -- 액션 이름
    "ToggleShop"
)
```

:BindAction()과 :UnbindAction() 함수에 필요한 인수를 살펴봅시다. :BindAction() 함수에는 액션 이름을 제공해야 합니다. 어떤 이름을 지정해도 좋습니다. 다른 액션과는 다른 고유하면서 원하는 작업과 관련된 이름을 사용하세요. 그다음, 이 작업이 발생하면 실행될 함수의 이름을 괄호 없이 입력합니다. 세 번째 인수는 키보드나 게임패드가 없는 휴대폰과 태블릿에 버튼을 생성할지 결정하는 부울값입니다. 마지막으로 이 작업을 활성화할 입력을 지정합니다. KeyCode와 UserInputType 열거형을 입력하며 그 수는 무제한으로 지정할 수 있습니다.

인수를 살펴봤으니 시스템을 계속 살펴보겠습니다. 다음 코드를 살펴봅시다.

```lua
local Players = game:GetService("Players")
local ContextActionService = game:GetService("ContextActionService")


local ACTION_NAME = "ToggleShop"


local ui = script.Parent
local shopFrame = ui:WaitForChild("ShopFrame")


local character = Players.LocalPlayer.Character
local humanoid = character:WaitForChild("Humanoid")


function setup()
    -- FloorMaterial 속성 변경 감지
    humanoid:GetPropertyChangedSignal("FloorMaterial"):Connect(function()
        -- 플레이어의 위치가 Foil 위인지 확인
        if humanoid.FloorMaterial == Enum.Material.Foil
        then
            beginAction()
        else
            endAction()
        end
    end)
end
```

```lua
function beginAction()
    -- ContextAction 시작
    ContextActionService:BindAction(ACTION_NAME,
    toggleShop, true, Enum.KeyCode.E, Enum.KeyCode.ButtonX)
end

function endAction()
    -- ContextAction 중단
    ContextActionService:UnbindAction(ACTION_NAME)

    -- 상점 종료(열려 있는 경우)
    closeShop()
end

function toggleShop(actionName, inputState, inputObject)
    -- 액션이 Begin인지 확인
    if inputState == Enum.UserInputState.Begin then
        -- 프레임 토글
        shopFrame.Visible = not shopFrame.Visible
    end
end

function closeShop()
    -- 상점이 열려 있는지 확인
    if shopFrame.Visible == true then
        -- 상점 종료
        toggleShop(ACTION_NAME, Enum.UserInputState.Begin)
    end
end

setup()
```

앞의 코드는 앞서 만든 setup() 함수에서 beginAction()과 endAction() 함수를 실행합니다. beginAction() 함수는 :BindAction() 함수를 호출하고 endAction() 함수는 :UnbindAction() 함수를 호출합니다. 이 외에도 endAction() 함수는 closeShop() 함수를 호출하여 shopFrame 프레임의 Visible 속성을 false로 변경합니다.

toggleShop() 함수는 좀 더 자세히 살펴봐야 합니다. 이 함수는 사용자 입력을 감지하면 :BindAction()을 호출합니다. toggleShop() 함수에는 actionName과 inputState, inputObject의 세 가지 매개 변수가 있습니다. 현재 시스템은 inputState 매개 변수만 사용합니다.

:BindAction() 함수는 입력 한 번에 toggleShop() 함수를 두 번 실행합니다. 첫 번째는 입력이 시작될 때, 두 번째는 입력이 끝날 때입니다. 매개 변수 inputState를 사용하면 이 함수를 Begin과 End 중 어디서 호출했는지 확인할 수 있습니다. 지금은 입력을 시작했을 때 프레임을 전환하고 입력이 끝나면 프레임을 토글하지 않겠습니다. 이 if문이 없으면 입력 키를 누르고 있어야만 상점 프레임이 표시됩니다. 궁금하다면 한 번 코드를 수정해 보세요. 게임에서 Foil BasePart 위치에 서서 키보드의 Ｅ 키를 누르세요. 이렇게 하면 상점 프레임이 표시됩니다. 그러나 Foil BasePart에서 멀어진 상태로 Ｅ 키를 누르면 상점 프레임은 나타나지 않습니다. 이건 코드가 원하는 '상황'에 맞지 않기 때문입니다.

'상황'의 만족 여부로 ContextActionService의 :BindAction()과 :UnbindAction() 함수를 사용하는 방법을 알아보았습니다. 이번에는 휴대폰과 태블릿에서 ContextActionService를 사용한 요소와 상호 작용하는 버튼을 만들어 보겠습니다.

휴대폰 및 태블릿용 ContextActionService

앞서 잠시 설명했지만 :BindAction() 함수에는 Touch Button이라는 매개 변수가 있습니다. 이 매개 변수는 휴대폰 및 태블릿에서 동작을 시작할 수 있도록 버튼을 생성합니다. 이 버튼을 ContextAction 버튼이라고 부르겠습니다.

에뮬레이터를 사용하여 이 매개 변수의 작동 여부를 테스트하겠습니다. 6장에서 에뮬레이터에 대해 알아봤습니다. Touch Button 매개 변수를 true로 설정하면 [그림 7-13]처럼 버튼이 나옵니다.

그림 7-13 휴대폰 화면에 생성된 ContextAction 버튼

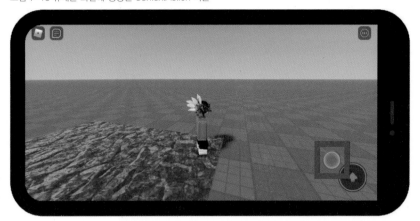

[그림 7-13]의 점프 버튼 옆에 강조 표시된 버튼이 있습니다. 이 버튼이 **Touch Button** 매개 변수를 활성화하면 생성되는 ContextAction 버튼입니다. [그림 7-13]에서 볼 수 있듯이 매우 투박하고 단순하게 생겼습니다. 플레이어는 이 버튼이 뭔지 전혀 알 수 없습니다. 다행스럽게도 ContextActionService는 다양한 함수를 사용해 버튼의 모습을 바꿀 수 있습니다.

표 7-3 모바일 기기용 버튼을 변경하는 ContextActionService 함수

함수명	역할
:SetTitle()	모바일 버튼 내 텍스트를 바꿉니다.
:SetImage()	모바일 버튼에 이미지를 추가합니다.
:SetPosition()	모바일 버튼의 위치를 바꿉니다. 동시에 여러 조작이 필요할 때 사용하세요.
:GetButton()	모바일 버튼을 참조할 때 사용합니다. 버튼을 참조해 모습을 완전히 바꿀 수 있습니다. 플레이어가 스마트폰이나 태블릿을 사용하지 않아 모바일 버튼이 없으면 **nil**을 반환합니다.

[표 7-3]에 모바일 기기용 버튼 모양을 변경할 수 있는 함수를 정리했습니다. 이 중에 :SetPosition() 함수를 자세히 살펴보겠습니다. 버튼을 어느 위치로 옮겨야 할까요? 여러분이 원하는 위치로 옮기면 됩니다. 많은 개발자가 보통 사용하는 위치는 다음과 같습니다.

❶ {1, -150},{1, -77}

❷ {1, -135},{1, -128}

❸ {1, -83},{1, -145}

각 위치에 생성된 버튼의 모습은 [그림 7-14]에서 확인할 수 있습니다.

그림 7-14 주로 사용하는 위치에 배치한 ContextAction 버튼

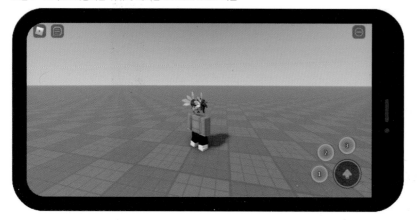

ContextAction 버튼의 모양을 변경하는 함수를 알았으니 스크립트에서 이런 함수를 사용하는 방법을 살펴보겠습니다. 다음 코드는 이전에 만든 상점 시스템 코드에 :SetTitle()과 :SetPosition() 함수를 사용합니다. 전체 스크립트가 아닌 beginAction() 함수만 실었습니다.

```
function beginAction()
    -- ContextAction 시작
    ContextActionService:BindAction(ACTION_NAME,
    toggleShop, true, Enum.KeyCode.E, Enum.KeyCode.ButtonX)

    -- 모바일 버튼 변경
    ContextActionService:SetTitle(ACTION_NAME, "Shop")
    ContextActionService:SetPosition(ACTION_NAME,
    UDim2.new(1, -150, 1, -77))
end
```

위의 코드를 보면 두 함수 모두 두 개의 인수가 필요합니다. 첫 번째 인수는 액션 이름입니다. ContextAction 버튼이 여러 개 생길 수 있으므로 이 인수가 필요합니다. 모든 버튼의 제목과 위치를 한 번에 변경하지 않기 위함입니다. 두 번째 인수는 속성을 변경할 항목을 지정합니다. 제목은 ContextAction 버튼 안에 표시되는 텍스트입니다. 짐작했겠지만

:SetPosition()의 두 번째 인수는 ContextAction 버튼의 위치입니다.

ContextAction 버튼이 작동하는 방식을 알았으므로 ContextActionService의 모든 기본을 알았습니다. 지금까지 학습한 모든 입력 방법을 비교해 언제 어떤 방법을 사용할지 알아보겠습니다.

04 / 사용자 입력 감지 방법 선택

지금까지 사용자 입력을 수신하는 다양한 방법을 배웠습니다. 먼저 ClickDetector와 ProximityPrompt, 툴을 살펴봤습니다. 각 방법에는 고유한 사용 사례가 있습니다. 그다음으로 UserInputService를 사용한 키보드와 게임패드, 마우스 입력을 살펴보았고, 마지막으로 UserInputService에서 본 함수와 유사한 ContextActionService에 대해서도 배웠습니다. 그래서 언제 어떤 방법을 사용해야 할까요?

먼저 ClickDetector와 ProximityPrompt를 살펴보겠습니다. 둘은 매우 비슷합니다. ClickDetector는 플레이어가 ClickDetector를 포함한 BasePart를 클릭하면 작동합니다. ProximityPrompt는 플레이어가 ProximityPrompt를 포함한 BasePart 근처에 있으면 GUI를 표시합니다. ProximityPrompt는 키 입력을 기반으로 작동하는 반면, ClickDetector는 콘솔과 스마트폰에서 마우스 왼쪽 버튼 클릭 또는 이와 유사한 동작을 기반으로 작동합니다. 따라서 ClickDetector와 ProximityPrompt는 키 또는 클릭에 따라 상호 작용을 수행하는지를 기반으로 결정하면 됩니다.

손전등이나 불꽃놀이, 잔디 깎기 기계 같은 시각적인 요소가 있다면 툴을 사용하세요. 툴에는 거의 모든 상호 작용에 적합한 기본 기능이 있습니다. 그러나 도구를 한 단계 더 끌어올리고 싶을 때가 있을 겁니다. 예를 들어 플레이어가 E 키를 누르면 손전등을 켜거나 끄도록 만든다고 생각해 봅시다. 단지 툴만 사용해서는 이를 구현할 수 없습니다. 이때는 UserInputService나 ContextActionService를 사용해야 합니다. 그 둘 사이에서는 어떻게 선택할까요?

UserInputService와 ContextActionService는 모두 KeyCode 열거형을 사용해 특정

키를 감지합니다. 설명했듯이 특정 '상황'이 있다면 ContextActionService를 사용해야 합니다. 상황은 무엇이든 될 수 있습니다. 플레이어가 특정 툴을 지니고 있거나, 특정 게임 패스를 소유하거나, 일정 이상의 게임 머니를 가지고 있어야 할 수도 있습니다. 그렇지 않다면 UserInputService를 사용합니다.

언제 무엇을 선택해야 하는지를 간단한 다이어그램으로 정리했습니다. [그림 7-15]를 살펴보세요.

그림 7-15 사용자 입력 감지 방법 선택 다이어그램

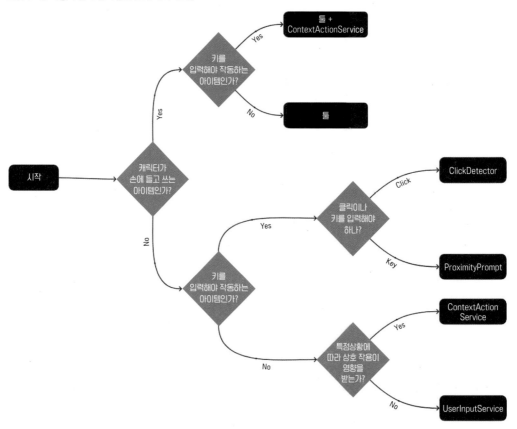

이제 경우에 따라 사용자 입력을 수신하는 방법을 살펴봤습니다. 지금부터 이 장에서 배운 모든 것을 사용한 문제를 풀겠습니다.

01 | 음식 먹기

이번 예제에서는 지금까지 사용자 입력에 대해 배운 다양한 정보를 하나로 결합합니다. 이번에는 특정 기능을 하나로 결합하는 실험을 몇 가지 거쳐 시스템을 구현합니다.

플레이어가 먹은 피자의 개수를 정리한 leaderstats를 만들어 보겠습니다. 피자를 먹으려면 툴인 Pizza를 장착하고 5초 이상 마우스 왼쪽 버튼(게임패드의 경우 ⓧ 버튼)을 누르거나 화면을 터치합니다. 예를 들어 플레이어가 마우스를 3초 정도 눌렀다가 멈추고 다시 2초 동안 누르면 피자를 먹지 않습니다. 플레이어가 피자를 먹은 후에는 새로운 피자를 먹을 수 있습니다.

GUI에는 플레이어에게 언제까지 버튼을 누를지 알려 주는 진행률을 표시합니다. 모바일 화면에서는 화면 오른쪽에 진행률 표시줄이 표시됩니다. 마우스가 연결된 장치는 마우스 아이콘 옆에 진행률을 표시하고 마우스가 움직일 때마다 진행률이 따라옵니다.

진행률이 가득 차면 leaderstats가 증가하는 RemoteEvent를 실행합니다. 서버에서는 최소 2회의 서버 검사를 진행합니다. 첫 번째 서버 검사는 요청이 5초만에 왔는지 확인하는 쿨다운이고, 두 번째 서버 검사는 플레이어가 Pizza 툴을 장착했는지 확인합니다.

예제에 사용할 Pizza 툴과 GUI, RemoteEvent를 포함한 예제 파일을 준비해 두었습니다. 빈칸을 채워 보세요.

이를 구현하는 방법은 여러 가지입니다. 시스템을 만드는 과정을 소개하겠습니다. 하지만 이 단계를 모두 따를 필요는 없습니다. 더 나은 방법을 알거나 직접 실험하고 싶다면 자유롭게 구현해 보세요. 시스템이 이전에 언급한 모든 기준을 충족하는지 확인하세요.

먼저, 각 플레이어에 대한 leaderstats를 만듭니다. 다음 단계를 따라 하세요.

1 ServerScriptService에서 스크립트를 생성하고 적합한 이름을 지정합니다.

2 Players 서비스에서 .PlayersAdded 이벤트를 감지히고 각 **Player** 개체 내부에 **leaderstats**라는 이름의 모델을 만듭니다.

3 각 **leaderstats** 모델 내에 Pizzas Eaten이라는 **IntValue**를 만듭니다. 물론 이름은 변경해도 좋습니다. 대신 이 책에서는 계속 Pizzas Eaten leaderstat로 칭하겠습니다.

leaderstats를 만들었습니다. 다음으로 leaderstats를 증가시키는 RemoteEvent를 설정합니다.

1 새 스크립트를 만들거나 이전에 만든 스크립트를 계속 사용하세요.

2 **PizzaEaten** RemoteEvent에서 .OnServerEvent 이벤트를 감지합니다. 이 RemoteEvent는 ReplicatedService의 Events 폴더에 있습니다.

3 플레이어가 5초마다 한 번만 요청을 보내는지 확인하는 쿨다운을 만듭니다.
3단계를 위한 팁: 쿨다운의 작동 방식은 4장에서 복습하세요.

4 플레이어가 현재 Pizza 툴을 장착하고 있는지 확인하는 서버 검사를 만듭니다.
4단계를 위한 팁: 장착한 툴은 플레이어의 캐릭터 모델의 자녀가 됩니다.

5 Pizzas Eaten leaderstat를 1 증가시킵니다.

PizzaEaten RemoteEvent가 실행되면 Pizzas Eaten leaderstat가 증가하도록 만들었습니다. 다음으로, 예제 코드의 StarterPack에 포함된 Pizza 툴에서 작업을 시작합니다. 다음 과정을 따르세요.

1 툴 내부에 LocalScript를 만듭니다.

2 툴을 장착하면 플레이어는 5초 타이머를 시작할 수 있습니다. 툴의 .Activated 이벤트를 사용해 입력을 등록하는 것은 불가능합니다. UserInputService나 Context-

ActionService 중에서 사용할 방법을 선택합니다. 어떤 방법을 선택할지 결정하려면 이 입력을 항상 감지해야 하는지 생각해 보세요. 다음의 열거형을 감지합니다.

- Enum.UserInputType.MouseButton1
- Enum.KeyCode.ButtonX
- Enum.UserInputType.Touch

2단계를 위한 팁: 툴에서 .Equipped 이벤트를 사용해 플레이어가 툴을 장착하는 때를 확인하세요.

os.time() 함수를 사용하여 시작 시간을 변수에 저장해 타이머를 시작합니다. 이 변수를 사용하여 플레이어가 최소 5초 동안 키를 누르고 있는지 계산합니다.

3   툴을 장착하면 EatingPizzaGui의 Enabled 속성을 true로 설정합니다.

4   툴이 장착되지 않았다면 EatingPizzaGui의 Enabled 속성을 false로 설정합니다.

5   플레이어가 입력을 시작하면 GUI 내부의 ProgressBar 프레임에서 Tween을 시작합니다. 이 Tween에는 다음 속성이 필요합니다.

- TargetPosition: UDim2.new(1, 0, 1, 0)
- EasingDirection: Out
- EasingStyle: Linear
- Duration: 5
- Override: true

5단계를 위한 팁: ProgressBar 프레임에서 :TweenSize() 함수를 사용하세요.

6   플레이어가 입력을 중단하면 ProgressBar 프레임의 크기 값이 UDim2.new(1, 0, 0, 0)로 변경합니다.

6단계를 위한 팁: 진행 중인 Tween을 취소하려면 Override 값이 true로 설정된 :TweenSize() 함수를 사용하여 새 Tween을 시작합니다. 이 Tween의 지속 시간(duration)을 0으로 설정합니다.

7   플레이어가 입력을 중단하면 매개 변수 없이 PizzaEaten RemoteEvent를 실행합니다. 이 이벤트는 플레이어가 5초 이상 입력을 유지한 경우에만 발생합니다.

7단계를 위한 팁: 플레이어가 5초 이상 입력을 유지했는지 확인하려면 앞서 시작 시간을 저장한 변수를 사용하세요. 현재 시간은 시작 시간에 필요한 대기 시간을 더한 시간보다 커야 합니다.

8 툴을 장착하면 LocalScript는 장치에 마우스가 연결되어 있는지 확인합니다. 이 장치에 마우스가 연결되어 있으면 GUI 크기를 다음처럼 변경합니다.

- ProgressFrame: `UDim2.new(0, 10, 0, 30)`
- ProgressSpace: `UDim2.new(1, -4, 1, -4)`

9 툴을 장착하고 마우스가 활성화되어 있다면 마우스가 움직일 때마다 ProgressFrame의 위치가 따라다녀야 합니다. UserInputService나 ContextActionService 중에서 사용할 방법을 선택합니다. 어떤 방법을 선택할지 결정하려면 이 입력을 항상 감지해야 하는지 생각해 보세요. 다음 열거형을 감지합니다.

- `Enum.UserInputType.MouseMovement`

9단계를 위한 팁: ProgressFrame의 위치를 변경하려면 UserInputService의 `:GetMouseLocation()` 함수를 호출해 반환값에서 마우스의 위치인 `Offset`을 사용하세요.

10 툴을 장착하지 않았으면 UserInputService나 ContextActionService에 대한 모든 연결이 해제되거나 바인딩 해제되어야 합니다.

이제 시스템이 완성되었습니다. 그런데 플레이어가 피자를 먹을 때 시각적으로 무언가가 바뀌면 더 멋질 것 같습니다. Humanoid 내부에는 NumberValue가 있습니다. 이는 IntValue와 매우 유사하지만 십진수를 허용합니다. NumberValue는 플레이어 캐릭터 모델의 크기를 결정합니다. 플레이어가 먹을 때마다 이 값이 증가한다면 멋지겠네요. 그러면 플레이어가 피자를 먹을 때마다 크기가 커질 겁니다. 예제 파일의 예시 답안에는 이 기능도 포함했습니다.

게임을 플레이하여 작동하는지 확인하세요. 예제를 완료하지 못했다고 걱정하지 마세요. 매우 길고 복잡한 예제였습니다. 모든 방법을 시도하는 게 좋습니다. 작업이 완료되었다고 생각되면 예시 답안을 살펴보고 비교해 보세요. 그 후에 예제를 다시 풀어 보세요. [그림 7-16]은 PC에서 실행한 결과입니다.

그림 7-16 PC에서 실행한 결과

휴대폰에서 플레이하면 GUI가 약간 다릅니다. [그림 7-17]은 모바일 화면에서 실행한 결과입니다.

그림 7-17 스마트폰에서 실행한 결과

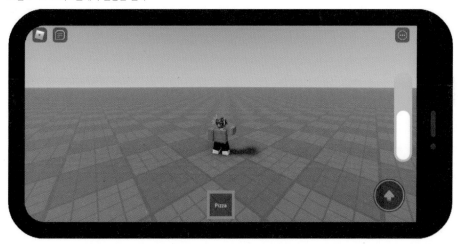

요약

이 장에서는 사용자 입력을 감지하는 여러 방법을 배웠습니다. GUI에서 사용자 입력을 감지하는 방법 외에도 이제 사용자 입력에 의존하는 고급 시스템을 만들 수 있게 되었습니다. ClickDetector와 ProximityPrompt, 툴을 사용하여 사용자 입력을 감지하는 방법도 배웠습니다. 이 세 가지는 모두 사용자가 어떤 장치에서 플레이하는지 상관없이 사용자 입력을 쉽게 감지합니다. 로블록스는 복잡한 모든 문제를 대신 해결해 줍니다.

ClickDetector가 작동하는 방식을 살펴보며 사용자 입력 외에도 leaderstats가 작동하는 방식을 배웠습니다. leaderstats는 모든 로블록스 게임의 핵심 GUI인 플레이어 목록 내부에서 진행 상황을 쉽게 표시합니다. 그뿐만 아니라 폭발이나 불 같은 로블록스의 기본 파티클도 살펴봤습니다.

또한, 툴을 사용하는 방법도 배웠습니다. 이 장에서는 Handle에 SpotLight를 사용해 밤 시간에 게임을 밝게 비추는 매우 간단한 손전등 툴을 만들었습니다. 게임에서 시간을 변경할 때는 이전에 사용하지 않았던 Lighting 서비스를 사용했습니다.

이 외에도 UserInputService를 사용해 고급 사용자 입력을 수신하는 방법도 배웠습니다. 이 서비스가 완전히 새로운 것은 아니었지만 서비스가 가진 함수를 훨씬 더 잘 이해할 수 있게 되었습니다. 또, 키보드와 게임패드(1개 이상), 마우스에서 사용자 입력을 감지하는 방법도 배웠습니다. 플레이어가 사용하는 장치에 입력 장치가 연결되어 있는지 확인하는 등, 작업을 수행할 때 유의해야 할 모든 사항을 알아봤습니다.

게임패드에 대해 배우면서 HapticService의 작동 방식도 배웠습니다. HapticService를 사용하면 게임패드 내부에 설치된 모터를 활성화할 수 있습니다. 모터가 게임패드 내부에서 진동을 생성해 플레이어에게 햅틱 피드백을 제공하는 방법도 확인했습니다. 모든 게임패드에 모터가 설치된 건 아닙니다. 이 때문에 컨트롤러를 활성화하기 전에 컨트롤러에 모터가 있는지 확인해야 합니다.

마지막으로 ContextActionService도 살펴보았습니다. ContextActionService를 사용하면 플레이어가 특정 상황에 있을 때 특정 사용자 입력을 감지하는 시스템을 쉽게 만들 수 있습니다. UserInputService를 사용할 때의 가장 큰 단점은 항상 사용자 입력을 감지한다는 것입니다. 플레이어가 특정 상황에 있을 때만 이벤트를 수신하는 고급 검사를 수행할 수도 있지만, ContextActionService를 사용하면 이 모든 작업을 쉽게 구현할 수 있습니다.

이제 다양한 방법을 사용하여 사용자 입력을 올바르게 수신하는 방법을 알았습니다. 다음 장에서는 데이터 저장소에 대해 알아보겠습니다. 데이터 저장소를 사용하면 플레이어가 게임을 나가도 플레이어 데이터를 저장할 수 있습니다.

8장

데이터 저장소 구축

이 장에서는 플레이어가 게임에서 나갔다 다시 들어왔을 때도 진행 상황을 계속 유지하는 방법을 배웁니다. 이는 데이터 저장소data store를 사용하여 구축합니다. 먼저 데이터 저장소를 소개하겠습니다. 데이터를 저장하고 로드하는 방법의 기본 사항을 알아봅니다. 기본 사항을 이해하면 데이터 저장소의 작동 방식을 이해할 수 있습니다. 그다음에는 데이터 저장소를 더 안전하게 만들고 데이터 손실을 방지하는 모범 사례를 배웁니다. 마지막으로 정렬된 데이터 저장소ordered data store를 사용하는 방법을 통해 게임 내 최고 플레이어를 돋보이게 만드는 순위표를 만듭니다.

이 장에서 다루는 내용

- 데이터 저장소 소개
- 더 안전한 데이터 저장소 작성법
- 정렬된 데이터 저장소 작업

이 장을 마치면 모범 사례를 사용하여 데이터 저장소를 구축하는 방법과 데이터를 저장하고 로드, 제거하는 방법을 알게 됩니다. 또한 실습을 통해 간단한 시스템을 만들 수 있습니다. 크기와 요청 제한 같은 데이터 저장소의 제한 사항도 이해하게 됩니다. 이번 장에는 반복문과 모듈, 커스텀 이벤트처럼 이전에 배운 많은 주제가 등장합니다.

01 / 준비 사항

Luau로 프로그래밍을 시작하려면 인터넷을 사용해야 합니다. 이때 사용하는 장치에는 윈도우Windows 또는 맥Mac OS가 설치되어 있어야 합니다. 사용하는 컴퓨터에 다음 소프트웨어를 다운로드합니다.

- 로블록스 플레이어Roblox Player
- 로블록스 스튜디오Roblox Studio

이 책의 모든 코드 예제는 깃허브 및 영진닷컴 사이트에 업로드되어 있습니다. 이 장의 실습 영상은 https://bit.ly/3cMQ3oR에서 확인하세요.

02 / 데이터 저장소 소개

게임을 하면 어느 정도 진척이 생깁니다. 진척이란 게임 내 화폐의 양이 될 수도 있고, 집에 있는 가구의 개수나 구매한 자동차 등 모든 것이 될 수 있습니다. 예를 들어 플레이어가 게임에서 특정 작업을 완료하면 약간의 코인을 보상으로 받습니다. 코인은 아바타를 업그레이드하거나 액세서리 같은 다양한 아이템의 잠금을 해제하는 데 사용할 수 있는 게임 내 통화입니다.

로블록스 게임의 평균 플레이 시간은 게임의 품질과 장르에 따라 다르나 약 8분에서 20분입니다. 이때, 플레이어가 게임을 한 번에 끝내지 못할 수도 있습니다. 문제는 플레이어가 게임에 다시 참여할 때마다 진행 상황이 처음으로 돌아간다는 것입니다. 별로 원하지 않는 상황입니다. 따라서 플레이어가 이전에 수행한 상황에서 계속 게임을 이어나갈 수 있도록 게임 플레이어의 진척을 저장할 방법을 찾아야 합니다.

어떻게 구현할까요? 로블록스에는 데이터 저장소data store라는 것이 있습니다. 데이터 저장소는 언제든지 데이터를 저장하고 로드할 수 있습니다. 이러한 데이터 저장소를 사용하면 플레이어가 게임을 나갈 때 진행 상황을 저장하고, 다시 참여할 때 로드하여 플레이어가 중단한 부분부터 이어서 플레이할 수 있습니다. 데이터 저장소는 서버에서만 작동합니다. 클라이언트 측에는 데이터 저장소가 없습니다.

데이터 저장소를 사용하는 이유를 알았으니 데이터 저장소가 작동하는 방식을 알아보겠습니다. 데이터 저장소의 기본을 설명하며 데이터를 저장하고 불러오는 방법을 알아봅니다. 이번 장에서는 여러 가지 작은 예제를 만들어 보며 데이터 저장소의 사용법을 연습하겠습니다.

02.1 ⎮ 데이터 저장하기

먼저 데이터를 저장하는 방법을 알아봅시다. 저장한 데이터가 없으면 데이터를 로드할 수 없습니다. 먼저 로블록스 스튜디오의 설정을 변경해야 합니다. 로블록스 스튜디오에서 데이터 저장소는 별도 설정을 거쳐야 작동하지만 실제 게임에서는 항상 작동합니다. 테스트를 위해 로블록스 스튜디오의 데이터 저장소를 활성화합니다. 다음 단계를 따라 하세요.

❶ 로블록스 스튜디오를 열고 로블록스에 게임을 게시합니다.

❷ [그림 8-1]과 같이 [게임 설정] 메뉴를 엽니다.

❸ 게임 설정 창이 열리면 [보안] 탭으로 이동하여 [Studio의 API 서비스 이용 활성화] 설정을 활성화합니다.

그림 8-1 Studio의 API 서비스 이용 활성화

이제 로블록스 스튜디오에서 데이터 저장소를 사용할 수 있으니 데이터를 저장해 보겠습니다. 먼저 데이터 저장소를 사용할 때 이용하는 DataStoreService에 대해 알아봅시다. DataStoreService에는 데이터를 로드하고 저장할 때 사용하는 주요 함수가 있습니다.

데이터는 어떻게 저장할까요? 먼저 특정 데이터 저장소를 호출해야 합니다. 데이터 저장소에는 서로 전혀 관련이 없는 많은 데이터를 저장할 수 있습니다. 한 데이터 저장소에는 모든 플레이어 데이터를 저장하고 다른 데이터 저장소에는 게임 통계와 관련된 데이터를 저장할 수 있습니다. 어떤 데이터를 어디에 저장할지는 여러분에게 달렸습니다. 다음 코드는 특정 데이터 저장소를 가져옵니다.

```
local DataStoreService = game:GetService("DataStoreService")
local DataStoreTesting = DataStoreService:GetDataStore("DataStoreTesting")
```

이 코드로 DataStoreTesting 데이터 저장소를 참조했습니다. 실제 시스템이나 게임을 만들 때에는 데이터 저장소 이름과 목적이 연관됐는지 확인하세요.

데이터 저장소를 선택했으니 이 안에 데이터를 저장해 보겠습니다. 데이터 저장소에 데이터를 저장하려면 함수 :SetAsync()를 사용합니다. :SetAsync() 함수는 두 개의 기본 인수를 사용합니다. 첫 번째 인수는 키(Key)이고 두 번째 인수는 저장할 데이터입니다. 우선 Key 인수에 대해 알아보겠습니다. 일단 데이터 저장소를 특정했습니다. 이 데이터 저장소는 게임의 모든 플레이어가 함께 사용하므로, 각 플레이어의 데이터를 차별화해야 합니다. 이를 위해 모든 플레이어에 대해 고유한 키를 사용합니다. 일반적으로 고유한 키를 사용하기 위해 플레이어의 UserId를 사용합니다. UserId가 동일한 플레이어는 존재할 수 없습니다.

이제 :SetAsync() 함수의 기본 인수를 살펴봤으니 다음 코드를 보겠습니다.

```lua
local Players = game:GetService("Players")
local DataStoreService = game:GetService("DataStoreService")
local DataStoreTesting = DataStoreService:GetDataStore("LastPlayed")

function playerLeft(player)
    -- 플레이어가 나간 시간 저장
    -- 다시 플레이할 때 얼마만에 돌아왔는지 계산하는 데 사용
    DataStoreTesting:SetAsync(
        -- 키
        "Plr_" .. player.UserId,

        -- 데이터
        os.time()
    )
end

Players.PlayerRemoving:Connect(playerLeft)
```

앞의 코드는 Players에서 .PlayerRemoving 이벤트를 감지합니다. 보통 개발자는 플레이어가 나가는 순간에 데이터를 저장하도록 설정합니다. 그 외에도 여러 기준으로 플레이어 데이터를 저장할 시점을 정할 수 있습니다. 이에 대해서는 '자동 저장'에서 다시 다루겠습니다. 지금은 플레이어가 나가는 순간에 데이터를 저장할 것입니다.

앞선 코드에서는 LastPlayed라는 데이터 저장소를 사용했습니다. 이 데이터 저장소를 사용하여 플레이어가 마지막으로 게임을 플레이한 시간을 저장하며, 플레이어가 다시 참가하면 이 데이터를 사용해 플레이어가 얼마만에 다시 들어왔는지 시간을 계산할 수 있습니다. :SetAsync() 함수에는 Plr_로 시작하고 플레이어의 UserId로 끝나는 키를 사용했습니다. 이렇게 하면 항상 고유한 키를 사용할 수 있습니다. 키의 Plr_은 다른 개발자에게 임의의 숫자가 아닌 UserId를 사용했음을 알립니다. 이 코드에 저장하는 데이터는 4장에서 서버 검사 디바운스를 만들 때 사용했던 os.time() 함수를 이용합니다. 이 코드를 실행해 저장한 데이터는 앞서 설명한 대로, 이후에 플레이어가 마지막으로 참가한 시간부터 새로 접속한 시간까지의 시간을 계산하는 데 사용할 것입니다.

> **중요**
>
> 스크립트를 실행해 보면 아무 일도 일어나지 않을 겁니다. 아무 일도 일어나지 않는 게 맞습니다. 지금은 걱정하지 마세요.

데이터 저장소에 데이터를 저장하는 방법을 알아봤습니다. 먼저 :GetDataStore() 함수를 사용하여 특정 데이터 저장소를 가져온 후, 데이터 저장소가 있으면 :SetAsync() 함수에 고유한 키와 저장할 데이터를 전달합니다. 그러나 데이터를 저장할 때 많은 문제가 발생할 수 있습니다. 따라서 적절한 오류 처리가 필요합니다. 그 방법을 설명하겠습니다.

02.2 | 오류 처리

:SetAsync() 함수를 사용해 데이터를 저장했습니다. 잘 작동할 수도 있지만 데이터를 저장하거나 로드할 때 많은 오류가 일어날 수 있습니다. 데이터 저장소에 저장할 수 없는 데이터를 저장하는 경우, 크기 제한을 초과하는 데이터를 저장하는 경우, 데이터를 너무 자주 저장/로드하는 경우, 로블록스의 서버 장애로 데이터 저장소가 오프라인 상태가 되었을 경우 등 무슨 일이든 일어날 수 있으니 이에 모두 대비해야 합니다. 지금은 플레이어의 진척도를 유지하고 싶습니다. 어떻게 구현할까요?

4장에서 pcall() 함수를 배웠습니다. 이 함수는 활성 스레드를 완전히 중지하지 않고도 어떤 오류가 발생하는지 확인할 수 있습니다. 발생하는 모든 오류를 출력해 스크립트를 변경할 때 참고하면 좋습니다. 물론 오류가 발생하는 즉시 조치를 취하는 편이 더 편하겠지만, 이 작업은 오류 처리에 대해 더 자세히 설명하는 '오류 처리 개선'에서 수행하겠습니다. 당장은 발생하는 오류를 간단히 출력만 하겠습니다.

다음 코드에서는 데이터 저장소를 사용할 때 pcall() 함수를 사용하는 방법을 확인할 수 있습니다.

```lua
local Players = game:GetService("Players")
local DataStoreService = game:GetService("DataStoreService")
local DataStoreTesting = DataStoreService:GetDataStore("LastPlayed")


function playerLeft(player)
    -- 플레이어가 나간 시간 저장
    -- 다시 플레이할 때 얼마만에 돌아왔는지 계산하는 데 사용
    local suc, err = pcall(function()
        DataStoreTesting:SetAsync(
            -- 키
            "Plr_" .. player.UserId,

            -- 데이터
            os.time()
        )
    end)
    if not suc then
        warn(err)
    end
end

Players.PlayerRemoving:Connect(playerLeft)
```

이 코드는 이전에 본 코드를 개선한 코드입니다. 코드에는 pcall() 함수가 포함되어 있습니다. 오류가 발생하면 suc 변수의 값은 true가 아니게 됩니다. suc 변수가 false이면 오류가 발생했다는 의미입니다. 발생한 오류를 설명하는 메시지는 err 변수에 저장됩니다. 오류가 발생하면 개발자 콘솔이나 출력 프레임에 경고가 출력됩니다. 이제부터 필요할 때마다 pcall() 함수를 사용합니다. 데이터를 설정하고 로드할 때도 마찬가지입니다.

데이터 저장소를 사용할 때 많은 것이 잘못될 수 있다고 설명했습니다. 무엇이 잘못되었는지 알려면 pcall() 함수를 사용해 전체 스레드를 중지하지 않고 오류 메시지를 출력합니다. 지금까지 데이터는 저장했지만 로드를 해 보지 않아 아무것도 하지 못하고 있습니다. 이번에는 저장한 데이터를 읽는 법을 알아보겠습니다.

02.3 | 데이터 읽기

지금까지 데이터를 저장하는 방법과 그 사이에 발생할 수 있는 오류를 확인하는 방법을 알아봤습니다. 그러나 데이터를 로드하지 않으면 의미가 없습니다. 그렇다면 저장된 데이터는 어떻게 읽을까요? 이를 위해 데이터 저장소에서 :GetAsync() 함수를 사용합니다. 이 함수를 사용하면 저장된 데이터를 읽을 수 있습니다. :GetAsync() 함수가 반환하는 값은 무엇이든 변수에 저장해야 합니다. 이렇게 하면 로드한 데이터를 사용할 수 있습니다.

데이터를 저장할 때와 마찬가지로 데이터를 로드할 때도 많은 문제가 일어날 수 있습니다. 따라서 :GetAsync() 함수도 pcall() 안에 래핑해야 합니다.

데이터 저장소에서 데이터를 로드하고 읽는 방법을 알아보기 위해 다음 코드를 살펴보겠습니다. 다음 코드는 이전에 만든 LastPlayed 데이터 저장소를 사용합니다.

```lua
local Players = game:GetService("Players")
local DataStoreService = game:GetService("DataStoreService")
local DataStoreTesting = DataStoreService:GetDataStore("LastPlayed")

function playerJoined(player)
    -- 데이터 저장소에서 데이터 호출
```

```
    local currentPlayingSecond = os.time()
    local lastPlayingSecond = nil

    local suc, err = pcall(function()
        lastPlayingSecond = DataStoreTesting:GetAsync(
            -- 키
            "Plr_" .. player.UserId
        )
    end)
    if not suc then
        warn(err)
    else
        -- 데이터 사용
        print("It has been [" .. currentPlayingSecond -
        lastPlayingSecond .. "] seconds since you last played!")
    end
end

Players.PlayerAdded:Connect(playerJoined)
```

DataStoreTesting 데이터 저장소에서 :GetAsync() 함수를 사용했습니다. 이때 이전 코드에서 데이터를 저장했던 키를 사용해 데이터를 로드했습니다. 데이터 저장 스크립트를 실행하고 이번 코드를 실행했다면 [그림 8-2]와 같이 마지막으로 플레이한 후 몇 초가 지났는지 알려 주는 메시지가 표시됩니다.

그림 8-2 마지막으로 플레이한 후 지난 시간을 초 단위로 출력한 화면

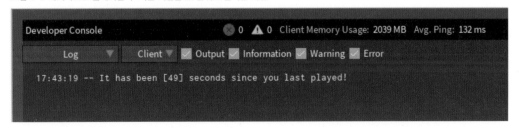

nil이 포함된 오류가 발생하면 게임을 다시 시작하고 다시 코드를 실행해 보세요. 그러면 문제가 해결될 겁니다. 이 오류의 원인에 대해서는 뒤에서 다시 설명하겠습니다.

코드 참고 사항

앞의 코드에서 데이터 저장과 관련된 코드는 생략했습니다. 자세한 코드는 예제 파일에서 확인하세요.

데이터 저장소에 저장한 데이터를 :GetAsync() 함수를 사용하여 로드하는 방법을 살펴봤습니다. :GetAsync() 함수를 사용하면 많은 문제가 발생할 수 있으므로 pcall() 함수로 래핑해야 합니다. 분명, 플레이어가 처음 참가했다면 데이터가 없을 겁니다. 이로 인해 오류가 발생하기도 합니다. 이 문제는 기본 플레이어 데이터를 생성하여 해결할 수 있습니다.

02.4 | 기본 플레이어 데이터 생성

모든 플레이어에게는 게임에 처음 참가하는 순간이 있습니다. 플레이어가 처음인지 아닌지 알 방법이 없으므로 :GetAsync() 함수를 사용하여 데이터를 로드합니다. 물론 이 함수는 플레이어가 게임에 한 번도 참가한 적이 없으면 아무것도 반환하지 않습니다. 로드되지 않은 데이터를 사용하려고 하면 중요한 값이 누락되어 오류가 발생합니다. 따라서 로드할 데이터가 없을 때는 기본 플레이어 데이터를 사용해야 합니다.

기본 플레이어 데이터는 어떻게 만들까요? 생각만큼 복잡하지 않습니다. :GetAsync() 함수가 nil을 반환하면 변수에 다른 값을 지정하거나 대체 경로를 시작하는 if문을 만들면 됩니다. 다음 코드를 살펴보겠습니다.

```
function playerJoined(player)
    -- 데이터 저장소에서 데이터 호출
    local currentPlayingSecond = os.time()
    local lastPlayingSecond = nil

    local suc, err = pcall(function()
        lastPlayingSecond = DataStoreTesting:GetAsync(
```

```
                       -- 키
               "Plr_" .. player.UserId
        )
    end)
    if not suc then
        warn(err)
    else
        -- 데이터 사용
        if lastPlayingSecond ~= nil then
            print("It has been [" .. currentPlayingSecond -
            lastPlayingSecond .. "] seconds since you last played!")
        else
            print("It is your first time playing!")
        end
    end
end
```

위의 코드는 이전과 동일한 시스템입니다. 전체 코드의 일부라는 사실을 기억하세요. 이전 코드와 비교하면 `lastPlayingSecond` 변수가 `nil`인지 확인하는 과정이 추가되었습니다. 이 변수가 `nil`이면 시스템은 해당 플레이어가 게임을 처음 플레이한다는 메시지를 출력합니다. 로드된 데이터가 없을 때 대체 경로를 사용하는 시스템의 좋은 예시입니다.

다른 해결책으로는 다음 코드와 같이 기본 플레이어 데이터를 사용하는 방법이 있습니다.

```
if not suc then
    warn(err)
else
    -- 기본 플레이어 데이터
    if lastPlayingSecond == nil then
        lastPlayingSecond = currentPlayingSecond
    end
```

```
        -- 데이터 사용
        print("It has been [" .. currentPlayingSecond -
        lastPlayingSecond .. "] seconds since you last played!")
    end
```

이 코드는 lastPlayingSecond 변수가 nil인지 확인하여 nil이면 currentPlayingSecond 변수로 설정합니다. 이렇게 하면 시스템에서 0초 전에 마지막으로 게임을 했다는 메시지를 출력합니다.

플레이어가 처음으로 플레이했다고 출력하는 예시가 더 괜찮아 보이긴 하지만 항상 좋은 건 아닙니다. 예를 들어, 돈을 로드하고 저축하는 시스템에서는 플레이어가 처음 플레이한다고 표시하고 싶지 않을 수 있습니다. 이럴 때는 플레이어가 게임을 시작할 때 기본적으로 인게임 코인을 500개씩 받도록 구현하는 편이 좋습니다.

앞에서 :SetAsync() 함수와 :GetAsync() 함수를 사용하여 데이터를 저장하고 로드하는 방법을 배웠습니다. 이 작업을 수행할 때 발생할 오류를 처리하는 방법과 기본 플레이어 데이터를 사용하는 방법도 배웠습니다. 이 모든 지식을 결합하여 플레이어가 보유한 게임 머니를 저장/로드해 표시하는 순위표를 만들어 보겠습니다.

게임 머니 리더보드 만들기

지금까지 학습한 모든 정보를 사용하여 이제 플레이어의 돈을 저장하고 플레이어 목록의 leaderstats에 표시하는 간단한 시스템을 만들어 봅시다. 7장에서 설명한 leaderstats를 먼저 만든 후, 데이터 저장소를 사용하여 데이터를 로드하고 저장합니다. 마지막으로 1분마다 인게임 머니 금액이 늘어나는 시스템을 만들겠습니다.

leaderstats 생성

앞서 말했듯이 leaderstats부터 만들겠습니다. leaderstats를 만드는 방법은 7장에서 설명했으니 자세히 설명하지 않겠습니다. 사용할 코드는 다음과 같습니다.

```lua
local Players = game:GetService("Players")

function playerJoined(player)
    -- leaderstats 생성
    createLeaderStats(player)
end

function createLeaderStats(player)
    local leaderstats = Instance.new("Model")
    leaderstats.Name = "leaderstats"
    leaderstats.Parent = player

    local money = Instance.new("IntValue")
    money.Name = "💰 Money"
    money.Parent = leaderstats
    money.Value = 0
end

function getLeaderstatValue(player, leaderstat)
    local leaderstats = player:FindFirstChild("leaderstats")
    if leaderstats ~= nil then
        local statistic = leaderstats:FindFirstChild(leaderstat)
        if statistic ~= nil then
            return statistic.Value
        else
            warn("Statistic named [" .. leaderstat .. "] does not exist!")
        end
    end
    return 0
end
```

```
function incrementLeaderstat(player, leaderstat, value)
    local leaderstats = player:FindFirstChild("leaderstats")
    if leaderstats ~= nil then
        local statistic = leaderstats:FindFirstChild(leaderstat)
        if statistic ~= nil then
            statistic.Value += value
        end
    end
end


Players.PlayerAdded:Connect(playerJoined)
```

이 코드는 .PlayerAdded 이벤트를 감지합니다. 플레이어가 참가하면 playerJoined() 함수가 시작됩니다. 이 함수가 하는 유일한 작업은 createLeaderStats() 함수를 호출하는 것입니다. 7장에서 배운 내용과 크게 다르지 않습니다.

여기서는 두 가지 함수를 자세히 살펴봐야 합니다. getLeaderstatValue() 함수는 모든 leaderstats의 값을 가져옵니다. 이 함수는 매개 변수 leaderstat를 전달 받아, 나중에 더 많은 leaderstats 모델을 추가할 때 유용합니다. incrementLeaderstat() 함수는 함수의 이름에서 알 수 있듯 leaderstats에서 원하는 값을 증가시킵니다. NumberValue와 IntValue에만 유용하다는 점에 유의하길 바랍니다.

지금까지 leaderstats를 구현했습니다. 이제 데이터 저장소를 사용하여 데이터를 저장하고 로드하는 시스템을 구축할 수 있습니다. 그다음에는 매분마다 각 플레이어가 가진 게임 머니를 증가시켜 시스템을 완성하겠습니다.

데이터 저장소 사용

플레이어가 가지고 있는 금액을 저장할 데이터 저장소가 필요합니다. 게임 머니도 통화이므로 데이터 저장소를 CurrencyData라고 부르겠습니다. 데이터 저장소에 이렇게 직관적인 이름을 지정하는 이유는 나중에 설명하겠습니다.

먼저 플레이어가 나갈 때 데이터를 저장하는 과정부터 살펴보겠습니다. 계속 이야기하지만 책에는 코드의 일부만 실었습니다. 게임 머니 리더보드와 관련된 모든 코드는 스크립트 하나에서 나왔습니다.

다음 코드를 살펴보겠습니다.

```lua
local Players = game:GetService("Players")
local DataStoreService = game:GetService("DataStoreService")
local CurrencyDataStore = DataStoreService:GetDataStore("CurrencyData")


function playerLeft(player)
    local suc, err = pcall(function()
        local money = getLeaderstatValue(player, "🪙 Money")
        if money >= 0 then
            CurrencyDataStore:SetAsync(
                "Plr_" .. player.UserId,
                money
            )
        end
    end)
    if not suc then
        warn(err)
    end
end


Players.PlayerRemoving:Connect(playerLeft)
```

이 코드는 .PlayerRemoving 이벤트를 감지합니다. 이 이벤트가 실행되면 playerLeft() 함수가 실행됩니다. 이 함수는 CurrencyDataStore에서 :SetAsync() 함수를 사용해 플레이어가 현재 가진 금액 정보를 저장합니다. 그러나 나중을 생각하면 몇 가지 문제가 생길 수 있습니다. 로드하는 동안 문제가 발생한다면 그 뒤에 데이터를 저장해선 안됩니다. 로드에 실패했을 때 데이터를 저장하면 로드되지 않은 데이터가 실제 데이터를 덮어쓰게 됩니다. 이렇게 된다면 엄청난 문제입니다. 그렇다면 어떻게 해야 할까요?

게임에서 플레이어가 가진 금액이 음수가 되지 않도록 구현하여 이 제약 조건을 유용하게 사용할 수 있습니다. 예를 들어, 로드에 실패할 때 플레이어의 금액을 음수로 설정합니다. 이렇게 하면 데이터를 로드하는 동안 문제가 발생한 사실을 감지할 수 있으며, 플레이어는 금액이 음수이면 로드하는 동안 문제가 발생했다고 결론을 내릴 수 있습니다. 실제 데이터를 덮어쓰지 않도록 음수일 때는 데이터를 저장하지 않도록 합니다. 앞의 코드에서 금액이 0보다 크거나 같은지 확인하는 이유입니다.

이 플레이어의 현재 금액을 가져오기 위해 getLeaderstatValue() 함수를 사용합니다. 이 함수는 leaderstats를 생성하면서 함께 만들었습니다.

데이터를 저장했으니 플레이어가 참가하면 데이터를 로드해야 합니다. 앞에서 배운 것처럼 :GetAsync() 함수는 pcall() 함수 안에 래핑해야 합니다. 그러나 데이터를 로드하는 동안 문제가 발생하면 플레이어를 게임에서 퇴장시키고 값을 음수로 설정하여 금액이 저장되지 않도록 합니다.

수정한 playerJoined() 함수를 살펴보겠습니다.

```lua
local STARTER_MONEY = 500

function playerJoined(player)
    -- leaderstats 생성
    createLeaderstats(player)

    -- 데이터 로드
    local loadedCurrency = nil

    local suc, err = pcall(function()
        -- 데이터 저장소 값 찾기
        loadedCurrency = CurrencyDataStore:GetAsync("Plr_".. player.UserId)
    end)
    if not suc then
        -- 에러 출력
        warn(err)
```

```
        -- leaderstat 값 음수화
        incrementLeaderstat(player, "🎲 Money",
        - (getLeaderstatValue(player, "🎲 Money") + 1))

        -- 플레이어 강퇴
        player:Kick("\n[Data Failed]\nFailed to load data. Please rejoin")
    else
        -- 기본값 설정
        if loadedCurrency == nil then
            loadedCurrency = STARTER_MONEY
        end

        -- leaderstat 설정
        incrementLeaderstat(player, "🎲 Money", loadedCurrency)
    end
end
```

이 코드는 전체 스크립트의 일부라는 점을 명심하세요. playerJoined() 함수의 시작 부분에서 leaderstats를 만든 다음 데이터를 로드합니다. 먼저, loadedCurrency라는 새 변수를 정의합니다. 이 변수는 :GetAsync() 함수의 결과를 저장합니다. 그다음으로 pcall() 함수를 시작합니다. pcall() 함수 내에서 데이터를 저장한 키로 :GetAsync() 함수를 호출합니다.

pcall() 함수가 완료되면 데이터 저장소에서 데이터를 로드하는 동안 오류가 발생했는지 확인합니다. 오류가 발생하면 warn() 함수를 사용하여 오류를 출력합니다. 그런 다음 money에 incrementLeaderstat() 함수를 사용하여 -(money + 1)만큼의 수를 더합니다. 그 결과 플레이어가 가진 금액은 음수가 됩니다. 현재 스크립트의 기본값은 0이므로 incrementLeaderstat() 함수에 −1만 더해도 금액은 음수가 될 겁니다. 하지만 지금처럼 -(money + 1)을 더하면 나중에 코드가 변경되어 leaderstats가 0이 아니라 500 같은 수로 초기화되더라도 오류가 발생할 때 금액을 음수로 만들 수 있습니다. 돈을 음수로 설정

하여 :SetAsync() 함수가 플레이어의 데이터를 저장하지 않도록 만든 뒤, Player 개체의 :Kick() 함수를 사용해 플레이어를 게임에서 퇴장시킵니다.

그러나 보통은 데이터를 로드하는 동안 아무 문제도 발생하지 않습니다. 성공적으로 로드되면 if문의 else 부분으로 넘어갑니다. 여기서 loadedCurrency 변수가 nil인지 확인합니다. 이 값이 nil이면 해당 플레이어가 처음 플레이하는 것입니다. 플레이어가 처음으로 게임에 참여하면 시작 금액으로 게임 머니를 500만큼 제공합니다. 스크립트 상단에 있는 STARTER_MONEY 상수 변수에 시작 금액을 지정합니다. 마지막으로 leaderstats를 높여 플레이어가 이전에 플레이했을 때와 동일한 금액을 받도록 합니다.

현재 예제에서는 처음 들어온 플레이어의 금액을 incrementLeaderstat() 함수를 사용해 설정합니다. 이 방법은 leaderstats의 기본값이 0으로 설정된 경우에만 유효합니다. 그렇지 않으면 leaderstats를 증가시키는 대신 특정 값으로 설정하는 setLeaderstat() 함수를 사용해야 합니다.

시스템의 기본 사항을 완성했습니다. leaderstats를 생성하고 플레이어가 보유한 금액을 저장/로드하고 leaderstats를 업데이트했습니다. 음수를 사용하여 데이터 손실을 방지하는 기능도 구현했습니다. 이제 플레이어가 돈을 벌 방법을 제공해야 합니다. 플레이어가 30초 플레이 할 때마다 10코인씩 주고자 합니다. 이제 그 방법을 설명하겠습니다.

플레이 시간 보상

플레이 시간 보상을 구현하는 방법은 두 가지가 있습니다. 첫 번째 방법은 while 반복문을 만드는 겁니다. 30초마다 각 플레이어에게 보상을 주는 setup() 함수에 while 반복문을 구현하면 게임의 모든 플레이어가 동시에 보상을 받습니다. 두 번째 방법은 각 플레이어마다 고유한 while 반복문을 만드는 것입니다. 이 방법을 사용하면 모든 플레이어가 동시에 보상을 받지는 않습니다. 두 방법 모두 좋습니다. 게임 플레이 방식이나 여러분의 선호도에 따라 방법을 선택하세요.

이 시스템에서는 게임에 참여하는 각 플레이어마다 개별적인 while 반복문을 생성하겠습니다. 이를 구현하는 방법은 여러 가지입니다. 그러나 이 시스템은 서버에 유지해야 합니다. 어떤 개발자는 각 플레이어마다 고유해야 한다는 말을 들으면 즉시 클라이언트에서 구현하려 합니다. 데이터 저장소와 직접 관련된 경우에는 클라이언트에서 구현해선 안됩니다. 이러한 기능을 클라이언트에서 부분적으로 구현하려면 RemoteEvent를 만들어야 하지만 악성 사용자가 이를 남용할 수 있습니다. RemoteEvent를 보호하기 위해서는 훨씬 더 많은 작업이 필요합니다. 그렇다면 시스템을 각 플레이어마다 고유하게 유지하면서 서버에서 구현하려면 어떻게 해야 할까요?

우리는 이미 .PlayerAdded 이벤트가 발생하면 호출되는 함수를 가지고 있습니다. 이 함수를 이용해 간단하게 구축할 수 있습니다. 모든 이벤트는 새 스레드를 생성하므로 이 함수의 끝에 while 반복문을 생성해도 나머지 스크립트 실행이 중지되지 않습니다.

코드를 살펴보겠습니다.

```lua
local REWARD_INTERVAL = 30
local REWARD_AMOUNT = 10


function playerJoined(player)
    local suc, err = pcall(function()
        -- ...
        -- 기존 코드 생략
        -- ...
    end)
    if not suc then
        -- ...
        -- 기존 코드 생략
        -- ...
    else
        -- ...
        -- 기존 코드 생략
        -- ...
        enablePlayingReward(player)
    end
end
```

```
function enablePlayingReward(player)
    while player:IsDescendantOf(Players) do
        task.wait(REWARD_INTERVAL)
        incrementLeaderstat(player, " 🪙 Money", REWARD_AMOUNT)
    end
end
```

위의 코드에는 enablePlayingReward()라는 함수를 만들었습니다. 이 함수는 플레이어가 Players 서비스의 자녀인 동안 while 반복문을 실행합니다. 플레이어가 게임을 떠나면 이 반복문을 중단해야 하므로 플레이어가 여전히 Players 서비스의 자녀인지 확인합니다.

이 함수는 상수인 전역 변수 REWARD_INTERVAL과 REWARD_AMOUNT를 사용합니다. 코드 자체를 보지 않아도 이러한 상수만 변경하여 플레이 시간 보상을 변경할 수 있습니다.

함수의 끝에서는 enablePlayingReward() 함수를 호출해야 합니다. 플레이어가 게임을 떠날 때까지는 계속 while 반복문이 실행되기 때문입니다. enablePlayingReward() 함수를 호출하는 이유를 정확히 이해하지 못하겠다면 playerJoined() 함수를 호출한 후 print() 문을 사용해 어떤 일이 발생하는지 확인해 보세요. 반드시 시뮬레이션 대신 로컬 서버를 실행해 확인하세요.

이제 데이터 저장소를 사용하여 데이터를 로드하고 저장하는 리더보드를 완성했습니다. 직접 시스템을 구현했다면 축하합니다. 모든 단계를 따라 하지 못하겠다면 이 책의 예제 파일에서 전체 스크립트를 살펴보세요. 데이터 저장소를 완벽히 사용하려면 많은 연습이 필요합니다. 데이터 저장소가 작동하는 방식을 제대로 이해하려면 데이터 저장소를 직접 실험하며 노는 것을 추천합니다.

이번에는 데이터 저장소에 테이블을 저장하는 법을 알아보겠습니다.

02.5 | 테이블 저장

지금까지 소개한 예시에서는 하나의 데이터 저장소에 플레이어마다 하나의 데이터만 저장했습니다. 데이터 저장소의 제한에 대해 설명하자면 각 키는 최대 400만 자까지 저장할 수 있습니다. 숫자 100은 세 글자만 사용합니다. 즉, 이 키에는 3,999,997자를 더 저장할 수 있습니다. 그러니 데이터 저장소에서 키 하나에 숫자 또는 문자열 하나만 저장하는 건 낭비인 것 같습니다.

개발자는 보통 데이터 저장소 하나에 더 많은 데이터를 저장하는 경향이 있습니다. 데이터 저장소가 아닌 다른 방식을 생각한다면, 문자열이나 숫자 여러 개를 하나의 변수에 어떻게 저장할까요? 테이블을 사용할 것입니다. 데이터 저장소도 마찬가지입니다. 하나의 문자열이나 숫자를 저장하는 대신 테이블을 저장합니다. 막대한 양의 테이블을 저장하지 않는 한 데이터 저장소의 제한량을 초과하지 않을 겁니다.

플레이어가 툴을 만드는 서바이벌 게임이 있다고 합시다. 플레이어가 게임에 다시 참여할 때 만들어 둔 툴이 사라지지 않도록 하려 합니다. 플레이어가 가진 모든 툴을 저장한 테이블을 데이터 저장소에 저장하는 방법이 있습니다.

코드로 살펴보겠습니다.

```lua
local Players = game:GetService("Players")
local DataStoreService = game:GetService("DataStoreService")
local BackpackDataStore = DataStoreService:GetDataStore("BackpackData")

function playerJoined(player)
    -- 다시 플레이할 때 툴 정보 호출
    initializeUnequipTools(player)
end

function playerLeft(player)
    -- 툴 정보 호출
    local tools = getTools(player)
```

```lua
    -- 툴 정보 저장
    local suc, err = pcall(function()
        BackpackDataStore:SetAsync(
            "Plr_" .. player.UserId,
            tools
        )
    end)
    if not suc then
        -- 에러 출력
        warn(err)
    end
end

function initializeUnequipTools(player)
    player.CharacterRemoving:Connect(function(character)
        local humanoid = character:FindFirstChildOfClass("Humanoid")
        if humanoid ~= nil then
            humanoid:UnequipTools()
        end
    end)
end

function getTools(player)
    -- 툴 저장 변수
    local tools = {}

    for _, tool in pairs(player.Backpack:GetChildren()) do
        if tool.ClassName == "Tool" then
            table.insert(tools, tool.Name)
        end
    end
```

```
    -- 툴 반환
    return tools
end

Players.PlayerAdded:Connect(playerJoined)
Players.PlayerRemoving:Connect(playerLeft)
```

코드를 살펴보겠습니다. 플레이어가 게임에 참여하면 playerJoined() 함수를 시작합니다. 이 함수는 initializeUnequipTools() 함수를 호출합니다. 나중에 플레이어가 합류할 때 더 많은 작업을 수행할 수도 있으니 직접 initializeUnequipTools()를 호출하지는 않습니다. initializeUnequipTools() 함수는 .CharacterRemoving 이벤트를 감지합니다. 이 이벤트는 캐릭터가 재설정될 때마다 발생합니다. 이벤트가 발생하면 캐릭터는 실제로 제거되기 직전에 플레이어가 장착한 모든 툴을 장착 해제합니다. 이는 플레이어가 게임을 떠날 때 캐릭터가 제거되기 때문입니다. 그러나 문제는 .CharacterRemoving 이벤트가 발생하기 전에 캐릭터가 먼저 제거된다는 것입니다. 이 때문에 playerLeft() 함수는 Character에 접근할 수 없습니다. 이에 대한 해결책으로 .CharacterRemoving 이벤트를 감지합니다.

마지막으로 플레이어가 게임을 떠날 때 모든 툴은 Backpack 안에 있습니다. 캐릭터가 제거되고 :UnequipTools() 함수로 캐릭터 내부의 모든 툴이 Backpack에 있는 걸 확인했습니다. 이제 Backpack에 반복문을 사용해 ClassName 속성이 Tool인 모든 인스턴스를 테이블 안에 저장합니다. 이 모든 작업은 playerLeft() 함수 내부에서 호출하는 getTools() 함수가 수행합니다.

모든 도구 이름이 테이블에 저장되면 :SetAsync() 함수를 사용하여 데이터 저장소를 업데이트해 플레이어가 Backpack에 가지고 있는 모든 도구를 저장하고, 플레이어가 게임에 다시 참가하면 :GetAsync() 함수를 사용하여 모든 도구를 로드합니다. 이전 코드에서는 이 작업을 구현하지 않았습니다. 직접 구현해 보세요.

데이터 저장소 내부에 테이블을 저장하는 방법을 살펴봤습니다. 그럼 딕셔너리는 어떨까요? 데이터 저장소에 딕셔너리도 저장할 수 있을까요? 한번 알아봅시다.

02.6 ｜ 딕셔너리 저장

앞에서는 테이블을 이용해 서로 관련된 많은 데이터를 한 데이터 저장소에 저장할 수 있었습니다. 데이터 저장소의 제한량은 평균적인 테이블의 크기보다 훨씬 큽니다. 그렇다면 딕셔너리를 저장하면 어떨까요? 이렇게 하면 서로 관련이 없는 데이터를 훨씬 더 많이 저장할 수 있습니다. 예를 들어 플레이어가 가진 금액이나 플레이어가 게임을 플레이한 횟수를 비롯해 더 많은 데이터를 저장할 수 있습니다.

다음 코드를 살펴보겠습니다.

```lua
local Players = game:GetService("Players")
local DataStoreService = game:GetService("DataStoreService")
local TestDataStore = DataStoreService:GetDataStore("DictionaryTest")

function playerLeft(player)
    local randomDictionary = {
        ["Coins"] = 5,
        ["Gems"] = 0,
        ["PlayTime"] = 0,
        ["TimesPlayed"] = 0
    }

    local suc, err = pcall(function()
        TestDataStore:SetAsync(
            "Plr_" .. player.UserId,
            randomDictionary
        )
    end)
    if not suc then
        warn(err)
    end
end
```

```
Players.PlayerRemoving:Connect(playerLeft)
```

이 코드는 데이터 저장소에 임의의 딕셔너리를 저장합니다. 실제로는 고정된 값을 가진 정적 딕셔너리를 사용하지 않으므로 코드가 다를 겁니다. 실제 게임에서 딕셔너리를 저장하는 방법은 이 장 뒷부분에서 '데이터 캐싱'을 설명하며 자세히 살펴보겠습니다.

딕셔너리를 저장하는 과정은 일반 데이터 타입이나 테이블을 저장하는 방식과 똑같습니다. 데이터 저장소 하나에 더 많은 데이터를 저장할 수 있어서 모든 개발자가 선호하는 방법입니다. 만일 데이터 저장소에 저장하는 데이터가 많아지고 이 데이터가 서로 연관이 없다면 새 데이터 저장소를 생성하는 편이 좋습니다. 모든 데이터를 억지로 하나의 데이터 저장소에 보관할 필요는 없습니다. 게임에 적합한 방식을 자유롭게 선택하세요. 불필요한 데이터 저장소는 만들지 않는 게 좋습니다.

데이터 저장소에 딕셔너리를 저장하는 방법과 이것이 개발자가 선호하는 방식임을 알았으니 다음 단계로 넘어가겠습니다. 다음에는 Color3와 Vector3 같은 특정 데이터 타입을 저장하는 방법을 배우겠습니다.

02.7 | 데이터 저장소에 사용자 데이터 저장

데이터 저장소를 사용하며 "104: Cannot store Dictionary in data store. Data stores can only accept valid UTF-8 characters?" 혹은, "104: Cannot store int in data store. Data stores can only accept valid UTF-8 characters?"와 같은 오류를 수신했을 수 있습니다. 매우 혼란스러웠을 겁니다. 보통 이런 오류가 발생하는 원인은 데이터 저장소에 사용자 데이터를 저장하려고 하기 때문입니다.

그러면 여러분은 "사용자 데이터를 저장하면 안 되나요? 그게 뭐가 잘못돼서 오류가 발생하죠? 데이터 저장소에 플레이어의 데이터를 저장하는 거 아니었어요?"라고 물을 겁니다. 네, 플레이어 데이터를 저장하는 게 맞습니다. 하지만 오류에서 말하는 사용자 데이터는 플레이어 데이터가 아닙니다. 장 전체에서 많은 데이터 타입을 소개했습니다. 1장에서는 세 가지 기본 데이터 타입인 문자열과 숫자, 부울값을 배웠습니다. 이 데이터 타입은 데이터 저장소에 저장할 수 있습니다. 그 외에 배운 Vector3와 Color3, BrickColor, Region3, TweenInfo, UDim2, CFrame 같은 다른 데이터 타입은 사용자 데이터로 간주되어 데이터 저장소에 저장할 수 없습니다.

이 외에도 인스턴스나 인스턴스에 대한 참조는 데이터 저장소에 저장할 수 없습니다. 예를 들어 플레이어가 특정 의자를 특정 위치에 배치했다는 내용을 저장할 수 없다는 의미입니다. 이 모든 정보를 직접 저장하지는 못하지만 해결책은 있습니다. 저장하려는 모든 사용자 데이터를 세 가지 기본 데이터 타입으로 변환하는 겁니다. 예를 들어 Vector3 데이터 타입은 X, Y, Z라는 세 숫자로 구성되는데, 이 세 숫자를 개별적으로 저장하는 것입니다.

데이터 타입 속성

Part나 TextButton 같은 인스턴스에는 속성이 있습니다. 그런데 데이터 타입에도 속성이 있습니다. 예를 들어 다음과 같이 Vector3에서 X 속성을 읽어 X축 값을 얻을 수 있습니다.
```
print(Vector3.new(10, 20, 30).X)
```

다음 코드를 살펴보겠습니다.

```
DataStore:SetAsync(
    "Plr_" .. player.UserId,
    {
        [1] = {
            ["item_type"] = workspace.PlacedItems.Chair, --> 에러
            ["position"] = Vector3.new(100, 200, 300) --> 에러
        },
        [2] = {
            ["item_type"] = "Chair", --> 적합
            ["position"] = {100, 200, 300} --> 적합
        }
    }
)
```

이 코드는 플레이어가 원하는 모든 것을 배치하는 가상 게임의 :SetAsync() 함수로, 플레이어가 이후에 이어서 진행할 수 있도록 지금까지 배치한 내용을 저장합니다.

코드는 두 개의 테이블이 있는 딕셔너리를 저장하려고 합니다. 각 테이블은 플레이어가 배치한 개체를 나타냅니다. 두 테이블 모두 `item_type`과 `position`이라는 속성을 가집니다. `item_type` 속성은 플레이어가 게임에 배치한 항목을 지정하고 `position` 속성은 플레이어가 배치한 위치를 지정합니다. 첫 번째 테이블은 플레이어가 의자를 배치한 위치를 나타내는 Vector3 데이터 타입과 결합된 의자에 대한 참조를 저장합니다. 하지만 안타깝게도 데이터 저장소에는 참조와 사용자 데이터를 저장할 수 없기 때문에 이 작업을 수행할 수 없어 오류가 발생합니다.

두 번째 테이블은 다른 방식으로 접근합니다. 의자에 대한 참조를 저장하는 대신 플레이어가 배치한 개체의 이름(이 상황에선 "Chair")을 저장합니다. 거기다 Vector3 데이터 타입도 저장하지 않습니다. 대신 Vector3 데이터 타입이 가진 세 개의 숫자를 모두 사용해 테이블에 입력합니다. 두 번째 테이블에는 참조나 사용자 데이터가 없으므로 오류가 발생하지 않습니다. 두 번째 테이블에 저장한 내용은 데이터 저장소에 저장할 수 있습니다.

Vector3 데이터 타입을 의자 위치로 저장하지 않았으므로 플레이어 데이터를 로드할 때는 Vector3 데이터 타입으로 다시 변환해야 합니다. 다음 코드가 그 역할을 합니다.

```
local data = DataStore:GetAsync("Plr_" .. player.UserId)
local chairPosition = Vector3.new(
    data[2]["position"][1], --> 100
    data[2]["position"][2], --> 200
    data[2]["position"][3]  --> 300
)
```

이 코드는 이전 코드의 `position` 테이블을 Vector3 데이터 타입으로 변환합니다. 데이터 저장소에 Vector3 데이터 타입을 저장할 수 없으므로 이런 과정을 거쳐 별도의 테이블에 X, Y, Z 를 개별적으로 저장했습니다.

여기에서는 사용자 데이터 타입을 데이터 저장소에 저장할 수 없다는 사실을 알았습니다. 특정 데이터 타입을 저장하기 위한 해결 방법도 알아보았습니다. 예를 들어 Vector3 데이터 타입은 X, Y, Z축의 값을 나타내는 세 개의 값으로 분할해 저장합니다. 이렇게 하면 세 값은 일반 숫자이므로 데이터 저장소에 저장됩니다. 데이터 저장소에는 문자열과 숫자, 부울값만 저장할 수 있기 때문입니다.

앞에서 데이터를 가져와 데이터 저장소에 저장하는 방법을 배웠습니다. 그렇다면 데이터를 제거할 수도 있을까요? 이번에는 데이터 저장소에 저장한 데이터를 삭제하는 법을 알아보겠습니다.

02.8 | 데이터 제거

데이터 저장소에서 데이터를 제거하고 싶은 경우도 생깁니다. 여기에는 여러 가지 이유가 있습니다. 새로운 플레이어가 게임에 참여할 때의 상황을 테스트하거나 플레이어의 삭제 요청으로 데이터를 제거해야 할 수도 있습니다.

삭제 요청 권리

누구나 자신의 온라인 데이터를 삭제할 권리가 있습니다. 로블록스를 비롯한 업체에 연락해 여러분에 대한 모든 데이터를 삭제할 것을 요청할 수 있습니다. 이렇게 하면 로블록스 계정이 제거되며, 게임 개발자에게는 여러분에 대한 데이터를 저장한 데이터 저장소에서 계정 정보를 제거해야 한다는 알림이 전송됩니다. 이러한 요청을 받은 개발자는 요청한 플레이어의 데이터를 제거해야 합니다.

그렇다면 저장한 데이터는 어떻게 삭제할까요? 앞에서는 `:SetAsync()`와 `:GetAsync()` 함수를 사용했습니다. 데이터를 삭제할 때는 `:RemoveAsync()` 함수를 사용합니다. 데이터 저장소에서 데이터를 제거할 때는 항상 제거할 데이터의 키를 지정해야 합니다.
다음 코드를 살펴보겠습니다.

```lua
local DataStoreService = game:GetService("DataStoreService")
local PrimaryDataStore = DataStoreService:GetDataStore("PrimaryDataStore")
local SecondaryDataStore = DataStoreService:GetDataStore("SecondaryDataStore")

function removeAllPlayerData(userId)
    local suc, err = pcall(function()
        PrimaryDataStore:RemoveAsync("Plr_" .. userId)
        SecondaryDataStore:RemoveAsync("Plr_" .. userId)
    end)
```

```
    if not suc then
        warn(err)
    end
end
```

코드에는 데이터 저장소가 두 가지 있습니다. 지금은 예시일 뿐이라 일반적인 이름을 지정했습니다. 그리고 removeAllPlayerData()라는 함수도 있습니다. 이 함수는 모든 데이터 저장소에서 :RemoveAsync() 함수를 사용하여 특정 사용자에 대한 모든 데이터를 제거합니다. 삭제 요청이 들어왔을 때 유용합니다.

:RemoveAsync() 함수에 필요한 유일한 인수는 데이터 저장소에 사용한 키입니다. 이 함수는 데이터를 제거하지만 로블록스는 데이터를 30일 동안 보관한 후 영구적으로 제거합니다. 그렇다고 해서 30일이 지날 때까지 :GetAsync() 함수를 사용하여 데이터를 계속 로드하거나 이 키에 새 데이터를 설정하지 못한다는 의미도 아닙니다. :RemoveAsync() 함수는 모든 데이터를 nil로 설정합니다.

:RemoveAsync() 함수의 역할과 사용법을 알아봤습니다. 여기에 추가로 모든 사람이 가지는 삭제 요청 권한에 대해서도 알았습니다. 지금까지 데이터를 읽고, 설정하고, 제거하는 방법 등 데이터 저장소에 대한 모든 기본 사항을 배웠습니다. 이 외에도 오류가 발생하면 전체 스레드가 중지되지 않도록 데이터 저장소에 오류 처리를 적용하는 법을 배웠습니다. 플레이어가 게임에 처음 참가했을 때 기본 플레이어 데이터를 사용하는 방법도 배웠습니다. 데이터 저장소로 작업하면 많은 문제가 발생할 수 있습니다. 따라서 제대로 작동하는지도 확인해야 합니다. 데이터 저장소를 더 안전하게 사용하기 위해 더 많은 요령과 모범 사례를 사용할 수 있습니다. 그 방법을 알아보겠습니다.

03 / 더 안전한 데이터 저장소 작성법

이제부터 데이터 저장소를 만들 때 염두에 두어야 할 유용한 모범 사례를 소개합니다. 이러한 모범 사례는 발생할 가능성이 아주 적은 경우에 도움이 됩니다. 물론 자주 발생하지는 않더라도 발생할 때를 대비해야 합니다.

먼저 데이터 캐싱을 학습해 테이블과 딕셔너리를 저장하는 지식을 확장하겠습니다. 데이터 저장소를 자동 저장하도록 개선하고, 재시도를 구현하여 오류 처리를 개선하는 방법도 알아봅니다. 그다음에는 데이터 저장소의 한계에 대해 자세히 살펴보겠습니다.

앞서 언급한 개선 방법은 데이터 저장소의 품질을 크게 높입니다. 그러나 이 개선 사항을 모두 적용하면 스크립트가 매우 길어집니다. 데이터 저장소를 처리하는 스크립트가 여러 개 있다면 많은 중복 코드가 생깁니다. 이것은 나쁜 습관입니다. 이를 방지하기 위해 데이터 저장소의 모든 복잡성을 독립 실행형 모듈에서 처리할 수 있는 DataManager 모듈을 만들겠습니다. 마지막으로 여러 서버가 동일한 플레이어의 데이터를 업데이트할 때 데이터 저장소를 개선하는 방법도 알아봅니다.

03.1 | 데이터 캐싱

앞에서 테이블이나 딕셔너리를 사용하는 편이 더 바람직하다고 설명했습니다. 그러나 테이블이나 딕셔너리를 만드는 방법을 정확히 보지 못했습니다. 그 이유는 테이블이나 딕셔너리는 캐싱을 하기 때문입니다.

캐싱은 무엇일까요? 이번에는 :GetAsync() 함수를 사용하여 데이터를 가져오는 대신, 캐싱을 사용하여 테이블 내부에 데이터를 저장합니다. 즉, 스크립트 상단에 playerData라는 딕셔너리를 배치해 게임에 있는 각 플레이어에 대한 모든 데이터를 저장합니다. 그러면 플레이어의 데이터는 playerData 딕셔너리에서 변경하기만 하면 됩니다. 마지막으로 플레이어의 데이터를 저장할 때 playerData 딕셔너리에 있는 내용을 읽고 저장합니다.

제대로 이해할 수 있도록 데이터 로드와 관련된 코드를 먼저 살펴보겠습니다. 그다음에 데이터를 업데이트하고 저장하는 방법을 살펴보겠습니다. 다음 코드를 살펴보겠습니다.

```lua
local Players = game:GetService("Players")
local DataStoreService = game:GetService("DataStoreService")
local DataStore = DataStoreService:GetDataStore("PlayerData")
```

```lua
local DEFAULT_PLAYER_DATA = {
    ["coins"] = 500,
    ["gems"] = 0,
    ["times_played"] = 0
}

local playerData = {}

function playerJoined(player)
    -- 데이터 호출 및 캐싱
    playerData[player.Name] = get(player)
end

function get(player)
    local loaded = nil
    local suc, err = pcall(function()
        loaded = DataStore:GetAsync("Plr_" ..player.UserId)
    end)
    if not suc then
        warn(err)
    end
    --
    if loaded == nil then
        return copyTable(DEFAULT_PLAYER_DATA)
    else
        return loaded
    end
end

function copyTable(toCopy)
    local copy = {}
```

```
    -- toCopy 테이블 반복

    for i, v in pairs(toCopy) do

        if typeof(v) == "table" then

            -- 중첩된 테이블/딕셔너리 복사

            v = copyTable(v)

        end

        -- 복사된 테이블에 값 입력

        copy[i] = v

    end

    return copy

end


Players.PlayerAdded:Connect(playerJoined)
```

스크립트를 살펴보겠습니다. 플레이어가 참여하면 `playerJoined()` 함수를 호출합니다. 이 함수는 `get()` 함수를 호출하며, `get()` 함수는 `:GetAsync()`의 결과를 반환합니다. 계속 사용하던 방법입니다. 대신 `get()` 함수 맨 아래에서 `copyTable()` 함수를 사용합니다.

왜 `DEFAULT_PLAYER_DATA` 변수의 복사본을 만드는 걸까요? 이렇게 하지 않으면 플레이어에게 데이터가 없을 때 `playerData` 딕셔너리와 `DEFAULT_PLAYER_DATA` 테이블을 모두 업데이트합니다. 아주 이상한 일이죠. 결국, `DEFAULT_PLAYER_DATA` 변수를 업데이트하는 것이 아니라 플레이어 데이터를 업데이트하는 것이기 때문입니다.

다음 코드를 살펴보겠습니다.

```
-- 일반적인 변수

local variableA = 5

local variableB = variableA

variableB += 1

print(variableA) --> 그대로 5

print(variableB) --> 5 + 1 = 6


-- 테이블
```

```
local tableA = {5}
local tableB = tableA
tableB[1] += 1
print(tableA[1]) --> 6
print(tableB[1]) --> 6
```

variableB에는 variableA의 값이 복사됩니다. 그러나 테이블을 사용할 때는 그렇지 않습니다. 테이블을 참조하면 전체 테이블을 복사하지 않고 Luau의 메모리에 있는 동일한 테이블을 사용합니다. 따라서 테이블은 수동으로 복사해야 합니다.

테이블을 복사하는 방법을 알았으니 코드 설명을 계속하겠습니다. 로드된 데이터와 DEFAULT_PLAYER_DATA 변수의 복사본을 반환하면 이것을 playerData 변수에 저장합니다. 이렇게 플레이어 데이터가 캐시됩니다.

이제 플레이어의 데이터를 업데이트하려면 playerData 변수에서 데이터를 변경하면 됩니다. 다음 코드를 살펴보겠습니다.

```
function playerJoined(player)
    -- 데이터 호출 및 캐싱
    playerData[player.Name] = get(player)

    -- times_played 업데이트
    playerData[player.Name]["times_played"] += 1
    print(playerData[player.Name]["times_played"])
end

function playerLeft(player)
    -- 데이터 저장
    save(player)

    -- 캐시된 데이터 삭제
    playerData[player.Name] = nil
end
```

```lua
function save(player)
    local suc, err = pcall(function()
        DataStore:SetAsync(
            -- 키
            "Plr_" .. player.UserId,
            -- 캐시된 데이터
            playerData[player.Name]
        )
    end)
    if not suc then
        warn(err)
    end
end


Players.PlayerAdded:Connect(playerJoined)
Players.PlayerRemoving:Connect(playerLeft)
```

playerJoined() 함수는 이제 times_played 값을 1씩 증가시킵니다. 이렇게 하면 캐시된 playerData 변수에서 값이 업데이트됩니다. 데이터 저장소가 아니라 변수에 저장된 값이 변경되지만 여전히 그 값은 저장됩니다. 이는 playerLeft() 함수 덕분입니다. 이 함수는 :SetAsync() 함수를 사용하는 save() 함수를 호출합니다. 결과적으로 데이터 저장소에 캐시된 데이터가 업데이트됩니다.

캐싱을 사용해 데이터 저장소를 수정하는 스크립트를 보았습니다. 다음에는 데이터 저장소에 자동 저장을 적용하는 방법을 배웁니다.

03.2 | 자동 저장

현재 스크립트가 가진 한 가지 문제는 플레이어가 게임을 떠날 때만 데이터를 저장한다는 것입니다. 데이터를 저장하는 동안 많은 일이 잘못될 수 있으니 저장 시도 한 번에만 의존하는 건 좋지 않습니다. 플레이어가 게임에 있는 동안 플레이어 데이터를 30초마다 저장하면 이 문제를 해결할 수 있습니다. 이 기능을 구현해 봅시다.

```lua
local AUTO_SAVE_INTERVAL = 30

function autoSave()
    while true do
        -- 자동 저장 간격만큼 대기
        task.wait(AUTO_SAVE_INTERVAL)

        -- 플레이어 정보 호출
        for _, player in pairs(Players:GetPlayers()) do
            -- 데이터 캐시 여부 확인
            if playerData[player.Name] ~= nil then
                -- 자동 저장
                task.spawn(function()
                    save(player)
                end)
            end
        end
    end
end

task.spawn(autoSave)
```

이 코드는 전체 스크립트의 일부입니다. 자동 저장과 관련된 모든 코드는 데이터 캐싱에서 작성한 코드와 동일한 스크립트에 있어야 합니다.

코드에 autoSave()라는 함수를 만들었습니다. 이 함수에는 영원히 실행되는 while 반복문 이 있습니다. while 반복문은 현재 게임을 플레이하는 모든 플레이어를 반복합니다. 그러 면서 각 플레이어에 save() 함수를 호출합니다. 그 결과 캐시된 모든 데이터가 30초마다 저장됩니다. 저장하는 동안 뭔가 잘못되어도 큰일은 아닙니다. 어쨌든 30초 후에 다시 시 도할 테니까요.

한 가지 더 살펴보겠습니다. `autoSave()` 함수와 `save()` 함수는 직접 호출하지 않고 `task.spawn()` 함수 안에서 호출합니다. `task.spawn()` 함수는 새 스레드를 생성합니다. 새 스레드를 만들지 않으면 `autoSave()` 함수 이후의 모든 항목이 실행되지 않습니다. 이는 `autoSave()` 함수 내부에 `while` 반복문이 무한 반복되기 때문입니다. `save()` 함수도 마찬가지입니다. 스레드를 만들지 않으면 자동 저장이 한 번에 한 명의 플레이어에게만 적용되지만, 스레드를 사용하면 거의 동시에 모든 플레이어에게 적용됩니다.

이제 데이터를 자동 저장하는 방법을 알았습니다. 또한 다른 함수를 호출할 때 `task.spawn()` 함수를 사용해 별개의 스레드를 만드는 방법도 배웠습니다. 다음에는 재시도를 통해 오류 처리를 개선하는 방법을 알아보겠습니다.

03.3 | 오류 처리 개선

데이터 저장소에 자동 저장을 추가해 데이터 저장소를 개선하면 데이터 저장소의 안전성이 크게 향상됩니다. 그러나 더 개선할 수 있는 부분이 있습니다. 바로 오류 처리입니다. 지금은 `pcall()` 함수를 사용하여 오류 발생 여부를 감지합니다. 그러나 이 함수는 출력 프레임에 오류를 출력하는 것이 전부입니다. 그럼 또 무엇을 할 수 있을까요? 재시도를 적용할 수 있습니다.

재시도는 제대로 실행할 때까지 특정 함수를 반복하는 `repeat` 반복문입니다. 이는 `pcall()` 함수의 결과를 기반으로 조건이 있는 `repeat` 반복문을 만들어 구현합니다. `pcall()` 함수가 오류가 발생했음을 감지하면 이전 시도를 반복합니다. 그렇게 복잡한 것 같진 않죠? 다음 코드를 살펴보겠습니다.

```
function get(player)
    local loaded = nil
    local suc, err
    --
    repeat
        suc, err = pcall(function()
```

```lua
            loaded = DataStore:GetAsync("Plr_" ..player.UserId)
        end)
        if not suc then
            -- 경고 출력
            warn(err)


            -- 재시도 전 잠시 대기
            task.wait(6)
        end
    until
    suc
    --

    if loaded == nil then
        return copyTable(DEFAULT_PLAYER_DATA)
    else
        return loaded
    end
end


function save(player)
    local suc, err
    repeat
        suc, err = pcall(function()
            DataStore:SetAsync(
                -- 키
                "Plr_" .. player.UserId,

                -- 캐시된 데이터
                playerData[player.Name]
            )
        end)
```

```
        if not suc then
            -- 경고 출력
            warn(err)

            -- 재시도 전 잠시 대기
            task.wait(6)
        end
    until
    suc
end
```

이 코드는 get() 함수와 save() 함수를 사용합니다. 이번에는 repeat 반복문을 포함하도록 수정했습니다. repeat 반복문은 suc 변수가 true가 될 때까지 전체 함수를 반복합니다. repeat 반복문을 시작하기 전에 suc과 err에 대한 새 변수를 선언합니다. 이는 until 조건의 범위 때문입니다.

get() 함수와 save() 함수 양쪽에, 오류가 발생하면 오류를 출력한 뒤 6초 동안 대기하는 코드를 하나 더 추가했습니다. 동일한 작업을 즉시 재시도하지 않기 위함입니다.

이번에는 오류가 발생하면 함수를 재시도해 오류 처리를 개선하는 법을 살펴보았습니다. 이때, repeat 반복문을 사용하고 시도하기 전에는 6초 동안 기다립니다. 이는 데이터 저장소가 가진 제한 때문입니다. 이제 데이터 저장소가 가진 제한에 대해 자세히 알아보겠습니다.

03.4 | 데이터 저장소 제한 사항

테이블 저장을 살펴보며 데이터 저장소당 400만 자의 크기 제한이 있다고 이야기했습니다. 그러나 크기 말고도 더 많은 제한 사항이 있습니다. 이러한 제한으로는 :GetAsync() 함수와 :SetAsync() 함수, :RemoveAsync() 함수를 얼마나 자주 사용할 수 있는지도 포함됩니다. [표 8-1]를 살펴보겠습니다.

표 8-1 데이터 저장소 함수 호출 제한량

함수	1분 당 호출 제한 횟수
:GetAsync() – 모든 키	60 + (게임 접속 플레이어 수 X 10)
:SetAsync() – 모든 키 :UpdateAsync() – 모든 키 :RemoveAsync() – 모든 키	60 + (게임 접속 플레이어 수 X 10)
:SetAsync() – 동일한 키 :UpdateAsync() – 동일한 키 :RemoveAsync() – 동일한 키	6초에 한 번씩 호출 가능

[표 8-1]의 내용은 집필 시점을 기준으로 작성되었습니다. 이러한 제한 사항은 향후 변경될 수 있습니다. 로블록스 개발자 문서에서 최신 정보를 얻을 수 있습니다.

[표 8-1]에는 키당 제한 사항이 정리되어 있습니다. 동일한 열에 있는 함수는 제한량을 공유합니다. 즉, :SetAsync() 함수와 :RemoveAsync() 함수는 다 합쳐 1분에 60+(플레이어 수×10)번만 호출할 수 있다는 의미입니다. [표 8-1]에는 일부 함수를 요청할 때마다 6초의 쿨다운을 가져야 한다는 내용이 있습니다. '오류 처리 개선'을 설명할 때 이 이유 때문에 6초 동안 대기하는 task.wait() 함수를 사용했습니다.

6초의 대기 시간이 지나도 여러 요청이 중복되면 여유가 확보될 때까지 요청을 대기해야 합니다. 문제는 이 대기열이 가득 찰 수도 있다는 점입니다. 이 경우 오류가 발생합니다.

이 오류는 어떻게 예방할까요? 각 함수가 몇 번 호출되는지 파악하는 :GetRequestBudget-ForRequestType()이라는 함수를 사용하여 여유량을 계산할 수 있습니다. 여유량은 요청을 처리할 공간이 있는지 확인합니다. 다음 코드를 살펴보겠습니다.

```
function save(player)
    -- 여유량이 생길 때까지 대기
    yieldUntilBudget(Enum.DataStoreRequestType.SetIncrementAsync)
    --            Enum.DataStoreRequestType.GetAsync
    --            Enum.DataStoreRequestType.UpdateAsync

    -- 데이터 저장
    local suc, err
```

```
    repeat
        suc, err = pcall(function()
            DataStore:SetAsync(
                -- 키
                "Plr_" .. player.UserId,
                -- 캐시된 데이터
                playerData[player.Name]
            )
        end)
        if not suc then
            -- 경고 출력
            warn(err)

            -- 재시도 전 잠시 대기
            task.wait(6)
        end
    until
    suc
end


function yieldUntilBudget(dataStoreRequestType)
    while
        DataStoreService:GetRequestBudgetForRequestType(
        dataStoreRequestType) <= 0
    do
        task.wait(1)
    end
end
```

이 코드에는 yieldUntilBudget()이라는 새로운 함수를 만들었습니다. 이 함수에는 :Get-
RequestBudgetForRequestType() 함수가 0보다 큰 숫자를 반환할 때까지 기다리는 while

반복문이 있습니다. :GetRequestBudgetForRequestType() 함수가 앞서 설명한 제한 사항을 기반으로 특정 DataStoreRequestType이 수행할 수 있는 요청 횟수를 반환하므로 이렇게 구현합니다.

save() 함수에서는 :SetAsync() 함수를 호출하기 전에 yieldUntilBudget() 함수를 실행합니다. 이렇게 하면 여유량이 확보되지 않은 상태에서 :SetAsync() 함수를 실행하지 않습니다. yieldUntilBudget() 함수에는 올바른 DataStoreRequestType 열거형을 전달해야 합니다. 즉, :GetAsync() 함수를 사용할 때는 GetAsync 열거형을 전달해야 한다는 뜻입니다.

이제 데이터 저장소 요청 제한에 대해 알았습니다. 또한 데이터 저장소에서 함수를 실행하기 전에 양도할 수 있도록 :GetRequestBudgetForRequestType() 함수를 사용하는 법을 배웠습니다. 이어서 DataManager를 만들면 얻는 이점을 알아보겠습니다.

03.5 ı DataManager 생성

데이터 저장소와 관련된 함수가 상당히 많아졌습니다. 한 스크립트에 다양한 게임 논리 (예: 게임에 참여한 횟수 증가)를 추가하다 보면 스크립트의 크기가 매우 커집니다. 이를 방지하기 위해 많은 개발자가 DataManager 같은 모듈을 만듭니다.

DataManager는 데이터 저장소와 관련된 모든 함수를 포함하는 모듈입니다. 예를 들면 :Get()과 :Set(), :Increment()와 같이 다른 스크립트에서 호출할 수 있는 함수를 갖습니다. 오류나 데이터 저장소 제한, (자동)저장, 캐싱 같은 사항은 모듈 자체가 처리합니다. 이렇게 DataManager를 사용하면 스크립트에서 복잡성이 커지는 일을 걱정할 필요가 없습니다. DataManager를 사용하는 코드를 살펴보겠습니다.

```lua
local DataManager = {}
local DataLoadedEvent = Instance.new("BindableEvent")

function playerJoined(player)
    -- 데이터 호출 및 캐싱
    playerData[player.Name] = get(player)
```

```lua
        -- 데이터 로드 이벤트 실행
        DataLoadedEvent:Fire(player)
end


function setupEvents()
    DataManager["PlayerAdded"] = DataLoadedEvent.Event
end


function DataManager:DataLoaded(player)
    -- 데이터 로드 여부 확인
    return playerData[player.Name] ~= nil
end


function DataManager:Set(player, key, value)
    -- 데이터 로드 여부 확인
    if DataManager:DataLoaded(player) ~= true then
        error("[Data Not Loaded]: Use the DataManager.PlayerAdded event
        in favor of the Players.PlayerAdded event!")
    end

    -- 데이터 설정
    playerData[player.Name][key] = value
end


return DataManager
```

DataManager는 전체 스크립트의 일부에 불과합니다. 예제 파일에서 전체 코드를 찾을 수 있습니다.

DataManager를 독특하게 만드는 요소를 살펴보겠습니다. 먼저, 모듈 내부에 커스텀 이벤트인 .PlayerAdded가 있습니다. 3장에서 모듈이 BindableEvent를 사용해 커스텀 이벤트를 만드는 방법을 설명했습니다. 이번 내용을 진행하기 전에 3장을 다시 읽어 보세요.

커스텀 이벤트인 .PlayerAdded를 만든 이유는 DataManager가 재시도와 호출 여유량을 계산하는 데 :GetAsync() 함수를 사용하기 때문입니다. 시간이 다소 걸려 데이터가 즉시 로드되지 않을 수 있습니다. 따라서 Players.PlayerAdded 이벤트보다는 DataManager.PlayerAdded 이벤트를 수신하는 편이 좋습니다. 이렇게 하면 데이터 없는 플레이어를 절대 처리하지 않으므로 데이터 손실이 발생하지 않습니다.

:Set() 함수는 데이터가 로드되었는지 확인한 후 데이터 설정을 시도합니다. 다시 한 번 말하지만 이는 개발자가 Players.PlayerAdded 이벤트를 감지할 때 발생할 데이터 손실을 방지하기 위함입니다. 데이터가 로드되기 전에 :Set() 함수가 호출되면 error() 함수를 사용합니다. error()는 처음 보는 함수입니다. 이름에서 알 수 있듯 오류를 일으키는 함수입니다. 즉, :Set() 함수를 호출할 때 오류가 발생할 수 있으니 pcall()을 사용해야 합니다. 다시 말하지만 예제 파일에 DataManager를 구현하는 모든 코드가 있습니다. 이 코드에는 :Get()과 :Increment() 같은 함수가 구현되어 있습니다.

DataManager에 대해 알아보며 커스텀 이벤트를 사용하는 또 다른 사례를 보았습니다. 이 외에도 error() 함수를 사용해 실제 오류를 제공하는 방법도 확인했습니다. 다음으로 :UpdateAsync() 함수를 알아보겠습니다.

03.6 | 데이터 설정과 업데이트

앞서 :SetAsync() 함수를 사용하여 데이터를 설정하는 방법을 배웠습니다. 이 함수는 다른 서버에서 플레이어 데이터를 변경하는 경우 몇 가지 중요한 문제에 부딪힙니다.

플레이어에게 500코인이 있다고 가정해 봅시다. 게임 내에는 플레이어가 가진 코인을 다른 서버에 있는 다른 플레이어 혹은 현재 게임에 없는 플레이어에게 주는 기능이 있습니다. 돈을 보내기로 하면 :GetAsync() 함수를 사용하여 이 플레이어가 보유한 현재 금액을 가져옵니다. 그런 다음 :SetAsync() 함수를 사용하여 이 값을 100 증가시킵니다. 플레이어가 이제 가진 금액은 600코인입니다.

그런데 문제는 돈을 받은 플레이어가 현재 게임에 접속 중일 때 일어납니다. 이 플레이어는 500코인을 가지고 게임에 참여했습니다. 게임을 플레이하며 코인 10개를 얻어 총 금액은 510코인이 되었습니다. 하지만 다른 플레이어가 추가로 100개의 코인을 보냈다는 사실을 모릅니다. 이는 :GetAsync() 함수를 사용해 이 500 코인이 아직 최신 정보인지 확인하지 않았기 때문입니다.

이렇게 플레이어는 총 510 코인이란 금액을 가진 채 게임에서 퇴장합니다. :SetAsync() 함수는 이 새 금액을 저장합니다. 이렇게 하면 코인 600개가 있던 데이터 저장소 속 정보가 덮어씌워집니다. 결과적으로 플레이어는 게임을 하며 번 돈은 잃지 않았지만, 다른 사람이 보낸 코인을 받지 못한 채 기록이 덮어씌워졌습니다. 또한 돈을 보낸 플레이어는 사라진 코인에 로벅스를 지불한 셈이 되었습니다.

그렇다면 이 문제는 어떻게 해결할까요? 저장을 시도할 때마다 :GetAsync() 함수를 사용하는 방법이 있습니다. 그러나 이렇게 하면 매우 작은 확률로 문제가 생기기도 합니다. 다른 서버가 :GetAsync() 함수와 :SetAsync() 함수를 실행하는 사이에 데이터를 업데이트할 수 있습니다. 이것마저 마땅치 않다면 대체 무엇을 해야 할까요?

바로 :SetAsync() 함수 대신 :UpdateAsync() 함수를 사용해야 합니다. :UpdateAsync() 함수는 먼저 데이터 저장소에서 현재 데이터를 가져옵니다. 그다음, 검색된 데이터를 변경하고 값을 설정합니다. 이 모든 작업이 진행되는 사이 다른 :SetAsync() 함수는 실행되지 않습니다.

정말 복잡한 얘기같군요. :UpdateAsync() 함수가 작동하는 방식을 코드로 살펴보겠습니다.

```
SomeDataStore:UpdateAsync(
    -- 키
    "Plr_" .. player.UserId,

    -- 업데이트 함수
    function(oldData)
        -- 현재 데이터 확인
        local data = oldData or 0

        -- 데이터 업데이트
        data += 1
```

```
        -- 새 데이터 반환
        return data
    end
)
```

이 코드는 SomeDataStore에서 :UpdateAsync() 함수를 사용합니다. SomeDataStore는 예제에서 사용할 임의의 데이터 저장소입니다.

코드를 보면 :UpdateAsync() 함수의 첫 번째 인수는 키입니다. 이 키는 :SetAsync() 함수와 :RemoveAsync() 함수에서 사용하는 키와 동일합니다. 두 번째 인수는 함수입니다. 이 함수에는 oldData라는 매개변수가 있습니다. 매개변수 oldData는 데이터 저장소에 현재 저장된 데이터를 저장합니다. 바로 :GetAsync() 함수의 반환값입니다.

oldData 매개변수를 가지고 있다면 항상 nil인지 확인해야 합니다. 이 값이 nil이면 플레이어는 우리 게임에 처음 참여하는 겁니다. 즉, 기본 플레이어 데이터를 사용해야 합니다. 현재 시나리오에서 기본 플레이어 데이터는 0입니다. or 연산자를 사용하여 기본 플레이어 데이터를 설정합니다. 앞에서는 nil인지 확인할 때 if문을 사용했지만, or를 사용하면 더 짧게 작성할 수 있습니다. or을 사용할 때는 가장 중요한 데이터를 먼저 지정해야 합니다. 이 코드에서 가장 중요한 데이터는 oldData 변수입니다. 그러나 oldData가 nil이라면, or 연산자는 백업 데이터인 0을 사용합니다.

본질적으로 지금까지 작성한 or 연산자와 if문은 동일합니다. or 연산자를 사용한 코드가 조금 더 짧을 뿐입니다. or 연산자가 제대로 작동하는지 확인하고 싶다면 print(nil or 5)를 실행하세요. 첫 번째 데이터가 nil이므로 숫자 5가 인쇄되어야 합니다.

이제 임의의 숫자인 data가 생겼습니다. :UpdateAsync() 함수의 핵심은 이 숫자를 1씩 증가시키는 것입니다. data += 1을 사용해 값을 증가시키면, data 변수가 1씩 증가합니다. 데이터를 업데이트한 후에는 데이터를 반환합니다. 이렇게 데이터 저장소에 새 데이터가 업데이트됩니다.

:UpdateAsync() 중단하기

데이터를 업데이트하던 도중 변경하고 싶지 않을 때가 있습니다. 한 예로 플레이어의 금액이 음수가 되는 일을 막는 경우가 있습니다. 이런 경우 업데이트를 중단하려면 언제든지 nil을 반환하면 취소됩니다.

이제 `:UpdateAsync()` 사용 방법을 배웠습니다. 또한 게임에서 다른 플레이어의 데이터를 조작할 때 `:GetAsync()` 함수와 `:SetAsync()` 함수를 모두 사용하는 것보다 `:UpdateAsync()` 함수를 사용하는 편이 더 나은 이유도 살펴봤습니다.

여러분은 데이터 저장소에 대한 지식이 거의 없는 상태로 시작해 복잡하고 안전한 데이터 저장소를 작성하는 수준까지 이르렀습니다. 데이터 캐싱과 자동 저장, 재시도, 여유량 계산 기능을 갖춘 DataManager 모듈을 만드는 방법을 배웠습니다. 모든 기능은 플레이어가 사용할 데이터를 저장하는 데 도움이 됩니다. 그러나 로블록스는 데이터 저장소만 있는 게 아닙니다. 다음으로 정렬된 데이터 저장소ordered data store에 대해 알아보겠습니다.

04 / 정렬된 데이터 저장소

지금까지는 일반 데이터 저장소를 사용했습니다. 그런데 게임 내에서 가장 돈이 많은 플레이어의 순위표를 만들고 싶다고 해 보죠. 일반 데이터 저장소를 사용하면 모든 플레이어에 대한 모든 데이터를 로드해야 하므로 작업에 상당한 어려움이 있습니다. 다행히도 다른 방식의 데이터 저장소인 정렬된 데이터 저장소ordered data store가 있습니다.

이름에서 알 수 있듯 정렬된 데이터 저장소는 저장한 모든 데이터를 정렬하는 기능이 있습니다. 즉, 함수 하나로 상위 25명의 플레이어를 불러올 수 있습니다. 정렬된 데이터 저장소 역시도 데이터 저장소이기 때문에 데이터를 채우려면 `:SetAsync()` 함수를 사용해야 합니다. 이 데이터 저장소는 순위표용이므로 플레이어가 떠날 때 업데이트하는 정도로도 충분합니다. 결국은 실제 데이터 저장소의 복사본일 뿐이므로 데이터 손실은 발생하지 않습니다.

> **중요**
>
> 정렬된 데이터 저장소를 사용할 때는 `:UpdateAsync()` 함수를 사용하지 마세요. 정렬된 데이터 저장소에는 실제 데이터 저장소의 값을 복사합니다. 실제 데이터 저장소는 앞에서 설명한 모든 복잡성을 처리합니다.

정렬된 데이터 저장소가 작동하는 방식을 살펴보겠습니다. 정렬된 데이터 저장소를 처리하는 스크립트를 반으로 나누겠습니다. 먼저 정렬된 데이터 저장소에서 데이터를 업데이트하는 방법부터 살펴보겠습니다. 이를 이해한 후에 정렬된 데이터 저장소에서 데이터를 읽는 방법을 살펴보겠습니다.

```lua
local RichestPlayers = DataStoreService:GetOrderedDataStore("RichestPlayers")
local DataManager = require(PATH_TO_DATAMANAGER)
local LEADER_BOARD_SIZE = 25

function updatePlayer(player)
    -- 코인 정보 찾기
    local coins = nil
    local suc, err = pcall(function()
        coins = DataManager:Get(player, "coins")
    end)

    -- 데이터 수신 확인
    if coins ~= nil then
        yieldUntilBudget(Enum.DataStoreRequestType.SetIncrementSortedAsync)

        local suc, err
        repeat
            suc, err = pcall(function()
                RichestPlayers:SetAsync(
                    player.UserId,
                    coins
                )
            end)
            if not suc then
                warn(err)
                task.wait(6)
            end
```

```
        until
        suc
    end
end
```

yieldUntilBudget() 함수와 일부 전역 변수, 이벤트는 이 코드에 싣지 않았습니다. 예제 파일에서 전체 코드를 찾을 수 있습니다.

코드에서 주목할 점은 :GetDataStore() 함수 대신 :GetOrderedDataStore() 함수를 사용한다는 것입니다. 이제 이 사실을 알았으니 updatePlayer() 함수를 보겠습니다. 이 함수는 정렬된 데이터 저장소를 업데이트합니다. 이 코드에서는 정렬된 데이터 저장소도 여유량 확인과 재시도 같은 이전에 배운 관행을 대부분 사용합니다. 데이터 저장소로 작업할 때는 SetIncrementAsync 열거형 대신 SetIncrementSortedAsync 열거형을 사용해야 합니다.

앞서 언급한 차이점을 제외하면 일반 플레이어 데이터를 업데이트하는 방법과 크게 다르지 않습니다. 실제 차이는 데이터 저장소에서 데이터를 검색할 때 나타납니다. 다음 코드를 살펴보겠습니다.

```
function printRichestPlayers()
    yieldUntilBudget(Enum.DataStoreRequestType.GetSortedAsync)

    -- 가장 돈 많은 플레이어 찾기
    local richest = {}

    local suc, err
    repeat
        suc, err = pcall(function()
            local ascending = false
            local pages =
            RichestPlayers:GetSortedAsync(ascending, LEADER_BOARD_SIZE)
            local page = pages:GetCurrentPage()
            --
            for rank, data in pairs(page) do
```

```lua
            -- 데이터 선언
            local userid = data.key
            local coins = data.value
            local username = "[ Account Deleted ]"

            -- 사용자명 확인
            pcall(function()
                username = Players:GetNameFromUserIdAsync(userid)
            end)

            -- 순위 업데이트
            richest[rank] = {["username"] = username,
            ["coins"] = coins}
        end
    end)
    if not suc then
        warn(err)
        task.wait(6)
    end
    until
    suc

    -- 테이블 출력
    print(richest)
end
```

printRichestPlayers() 함수를 살펴보겠습니다. 여기에서도 먼저 yieldUntilBudget() 함수를 호출합니다. 그런 다음 richest라는 새 변수를 만듭니다. 이 변수는 딕셔너리를 포함하는 테이블입니다. 이 테이블에는 가장 돈이 많은 상위 25명의 플레이어가 정렬되며, 플레이어 목록을 확인하기 위해 :GetSortedAsync() 함수를 사용합니다. :GetAsync() 함수와의 차이는 :GetSortedAsync() 함수는 테이블 대신 페이지page를 반환한다는 점입니다.

페이지는 모델과 비슷합니다. Workspace의 모델은 파트 같은 몇 가지 인스턴스를 그룹화합니다. 페이지도 마찬가지입니다. 파트 대신 하나 이상의 페이지를 보유하죠. 페이지는 일반적으로 테이블입니다. printRichestPlayers() 함수에서 :GetSortedAsync() 함수를 호출하여 페이지를 가져옵니다. 그런 다음 GetCurrentPage()를 사용하여 첫 번째 페이지를 가져옵니다. 지금은 이 정도만 알면 됩니다.

페이지가 있으니 for 반복문을 사용해 반복합니다. for 반복문을 사용하므로 index 변수와 value 변수를 얻습니다. 이 변수의 이름을 rank와 data로 변경했습니다. 결국 인덱스는 :GetSortedAsync() 함수가 데이터를 정렬했기 때문에 상위 25위 안에 있는 플레이어의 순위입니다. data 변수는 키와 값으로 구성된 딕셔너리입니다. key는 :SetAsync() 함수를 호출할 때 사용한 키입니다. 짐작했겠지만 value 변수는 :SetAsync() 함수를 사용할 때 설정한 값입니다. 지금 이 값은 플레이어가 가지고 있는 코인의 개수입니다.

이 데이터를 사용하여 순위표를 만들기 때문에 이 데이터가 속한 플레이어의 사용자 이름을 가져와야 합니다. 문제는 사용자 이름을 저장한 적이 없다는 점입니다. 하지만 우리는 데이터를 저장하는 데 사용한 키인 UserId를 가지고 있습니다. Players 서비스에는 :GetNameFromUserIdAsync()라는 함수가 있습니다. 이 함수를 사용하면 UserId를 기반으로 사용자 이름을 얻을 수 있습니다.

이미 pcall() 함수가 있는데 왜 또 pcall() 함수를 만들었을까요? 이는 UserId가 올바르지 않거나 사용자가 더 이상 존재하지 않는 경우 :GetNameFromUserIdAsync() 함수에서 오류가 발생할 수 있기 때문입니다. 사용자 이름을 찾을 수 없다는 이유만으로 모든 함수가 실패해 영원한 재시도에 빠지고 싶을 사람은 없을 겁니다.

정렬된 데이터 저장소가 어떻게 작동하는지 살펴봤습니다. 또한 재시도와 같이 학습한 모범 사례 중 일부를 적용하고 정렬된 데이터 저장소에도 여유량을 계산해야 한다는 것을 확인했습니다. 이번 장에서는 데이터 저장소 및 정렬된 데이터 저장소에 대해 많은 것을 배웠습니다. 이제부터 데이터 저장소를 밑바닥부터 만드는 연습을 해 보겠습니다.

01 ｜ 데이터 저장소 구축 및 테스트

몇 가지 단계에 따라 DataManager 모듈을 밑바닥부터 생성해 보겠습니다. 이 장의 앞부분에서 만든 DataManager를 참고해도 좋습니다. 그러나 장 전체에서 배운 내용을 모두 혼합하여 적용하기를 권합니다.

DataManager를 생성한 후에는 툴 구매 요청을 처리하는 서버 스크립트를 생성합니다. 이 방법으로 데이터 저장소와 직접 관련된 클라이언트로부터 들어오는 요청을 확인하는 방법을 배울 수 있습니다.

연/습/문/제

먼저 서버에 Datamanager 모듈을 만들겠습니다. 다음 단계를 따라 하세요.

1 ServerScriptService에 새 ModuleScript를 만들고 이름을 **DataManager**로 지정합니다.

2 **DataManager** 스크립트 상단에 **DataManager**라는 테이블을 만들고, 스크립트 하단에서 테이블을 반환합니다.

3 **:GetDataStore()** 함수를 사용하여 name 속성의 값이 **PlayerData**인 새 변수 **DataStore**를 선언합니다.

4 **playerData**라는 새 변수를 선언하고 빈 테이블로 설정합니다. 이 테이블에는 모든 캐시된 플레이어 데이터를 저장합니다.

5 **DEFAULT_PLAYER_DATA**라는 새 상수를 선언합니다. 이 상수는 기본 플레이어 데이터입니다. 기본 플레이어 데이터에 다음 값을 지정하세요.

  • coins = 500

  • tools = {}

6 매개변수 player를 사용하는 get() 함수를 만듭니다. get() 함수는 :GetAsync() 함수를 사용하여 데이터 저장소에서 로드한 데이터를 반환합니다. 함수에서 재시도 와 여유량 계산 같은 모범 사례를 사용하세요. :GetAsync() 함수가 nil을 반환하면 DEFAULT_PLAYER_DATA 테이블의 복사본을 반환합니다.

6단계를 위한 팁: yieldUntilBudget()이라는 함수를 만듭니다. 이 장에서 본 copyTable() 함수를 복사합니다. 직접 작성할 필요는 없습니다. 아주 흔히 쓰는 함수입니다. 이 함수를 PC에 저장해 두세요. 언제 필요할지 모릅니다.

7 save() 함수를 만듭니다. 이 함수는 매개변수 player를 사용하며, :SetAsync() 함수를 사용하여 playerData 테이블에 보관된 데이터를 저장합니다. 함수에서 재시도와 여유량 계산 같은 모범 사례를 사용하세요.

8 playerJoined()라는 함수를 만들고 Players 서비스에서 .PlayerAdded 이벤트를 감지하게 만듭니다. playerJoined() 함수 내부에서 player 매개변수를 사용해 get() 함수를 호출합니다. 이 함수의 결과를 playerData 테이블에 저장합니다.

9 playerLeft()라는 함수를 만들고 Players 서비스에서 .PlayerRemoving 이벤트를 감지하게 만듭니다. playerLeft() 함수 내부에서 player 매개변수를 사용해 save() 함수를 호출합니다. 모든 작업이 끝나면 playerData 테이블에서 이 플레이어와 관련된 모든 캐시 데이터를 제거합니다.

10 autoSave()라는 함수를 만들고, 함수 안에 무한 반복하는 while 반복문을 만듭니다. 이 while 반복문에 task.wait() 함수를 사용하여 30초마다 한 번씩 반복을 실행하세요. 이 외에도 Players 서비스의 :GetPlayers() 함수를 사용하여 현재 게임에 있는 각 플레이어를 반복합니다. 이 플레이어에 대한 캐시 데이터가 playerData 테이블에 있는지 확인하고, 데이터가 있다면 save() 함수를 호출합니다. DataManager 하단에서 autoSave() 함수를 호출하세요. 이 함수를 호출할 때 task.spawn()을 사용해 새 스레드를 생성하세요.

11 DataManager 상단에서 Instance.new() 함수로 새로운 BindableEvent를 생성합니다. 그다음, setupEvents() 함수를 만들고, 방금 만든 BindableEvent를 사용하여 이 함수에 새 이벤트를 설정합니다. 로드된 데이터를 playerData 캐시에 삽입하고 playerJoined() 함수에서 BindableEvent를 실행합니다.

12 DataManager:Get()이라는 함수를 만듭니다. 이 함수에는 player와 key라는 두 가지 매개변수가 있어야 합니다. 함수 내에서 캐시에 플레이어의 데이터가 있는지 확인하고 키가 존재하는지 확인합니다. 이 조건 중 하나라도 만족하지 않으면 error() 함수를 사용하여 오류를 발생시킵니다. 오류가 발생하지 않으면 이 키에 속한 데이터를 반환합니다.

13 DataManager:Set()이라는 함수를 만듭니다. 이 함수에는 player와 key, value라는 세 가지 매개 변수가 필요합니다. 함수 내에서 캐시 내부에 플레이어의 데이터가 있는지 확인하세요. 만약 조건을 만족하지 않으면 error() 함수를 사용하여 오류를 발생시킵니다. 오류가 발생하지 않으면, 이 키에 속하는 데이터에 value 매개변수에 제공된 모든 데이터를 입력합니다.

14 DataManager:Increment()라는 함수를 만듭니다. 이 함수에는 player와 key, value라는 세 가지 매개 변수가 필요합니다. 함수 내에서 캐시 내부에 플레이어의 데이터가 있는지, 키가 존재하는지, 이 키의 데이터 타입이 숫자인지 확인하세요. 이 조건 중 하나라도 만족하지 않으면 error() 함수를 사용하여 오류를 발생시킵니다. 오류가 발생하지 않으면 키에 속한 데이터를 제공된 값만큼 증가시킵니다.

축하합니다. DataManager를 만들었습니다. DataManager를 작성하는 동안 어려움이 생긴다면 'DataManager 생성'에서 만든 DataManager를 살펴보세요.

제대로 작동하는 데이터 저장소를 가진 DataManager를 확보해 두는 것도 좋지만 DataManager를 사용하는 방법을 아는 것도 중요합니다. 다음 단계에서는 데이터 저장소 내에서 코인과 툴 데이터를 변경하면서 플레이어가 새 툴을 구매하는 스크립트를 만들겠습니다.

1 ServerScriptService에 새 Script를 만듭니다.

2 새 변수를 선언하고 **require()** 함수를 사용하여 이전에 만든 **DataManager** 모듈을 초기화합니다.

3 **TOOL_PRICES**라는 상수를 선언합니다. 이 상수는 다음 값을 가진 딕셔너리입니다.
   - ToolA = 400
   - ToolB = 600

4 **playerJoined()**라는 새 함수를 만들고 **DataManager**에서 **.PlayerAdded** 이벤트를 감지하게 만듭니다.

5 **player**와 **toolName**이라는 매개 변수를 사용하는 함수 **purchaseTool()**을 만듭니다.

6 **purchaseTool()** 함수에 **TOOL_PRICES** 테이블에 **toolName**이 있는지 확인하는 서버 검사를 추가합니다. 확인에 실패하면 **warn()** 함수와 **return**문을 사용하여 함수를 취소합니다.

7 **DataManager**의 **:Get()** 함수를 사용하여 현재 금액과 소유한 툴을 가져와 그 결과를 변수에 저장합니다. **:Get()** 함수는 오류를 일으킬 수 있으므로, **pcall()** 함수로 호출을 래핑해야 합니다.

8 **:Get()** 함수를 사용하여 요청받은 데이터를 검색하는 동안 오류가 발생하지 않았다면, 플레이어에게 아직 해당 툴이 없는지 확인하세요. 만약 플레이어에게 툴이 있다면 **warn()** 함수와 **return**문을 사용하여 함수를 취소합니다.
   8단계를 위한 팁: 플레이어가 가지고 있는 모든 툴을 반복하는 **for** 반복문을 사용합니다. 현재 툴이 **toolName**과 일치하면 함수를 취소합니다.

9 플레이어가 가지고 있는 금액과 툴의 가격을 비교해 플레이어가 이 툴을 살 수 있는지 확인합니다.

9단계를 위한 팁: 앞서 7단계에서 플레이어의 금액을 저장했습니다. 이 데이터를 사용하세요.

10 7단계에서 이전에 로드한 테이블에 매개변수 `toolName`을 삽입합니다.

11 `DataManager`에서 `:Set()` 함수를 사용하여 툴에 대한 키를 업데이트합니다. `:Set()` 함수는 오류를 일으킬 수 있으므로 `pcall()` 함수로 호출을 래핑해야 합니다.

12 선택한 툴에 따라 플레이어가 가진 코인 수를 줄입니다. `:Increment()` 함수를 사용하세요.

12단계를 위한 팁: `:Increment()` 함수를 사용하여 금액을 낮출 때는 양수가 아닌 음수를 사용합니다.

13 `playerJoined()` 함수 내부에 다음 코드를 입력합니다.

```
purchaseTool(player, "ToolA") --> 구매 성공
purchaseTool(player, "ToolA") --> 오류: 이미 구매한 툴
purchaseTool(player, "ToolB") --> 오류: 코인 부족
purchaseTool(player, "ToolC") --> 오류: 툴이 존재하지 않음
```

이제 스크립트를 완성했습니다. 게임을 실행하면 데이터 저장소가 작동해야 하며, 주석에 표시된 것처럼 예상된 오류 이외의 오류가 발생해서는 안 됩니다.

데이터 제거

`:RemoveAsync()` 함수를 사용하여 데이터 저장소에서 데이터를 제거했는지 확인하세요. 이전 코드의 테스트 코드는 플레이어가 처음 참여할 때만 작동합니다.

02 | Obby 게임

로블록스에서 가장 상징적인 게임은 장애물 달리기인 일명 Obby 게임입니다. 수년 동안 Obby 게임의 품질은 많이 좋아졌습니다. 이번 예제에서는 데이터 저장소를 사용하여 간단하고 상징적인 Obby 게임을 만들어 보겠습니다.

이전 예제에서는 **DataManager**를 만들었습니다. 이번 예제는 **DataManager**를 사용하는 게임을 만들겠습니다. 코드를 채우면 완성되는 간단한 Obby 게임을 준비했습니다.

그림 8-3 직접 만들 Obby 게임

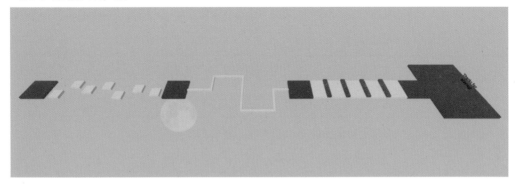

현재 Obby는 3개의 스테이지만 있습니다. 스테이지가 많지는 않지만 Obby의 개념을 이해하는 데에는 충분합니다. 단계를 마음껏 추가해 보세요.

ServerScriptService 내에는 **DataManager** 모듈과 **KillParts**라는 두 가지 스크립트가 있습니다. **DataManager** 모듈을 사용하여 플레이어의 진척도를 저장합니다. **DataManager**에는 **stage**라는 키가 있습니다. 이 키에는 플레이어가 완료한 단계 수가 저장됩니다.

KillParts는 플레이어가 킬 파트에 닿으면 플레이어를 죽이는 스크립트입니다. 킬 파트는 주로 붉은 색 벽돌입니다. 이 파트를 밟으면 캐릭터는 리스폰됩니다. 스크립트는 직접 작성하지 않아도 됩니다. 실력을 위해 직접 만들어 봐도 좋습니다.

먼저 게임 설정부터 시작하겠습니다. 다음 단계를 따라 하세요.

1   예제 파일에서 '02-1.PROBLEM_SimpleObby.rbxl'을 엽니다.

2   게임을 Roblox에 게시합니다.

3   [게임 설정] 메뉴에서 [Studio의 API 서비스 이용 활성화] 설정을 활성화합니다.

게임을 설정했으므로 플레이어의 진행 상황을 저장할 시스템을 프로그래밍합니다.

1   ServerScriptService 서비스에 새 Script를 만듭니다.

2   플레이어가 게임에 참가하면 캐릭터가 로드될 때까지 기다립니다. 캐릭터가 로드
    되면 올바른 obby 파트로 텔레포트합니다. 각 단계에는 자체 ObbyPart가 있고,
    각 파트는 Workspace의 ObbyParts 폴더에서 확인할 수 있습니다. 플레이어의
    캐릭터를 각 파트로 올바르게 텔레포트하려면 다음 단계를 따르세요.

    A DataManager:Get(player, "stage") 함수를 사용하여 현재 진척도를 가져옵
       니다.

    B :FindFirstChild() 함수를 사용하여 ObbyParts 폴더에서 올바른 ObbyPart를
       찾습니다. 아무것도 찾지 못하면 warn() 함수를 사용합니다.

    C :SetPrimaryPartCFrame() 함수를 사용하여 플레이어 캐릭터를 2B단계에서
       찾은 ObbyPart의 위치로 텔레포트합니다.

텔레포트가 작동하지 않는 경우

캐릭터가 후반 단계에 있어야 하는데 계속 첫 번째 단계에서 스폰되고 오류가 발생하지
않는다면 :SetPrimaryPartCFrame() 함수를 사용하기 전에 task.wait(1) 함수를 사용
하세요.

2단계를 위한 팁: 미래의 캐릭터를 포함하여 모든 캐릭터를 얻으려면 Players
서비스에서 .CharacterAdded 이벤트를 사용하세요.

3   ObbyParts 폴더의 각 BasePart에 대해 .Touched 이벤트를 감지합니다. 이 이벤
    트가 발생하면 다음 과정을 수행합니다.

A .Touched 이벤트가 제공하는 **hit** 매개변수를 사용하여 플레이어가 obby 파트 중 하나를 터치했는지 확인합니다.

B 플레이어가 ObbyPart를 터치하면 해당 ObbyPart가 플레이어의 현재 스테이지 보다 높은 스테이지인지 확인합니다.

C 예를 들어 **DataManager**에서 플레이어의 **stage** 키가 **2**인 경우, 이름이 **1**인 ObbyPart는 플레이어의 현재 스테이지보다 작습니다.

D **DataManager**의 **stage** 키를 새로운 stage 번호로 업데이트합니다.

3단계를 위한 팁: **hit** 매개변수가 플레이어에게 해당하는지 확인하려면 **Players :GetPlayerFromCharacter(hit.Parent)** 함수를 사용하세요.

프로그래밍할 때 실수로 DataManager의 키를 nil로 설정할 수 있습니다. 이로 인해 많은 이상 현상이 발생하는데, 이런 일이 발생하면 :Set() 함수가 nil을 새 값으로 반환하는 지 확인하세요. 이 경우 :RemoveAsync() 함수를 사용하여 데이터를 제거하세요.

요약

이 장에서는 데이터 저장소를 사용한 경험이 없는 상태에서 시작해 고급 수준의 데이터 저 장소 기능까지 사용해 봤습니다. 먼저 데이터 저장소를 소개했습니다. :GetDataStore(), :GetAsync(), :SetAsync(), :RemoveAsync() 같은 기본 데이터 저장소 함수를 사용하는 방 법을 살펴보았고, 이러한 함수를 사용하며 데이터 저장소를 사용할 때는 많은 일이 잘못될 수 있음을 배웠습니다. 프로그래머는 최악의 상황에 대비해야 합니다. 이 때문에 pcall() 함수를 사용하여 기본적인 오류 처리를 구현하는 방법을 배웠습니다.

가능한 한 적은 수의 개별 데이터 저장소를 사용하는 편이 가장 좋다는 사실도 배웠습니 다. 게임 하나에 하나 또는 두 개의 데이터 저장소를 만드는 것을 목표로 하세요. 이를 위 해 데이터 저장소에 테이블과 딕셔너리를 저장하는 방법을 살펴보았습니다.

제한 사항 때문에 데이터 저장소에서 테이블과 딕셔너리를 계속 가져오고 설정할 수 없어 캐싱을 사용하는 방법을 배웠습니다. 테이블에서 플레이어 데이터를 로드하고 캐시하는 방법과 캐시를 사용해 데이터 저장소에서 특정 데이터를 업데이트하는 방법을 배웠습니다.

데이터 저장소에 대한 기본을 익히는 동안에는 플레이어가 게임을 떠난 후에만 플레이어 데이터를 저장했습니다. 이 방식은 매우 안전하지 않습니다. 한 번이라도 데이터를 저장하지 않으면 어떻게 될까요? 데이터 손실을 최대한 최소화하도록 두 가지 추가 모범 사례인 자동 저장 및 재시도를 구현하는 방법을 살펴보았습니다.

데이터 저장소의 한계도 살펴보았습니다. 데이터 저장소에는 키당 400만 자 제한이 있습니다. 이 외에도 :SetAsync() 함수와 같은 함수는 매초마다 사용할 수 없습니다. 이는 재사용 대기 시간과 여유량 부족으로 인해 발생합니다. 이를 위해 yieldUntilBudget()이라는 함수를 사용해 요청을 할 수 있을 때까지 함수를 양도했습니다.

마지막으로 여러 서버가 데이터 저장소를 조작할 때 데이터 저장소가 어떻게 작동하는지 살펴보았습니다. :UpdateAsync() 함수를 사용하면 다른 서버가 변경했을지 모르는 데이터를 반영할 수 있습니다.

다음 장에서는 게임으로 수익을 창출해 보겠습니다. 이 외에도 연령, 위치 및 플랫폼에 따라 허용되는 수익 창출 방법을 결정하는 PolicyService에 대해 알아봅니다.

9장

게임으로 수익 창출

이번 장에서는 게임으로 수익을 창출해 보겠습니다. 게임 패스와 개발자 상품, 프리미엄 혜택, 제삼자 판매를 구현하는 등 게임에서 수익을 창출하는 다양한 방법에 대해 알아봅니다. 또한 지금 소개한 수익 모델을 구현하는 모범 사례도 배웁니다. 이렇게 하면 플레이어는 구매한 파워업power-up을 쉽게 즐길 수 있습니다.

이 장에서 다루는 내용

- 게임 패스 프로그래밍
- 개발자 상품 구현
- 프리미엄 혜택 제공
- 제삼자 판매

이 장을 마치면 플레이어에게 영구적인 파워업을 제공하는 게임 패스를 구현하는 방법을 알게 될 것입니다. 이 외에도 임시 파워업을 만드는 방법이나 개발자 상품을 구현하여 플레이어가 인게임 머니를 구매하도록 하는 방법과 게임이 정부 법률을 준수하도록 만드는 방법을 배우게 됩니다. 로블록스 프리미엄Roblox Premium 구독과 구독 혜택, 프리미엄 혜택의 일반적인 구현 방법과 여러분의 게임에서 구현하는 방법을 알아본 후, 마지막으로 제삼자 판매를 통해 수수료를 받는 방법을 배웁니다.

01 / 준비 사항

Luau로 프로그래밍을 시작하려면 인터넷을 사용해야 합니다. 이때 사용하는 장치에는 윈도우Windows 또는 맥Mac OS가 설치되어 있어야 합니다. 사용하는 컴퓨터에 다음 소프트웨어를 다운로드합니다.

- 로블록스 플레이어Roblox Player
- 로블록스 스튜디오Roblox Studio

이 책의 모든 코드 예제는 깃허브 및 영진닷컴 사이트에 업로드되어 있습니다. 이 장의 실습 영상은 https://bit.ly/3Jb9t2x에서 확인하세요.

02 / 게임 패스 프로그래밍

지금까지 로블록스 게임을 프로그래밍하는 방법을 배웠습니다. 그 과정에서 게임 보안과 최적화, 데이터 저장소 구축, 사용자 입력 감지, 그래픽 사용자 인터페이스(GUI) 작업 방법도 배웠습니다. 게임을 만들 때 이렇게 많은 영역을 고민해야 하지만 게임의 수익 모델도 빼놓을 수 없습니다.

게임에서 수익을 창출하는 방법은 여러 가지가 있지만 이 장에서는 가장 많이 사용되는 방법을 다루겠습니다. 게임에서 수익을 창출하는 방법으로 게임 패스Game Pass가 있습니다. 로블록스에서는 게임의 영구적인 파워업을 부여하는 게임 패스를 판매할 수 있습니다. 게임 패스는 직접 구현할 수도 있습니다. 관리자 권한, 더블 머니, 추가 스토리, 특전 자동차 등 게임 장르에 맞는다면 무엇이든 게임 패스가 됩니다.

게시한 로블록스 게임에는 [그림 9-1]처럼 상점 섹션이 있습니다. 상점 섹션에는 게임에서 판매하는 게임 패스가 모두 나열됩니다.

그림 9-1 펫 스토어 타이쿤에서 판매하는 게임 패스

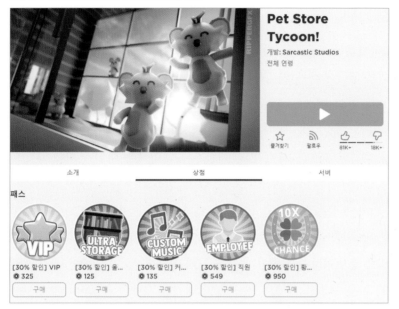

게임 패스를 구매한 플레이어는 게임 내 파워업을 받습니다. 예를 들어 [그림 9-2]는 게임 패스인 2x 캐시입니다. 이 게임 패스는 플레이어가 받는 월급을 두 배로 제공합니다.

그림 9-2 2x 캐시 게임 패스

플레이어는 로벅스라는 가상 화폐로 게임 패스를 구매할 수 있습니다. 로블록스에서는 달러나 유로와 같은 실제 통화로 직접 구매하는 대신 모든 것을 로벅스로 구매합니다. 아바타가 사용할 새 액세서리나 게임 패스, 게임 광고 구좌 등 뭔가 구매할 때는 항상 로벅스로 결제합니다.

로벅스는 실제 통화로 구매하거나 로블록스 프리미엄Roblox Premium을 구독해 획득할 수 있습니다. 로블록스 프리미엄은 매달 로벅스를 지급하며, 한정 액세서리를 구매할 기회를 주고 다양한 게임에서 프리미엄 혜택을 제공합니다. 이 장의 '프리미엄 혜택 제공'에서 로블록스 프리미엄과 프리미엄 혜택에 대해 자세히 설명하겠습니다.

로벅스에 대해 알아봤으니 게임 패스를 계속 설명하겠습니다. 앞서 언급했듯 개발자는 자신만의 게임 패스를 만들 수 있습니다. 이때 가격을 설정합니다. 플레이어가 게임 패스를 구매하면 로블록스에서 수익의 30%를 가져가고, 개발자는 게임에서 이뤄진 판매 수익의 70%를 얻습니다.

이렇게 게임 패스를 사용해 수익을 창출하고 플레이어에게 게임 내 영구적인 파워업을 부여할 수 있습니다. 이제 게임 패스를 구현해 보겠습니다.

이어서 플레이어가 게임을 플레이하면서 게임 패스를 쉽게 구매할 수 있는 게임 패스 프롬프트를 생성하겠습니다. 이를 구현한 후에는 해당 게임 패스를 구매한 플레이어에게 보상을 지급하는 법을 배웁니다.

02.1 | 게임 패스 프롬프트

앞서 특정 게임의 상점 섹션에서 게임 패스를 구매할 수 있다고 설명했습니다. 그러나 대부분의 경우 플레이어는 게임을 플레이하는 중에 게임 패스를 구매하려고 합니다. 따라서 게임 어딘가에 GUI 또는 SurfaceGui를 만들어 플레이어가 게임 패스를 구매하도록 유도하는 것이 좋습니다. [그림 9-3]은 게임 패스를 구매하는 GUI입니다.

그림 9-3 게임 내 게임 패스 구매 화면

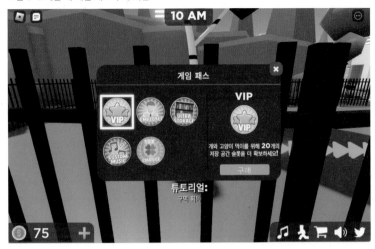

플레이어가 게임의 프리미엄 상점 영역을 열면, 모든 게임 패스가 나열되며 구매 버튼이 표시됩니다. 플레이어가 이 버튼을 누르면 [그림 9-4]와 같이 게임 내에서 게임 패스를 구매할 수 있는 게임 패스 프롬프트가 나타납니다.

그림 9-4 게임 패스 구매 프롬프트

그렇다면 게임 패스 프롬프트는 어떻게 만들까요? 지금까지와 마찬가지로 이 장 전체에서 기본적으로 사용할 서비스가 있습니다. 바로 게임 수익화에 쓰이는 MarketplaceService 입니다. 이 서비스는 게임 수익 창출과 관련된 모든 기능을 제공합니다.

게임 패스 프롬프트를 생성하려면 `:PromptGamePassPurchase()` 함수를 사용합니다. 이 함수는 서버와 클라이언트 양측에서 사용합니다.

게임 패스를 띄우는 버튼을 간단한 GUI로 만들겠습니다. 다음 단계를 따라 하세요.

❶ StarterGui에서 새 ScreenGui를 만듭니다.

❷ ScreenGui에 TextButton을 삽입한 다음, TextButton의 Text 속성을 Purchase로 변경합니다. 그리고 Name 속성을 PurchaseButton으로 변경합니다.

❸ ScreenGui에 새 LocalScript를 만듭니다.

GUI를 원하는 대로 꾸며 보세요. [그림 9-5]와 비슷한 GUI가 만들어질 겁니다.

그림 9-5 Purchase 버튼

이제 GUI를 만들었으니 게임 패스 프롬프트를 시작하도록 스크립트를 작성하겠습니다. 다음 코드를 살펴보겠습니다.

```
local Players = game:GetService("Players")
local MarketplaceService = game:GetService("MarketplaceService")

local screenGui = script.Parent
local purchaseButton = screenGui:WaitForChild("PurchaseButton")

function purchaseGamePass()
```

```
    MarketplaceService:PromptGamePassPurchase(
        -- 프롬프트를 볼 플레이어
        Players.LocalPlayer,

        -- 게임 패스 ID
        123456789
    )
end


purchaseButton.MouseButton1Click:Connect(purchaseGamePass)
```

PurchaseButton에서 .MouseButton1Click 이벤트가 발생하면 purchaseGamePass() 함수를
호출합니다. purchaseGamePass() 함수는 :PromptGamePassPurchase() 함수를 호출합니다.
이 함수는 두 개의 인수를 전달받습니다. 첫 번째 인수는 player입니다. 즉, 메시지를 받을
플레이어입니다. 클라이언트에서 실행되는 LocalScript이므로 인수는 항상 LocalPlayer
여야 합니다. 두 번째 인수는 플레이어에게 보여 줄 게임 패스의 ID*입니다.
앞서 만든 TextButton을 클릭하면 게임 패스 프롬프트가 표시됩니다.

게임 패스 프롬프트 오류

앞의 코드를 실행하여 예기치 않은 오류가 발생하면 스크립트 내에서 게임 패스 ID를 변경해 보세요. '존재
하지 않는 게임 패스 ID를 사용하고 있습니다.'라는 메시지가 뜬다면 코드는 제대로 입력된 것입니다.

MarketplaceService에서 :PromptGamePassPurchase() 함수를 사용하여 게임 패스 프롬
프트를 생성하는 방법을 알아봤습니다. 또한 스크립팅한 TextButton을 가진 간단한 GUI
를 만들었습니다. 게임 패스 프롬프트를 표시하는 것도 좋지만 플레이어가 구매한 파워업
을 제공하는 것도 매우 중요합니다. 다음에는 게임 패스를 소유한 플레이어에게 파워업을
제공하는 방법을 알아봅니다.

---

* 역주_ 게임 패스의 생성은 로블록스의 크리에이터 대시보드(https://create.roblox.com/dashboard/creations)에서 가능합니다.

02.2 ┃ 게임 패스 혜택 제공

게임 패스는 게임 페이지의 상점 섹션이나 게임에서 표시하는 프롬프트에서 구매할 수 있습니다. 그런데 아직 게임 패스의 혜택을 구현하지 않았습니다. 혜택을 구현하는 일은 결국 프롬프트를 만드는 일만큼 중요합니다.

그렇다면 어떤 플레이어가 무슨 게임 패스를 소유하고 있는지는 어떻게 확인할까요? MarketplaceService에는 이를 정확히 알려 주는 함수 : UserOwnsGamePassAsync()가 있습니다.

```
if
    MarketplaceService:UserOwnsGamePassAsync(
        -- 사용자 ID
        player.UserId,

        -- 게임 패스 ID
        123456789
    )
then
    -- 게임 패스 혜택 구현
end
```

코드의 if문 내에 인수와 함께 :UserOwnsGamePassAsync() 함수를 사용합니다. 이 함수는 플레이어가 특정 게임 패스를 소유하고 있는지 여부만 확인합니다. 따라서 플레이어에게 혜택을 제공하는 코드는 직접 짜야 합니다.

> **캐시**
>
> :UserOwnsGamePassAsync() 함수를 처음 호출하면 결과가 함수 내부에 캐시됩니다. 이 동작을 변경할 수 있는 방법은 없습니다. 큰 문제는 아니지만, 플레이어가 방금 게임 패스를 구매한 경우에도 여전히 함수가 false를 반환하는 경우도 있음을 기억하세요.

플레이어에게 특정 툴을 제공하는 게임 패스가 있다고 가정합시다. 어떻게 만들까요? 먼저 툴을 만들어야 합니다. 지금 살펴보려는 건 툴이 아니기 때문에, 파트나 스크립트를 사용하지 않고 빈 툴을 만들 겁니다. 다음 단계를 따라 게임 패스에 혜택을 추가합시다.

① ServerStorage에 **Tools**라는 새 폴더를 만듭니다.

② **Tools** 폴더에 **GamePassTool**라는 새 툴을 만듭니다. 툴에서 다른 걸 수정하지 않아도 됩니다.

③ ServerScriptService에 새 스크립트를 만들고 다음 코드를 입력합니다.

```lua
local Players = game:GetService("Players")
local ServerStorage = game:GetService("ServerStorage")
local MarketplaceService = game:GetService("MarketplaceService")

local tools = ServerStorage.Tools

function playerJoined(player)
    if
        MarketplaceService:UserOwnsGamePassAsync(
            -- 사용자 ID
            player.UserId,
            -- 게임 패스 ID
            123456789
        )
    then
        tools.GamePassTool:Clone().Parent = player.Backpack
        tools.GamePassTool:Clone().Parent = player.StarterGear
    end
end

Players.PlayerAdded:Connect(playerJoined)
```

게임 패스 혜택 제공 스크립트가 완성되었습니다. 스크립트의 작동 과정을 살펴보겠습니다. 플레이어가 게임에 참여하면 **playerJoined()** 함수를 호출합니다. 이 함수에서 플레이어가 123456789라는 ID를 가진 게임 패스를 소유하고 있는지 확인합니다. 다시 말하지만 123456789는 가상의 게임 패스 ID입니다. 이 번호를 새 게임 패스를 만들 때 생성한 게임 패스 ID로 변경하세요.

플레이어가 해당 게임 패스를 소유하고 있으면 GamePassTool에서 :Clone() 함수를 사용할 수 있습니다. GamePassTool은 스크립트 시작 부분에서 선언한 tools 변수를 사용합니다. tools 변수는 ServerStorage 내의 Tools 폴더를 참조합니다.

그런데 왜 GamePassTool을 두 번이나 복제할까요? GamePassTool을 처음 복제할 때는 플레이어 내부의 Backpack의 자녀로 설정합니다. 두 번째 복제는 StarterGear 폴더로 들어갑니다. 두 폴더의 차이는 무엇일까요? 7장에서 배운 것처럼, 플레이어는 사용하지 않는 모든 툴을 Backpack에 저장합니다. 플레이어가 툴을 사용하면 해당 플레이어의 캐릭터 모델을 부모로 삼습니다.

StarterGear 폴더는 어떨까요? 7장에서 Backpack 폴더에 대해 알아보며 StarterPack 서비스가 어떤 기능을 하는지 살펴봤습니다. 이 서비스를 툴의 부모로 지정하면 모든 플레이어는 리셋을 해도 Backpack에 이런 기본 도구를 갖게 됩니다. StarterGear 폴더는 StarterPack과 매우 유사합니다. 하지만 StarterGear 폴더는 특정 플레이어에게만 적용되는 반면, StarterPack은 모든 플레이어에게 적용됩니다.

GamePassTool을 Backpack과 StarterGear의 자녀로 지정하면 게임 패스 혜택을 한 번에 지급할 수 있습니다. 즉, 플레이어가 자신의 캐릭터를 부활시켜도 게임 패스 혜택 지급을 걱정할 필요가 없습니다.

지금까지 MarketplaceService의 :UserOwnsGamePassAsync() 함수를 사용해 특정 플레이어에게 게임 패스 툴을 지급하는 방법을 알아봤습니다. 그러나 코드에서는 .PlayerAdded 이벤트를 감지하고 있습니다. 이 이벤트는 플레이어가 참여하면 호출됩니다. 게임을 플레이하는 플레이어가 (게임 패스 프롬프트를 통해) 새 게임 패스를 구매하면 어떻게 지급할까요? 다음에는 플레이어가 게임 패스를 구매하면 바로 혜택을 지급하는 방법을 알아봅니다.

02.3 | 게임 패스 혜택 바로 지급하기

플레이어가 게임 패스를 구매하면 모든 혜택을 즉시 지급해야 합니다. 그러나 로블록스의 메인 페이지에 오른 게임을 제외하면 많은 게임이 사용자가 게임을 다시 시작하거나 다시 참여해야 혜택을 지급합니다. 이는 플레이어에게 불편을 줄 뿐 아니라 게임의 평균 플레이 시간도 감소시킵니다.

그렇다면 게임 내에서 게임 패스를 구매한 플레이어에게 혜택을 바로 지급하려면 어떻게 할까요? MarketplaceService에는 `.PromptGamePassPurchaseFinished`라는 이벤트가 있습니다. 이 이벤트는 사용자가 게임 패스 프롬프트에서 게임 패스를 구매하거나 프롬프트를 종료하면 감지됩니다. 이벤트를 살펴보겠습니다.

```lua
local MarketplaceService = game:GetService("MarketplaceService")

function purchaseFinished(player, gamePassId, purchased)
    if purchased == true then
        -- 게임 패스 상품 정보 받아오기
        local productInfo = MarketplaceService:GetProductInfo(
            gamePassId,
            Enum.InfoType.GamePass
        )

        -- 메시지 출력
        print(
            player.Name .. " just purchased a game pass"
            .. " named [" .. productInfo.Name .. "]."
        )
    end
end

MarketplaceService.PromptGamePassPurchaseFinished:Connect(purchaseFinished)
```

코드는 `.PromptGamePassPurchaseFinished` 이벤트를 감지합니다. 이 이벤트는 세 가지 매개변수를 전달합니다.

- 프롬프트와 상호작용한 플레이어
- 프롬프트에 표시된 게임 패스
- 게임 패스 구매 여부(부울값)

이러한 매개변수로 필요한 모든 정보를 파악할 수 있습니다. 앞의 코드는 :GetProductInfo() 함수를 사용하여 gamePassId 변수로 게임 패스의 이름을 가져옵니다.

이제 게임을 플레이하는 플레이어가 게임 패스를 구매했을 때 즉시 혜택을 지급하는 시스템을 살펴보겠습니다.

```lua
local Players = game:GetService("Players")
local ServerStorage = game:GetService("ServerStorage")
local MarketplaceService = game:GetService("MarketplaceService")

local tools = ServerStorage.Tools
local gamePasses = {
    [123456789] = function(player)
        tools.GamePassTool:Clone().Parent = player.Backpack
        tools.GamePassTool:Clone().Parent = player.StarterGear
    end
}

function playerJoined(player)
    -- 게임 패스 전체 반복
    for gamePassId, rewardFunction in pairs(gamePasses) do
        -- 게임 패스 구매 여부 확인
        if
            MarketplaceService:UserOwnsGamePassAsync(
                -- 사용자 ID
                player.UserId,

                -- 게임 패스 ID
                gamePassId
            )
        then
            -- 게임 패스 혜택 지급
```

```
                reward Function(player)
            end
        end
    end

function purchaseFinished(player, gamePassId, purchased)
    if purchased == true then
        -- 게임 패스 혜택 구현 여부 확인
        if gamePasses[gamePassId] == nil then
            warn("GamePass [" .. gamePassId .. "] reward was not programmed")
            return
        end

        -- 게임 패스 혜택 지급
        gamePasses[gamePassId](player)
    end
end


Players.PlayerAdded:Connect(playerJoined)
MarketplaceService.PromptGamePassPurchaseFinished:Connect(purchaseFinished)
```

위의 코드는 gamePasses라는 딕셔너리를 사용합니다. 이 딕셔너리는 키로 게임 패스 ID를, 값으로 혜택 지급 함수를 가지고 있습니다. 플레이어가 참여하면 playerJoined() 함수를 호출합니다. 이 함수에서 gamePasses 딕셔너리를 반복하며 플레이어의 게임 패스를 소유 여부를 확인합니다. 만약 플레이어가 딕셔너리의 키에 맞는 게임 패스를 소유하고 있다면 값인 혜택 지급 함수를 실행합니다. 이렇게 플레이어가 소유한 모든 게임 패스의 혜택을 게임에 참여할 때 자동으로 지급합니다.

또한 플레이어가 게임 내에서 아이템을 구매해도 보상을 제공해야 합니다. 이를 위해서는 .PromptGamePassPurchaseFinished 이벤트를 감지해야 합니다. 이 이벤트가 실행되면 플레이어가 게임 패스를 구매했는지 확인하는 purchaseFinished() 함수를 호출합니다. 패스를 구매했다면 `gamePasses` 딕셔너리에 있는 혜택 지급 함수를 실행함으로써 플레이어가 게임 패스를 구매한 즉시 혜택을 지급합니다.

게임 패스에 대한 많은 것을 배웠습니다. 게임 패스를 구현하면 게임에서 수익을 창출할 수 있을 뿐만 아니라 게임 패스를 플레이어의 영구적인 파워업으로 사용할 수 있습니다. 한 번만 구매하면 영구적인 혜택이 지급됩니다.

게임 패스에 대해 살펴보고 게임에서 구현하는 법을 알아봤습니다. 플레이어가 게임을 플레이하는 동안 게임 패스를 구매할 수 있는 프롬프트를 구현하는 방법도 살펴봤고, `:UserOwnsGamePassAsync()` 함수와 `.PromptGamePassPurchaseFinished` 이벤트를 사용해 플레이어가 게임 패스를 구매하는 즉시 혜택을 지급하는 방법을 배웠습니다.

이제 게임 패스에 대해 알았으니 다른 수익 창출 방법을 알아보겠습니다. 앞서 언급했듯이 게임 패스는 영구적인 파워업입니다. 그렇다면 제한된 시간 동안만 제공하고 플레이어가 여러 번 구매하는 파워업도 있을까요? 이런 파워업은 개발자 상품이라고 부릅니다. 다음에는 개발자 상품이 무엇이며 어떻게 프로그래밍하는지 알아보겠습니다.

03 / 개발자 상품 구현

한 번만 구매 가능한 게임 패스와 달리 개발자 상품(개발자 제품)developer product은 무제한으로 구매 가능하며 일시적인 효과를 냅니다. 돈 획득량을 높여 주는 머니 부스트나 추가 HP를 위한 아드레날린을 구현할 수 있습니다. 그 뿐만 아니라 다른 다양한 개발자 상품을 구현할 수도 있습니다. 예를 들어, 추가 목숨을 구매하거나 인게임 머니를 구매하도록 만들 수도 있죠.

새로운 개발자 상품을 만드는 방법은 다음과 같습니다.

❶ 로블록스 스튜디오에서 [게임 설정] 메뉴를 엽니다.

❷ [그림 9-6]과 같이 [수익 창출] 탭을 열고 개발자 제품이 나올 때까지 아래로 스크롤합니다.

그림 9-6 게임 설정 메뉴의 개발자 제품 섹션

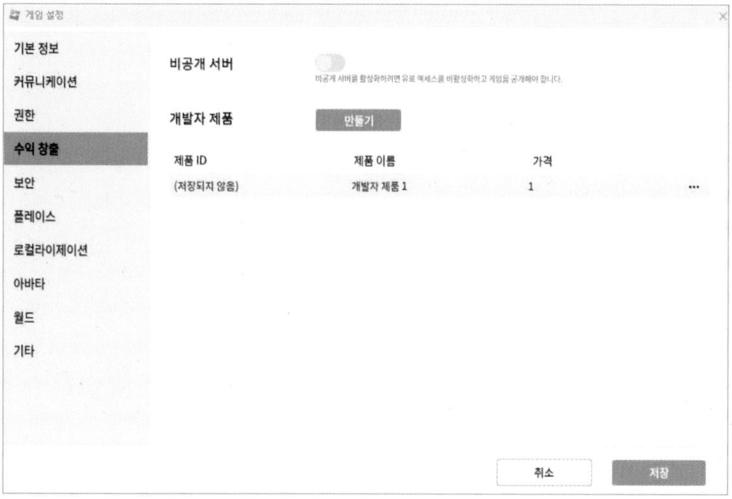

이 게임의 각 제품에 대한 제품 ID와 제품 이름, 가격(Robux 기준)이 나열됩니다. 이 데이터는 개발자 상품을 프로그래밍할 때 유용합니다.

만들기 버튼을 클릭하여 새 개발자 상품을 만들면 목록에 새 개발자 상품이 표시됩니다.

❶ 제품을 편집하려면 다음 스크린샷과 같이 […] 아이콘을 클릭하고 [편집]을 클릭합니다.

그림 9-7 새로 생성된 개발자 제품의 편집 버튼

❷ [편집] 버튼을 누르면 [그림 9-8]과 같이 개발자 제품의 이름과 가격을 설정할 수 있습니다. 개발자 제품의 이름이 원하는 역할을 잘 설명하는지 확인하세요. 플레이어는 여기 입력한 이름을 보고 구매를 결정합니다.

❸ 마지막으로 완료되면 [저장] 버튼을 누릅니다.

그림 9-8 개발자 제품 편집

이제 개발자 상품 만드는 방법을 알았습니다. 그러나 게임에서 구현하는 방법은 아직 모릅니다. 다음에는 게임 패스를 배울 때와 동일한 과정을 실행해 보겠습니다. 먼저 플레이어가 개발자 상품을 구매할 수 있도록 개발자 상품 프롬프트를 만든 다음, 개발자 상품을 구매한 플레이어에게 혜택을 지급하는 방법을 확인합니다. 플레이어에게 개발자 상품 구매 혜택을 지급하는 건 게임 패스보다 조금 복잡하지만 나중에 설명하겠습니다. 마지막으로, 제약사항이 있는 국가에서 게임 수익 창출 기준을 준수하도록 하는 PolicyService에 대해 알아봅니다.

03.1 | 개발자 상품 프롬프트

게임 패스와 달리 개발자 상품은 게임의 스토어 페이지에서 구매할 수 없습니다. 개발자 상품은 게임 내 프롬프트를 통해서만 구매할 수 있습니다. 이런 프롬프트는 게임 패스와 마찬가지로 스크립트로 만듭니다.

게임 패스 프롬프트를 설명할 때 LocalScript를 사용해 게임 패스 프롬프트를 띄우는 GUI를 만들었습니다. 이번에도 동일한 GUI를 사용합니다. 대신 개발자 상품을 프롬프트 하도록 하겠습니다. 개발자 상품에 대한 프롬프트를 만드는 방법을 살펴봅시다.

```lua
local Players = game:GetService("Players")
local MarketplaceService = game:GetService("MarketplaceService")

local screenGui = script.Parent
local purchaseButton = screenGui:WaitForChild("PurchaseButton")

function purchaseProduct()
    MarketplaceService:PromptProductPurchase(
        -- 프롬프트를 볼 플레이어
        Players.LocalPlayer,

        -- 개발자 상품 ID
        123456789
    )
end

purchaseButton.MouseButton1Click:Connect(purchaseProduct)
```

코드를 살펴보겠습니다. 스크립트 상단에서 GUI의 TextButton인 PurchaseButton을 참조합니다. 스크립트 하단에서는 .MouseButton1Click 이벤트를 감지합니다. 이 이벤트가 실행되면 purchaseProduct() 함수를 호출하며, 이 함수는 MarketplaceService에서 :PromptProductPurchase() 함수를 호출합니다. 게임 패스 프롬프트를 구현하는 과정과 매우 유사합니다. 게임 패스 프롬프트와의 유일한 차이점은 사용하는 함수인데, 게임 패스 프롬프트는 :PromptGamePassPurchase() 함수를 사용하고 개발자 상품 프롬프트는 :PromptProductPurcahse() 함수를 사용합니다.

앞서 말했지만 게임의 상점 페이지에서는 개발자 상품을 구매할 수 없습니다. 개발자 상품은 프롬프트를 통해서만 구매합니다. 개발자 상품 프롬프트를 만드는 방법을 살펴봤으니 이제 개발자 상품을 구매한 플레이어에게 게임 내 혜택을 지급해야 합니다. 이를 수행하는 방법을 설명하겠습니다.

03.2 | 개발자 상품 혜택 지급

게임 패스 프롬프트와 개발자 상품의 구현 방법은 유사하지만 진정한 차이는 혜택을 지급할 때 나타납니다. 게임 패스에 대한 혜택을 제공할 때는 플레이어가 게임 패스를 소유하고 있는지 확인합니다. 그러나 개발자 상품은 소유할 수 없습니다. 그럼 어떻게 구현할까요? '게임 패스 혜택 바로 지급하기'에서 게임 패스 혜택을 즉시 지급했던 걸 기억하나요? 개발자 상품 혜택을 지급하는 과정도 이와 매우 유사합니다. 플레이어가 개발자 상품을 구매하면 MarketplaceService에서 .ProcessReceipt 콜백이 실행됩니다. 이 이벤트를 사용하여 개발자 상품 혜택을 지급할 수 있습니다.

.ProcessReceipt 콜백을 살펴보기 전에 게임에서 구현할 좋은 개발자 상품을 생각해 보겠습니다. 가장 광범위하게 구현할 수 있는 개발자 상품은 인게임 머니 구매입니다. 이를 구현하기 위해 8장에서 생성한 DataManager 모듈을 사용합니다. DataManager는 각 플레이어마다 money 키를 저장해야 합니다. DEFAULT_PLAYER_DATA 변수 안에 money 키를 포함해 구현하면 됩니다.

이렇게 개발자 상품을 구현하는 데 필요한 모든 준비를 마쳤습니다. .ProcessReceipt 콜백은 이해하기 어려우니 천천히 살펴보겠습니다.

ProcessReceipt 콜백 분석

먼저 무엇을 해야 하는지 파악하기 위해 이벤트를 감지합니다.

```lua
local Players = game:GetService("Players")
local MarketplaceService = game:GetService("MarketplaceService")
local DataManager = require(PATH_TO_DATA_MANAGER)

function processReceipt(receiptInfo)
    return Enum.ProductPurchaseDecision.NotProcessedYet
end

MarketplaceService.ProcessReceipt = processReceipt
```

이 코드는 플레이어가 개발자 상품을 구매할 때 플레이어에게 혜택을 지급하는 시작 부분입니다. 스크립트 하단에서 `.ProcessReceipt` 이벤트를 감지합니다. 3장과 4장에서 BindableFunction과 RemoteFunction을 사용한 방법과 비슷합니다.

콜백은 무언가 반환해야 합니다. `.ProcessReceipt`는 ProductPurchaseDecision 열거형을 반환해야 합니다. 이 열거형에는 `NotProcessedYet`과 `PurchaseGranted`라는 두 가지 값이 있습니다. 개발자 상품의 혜택을 지급하다가 오류가 발생하면 `NotProcessedYet`을 반환하고, 모든 것이 올바르게 마무리되면 `PurchaseGranted`를 반환합니다. 문제가 발생했을 때는 절대로 `PurchaseGranted`를 반환해선 안됩니다.

콜백 제한

콜백은 한 번만 설정할 수 있습니다. 즉, `.ProcessReceipt` 콜백을 감지하는 스크립트는 하나만 있을 수 있습니다. 그러므로 모든 개발자 상품은 동일한 스크립트에서 프로그래밍해야 합니다.

반환하는 열거형 말고도 앞 코드에서 살펴봐야 할 것이 더 있습니다. `processReceipt()` 함수에는 `receiptInfo`라는 매개변수가 있습니다. 이 매개변수는 유용한 데이터를 담은 딕셔너리입니다. 딕셔너리의 내용은 [표 9-1]에 정리했습니다. 표를 참고해 `.ProcessReceipt` 콜백이 작동하는 방식을 분석할 수 있습니다.

표 9-1 딕셔너리 receiptInfo에 제공된 키

키	설명
CurrencySpent	플레이어가 개발자 상품에 사용한 CurrencyType에 따른 가격
CurrencyType	이 개발자 상품을 사는 데 사용한 통화. 현재는 로벅스만 존재하지만 과거에는 틱스tix란 통화가 존재
PlaceIdWherePurchased	구매가 이루어진 장소의 PlaceId
PlayerId	개발자 상품을 구매한 플레이어의 UserId
ProductId	구매한 개발자 상품의 ID
PurchaseId	해당 개발자 상품 거래를 표시하는 고유 문자열

processReceipt() 함수는 ProductPurchaseDecision 열거형을 반환해야 하고 콜백은 게임당 한 번만 설정해야 합니다. 즉, 같은 콜백은 하나의 스크립트에서만 감지할 수 있습니다. 마지막으로 processReceipt() 함수에서 제공하는 receiptInfo 매개변수도 살펴보았습니다. 이번에는 각 개발자 상품의 함수를 만들겠습니다.

혜택 지급 준비

앞에서 언급했듯 모든 개발자 상품은 동일한 스크립트에서 처리해야 합니다. 혜택 지급 코드로 인해 processReceipt() 함수가 넘쳐나는 일을 방지하기 위해, '게임 패스 혜택 바로 지급하기'와 유사한 작업을 수행합니다. 게임 패스 혜택의 지급을 구현하며 각 게임 패스에 대한 혜택 지급 함수를 포함하는 gamePasses()라는 변수를 만들었습니다.
다음 코드를 살펴보겠습니다.

```
local developerProducts = {
    -- 500 게임 머니 개발자 상품
    [123456789] = function(player)
        DataManager:Increment(player, "money", 500)
    end
}
```

developerProducts라는 딕셔너리를 만들었습니다. 이 딕셔너리에는 게임의 각 개발자 상품에 대한 혜택 지급 함수가 있어야 합니다. 당장은 개발자 상품이 한 개만 있습니다. 앞서 '개발자 상품 혜택 지급'에서 만든 개발자 상품으로 DataManager에서 :Increment() 함수를 사용하여 플레이어가 보유한 금액을 500만큼 증가시킵니다.

기억할지 모르겠지만 :Increment() 함수는 내부에서 error() 함수를 사용합니다. 즉 함수를 호출할 때 pcall()로 래핑해야 합니다. 여기서 이렇게 하지 않은 이유는 이후에 다시 설명하겠습니다.

각 개발자 상품에 대한 혜택 지급 함수를 정리한 딕셔너리를 만들어 보았습니다. 이에 대해 살펴봤으니 processReceipt() 함수를 계속 만들어 보겠습니다. 계속해서 개발자 상품을 제대로 지급할 수 있는지 확인하는 검사를 구현하겠습니다.

ProcessReceipt 확인 설정

.ProcessReceipt 콜백은 한 번만 실행되므로 개발자 상품을 플레이어에게 제대로 지급할 수 있는지 확인해야 합니다. 'ProcessReceipt 콜백 분석'에서 보았듯이 processReceipt() 에는 receiptInfo 매개변수만 있습니다. 즉, 개발자 상품을 구매한 플레이어를 알아내야 합니다. 이 과정에서 문제가 생길 수 있는데, 이 경우 NotProcessedYet을 반환합니다. processReceipt() 함수에서 구현할 몇 가지 검사를 살펴보겠습니다.

```
function processReceipt(receiptInfo)
    -- 플레이어 정보 받기
    local userId = receiptInfo.PlayerId
    local player = Players:GetPlayerByUserId(userId)
    --
    if player == nil or not player:IsDescendantOf(Players)
    then
        -- 플레이어가 게임 플레이 중이 아님
        return Enum.ProductPurchaseDecision.NotProcessedYet
    end

    -- 개발자 상품 구현 여부 확인
```

```
        local purchasedDeveloperProduct = receiptInfo.ProductId
        --
        if developerProducts[purchasedDeveloperProduct] == nil
        then
            -- 개발자 상품 미구현
            warn("Developer Product [" .. purchasedDeveloperProduct
            .. "] was not programmed!")
            return Enum.ProductPurchaseDecision.NotProcessedYet
        end

        -- ... 추후 개발 ...
end
```

코드에서 구현한 검사를 살펴보겠습니다. processReceipt() 함수의 맨 위에서 플레이어를 확인합니다. receiptInfo 내부의 키 중 하나가 PlayerId이므로 :GetPlayerByUserId() 함수를 사용하면 개발자 상품을 구매한 플레이어에 대한 참조를 가져올 수 있습니다. 참조를 가져올 수 없으면 NotProcessedYet을 반환해야 합니다. 어떤 플레이어가 개발자 상품을 구매했는지 확인할 수 없기 때문입니다.

개발자 상품을 구매한 플레이어를 파악했다면 계속 진행합니다. 두 번째 확인입니다. 먼저 개발자 상품의 ID를 가져와 purchasedDeveloperProduct 변수에 저장합니다. 그다음, 해당 개발자 상품에 대한 혜택 지급 함수를 찾았는지 확인하는 if문이 있습니다. 만약 혜택 지급 함수를 찾지 못하면 warn() 함수를 사용하여 개발자 콘솔 영역에 이를 출력합니다. 이 외에도 NotProcessedYet도 반환합니다. 결국 스크립트를 작성하지 않으면 개발자 상품의 혜택을 지급할 수 없습니다.

검사를 모두 통과하면 필요한 조건은 모두 갖춘 셈입니다. 혜택을 지급하기 위해 어떤 함수를 호출해야 하는지, 어떤 플레이어를 대상으로 함수를 호출해야 하는지 알고 있습니다. 이어서 processReceipt() 함수에서 이를 구현합니다.

개발자 상품 혜택 지급

이제 올바른 플레이어에서 올바른 함수를 호출할 일만 남았습니다. 그러나 조심해야 할 것이 하나 더 있습니다. 바로 오류입니다. 혜택 지급 함수를 호출할 때 스크립트에서 실수를 저지르거나 기본 함수에 error() 함수가 있으면 문제가 발생할 수 있습니다. 이럴 땐 NotProcessedYet을 반환해야 합니다.

새로 수정한 processReceipt() 함수를 살펴보겠습니다.

```lua
function processReceipt(receiptInfo)
    -- 플레이어 정보 받기
    local userId = receiptInfo.PlayerId
    local player = Players:GetPlayerByUserId(userId)
    if player == nil or not player:IsDescendantOf(Players)
    then
        -- 플레이어가 게임 플레이 중이 아님
        return Enum.ProductPurchaseDecision.NotProcessedYet
    end


    -- 개발자 상품 구현 여부 확인
    local purchasedDeveloperProduct = receiptInfo.ProductId
    if developerProducts[purchasedDeveloperProduct] == nil
    then
        -- 개발자 상품 미구현
        warn("Developer Product [" .. purchasedDeveloperProduct
        .. "] was not programmed!")
        return Enum.ProductPurchaseDecision.NotProcessedYet
    end


    -- 개발자 상품 혜택 지급
    local suc, err = pcall(function()
        developerProducts[purchasedDeveloperProduct](player)
    end)
```

```
            -- 혜택 지급 성공 여부 확인
        if not suc then
            -- 혜택 지급 중 오류 발생
            warn(err)
            return Enum.ProductPurchaseDecision.NotProcessedYet
        else
            -- 혜택 지급 성공
            return Enum.ProductPurchaseDecision.PurchaseGranted
        end
    end
```

코드에서는 pcall() 내부에서 혜택 지급 함수를 호출합니다. 그다음 suc과 err 변수를 사용하여 혜택 지급 함수를 호출하는 동안 오류가 발생했는지 확인합니다. 오류가 발생하면 warn() 함수를 사용하여 발생한 오류를 개발자 콘솔에 출력합니다. 그러나 오류가 발생하지 않으면 PurchaseGranted를 반환합니다. 다시 한 번 말하지만, 개발자 상품이 성공적으로 지급되었을 때만 PurchaseGranted를 반환하는 것이 중요합니다.

전체 스크립트

이 책의 깃허브 및 영진닷컴 사이트에서 지금까지 만든 전체 스크립트를 찾을 수 있습니다.

지금까지 개발자 상품에 대한 많은 것을 배웠습니다. 개발자 상품은 기간이 제한된 부스트나 인게임 머니 구매와 같이 여러 번 구매할 수 있는 혜택을 제공할 때 사용합니다. 개발자 상품 프롬프트를 표시하는 방법도 배웠습니다. 이는 게임 패스 프롬프트를 표시하는 방법과 비슷합니다. 둘 사이의 근본적인 차이점은 혜택 지급 함수를 구현할 때 있습니다. 개발자 상품은 여러 번 구매할 수 있어 .ProcessReceipt 콜백을 사용해 혜택을 지급합니다.

03.3 | PolicyService 작업

로블록스 게임은 다양한 국가에서 플레이할 수 있습니다. 그러나 이 국가 중에는 비디오 게임에 제한을 두는 경우가 있습니다. 여러분의 게임은 PolicyService를 사용해 이러한 국가별 법률을 준수해야 합니다. PolicyService를 통해 국가나 장치, 연령에 따라 특정 플레이어에게 구현할 요소를 구분할 수 있습니다.

PolicyService는 어떻게 작동할까요? PolicyService에는 :GetPolicyInfoForPlayerAsync() 라는 함수가 있습니다. 함수가 무엇을 반환하는지 살펴보겠습니다. 먼저 LocalScript를 만들고 다음 코드를 삽입합니다.

```
local Players = game:GetService("Players")
local PolicyService = game:GetService("PolicyService")
local player = Players.LocalPlayer


print(PolicyService:GetPolicyInfoForPlayerAsync(player))
```

이 코드를 실행하면 몇 개의 키를 가진 딕셔너리를 반환합니다. 다음 표는 딕셔너리의 각 키에 대해 설명합니다.

표 9-2 PolicyService 제한 사항

키	설명
AllowedExternalLinkReferences	해당 플레이에게 노출해도 되는 외부 링크 정보를 저장한 테이블입니다. 2024년 7월을 기준으로 디스코드discord, 유튜브youtube, 트위치twitch, 페이스북facebook, X가 포함됩니다.
ArePaidRandomItemsRestricted	플레이어가 랜덤 아이템을 구매할 수 있는지를 부울값으로 저장합니다. 로벅스나 인게임 머니로 랜덤 박스를 구매하는 경우, 이 키의 값이 true면 랜덤 박스의 구매가 불가능합니다.
IsPaidItemTradingAllowed	플레이어가 교환용 아이템을 구매할 수 있는지를 부울값으로 저장합니다. 이 키의 값이 true면 교환용 아이템은 구매할 수 없습니다.
IsSubjectToChinaPolices	로블록스는 중국에서 루오부란 이름으로 서비스 중입니다. 하지만 중국에서는 게임에 많은 기능을 제한하고 있습니다. 물론 이 제한이 풀릴 수도 있습니다. 2023년 5월을 기준으로 여러분의 로블록스 게임을 중국에서 공개하려면 지원서를 접수해야 합니다. 그러니 이 키는 걱정할 필요가 없습니다.

그렇다면 게임에서는 PolicyService를 어떻게 구현할까요? 우선, 원하는 방식대로 게임을 만듭니다. 그다음 개발을 마친 스크립트에서 PolicyService를 구현합니다. 예를 들어 플레이어가 인게임 머니로 구매하는 랜덤 박스가 있다면 `ArePaidRandomItemsRestricted` 키가 `false`인지 확인합니다. 만약 해당 키의 값이 `true`라면 플레이어는 랜덤 박스와 상호 작용하지 못하도록 해야 합니다. [그림 9-9]는 이를 적용한 스크린샷입니다.

그림 9-9 PolicyService 구현

[그림 9-9]에 PolicyService가 GUI로 구현된 것을 볼 수 있습니다. 대신 플레이어가 애완 동물을 구입한다면 RemoteEvent가 실행됩니다. 물론 제한이 적용된 국가에 거주하는 악성 사용자는 GUI와의 상호 작용을 허용하지 않더라도 이 작업을 수행할 수 있습니다. 따라서 서버와 클라이언트 양쪽 모두에서 PolicyService를 구현해야 합니다. 서버에서도 동일하게 `:GetPolicyInfoForPlayerAsync()` 함수를 사용합니다.

NOTE 만약 애완동물이 중심인 게임에서 플레이어가 랜덤 박스를 통해서만 애완동물을 구입할 수 있다면, 애완동물 수집 방법 자체를 재고하는 게 좋습니다.

우리 게임은 플레이어가 거주하는 국가에 따라 다른 법률을 준수해야 합니다. 이를 위해 PolicyService에서 `:GetPolicyInfoForPlayerAsync()` 함수를 사용할 수 있음을 배웠습니다. 다음에는 많은 개발자가 게임을 통해 돈을 버는 또 다른 방법인 프리미엄 혜택을 알아 봅니다.

04 / 프리미엄 혜택 제공

2019년 9월 로블록스에서 새로운 구독제 상품을 출시했습니다. 바로 로블록스 프리미엄 Roblox Premium입니다. 구독자에게 매달 고정된 양의 로벅스가 지급되며, 다른 구독자와 아이템을 거래할 수 있고, 카탈로그 아이템을 할인받고, 프리미엄 전용 항목에 접근할 수 있습니다. 이걸로도 훌륭하지만 게임 내에서도 프리미엄 혜택을 받을 수 있습니다. 프리미엄 혜택은 무엇이든 될 수 있습니다. 이 혜택은 개발자들이 원하는 대로 결정할 수 있습니다. 원하지 않으면 구현하지 않아도 됩니다.

그렇다면 개발자에게는 어떤 이득이 있을까요? 프리미엄 회원에게만 혜택을 주고 아무 대가도 돌려받지 못하는 게 아닐까요? 다행히도 로블록스는 개발자에게 보상할 방법을 생각해 냈습니다. 프리미엄 혜택을 구현하지 않은 게임을 포함한 모든 게임은 프리미엄 페이아웃Premium Payout이라는 항목으로 추가 수입을 얻을 수 있습니다.

수입

프리미엄 페이아웃은 로벅스로 지급되는 추가 수입입니다. 이 추가 수입은 게임 패스나 개발자 상품을 판매하여 얻는 로벅스를 줄이지 않습니다.

프리미엄 페이아웃은 게임 참여도에 따라 결정됩니다. 더 많은 프리미엄 사용자가 게임을 플레이할수록 더 높은 프리미엄 페이아웃을 받습니다. 크리에이터 대시보드에서 수령 예정인 로벅스 양과 추후 받을 예상 금액을 확인할 수 있습니다. 이러한 통계는 게임마다 다릅니다.

그림 9-10 크리에이터 대시보드의 프리미엄 페이아웃 통계

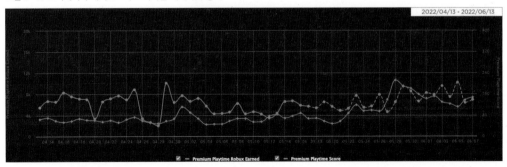

어떤 프리미엄 혜택을 구현해야 할까요? 앞에서 언급했듯 이는 전적으로 개발자 마음입니다. 일일 플레이 보상이나 그룹 보상을 추가로 지급하는 경우도 있고, 프리미엄 사용자가 특정 게임 아이템을 구매할 때 10% 할인을 제공할 수도 있습니다. 또는 프리미엄 회원 전용인 게임 콘텐츠를 구현할 수도 있습니다. 모두 좋은 혜택이지만 가장 좋은 혜택은 게임에 어울리는 혜택입니다.

프리미엄 혜택과 프리미엄 페이아웃에 대해 알았으니 프리미엄 혜택을 구현해 보겠습니다.

04.1 ┆ 프리미엄 혜택 구현

대부분의 게임에는 일일 보상 시스템이 있습니다. 이 시스템은 플레이어가 매일 게임을 다시 플레이할 수 있도록 설계되어 있습니다. 플레이어는 게임을 플레이하는 것만으로 무료로 보상을 얻습니다. 일일 보상 시스템은 GUI나 랜덤 박스, 미니 게임 등 다양한 형식으로 구현할 수 있습니다. [그림 9-11]은 세 가지 랜덤 박스를 구현한 게임의 스크린샷입니다. 각 박스는 일일 보상과 그룹 보상, 프리미엄 보상입니다. 플레이어가 박스로 다가가면 보상을 받고 타이머가 시작되어 24시간 후에 다시 보상을 받을 수 있습니다.

그림 9-11 일일 보상 박스와 그룹 보상 박스, 프리미엄 보상 박스

프리미엄 멤버십이 없는 플레이어가 프리미엄 보상 박스에 다가가면 다음 메시지가 나타납니다.

그림 9-12 프리미엄 전용 GUI

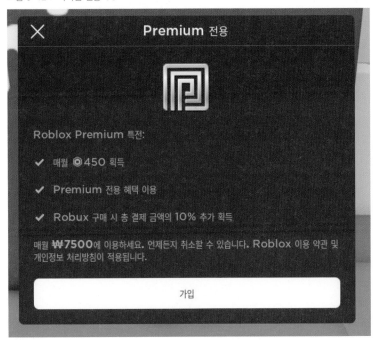

프리미엄 전용 안내 창은 MarketplaceService의 `:PromptPremiumPurchase()`라는 함수를 사용해 띄웁니다. 함수를 살펴보겠습니다.

```lua
local Players = game:GetService("Players")
local MarketplaceService = game:GetService("MarketplaceService")

function promptPremium()
    -- 플레이어 정보 받기
    local player = Players.LocalPlayer

    -- 프리미엄 구독 여부 확인
    if player.MembershipType ~= Enum.MembershipType.Premium
    then
        -- 프리미엄 미구독 중
        MarketplaceService:PromptPremiumPurchase(player)
```

```
    else
        -- 프리미엄 구독 중
        print("You are already subscribed!")
    end
end

promptPremium()
```

코드에 promptPremium()이라는 함수가 있습니다. 이 함수는 플레이어의 MembershipType 속성이 Premium인지 확인하여, 아니라면 :PromptPremiumPurchase() 함수를 호출합니다. 이렇게 하면 이전에 본 프리미엄 전용 GUI가 활성화됩니다. 플레이어가 프리미엄을 구독했으면 print() 함수를 사용해 스크립트가 작동하는지 확인하면 됩니다. print() 함수는 실제 구현에서는 필요하지 않습니다.

구독하지 않은 사용자에게 프리미엄 가입을 권유하는 클라이언트 측 구현을 확인했습니다. 뿐만 아니라 플레이어가 이 프리미엄 혜택을 받을 자격이 있는지 서버에서도 확인해야 합니다. 이를 위해 클라이언트와 동일한 if문을 사용합니다. MembershipType 속성이 Premium인지 확인하기만 하면 됩니다. 맞다면 혜택을 적용합니다. 그게 전부입니다.

로블록스 프리미엄 구독자의 혜택 중 하나가 게임 내 프리미엄 전용 혜택을 받는 것임을 배웠습니다. 전용 혜택은 개발자가 원하는 대로 구현할 수 있습니다. 전혀 구현하지 않아도 상관 없습니다. 또한 플레이어가 로블록스 프리미엄을 구독하도록 프롬프트를 띄우는 방법과 플레이어가 프리미엄을 구독 중인지 확인하는 방법을 배웠습니다. 다음 절에서는 제삼자 판매로 수익을 얻는 법을 배웁니다.

05 / 제삼자 판매

게임에서 수익을 창출하는 또 다른 방법은 아바타 아이템을 판매하는 것입니다. 아바타 아이템은 카탈로그 아이템으로도 부릅니다. 마켓플레이스에서 새로운 액세서리와 의상을 구입해 아바타를 꾸밀 수 있습니다.

그림 9-13 마켓플레이스

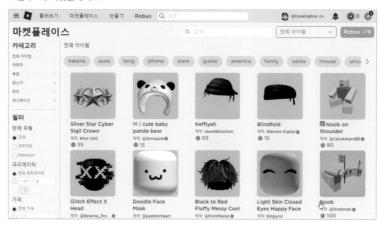

하지만 아바타 아이템으로 어떻게 돈을 벌 수 있을까요? 게임에서 아바타 아이템을 판매하면 수수료를 받습니다. 수수료는 아바타 아이템을 판매한 사람에게 전하는 '감사 인사'입니다. 수수료는 일정 비율로 지급됩니다. 플레이어가 여러분의 게임을 플레이하는 중 아바타 아이템을 구매하면 구매액의 일부를 얻습니다. 그 비율은 다음과 같습니다.

표 9-3 아바타 아이템

아바타 아이템	비율
클래식 복장(클래식 셔츠, 클래식 티셔츠, 클래식 바지)	10%
3D 복장(티셔츠, 셔츠, 스웨터, 재킷, 바지, 반바지, 원피스 및 치마, 신발)	40%
장신구(머리, 얼굴, 목, 어깨, 전면, 후면, 허리, 장비)	40%

이 비율은 여러분이 만들지 않은 아바타 아이템을 플레이어가 게임에서 구매하는 경우 지급됩니다. 여러분이 만든 아이템일 때는 더 많은 금액을 얻습니다.

로블록스에는 한정판 아바타 아이템이 있습니다. 이 아바타 아이템은 플레이어가 사고 팔 수 있습니다. 여러분의 게임에서 한정판 아이템이 거래되면 수수료는 받지 못합니다.

제삼자 판매로 돈을 버는 방법을 알았으니 이를 게임에 구현해 보겠습니다.

05.1 ⎮ 제삼자 판매 구현

게임에서 제삼자 판매를 시작하려면 먼저 게임의 설정을 변경해야 합니다. 다음 단계를 따라 하세요.

❶ 로블록스 스튜디오에서 [게임 설정] 메뉴를 엽니다.

❷ [그림 9-14]과 같이 [보안] 탭을 열고 [제삼자 판매 허용] 설정을 활성화합니다. 마지막으로 [저장] 버튼을 누릅니다.

그림 9-14 제삼자 판매 허용 설정 활성화

이 설정을 활성화하면 "보안 우회를 활성화하면 체험이 제삼자 공격에 취약해질 수 있습니다."라는 메시지가 나타납니다. 이 메시지는 게임 내 플레이어가 여러분이 만들지 않은 아이템을 구매하도록 허용했음을 경고하는 것입니다. 악성 사용자가 게임을 제어할 수 있게 되면 여러분의 게임에서 자신의 아이템을 판매할 수 있습니다. 악성 플러그인이나 무료 모델을 사용하지 않고 4장에서 소개한 모범 사례를 따른다면 문제가 되지 않습니다.

이제 게임 설정을 활성화했으므로 아바타 아이템을 구매하는 프롬프트를 생성하겠습니다. 이를 위해 MarketplaceService의 :PromptPurchase() 함수를 사용합니다. 게임 패스 프롬프트 설명에서 게임 패스 프롬프트를 띄우는 LocalScript를 사용해 GUI를 만들었습니다. 이번에도 동일한 GUI를 사용합니다. 단, :PromptPurchase() 함수를 사용하도록 변경합니다.

다음 스크립트를 살펴보겠습니다.

```lua
local Players = game:GetService("Players")
local MarketplaceService = game:GetService("MarketplaceService")


local screenGui = script.Parent
local purchaseButton = screenGui:WaitForChild("PurchaseButton")


function purchaseAvatarItem()
    MarketplaceService:PromptPurchase(
        -- 프롬프트를 볼 플레이어
        Players.LocalPlayer,

        -- 아바타 아이템 ID
        123456789
    )
end


purchaseButton.MouseButton1Click:Connect(purchaseAvatarItem)
```

코드를 살펴보겠습니다. 스크립트 상단에서 GUI의 TextButton인 PurchaseButton을 참조합니다. 스크립트 하단에서는 .MouseButton1Click 이벤트를 감지합니다. 이 이벤트가 실행되면 purchaseAvartarItem() 함수를 호출하며, 이 함수는 MarketplaceService에서 :PromptPurchase() 함수를 호출합니다. 게임 패스와 개발자 상품 프롬프트를 구현하는 과정과 매우 유사합니다. 차이가 있다면 :PromptPurchase() 함수를 사용한다는 점뿐입니다. 이제 제삼자 판매를 통해 수익을 창출하는 방법을 마지막으로 게임에서 수익을 창출하는 네 가지 방법을 알아보았습니다. 다음으로 수익 창출 기능을 적용해 보겠습니다.

예제

01 | 통화 시스템 구축

이 예제에서는 지금까지 학습한 정보를 사용하는 간단한 통화 시스템을 만듭니다. 먼저 화폐를 저장할 데이터 저장소를 만들어야 합니다. 그런 다음 플레이어는 2x Cash 게임 패스를 구매할 수 있어야 합니다. 이 외에도 플레이어는 개발자 상품을 통해 500 코인을 구매할 수 있습니다. 2x Cash 게임 패스를 소유한 플레이어가 이 개발자 상품을 구매하면 500 코인이 아닌 1,000코인을 받습니다. 또한 프리미엄 혜택을 구현해야 합니다. 이 게임에서는 프리미엄 사용자가 개발자 상품을 구매하면 코인을 10% 더 받습니다. 즉, 2x Cash 게임 패스가 없는 프리미엄 사용자는 550 코인을 받고 게임 패스를 가진 플레이어는 1,100 코인을 받게 됩니다.

이제 어떤 시스템을 구현할지 알았으니 만들어 보겠습니다. 먼저 새 게임을 만듭니다. 다음 단계를 따라 하세요.

1 로블록스 스튜디오를 열고 새 Baseplate를 만듭니다.

2 Baseplate 게임을 Roblox에 저장합니다.

3 [게임 설정] 메뉴를 엽니다. [보안] 탭으로 이동하여 [Studio의 API 서비스 이용 활성화] 설정을 활성화합니다.

4 [게임 설정] 메뉴의 [수익 창출] 탭으로 이동하여 새 개발자 상품을 만듭니다. 개발자 상품에 적절한 이름을 설정하고 개발자 상품의 가격을 19로벅스로 설정합니다.

5 로블록스 웹사이트에서 방금 게시한 게임의 페이지로 이동합니다. 게임 페이지에서 패스 섹션을 열고 새 게임 패스를 생성합니다. 새로 만든 게임 패스를 199 로벅스에 판매합니다.

다음으로 DataManager 모듈을 생성합니다. 다음 단계를 따라 하세요.

1 ServerScriptService 또는 ServerStorage에서 새 ModuleScript를 만듭니다. ModuleScript의 이름을 DataManager로 지정합니다.

2 8장에서 만든 DataManager 코드를 사용합니다.

3 DataManager에 각 플레이어에 대한 **money**라는 데이터 필드가 있는지 확인합니다. **money**의 데이터 타입은 숫자로 설정합니다.
   3단계를 위한 팁: **DEFAULT_PLAYER_DATA** 변수를 변경해 **money** 필드를 포함합니다.

게임에서 게임 패스와 개발자 상품을 구매하는 간단한 GUI를 만듭니다. 다음 단계를 따라 하세요.

1 StarterGui 서비스에 ScreenGui를 삽입합니다.

2 ScreenGui에 TextButton을 두 개 삽입합니다. TextButton의 Name과 Text 속성을 각각 DevProduct와 GamePass로 설정합니다.

3 ScreenGui에 새 LocalScript를 만듭니다. 새 LocalScript에는 다음과 같은 기능을 추가합니다.

- 플레이어가 GamePass TextButton을 클릭하면 앞서 만든 게임 패스에 대한 게임 패스 프롬프트를 생성합니다.
- 플레이어가 DevProduct TextButton을 클릭하면 개발자 상품 프롬프트를 생성합니다.

그리고 게임 패스를 처리하는 스크립트를 만듭니다. 다음 단계를 따라 하세요.

1 ServerScriptService 서비스에 새 Script를 만듭니다.

2 **gamePasses**라는 변수를 선언합니다. 이 변수는 키로 2x Cash 패스 ID를, 값으로 혜택 지급 함수를 가진 딕셔너리를 포함합니다.

3 2x Cash 게임 패스에 대한 혜택 지급 함수는 플레이어의 `:SetAttribute()` 함수를 사용합니다. 다음 코드를 사용하세요.

```
player:SetAttribute("2xCash", true)
```

4 플레이어가 게임에 참가하면 MarketplaceService에서 `:UserOwnsGamePass-Async()` 함수를 사용하여 게임 패스를 소유하고 있는지 확인합니다. 플레이어가 게임 패스를 소유하고 있다면 혜택 지급 함수를 실행합니다.

5 MarketplaceService에서 `.PromptGamePassPurchaseFinished` 이벤트를 감지하고 방금 구매한 게임 패스의 혜택 지급 함수를 호출합니다.

다음으로 개발자 상품 구매를 처리하는 스크립트를 생성합니다. 다음 단계를 따라 하세요.

1 ServerScriptService 서비스에 새 Script를 만듭니다.

2 **developerProducts**라는 변수를 선언합니다. 이 변수는 키로 **500** 캐시 개발자 상품 ID를, 값으로 혜택 지급 함수를 가진 딕셔너리를 포함합니다.

3 이 혜택 지급 함수는 기본 **500** 캐시에 프리미엄 혜택과 게임 패스 부스트를 적용합니다. 프리미엄 혜택은 금액을 **10%** 증가시킵니다. 플레이어가 게임 패스를 소유하면 돈은 두 배가 되어야 합니다. 두 부스트는 모두 중첩됩니다.

  3단계를 위한 팁: 부스트를 적용하려면 곱셈 연산자(*****)를 사용하세요. **10%** 증가를 적용하려면 *** 1.1**을 사용하고, 2배 증가를 적용하려면 *** 2**를 사용하세요.

4 DataManager에서 `:Increment()` 함수를 호출해 플레이어의 보유 금액을 늘립니다.

5 MarketplaceService에서 `.ProcessReceipt` 이벤트를 수신합니다.

6 방금 개발자 상품을 구매한 플레이어가 게임에 있는지, `developerProducts` 변수에 개발자 상품 ID가 있는지 확인합니다. 이러한 조건 중 하나라도 만족하지 않으면 `NotProcessedYet` 열거형을 반환합니다.

7 모든 조건을 충족하면 `pcall()`에서 혜택 지급 함수를 실행합니다. 혜택 지급 중 오류가 발생하면 `NotProcessedYet` 열거형을 반환합니다. 오류가 없으면 `PurchaseGranted` 열거형을 반환합니다.

수익 창출 기능을 적용한 통화 시스템을 완성했습니다. 이 예제를 구현하며 만든 GUI로 시스템을 테스트하고, `print()`문을 추가해 스크립트가 제대로 작동하는지 테스트할 수 있습니다. 로블록스 스튜디오에서 게임 패스와 개발자 상품을 구매할 때는 로벅스를 사용하지 않습니다. 새로운 기능을 포함하거나 시스템을 확장해 보세요. 새로운 프리미엄 통화를 추가해도 좋습니다.

요약

이 장에서는 게임에서 수익을 창출하는 법을 알아봤습니다. 먼저 게임 패스를 살펴봤습니다. 게임 패스를 구매한 플레이어는 영구적인 파워업을 받습니다. 이때 파워업은 무엇이든 될 수 있습니다. 플레이어는 게임 페이지의 상점 섹션이나 게임 내 프롬프트로 게임 패스를 구매할 수 있습니다. 프롬프트를 제공하면 플레이어가 게임을 종료하거나 중단하지 않고도 게임 내에서 편리하게 구매할 수 있습니다.

플레이어가 게임 패스를 구매하면 영구적인 파워업을 제공해야 합니다. Marketplace에서 :UserOwnsGamePassAsync() 함수를 사용하여 플레이어가 게임 패스를 소유하고 있는지 확인하고, 게임 패스를 소유한 플레이어에겐 혜택을 지급합니다. :UserOwnsGamePassAsync() 함수는 내부적으로 데이터를 캐시하므로 이 함수를 사용하는 즉시 혜택이 지급되지 않을 수 있습니다. 그렇다고 플레이어가 게임 패스를 활성화하기 위해 게임을 재시작하는 건 좋지 못합니다. 따라서 플레이어가 게임 내에서 게임 패스를 구매하면 즉시 혜택을 지급할 수 있도록 .PromptGamePassPurchaseFinished 이벤트를 감지합니다.

게임 패스 외에도 개발자 상품에 대해 배웠습니다. 게임 패스와 달리 개발자 상품은 일시적인 혜택을 제공합니다. 짧은 부스트나 인게임 머니 같은 아이템을 구매하는 데 사용할 수 있습니다. 플레이어는 프롬프트를 통해 개발자 상품을 여러 번 구매할 수 있기 때문에 개발자 상품은 혜택을 지급하는 과정이 게임 패스에 비해 조금 더 어렵습니다.

개발자 상품 구매 혜택을 지급하려면 .ProcessReceipt 콜백을 감지해야 합니다. 이를 통해 방금 누가 어떤 개발자 상품을 구매했는지 확인할 수 있습니다. processReceipt() 함수는 ProductPurchaseDecision 열거형을 반환합니다. 이 열거형은 개발자 상품의 혜택을 성공적으로 지급했는지 전달합니다.

마지막으로 구독 상품인 로블록스 프리미엄에 대해 배웠습니다. 구독의 특전으로 게임 내 프리미엄 혜택을 제공할 수 있습니다. 프리미엄 사용자가 게임을 플레이하면 개발자는 그에 대한 보상으로 프리미엄 페이아웃을 받습니다. 플레이어가 지불하는 돈은 없지만 게임의 개발자에게는 수익이 제공됩니다. 프리미엄 사용자가 게임을 플레이하는 것만으로도 수익을 얻을 수 있습니다.

지금까지 로블록스와 Luau에 대한 많은 내용을 배웠습니다. 이 책의 초반에는 if문부터 반복문, 함수, 테이블 같은 기본적인 Luau 언어를 배웠고, 그 후 게임 보안과 최적화를 적용하며 프로그래밍 능력을 빠르게 향상시켰습니다. 이 외에도 GUI를 만들고 프로그래밍하는 방법, 사용자 입력을 감지하는 방법, 데이터 저장소를 구축하는 방법, 게임에서 수익을 창출하는 방법을 배웠습니다.

책 내용을 살펴보는 내내 데이터 저장소나 사용자 입력 같이 서로 연결되지 않는 내용을 살펴봤습니다. 이 때문에 이러한 모든 시스템이 함께 상호작용하는 경우는 살펴보지 않았습니다. 다음 장에서 시뮬레이터 게임을 만들며 지금까지 배운 모든 내용을 한번에 살펴보겠습니다. 이렇게 이 책에서 배운 모든 시스템이 어떻게 함께 작동하는지 확인하겠습니다. 완벽하게 작동하는 게임을 만들어 봅시다.

나만의
시뮬레이터 게임
제작

3부는 로블록스 프로그래머가 게임을 만드는 개발 과정을 지켜봅니다. 3부를 마치면 게임 개발 과정에 필요한 모든 단계를 잘 이해하게 됩니다. 또한 개발 중 발생하는 문제를 극복하는 요령을 배웁니다.

3부는 총 1장으로 구성됩니다.

10장

나만의 시뮬레이터 게임 제작

이 장에서는 여러분의 시뮬레이터 게임을 만들어 봅니다. 지금까지 배운 다양한 시스템을 사용하고 결합하여 하나의 완전한 게임으로 만드는 법을 알아보겠습니다. 하나의 게임을 만들다 보면 안전한 RemoteEvent와 RemoteFunction을 만들어 데이터 저장소에 저장한 데이터를 GUI에 표시하는 방법을 배울 겁니다.

이 장에서 다루는 내용

- 데이터 저장소 생성
- 서버 스크립트 구현
- GUI 프로그래밍
- 게임 업데이트

이 장에서는 현업에서 요구할 만한 사항을 기반으로 시뮬레이터 게임을 만듭니다. 게임에 필요한 모든 데이터를 저장할 적절한 데이터 저장소를 만드는 방법을 알아보며, 게임의 모든 시스템에 사용할 서버 스크립트를 만드는 방법을 배웁니다. 이 외에도 어떤 RemoteEvent와 RemoteFunction을 구현해야 모든 사용자 작업을 수행할 수 있는지 알아봅니다. 마지막으로 이 RemoteEvent와 RemoteFunction을 사용해 GUI를 작동시키는 방법도 배우게 됩니다.

01 / 준비 사항

Luau로 프로그래밍을 시작하려면 인터넷을 사용해야 합니다. 이때 사용하는 장치에는 윈도우Windows 또는 맥Mac OS가 설치되어 있어야 합니다. 사용하는 컴퓨터에 다음 소프트웨어를 다운로드합니다.

- 로블록스 플레이어Roblox Player
- 로블록스 스튜디오Roblox Studio

이 책의 모든 코드 예제는 깃허브 및 영진닷컴 사이트에 업로드되어 있습니다. 이 장의 실습 영상은 https://bit.ly/30D2wsp에서 확인하세요.

02 / 게임 소개

게임 하나를 처음부터 끝까지 만들어 보겠습니다. 이 장은 여러 절로 구성되며 각 절에서는 게임을 한 부분씩 만듭니다. 게임 제작에 앞서 먼저 어떤 게임을 만들지 이해해야 합니다. 이 장에서 우리는 로블록스의 인기 장르인 시뮬레이터 게임을 만듭니다. 게임에서 플레이어는 오브를 모읍니다. 오브를 판매하면 게임 머니를 얻을 수 있고, 이렇게 모은 게임 머니는 업그레이드에 쓰거나 오브 획득 배율을 늘린 새 게임을 시작하는 데도 쓸 수 있습니다. 시뮬레이터 게임에 대해 알았으니 직접 만들 게임을 살펴보겠습니다. 이 책은 프로그래밍을 다루는 책이므로 맵은 제공하겠습니다. 이 맵는 콜 터커Cole Tucker(1Coai)의 작품입니다.

그림 10-1 시뮬레이터 맵

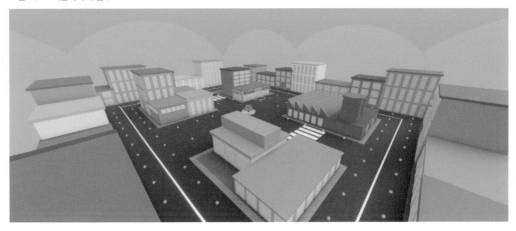

허가

이 장에서 만든 게임을 온라인에 게시하고 싶을 분들이 있을 겁니다. 예시로 제공된 맵과 코드를 사용해 게임을 만든 후 공개해도 좋습니다.

이제 시뮬레이터 게임이 무엇인지, 어떤 맵에서 게임을 만들지 알았으니 사양을 살펴보겠습니다. 게임에는 오브가 있습니다. 오브는 맵에 놓인 원으로 플레이어는 이를 수집해야 합니다. 모은 오브는 판매 구역에서 게임 머니로 바꿀 수 있으며, 이렇게 모은 게임 머니로 캐릭터의 속도를 업그레이드할 수 있습니다. 플레이어가 속도를 업그레이드하면 걷는 속도가 빨라지므로 더 짧은 시간에 더 많은 오브를 수집할 수 있습니다. 이 외에도 플레이어는 오브 획득 배율 부스트를 구입할 수 있습니다. 플레이어가 오브 획득 배율 부스트를 업그레이드하면 더 많은 오브를 얻습니다.

업그레이드 외에도 환생 능력이 있습니다. 시뮬레이터에서 환생은 지금까지 모은 오브와 게임 머니, 업그레이드 사항이 초기화됩니다. 플레이어가 환생하면 판매 구역에서 '전생'보다 더 많은 돈을 얻습니다. 환생의 효과는 누적됩니다. 즉, 플레이어는 여러 번 환생할 수 있습니다. 환생할수록 판매 구역의 판매 금액도 높아집니다.

프로그래머는 게임을 만들 때 구현해야 하는 요구 사항을 전달받습니다. 그러니 이 책에서도 그 명세를 따르겠습니다. 다음은 게임의 요구 사항 목록입니다.

요구 사항

- 콜 터커(1Coai)가 만든 시뮬레이터 맵에 Orbs와 RebirthParts, SellParts 폴더를 만듭니다. 맵은 원하는 대로 변경해도 좋습니다.
- 게임에는 FilteringEnabled와 StreamingEnabled를 적용합니다.
- 게임에서 사용하는 화폐는 게임 머니와 오브입니다.
- 플레이어는 개발자 상품을 통해 게임 머니를 구매할 수 있습니다.
- 플레이어는 게임 패스를 통해 오브 판매 금액을 두 배로 늘리는 부스트를 구매할 수 있습니다.
- 플레이어는 걷는 속도를 업그레이드할 수 있습니다.
- 플레이어는 오브 획득 배율 부스트를 업그레이드할 수 있습니다.
- 플레이어는 환생할 수 있으며, 환생한 후에는 오브 판매 금액이 높아집니다.
- 환생 효과를 제외한 모든 플레이어 데이터는 환생 시 초기화됩니다.
- 환생 효과는 환생을 할 때마다 증가합니다.
- 플레이어가 Orbs 폴더 안의 BasePart를 터치하면 플레이어가 가진 오브의 수가 1씩 증가합니다. 이 숫자는 오브 획득 배율에 따라 더 높아집니다.
- 플레이어가 SellParts 폴더 안의 BasePart를 터치하면 모든 오브가 게임 머니로 바뀝니다. 바뀌는 게임 머니는 환생 횟수와 게임 패스 보유 여부에 따라 많아집니다.
- 플레이어가 RebirthParts 폴더 안의 BasePart를 터치하면 환생 여부를 선택할 수 있는 GUI가 나타납니다.
- 플레이어 목록의 leaderstat에는 각 플레이어의 오브와 게임 머니, 환생 횟수가 표시됩니다.
- 플레이어는 버튼을 클릭해 가장 가까운 판매 구역으로 텔레포트합니다.
- 플레이어가 오브를 획득하면 5초 동안 오브가 보이지 않습니다. 보이지 않는 오브는 다른 사람이 가질 수 없습니다.

이러한 요구 사항은 보통 여러분을 고용한 회사(또는 사람)가 전달합니다. 고용주가 프로그래밍 관련 내용을 잘 모르는 경우가 많기 때문에, 자세한 내용을 제공받지 못할 수도 있습니다. 그럼에도 불구하고 우리는 질 좋은 스크립트를 만들고자 합니다. 그러므로 다음과 같은 추가 사항을 요구하겠습니다.

데이터 저장소 요구 사항

- 데이터 저장소와 관련된 모든 것을 처리하는 DataManager 모듈이 필요합니다. 데이터 저장소를 몰라도 다른 스크립트가 데이터 키(예: 돈, 오브 등)만 알면 데이터를 사용할 수 있도록 DataManager를 생성합니다.
- DataManager는 모든 데이터 또는 자주 업데이트되는 데이터를 캐시합니다.
- DataManager는 함수에서 오류가 발생하면 재시도합니다.
- DataManager는 요청된 작업을 양도해 연산량을 조정해야 합니다.
- DataManager는 자동 저장을 사용합니다.

GUI 요구 사항

- 서로 관련이 없는 GUI는 서로 다른 ScreenGui로 분리합니다.
- GUI는 서로 겹치지 않아야 합니다.
- 새 GUI를 열 때 다른 GUI가 열려 있는 경우 먼저 닫아야 합니다.
- GUI를 열 때 트윈을 사용해야 합니다.

보안 요구 사항

- 모든 RemoteEvent는 서버 검사를 구현합니다.
- 모든 RemoteEvent와 RemoteFunction은 쿨다운을 구현합니다.
- 데이터 저장소와 관련된 모든 요소는 서버에서 구현합니다.
- 모든 금액은 서버에서 계산합니다. 즉, 아이템의 가격을 포함하는 RemoteEvent나 RemoteFunction에는 매개변수를 받아선 안됩니다.

- 게임 패스 혜택은 즉각적으로 지급됩니다.
- 개발자 상품 혜택 지급 중 오류가 발생하면 NotProcessedYet 열거형을 반환합니다.

추가 요구 사항이 꽤 부담스러워 보일지도 모릅니다. 하지만 이 책에서 설명한 모든 모범 사례를 따랐다면 어떤 기술적 요구 사항도 구현이 어렵지 않을 것입니다. 이번에는 기본 요구 사항에 더 많은 관심을 둬야 합니다. 결국 우리가 만들어야 하는 것은 기본 요구 사항이 기 때문입니다. 최종 제품을 잘 이해할 수 있도록 우리가 만들 게임을 공개해 두었습니다.
https://www.roblox.com/games/9917292298/Simulator
이제 어떤 게임을 만들어야 하는지 알았습니다. 이 책의 모든 연습과 마찬가지로 이 장의 내용을 따르지 않고도 게임을 만들 수 있습니다. 그러나 게임을 구현하기가 쉽지 않다는 점을 기억하세요. 게임을 개선하고 개인의 취향에 따라 바꾸길 적극 권장합니다. 마지막으로, 이번에 만드는 게임은 완전한 게임으로 완성하는 데 긴 시간이 걸릴 수 있습니다. 이 장의 내용을 따라 하는 데 오랜 시간이 걸리더라도 실망하지 마세요.
이제부터 무엇을 만들고 구현할지 살펴볼 것입니다. 데이터 저장소와 GUI 같은 모든 시스템에 관한 내용은 다른 장에서 설명했으므로, 여기서는 작동 방식을 설명하기보다는 게임에 맞게 어떻게 완성할 수 있는지를 설명하겠습니다. 데이터 저장소부터 만들어 보겠습니다.

03 / 데이터 저장소 생성

이 절에서는 데이터 저장소를 설계하는 방법을 살펴봅니다. 8장의 'DataManager 생성'에서 기본 DataManager를 만들었습니다. 이번 게임에 이 기본 버전을 사용합니다. 그러나 몇 가지 사항을 변경해야 합니다. 먼저 데이터 저장소에 저장할 데이터를 파악해야 합니다.

03.1 ┃ 데이터 저장소의 키 가져오기

게임의 요구 사항을 살펴보면 다음 항목에 대한 키를 구현해야 한다는 결론을 내릴 수 있습니다.

- 게임 머니
- 오브
- 속도 업그레이드 배율
- 오브 업그레이드 배율
- 환생

게임 머니와 오브는 데이터 타입으로 숫자를 사용합니다. 그러나 다른 데이터는 어떨까요? 업그레이드와 환생에 대한 배율을 저장한다고 생각해 봅시다. 예를 들어 10% 보너스가 적용되면 1.1의 값을 저장하겠다고 생각할 수 있지만, 이는 잘못된 방법입니다. 효과를 저장하는 대신 플레이어의 환생 횟수를 저장하는 편이 좋습니다. 이렇게 하면 저장한 환생 횟수를 배율로 끊임없이 변환합니다. 결과적으로 데이터 저장소에서는 아무것도 변경하지 않아도 환생 또는 업그레이드에 대한 배율을 변경할 수 있습니다.

데이터 저장소에 속도 업그레이드를 위한 배율을 저장한다고 가정해 보세요. 플레이어의 기본 보행 속도는 16입니다. 처음에는 플레이어가 업그레이드할 때마다 걷는 속도를 두 배로 늘리겠다고 생각했을 수 있습니다. 그러면 플레이어가 한 번 업그레이드할 때 새로운 보행 속도는 32가 됩니다. 그러나 업그레이드를 다섯 번쯤 해 보면 걷는 속도가 너무 빠르다는 사실을 알게 될 것입니다. 불행히도 게임을 이미 게시했고 많은 플레이어가 플레이하고 있습니다. 이 문제를 어떻게 해결할 수 있을까요? 데이터를 로드해서 모든 플레이어의 걷는 속도를 절반으로 나눠야 할까요? 그랬는데 플레이어가 새로운 배율로 업그레이드를 하면 어떻게 될까요?

예상하겠지만 완전히 엉망이 됩니다. 데이터 저장소에는 배율을 저장해서는 안 됩니다. 대신 업그레이드 횟수를 저장합니다. 플레이어가 두 번 업그레이드하면 2를 저장하는 것이죠. 그런 다음, 데이터를 로드할 때 이 숫자에 16을 곱합니다. 이렇게 하면 걷는 속도가 32가 됩니다. 기본 속도를 8로 변경하려는 경우에는 데이터 저장소에서 숫자 2를 가져와 새 기본 속도인 8을 곱하면 됩니다. 그 결과, 변경 전 플레이 여부에 관계없이 한 차례 업그레이드한 플레이어의 보행 속도는 16이 됩니다.

이를 알면 모든 키에는 숫자를 저장해야 한다는 결론을 내릴 수 있습니다. DataManager 에서 DEFAULT_PLAYER_DATA 상수를 변경하면 다음과 같습니다.

```lua
local DEFAULT_PLAYER_DATA = {
    -- 인게임 아이템
    ["money"] = 0,
    ["orbs"] = 0,

    -- 업그레이드 데이터
    ["speed_upgrade"] = 0,
    ["orb_multiplier"] = 0,

    -- 환생 데이터
    ["rebirths"] = 0
}
```

이제 사용할 키와 데이터 타입을 알았으니 계속해서 DataManager 모듈에 필요한 함수를 살펴보겠습니다.

03.2 ┃ DataManger 함수

DataManager의 기본 버전에는 :DataLoaded(), :Get(), :Set(), :Increment() 등 이미 몇 가지 함수가 있습니다. 필요한 모든 함수가 포함되어 있지만 한 가지 더 살펴봐야 할 것이 있습니다. 이러한 함수의 대부분은 오류를 발생시킬 수 있습니다. 따라서 호출을 pcall()로 래핑해야 합니다. 큰 문제는 아니지만 pcall()에서 :Get() 함수를 사용하면 많은 중복 코드가 생깁니다. 오류가 발생하면 다음과 같이 기본값을 설정해야 하기 때문입니다.

```
local money
local suc, err = pcall(function()
    DataManager:Get(player, "money")
end)
if not suc then
    warn(err)
    money = 0 -- 기본값
end
```

이 코드는 :Get() 함수를 사용할 때 필요한 코드입니다. 상상할 수 있듯이 이렇게 하면 상당히 빠르게 많은 중복 코드가 생성됩니다. 따라서 DataManager에 새로운 함수를 도입해야 합니다. 바로 :GetWithDefault() 함수입니다. :GetWithDefault() 함수는 기본적으로 위의 코드에서 보여 준 것과 같은 작업을 수행합니다.

:GetWithDefault() 함수를 사용하면 :Get() 함수를 사용하여 데이터를 로드하려고 시도합니다. 그러나 오류가 발생하면 기본값을 반환합니다. 기본값은 매개변수로 지정할 수 있습니다. 다음 코드를 살펴보겠습니다.

```
function DataManager:GetWithDefault(player, key, default)
    -- 변수 선언
    local data

    -- 기본 매개 변수
    if default == nil then
        default = 0
    end

    -- 데이터 저장소 호출
    local suc, err = pcall(function()
        data = DataManager:Get(player, key)
    end)
    if not suc then
```

```
        warn(err)
        return default
    end


    -- 데이터 반환
    return data
end
```

이 함수를 DataManager에 구현하여 많은 중복 코드를 제거했지만, `:Get()` 함수를 기본 값으로 대체하지 않는 이유는 뭘까요? 오류가 항상 나쁘지는 않기 때문입니다.

실제 결과를 내는 `:Get()` 함수에 의존하는 코드를 작성한다고 상상해 보세요. `:Get()` 함수에서 오류가 발생하면 데이터 저장소 변경을 완전히 중지해야 합니다. `:GetWithDefault()` 함수를 사용하면 항상 오류가 발생하지 않은 것처럼 계속 진행합니다.

이제 DataManager의 함수를 살펴보고 게임에 필요한 기준을 충족하도록 업데이트했으며, 새로운 `:GetWithDefault()` 함수를 구현하여 가능한 중복 코드를 방지했습니다. 다음으로 DataManager의 이벤트가 충분한지 분석하겠습니다.

03.3 | DataManager 이벤트

DataManager의 기본 버전에는 `.PlayerAdded`라는 이벤트 하나만 있습니다. 이 이벤트는 플레이어 데이터가 제대로 로드되면 감지됩니다. 우리는 `Players.PlayerAdded` 이벤트 대신 `DataManager.PlayerAdded` 이벤트를 사용합니다. 결국 데이터가 로드되지 않은 플레이어가 게임을 플레이하도록 둘 수 없으니까요. 그런데 더 필요한 이벤트가 있을까요?

게임의 요구 사항을 살펴보면 게임에 대한 leaderstat을 만들어야 합니다. DataManager는 이 데이터가 변경되는 시점을 아는 모듈입니다. 따라서 DataManager에서 leaderstat을 업데이트해야 합니다. 이를 수행하는 방법은 두 가지가 있습니다.

- DataManager에서 leaderstat 관련 사항을 모두 처리
- DataManager의 데이터를 업데이트하면 발생하는 이벤트 생성

leaderstat과 관련된 사항을 모두 DataManager에 포함하면 모듈은 두 가지 작업을 시작합니다. 먼저, 데이터 저장소 및 leaderstat과 관련된 모든 사항을 처리합니다. 일반적으로 모듈 스크립트는 하나의 목적만 가져야 합니다. 그러므로 모듈이 하는 역할을 표현하는 이름을 지어야 합니다. 다른 개발자는 코드를 보지 않아도 모듈의 역할을 즉시 알 수 있어야 합니다. 그러나 leaderstat을 포함하는 순간 이름의 의미는 없어집니다. 그러므로 이건 최선의 선택지가 아닙니다.

다른 선택지는 추가 이벤트를 만드는 것입니다. 이 이벤트는 플레이어의 데이터가 업데이트되면 발생합니다. 즉, :Set() 함수와 :Increment() 함수 모두에서 이벤트를 발생시켜야 합니다. 이는 leaderstat에 키가 있지 않더라도 이벤트가 발생한다는 의미이기도 합니다. 이건 괜찮습니다. 결국 이를 방지하려면 DataManager는 leaderstat에 어떤 키가 사용되는지 알아야 합니다. 즉, DataManager가 leaderstat를 알고 있다는 말입니다. 하지만 DataManager는 독립형 모듈로 둬야 합니다.

새 이벤트를 추가하기 위해 DataManager에서 무엇을 변경해야 하는지 살펴보겠습니다.

```lua
local DataLoadedEvent = Instance.new("BindableEvent")
local DataUpdatedEvent = Instance.new("BindableEvent")

function setupEvents()
    DataManager["PlayerAdded"] = DataLoadedEvent.Event
    DataManager["DataUpdated"] = DataUpdatedEvent.Event
end

function DataManager:Set(player, key, value)
    -- ... 함수 코드 ...

    -- 데이터 업데이트
    DataUpdatedEvent:Fire(player, key, value)
```

```
    end

function DataManager:Increment(player, key, value)
    -- ... 함수 코드 ...

    -- 데이터 업데이트
    DataUpdatedEvent:Fire(player, key, cachedData[key])
end
```

이 코드는 기본 DataManager 모듈을 업데이트한 코드입니다. 여러분의 DataManager 에 이 코드를 작성하는 것을 잊지 마세요.

코드에 새로운 BindableEvent인 **DataUpdatedEvent**를 만들었습니다. setupEvents() 함수에서 다른 스크립트가 이 새 이벤트를 감지하도록 한 다음, :Set() 함수와 :Increment() 함수 모두에서 다음 세 가지 인수를 사용하여 이벤트를 발생시켰습니다.

- 데이터가 방금 업데이트된 플레이어
- 방금 업데이트된 데이터의 키
- 앞서 언급한 키의 새 값

이제 게임을 완성하는 데 유용한 모든 이벤트를 설정했습니다. 지금까지 데이터 저장소에 필요한 키와 DataManager의 모든 함수와 이벤트를 구현했습니다. 이제 데이터 저장소와 관련된 모든 작업이 완료되었습니다. 이제부터 게임의 나머지 부분을 구현하겠습니다. 이 나머지 부분은 게임에 참가한 플레이어의 진행 상황을 저장하기 때문에, 데이터 저장소에 크게 의존하게 될 것입니다. 다행히 우리에겐 독립형 모듈이 있습니다. 즉, 내부 복잡성을 걱정할 필요 없이 이 모듈의 함수와 이벤트만 사용하면 됩니다.

04 / 서버 스크립트 구현

데이터 저장소가 완성되었으므로 이제 서버에서 실행할 스크립트를 구현할 수 있습니다. 즉, 클라이언트에서 사용할 RemoteEvent와 RemoteFunction을 생각해야 합니다. 그런 다음 이를 구현하겠습니다.

눈에 보이는 결과 없이 이를 구현하는 건 많은 노력이 필요합니다. 게임을 처음부터 새로 만들 때는 시스템을 기능 기반feature-based으로 만들 수 있습니다. 즉, 전체 서버 시스템을 먼저 만드는 대신 클라이언트와 서버 시스템을 동시에 만드는 것입니다. 그러나 이 장의 가독성을 높이기 위해 서버 시스템부터 만든 뒤 전체 시스템을 완성하겠습니다. 서버 측 작업이 완료되면 클라이언트에서 즉시 호출할 RemoteEvent과 RemoteFunction을 완성합니다. 지금부터 프로그래밍할 요소를 분석해 보겠습니다. 그 뒤에는 이전 장의 예제와 유사하게 분석한 내용을 스크립트로 작성하는 과정을 한 단계씩 살펴봅니다.

04.1 ㅣ leaderstats 구현

지금부터 leaderstats를 게임에 구현하겠습니다. 게임 소개에서 설명한 요구 사항에 따라 다음 데이터 키에 대한 leaderstats를 만들어야 합니다.

- 게임 머니
- 오브
- 환생

이 모든 키의 데이터 타입은 숫자이므로 leaderstats 모델에 숫자 데이터를 생성해야 합니다. 플레이어가 게임에 참여하면 leaderstats 모델을 만들 것입니다. 주의할 점은 `Players.PlayerAdded` 이벤트 대신 `DataManager.PlayerAdded` 이벤트를 수신해야 한다는 점입니다. 표시해야 할 데이터가 아직 로드되지 않은 상태에서는 leaderstats를 가져오는 의미가 없기 때문입니다.

물론 **DataManager.DataUpdated** 이벤트도 감지해야 합니다. 'DataManager 이벤트'에서 데이터가 업데이트될 때마다 leaderstats도 업데이트할 수 있도록 이벤트를 만들었습니다.

이제 스크립트를 구현해 보겠습니다. 다음 단계를 따라 하세요.

① ServerScriptService에 새 Script를 만듭니다. 스크립트 이름을 적절히 설정하세요.

② **Player** 인스턴스에 leaderstats 모델을 생성하는 함수를 이 스크립트에 만듭니다. 또한, leaderstats 모델 내부에 필요한 모든 데이터를 생성하세요.

③ **.PlayerAdded** 이벤트를 감지하고 이 이벤트가 발생하면 앞 단계에서 언급한 함수를 호출하세요.

④ 최신 정보가 생성되면 바로 leaderstats에 표시되는지 확인하세요.

⑤ DataManager에서 **.DataUpdated** 이벤트를 감지하면 leaderstats에 올바른 데이터가 업데이트되는지 확인합니다. **.DataUpdated** 이벤트에서 전달하는 다음 세 가지 매개변수를 사용하세요.

- `player`
- `key`
- `newData`

위의 단계를 구현하면 leaderstats가 생성되고 업데이트됩니다. 제대로 작동하는지 테스트합니다. 아직 게임이 완전히 완성되지 않았기 때문에 게임이 작동하는지 확인할 수 없으므로 작은 테스트를 실행해 보겠습니다. ServerScriptService에 새 스크립트를 만들고 다음 코드를 입력합니다.

```lua
local ServerScriptService = game:GetService("ServerScriptService")
local DataManager = require(PATH_TO_DATAMANAGER)

DataManager.PlayerAdded:Connect(function(player)
    DataManager:Set(player, "money", 1)
    DataManager:Increment(player, "orbs", 1)
    DataManager:Set(player, "rebirths", 10)
    task.wait(5)
    DataManager:Increment(player, "money", 100)
```

```
        DataManager:Set(player, "orbs", 5)
        DataManager:Increment(player, "rebirths", 1)
    end)
```

앞의 코드를 실행하면 leaderstats에 변경 사항이 표시되는 것을 확인할 수 있습니다. 그래도 실행되지 않으면 개발자 콘솔이나 출력 창에서 오류를 확인해 해결해 보세요. 무엇이 잘못되었는지 파악하는 것을 권장합니다.

축하합니다. 게임을 위한 첫 번째 스크립트를 만들었습니다!

04.2 | 수익 창출 스크립트 구현

다음으로 게임의 수익 창출 기능을 구현하는 스크립트를 작성합니다. 보통은 가장 마지막에 진행하는 작업입니다. 하지만 다른 시스템을 구현하다가 멈추고 수익 창출을 구현하는 일이 없도록 수익 창출 기능을 먼저 구현하겠습니다.

수익 창출에 필요한 요구 사항을 충족하기 위해 게임에 구현해야 할 복잡한 요소는 많지 않습니다. 이 게임에서는 오브의 판매 금액을 두 배로 만드는 게임 패스를 만들어야 합니다. 구현할 게임 패스는 이것뿐입니다. 필요하면 더 추가해도 좋습니다. 바로 판매하기, 오브 두 배, 속도 두 배 등 생각나는 무엇이든 구현해 보세요. 물론 이런 게임 패스를 구현하는 건 훌륭한 연습이 되겠지만, 게임이 완성된 후에 구현하는 걸 추천합니다.

게임 패스 외에도 인게임 머니를 판매하는 개발자 상품도 구현해야 합니다. 약간의 다양성을 위해 500, 1,000, 2,500 코인을 지급하는 세 가지 개발자 상품을 만들겠습니다.

기본 스크립트

9장에서 게임 패스와 개발자 상품을 위한 기본 스크립트를 만들었습니다. 여기서는 그 스크립트를 사용합니다. 이미 만든 스크립트를 다시 만들 필요는 없습니다.

이제 어떤 게임 패스와 개발자 상품을 구현해야 하는지 알았습니다. 다음 단계를 따라 하세요.

① 게임 패스와 개발자 상품을 만들기 위해서는 게임을 로블록스에 게시해야 합니다.

② Double Money라는 새 게임 패스를 만듭니다. 게임의 상점 페이지에서 새 게임 패스를 생성할 수 있습니다. 먼저 게임 패스가 판매 중인지 확인하세요. 그런 다음, 게임 패스의 가격을 직접 결정합니다.

③ ServerScriptService에 새 스크립트를 만들고 9장에서 만든 게임 패스 스크립트를 입력합니다.

④ gamePasses 변수에 2단계에서 만든 게임 패스의 게임 패스 ID로 새 키를 만듭니다. 이 키의 값은 reward() 함수로 지정합니다. reward() 함수는 Player 인스턴스의 2xMoney 속성값을 true로 바꿉니다. 이를 위해 :SetAttribute() 함수를 사용합니다.

4단계를 위한 팁: 9장의 예제에서 비슷한 작업을 했습니다.

⑤ 다음으로 플레이어에게 인게임 머니를 지급하는 세 가지 개발자 상품을 만듭니다. 개발자 상품에 적절한 이름과 가격을 지정하세요.

⑥ ServerScriptService에 새 스크립트를 만들고 9장에서 만든 개발자 상품 스크립트를 입력합니다.

⑦ developerProducts 변수에 5단계에서 만든 개발자 상품의 ID를 사용해 세 가지 키를 생성합니다. 각 키의 값은 reward() 함수로 지정합니다. reward() 함수는 DataManager에 :Increment() 함수를 사용해 플레이어의 돈을 올려야 합니다.

7단계를 위한 팁: 요구 사항에 따르면 게임 패스나 프리미엄 혜택을 따라 더 많은 금액을 지급하는 혜택은 없습니다. 따라서 개발자 상품에서 지정한 금액만큼만 금액을 증가시키면 됩니다.

게임에 구현할 수익 창출 기능은 이게 전부입니다. 향후에 구현할 스크립트에서 플레이어의 게임 패스 소유 여부를 확인해야 하지만 이는 나중 일입니다.

스크립트의 작동 여부를 확인하려면 두 가지 테스트를 진행해야 합니다. 먼저, 개발자 상품의 작동을 확인하기 위해, 각 개발자 상품에 프롬프트를 만들어 금액이 증가하는지 확인합니다. leaderstats가 작동하므로 이 값이 증가하는지도 확인할 수 있습니다.

다음으로 게임 패스의 작동을 확인합니다. 게임 패스를 만들었다면 인벤토리 안에 게임 패스가 있어야 합니다. 게임의 상점 섹션에서 원하는 게임 패스를 클릭하면 소유 여부를 확인할 수 있습니다. 만약 소유한 게임 패스라면 '보유 아이템'이란 표시가 나타납니다. [그림 10-2]에서 확인할 수 있습니다.

그림 10-2 보유 아이템

이 게임 패스를 소유하고 있다면 [그림 10-3]과 같이 로블록스 스튜디오의 속성 창에서 **Player** 인스턴스의 2xMoney 속성이 체크되어 있는지 확인합니다.

그림 10-3 2xMoney 속성

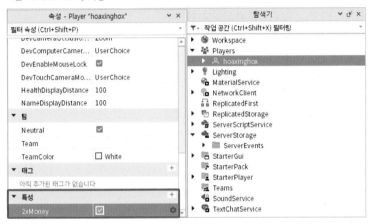

두 가지 테스트를 마치면 다음 단계로 넘어갑니다. 둘 중 하나가 작동하지 않으면 개발자 콘솔이나 출력 창에서 오류를 찾아보세요.

04.3 | 캐릭터 업그레이드 구현

다음으로 게임 전체에서 가장 복잡한 시스템인 캐릭터 업그레이드를 만듭니다. 가장 복잡한 시스템이긴 하지만 걱정하지 마세요. 차근차근 단계별로 살펴보겠습니다. 게임 소개에서 설명한 요구 사항에 따라 캐릭터에 적용할 두 가지 업그레이드를 만듭니다. 플레이어는 속도와 오브 획득 배율을 업그레이드할 수 있어야 합니다. 데이터 저장소에 업그레이드 횟수를 저장하고 이 횟수를 배율로 변환합니다. 그 외에 제한 사항은 없으므로 최대 업그레이드 횟수를 마음껏 정하세요.

먼저 딕셔너리를 만들어 각 업그레이드의 가격과 배율을 저장합니다. 이 딕셔너리에는 모든 업그레이드에 대한 데이터가 저장됩니다. 이 정보는 플레이어의 데이터가 아닙니다. 플레이어의 데이터는 인덱스를 하나 참조합니다. 모든 업그레이드 데이터를 저장한 딕셔너리의 예시는 다음과 같습니다.

```lua
local upgrades = {
    ["speed_upgrade"] = {
        [0] = { price = 0, multiplier = 1 }, -- 기본값
        -- ...
        [10] = { price = 25_000, multiplier = 5 }
    },
    ["orb_multiplier"] = {
        [0] = { price = 0, multiplier = 1 },  -- 기본값
        -- ...
        [10] = { price = 75_000, multiplier = 15 },
    }
}
```

코드에는 속도 업그레이드와 오브 획득 배율 데이터가 있습니다. 인덱스 0에 위치한 데이터는 기본 데이터입니다. 플레이어가 업그레이드를 하지 않은 경우 배율은 1입니다.

플레이어가 업그레이드를 한다면 현재 업그레이드 횟수보다 1이 높은 데이터를 참조합니다. 업그레이드 비용을 확인하는 과정을 알아보겠습니다. 먼저 현재 업그레이드 횟수에 1을 추가합니다. 예를 들어 최초의 업그레이드라면 0+1은 1이므로 확인할 숫자는 1입니다. 다음으로 이 인덱스가 딕셔너리에 있는지 확인합니다. 없다면 더 이상 플레이어는 업그레이드를 할 수 없습니다. 만약 이 인덱스가 존재한다면 플레이어는 업그레이드를 할 수 있습니다. 업그레이드가 존재하면 이 업그레이드의 **price** 키를 참조합니다. 이렇게 다음 단계로 업그레이드 하는 비용을 알 수 있습니다.

이를 게임에 적용해 보도록 하겠습니다. 다음 단계를 따라 하세요.

① ServerScriptService에 새 **UpgradeService** 스크립트를 만듭니다.

② 모든 업그레이드 데이터를 포함하는 딕셔너리를 만듭니다. 각 업그레이드에는 최소 10개의 업그레이드 단계를 저장합니다. 업그레이드 단계마다 배율과 가격을 결정합니다.

③ 업그레이드를 위한 데이터 구조를 구현했으니 시스템에 필요한 RemoteEvent와 RemoteFunction을 생성합니다. 스크립트가 아니라 로블록스 스튜디오의 탐색기 창에서 만들어야 합니다. Replicated-Storage에 **Events** 폴더를 만들고, 이 폴더 안에 다음 인스턴스를 만듭니다.

- **Upgrade** RemoteEvent
- **GetUpgradeData** RemoteFunction
- **UpgradeDataUpdated** RemoteEvent

RemoteEvent와 RemoteFunction을 만들었으니 구현을 시작하겠습니다. 먼저 RemoteFunction을 만듭니다. 이 RemoteFunction은 특정 데이터를 반환합니다. 클라이언트는 이 데이터를 사용하여 GUI에 표시되는 정보를 업데이트합니다. 그러므로 Upgrades GUI에서 이 GUI에 필요한 정보를 확인하는 것이 좋습니다.

그림 10-4 Upgrades GUI

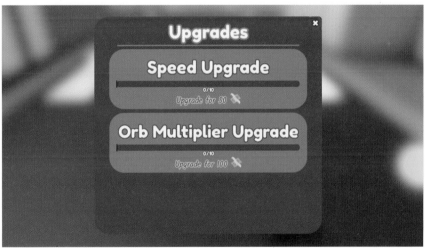

GUI

이 게임의 GUI는 예시 파일에서 제공합니다. GUI는 StarterGui 서비스에 있습니다. 원하는 대로 스타일을 지정해 보세요.

[그림 10-4]를 보면 GUI에 많은 데이터가 표시되어 있습니다. 다음은 GUI를 정확하게 업데이트하는 데 필요한 데이터 목록입니다.

- 업그레이드 이름
- 현재 진행 상황 수
- 최대 진행 수
- 업그레이드 비용

이제 RemoteFunction의 반환값을 알았습니다. 이 값을 딕셔너리에 넘기면 다음과 같습니다.

```lua
local data = {
    ["Speed Upgrade"] = {
        upgrade_name = "speed_upgrade",
        current_progress = 0,
        max_progress = 0,
        upgrade_cost = 0,
        multiplier = 0
    }
}
```

속도 업그레이드에 필요한 데이터를 가진 딕셔너리를 확인합니다. upgrade_name 키는 값으로 speed_upgrade를 포함합니다. 속도 업그레이드는 DataManager에 speed_upgrade라는 키로 저장되어 있기 때문입니다. 이렇게 하면 플레이어가 업그레이드를 시도할 때 SpeedUpgrade를 speed_upgrade로 변환하는 수고 없이 호출할 키를 클라이언트에 알릴 수 있습니다.

위의 코드에는 GUI에 필요하지 않은 배율 키가 포함되어 있습니다. 이 키를 추가한 이유는 서버에서 해당 딕셔너리를 사용할 수 있기 때문입니다. 플레이어가 업그레이드할 때 이 모든 데이터가 필요합니다.

이제 RemoteFunction를 구현해 보겠습니다.

④ UpgradeService 스크립트에서 GetUpgradeData RemoteFunction을 감지합니다. 이 함수의 매개변수는 데이터를 요청하는 플레이어입니다. 이 함수는 각 업그레이드에 대해 다음 데이터를 포함한 딕셔너리를 반환합니다.

- 업그레이드 이름
- 현재 업그레이드 상황

- 최대 업그레이드 횟수

- 업그레이드 비용

- 배율

4단계를 위한 팁: 먼저 DataManager를 사용하여 현재 업그레이드 상황을 가져옵니다. 현재 업그레이드 상황에 맞는 배율을 확인하세요. 그런 다음 업그레이드 비용을 알아봅니다. 마지막으로 테이블에 현재 업그레이드부터 인덱스가 얼마나 남았는지 계산합니다. 이 숫자가 최대 업그레이드 횟수입니다.

`GetUpgradeData` RemoteFunction을 구현했으니 이제 **Upgrade** RemoteEvent를 구현하겠습니다. RemoteEvent는 클라이언트가 업그레이드할 때 사용합니다. 하지만 구현하기 전에 먼저 살펴봐야 할 사항이 있습니다.

플레이어가 업그레이드하면 GUI에 표시되는 정보가 변경되어야 합니다. 이를 구현하는 방법은 두 가지가 있습니다. RemoteEvent가 실행된 직후 RemoteFunction을 호출하는 방법과 RemoteFunction과 동일한 데이터를 제공하는 새로운 RemoteEvent를 만드는 방법입니다. 그러나 이번에는 서버가 클라이언트에 RemoteEvent를 발생시킵니다. 이렇게 하면 GUI의 정보가 업데이트되는 시기를 서버가 결정합니다.

이번에는 추가 RemoteEvent를 만들기로 결정했습니다. 이 RemoteEvent의 이름은 **UpgradeData-Updated**입니다. 다음 단계를 따라 **Upgrade** RemoteEvent와 **UpgradeDataUpdated** RemoteEvent를 구현하세요.

⑤ **Upgrade** RemoteEvent를 감지합니다. 감지되면 다음 단계를 수행합니다.

- 플레이어에게 쿨다운이 있는지 확인합니다.

- 플레이어가 최대치로 업그레이드를 했는지 확인합니다. 최대치를 넘는 업그레이드는 할 수 없습니다. 현재 업그레이드 상황은 최대 업그레이드 횟수 이상일 수 없습니다.

- 플레이어에게 업그레이드를 할 수 있는 금액이 있는지 확인합니다. 플레이어의 돈을 확인할 때는 DataManager를 사용합니다.

- 이전의 요구 사항이 모두 충족되면 해당 업그레이드의 업그레이드 횟수를 증가시키고 이번 업그레이드의 가격만큼 소지액을 줄입니다.

- 이 함수를 호출한 플레이어에게 **UpgradeDataUpdated** RemoteEvent를 발생시킵니다. 해당 RemoteEvent의 두 번째 인수는 앞 단계에서 만든 함수와 같은 데이터여야 합니다.

- 새로운 배율을 적용합니다. 일부 업그레이드는 플레이어가 업그레이드하면 즉시 적용됩니다. 예를 들어 업그레이드한 속도는 즉시 적용됩니다. 하지만 모든 업그레이드가 즉시 적용되는 것은 아닙니다.

5단계를 위한 팁: 이전 단계에서 만든 함수를 사용하세요. 이 함수에는 필요한 데이터가 많이 포함되어 있습니다.

이제 앞에서 만든 RemoteEvent와 RemoteFunction을 모두 구현했습니다. 이 단계에서 막혔다면 예제 파일의 완성 코드를 살펴보세요. 이번 구현이 게임 전체에서 가장 복잡한 시스템입니다. 그러니 몇 가지 문제가 발생해도 걱정하지 마세요.

이제부터 이 스크립트에서 만든 배율 데이터를 사용할 수 있습니다. 예를 들어, 오브를 획득할 때 플레이어가 얻는 오브의 양은 여기서 업그레이드한 오브 획득 배율을 기반으로 결정됩니다. 스크립트끼리 이 배율을 전달할 때 BindableFunction을 사용합니다. 우리는 3장에서 BindableFunction에 대해 배웠습니다. 이제 BindableFunction을 구현해 봅시다.

⑥ ServerStorage에 **ServerEvents** 폴더를 만듭니다.

⑦ 앞서 만든 폴더에 **GetUpgradeMultiplier** BindableFunction을 만듭니다.

⑧ **UpgradeService** 스크립트에서 **GetUpgradeMultiplier** BindableFunction 콜백을 감지합니다. 전달된 업그레이드 이름에 맞는 배율을 반환합니다. 이 함수를 호출하면 다음 매개변수를 사용할 수 있습니다.

- 배율을 요청한 플레이어
- 요청한 업그레이드 이름. 해당 업그레이드의 이름은 DataManager에서 사용하는 키입니다. 이번에는 **speed_upgrade**를 예시로 사용하겠습니다.

8단계를 위한 팁: 배율을 얻으려면 앞서 사용한 함수를 사용합니다.

이제 업그레이드 시스템 구현을 마쳤습니다. 다시 한 번 말하지만 업그레이드 시스템은 이 게임에서 가장 복잡한 시스템입니다. 제대로 구현하지 못했다면 완성 코드를 참고하세요. 다음으로 맵에 생성된 오브를 획득하는 시스템을 구현하겠습니다.

04.4 | 오브 획득하기

맵을 보면 다양한 원이 있습니다. 바로 오브입니다. [그림 10-5]에서 오브의 이미지를 확인하세요.

그림 10-5 맵에 배치된 오브

모든 오브는 Orbs라는 폴더에 저장되어 있습니다. 이 폴더는 Workspace에 위치합니다. 플레이어가 오브에 닿으면 시스템은 이 오브를 획득할 수 있는지 확인합니다. 플레이어에게 5초 이상 닿지 않은 오브만 획득할 수 있습니다. 획득이 불가능한 오브는 보이지 않아야 합니다. 각 오브마다 5초의 쿨다운을 부여하는 과정이 구현할 때 가장 어렵습니다.

다행히 우리는 속성에 대해 배웠습니다. 각 오브에는 마지막으로 획득된 시간을 지정하는 속성을 만들 수 있습니다. 이 속성을 읽어 5초 이상 플레이어와 닿지 않았는지 확인한 후, 플레이어가 획득한 것으로 처리하고 카운트다운을 재설정하면 됩니다.

오브를 획득하면 DataManager의 **orbs** 키가 **1** 증가해야 하며 이때 1은 기본값입니다. 획득 배율 업그레이드도 확인해야 합니다. 이 배율을 기본값 1에 곱합니다.

이제 시스템을 구현해 보겠습니다. 다음 단계를 따라 하세요.

❶ ServerScriptService에서 새 스크립트 **OrbService**를 만듭니다.

❷ **setup()** 함수를 만듭니다. **setup()** 함수는 다음 역할을 합니다.

- Orbs 폴더에 있는 모든 **BasePart**를 반복합니다.
- 각 **BasePart**의 ClaimTime 속성을 0으로 설정합니다. 이렇게 하면 속성을 초기화할 수 있습니다.
- **BasePart**에서 **.Touched** 이벤트를 수신합니다. 이벤트가 실행되면 **.Touched** 이벤트가 제공하는 **hit** 매개변수가 다음 조건을 만족하는지 확인합니다.
  - **hit** 인스턴스의 부모는 **nil**이 아니어야 합니다.
  - **hit** 인스턴스의 부모는 캐릭터여야 합니다.
  - Players 서비스에서 **:GetPlayerFromCharacter(hit.Parent)** 함수를 사용하면 결과로 플레이어를 반환해야 합니다.
- 이 모든 조건을 만족하면 플레이어에게 닿은 오브가 쿨다운이 있는지 확인합니다. 쿨다운을 확인하려면 ClaimTime 속성과 **os.time()** 함수를 사용합니다. **os.time()** 함수의 값은 ClaimTime 속성에 5초를 더한 값 이상이어야 합니다.
- 이 조건을 만족하면 ClaimTime 속성을 현재 **os.time()** 값으로 설정합니다.
- 해당 오브와 그 자녀의 Transparency 속성을 1로 조정합니다.
- 플레이어의 데이터에서 추가할 오브 수를 계산합니다. 기본값은 1입니다. 그러나 이 값에 업그레이드가 반영된 오브 획득 배율을 곱해야 합니다. 계산을 마치면 DataManager에서 **:Increment()** 함수를 사용하여 플레이어가 가진 오브 수를 증가시킵니다.
- 마지막으로 **task.wait()** 함수를 사용해 5초 대기한 후, 해당 오브와 자녀 요소의 Transparency 속성을 수정합니다. 새 값은 0입니다.

이제 오브 시스템 구현을 마쳤습니다. 게임을 플레이해 제대로 작동하는지 확인해 보세요. 맵에 놓인 오브에 다가가 오브의 모습이 바뀌는지 확인해 보세요. 또한, leaderstats의 오브 수도 바뀌는지 확인하세요. 만약 값이 바뀌지 않는다면 개발자 콘솔 프레임과 출력 창에서 오류가 있는지 확인합니다. 이유를 파악할 수 없다면 완성 파일을 살펴보세요.

코드 테스트를 마쳤다면 다음 단계로 넘어가겠습니다. 다음에는 환생 시스템을 만들겠습니다.

04.5 | 환생 시스템 구현

오브 판매를 구현하지도 않았는데 환생 시스템을 구현한다니 살짝 의아할 수 있겠지만, 환생을 하면 오브를 판매할 때의 가격이 높아지므로 환생을 먼저 구현해야 합니다. 오브 판매 시스템을 먼저 구현하고 환생 시스템을 구현한다면, 뒤에 오브 판매 시스템을 수정하는 일이 생깁니다.

먼저 이 시스템에 필요한 RemoteEvent와 RemoteFunction을 만들겠습니다.

❶ ReplicatedStorage의 **Events** 폴더에 RemoteEvent와 RemoteFunction을 만듭니다.

- **Rebirth** RemoteEvent
- **OpenFrame** RemoteEvent
- **GetRebirthData** RemoteFunction
- **RebirthDataUpdated** RemoteEvent

게임 소개의 요구 사항에 따르면 플레이어가 Workspace의 **RebirthParts** 폴더에 속한 **BasePart**를 터치하면 Rebirthing GUI가 열립니다. 이는 서버와 클라이언트 양측에서 구현할 수 있습니다. 그러나 이 게임은 StreamingEnabled를 사용하므로 서버에서 구현합니다. 따라서 플레이어가 **BasePart** 중 하나에 닿으면 **OpenFrame** RemoteEvent를 실행해야 합니다. 이 트리거를 기반으로 Rebirthing GUI를 열 수 있습니다.

이제 Rebirthing GUI를 여는 코드를 구현하겠습니다.

❷ ServerScriptService에 **RebirthService** 스크립트를 만듭니다.

❸ **setup()** 함수를 만듭니다. **setup()** 함수는 다음 역할을 합니다.

- Workspace에 있는 **Rebirthparts** 폴더에 속한 **BasePart**를 반복합니다.
- **BasePart**에서 **.Touched** 이벤트를 수신합니다. 이벤트가 실행되면 **.Touched** 이벤트가 제공하는 **hit** 매개변수가 다음 조건을 만족하는지 확인합니다.
  - **hit** 인스턴스의 부모는 **nil**이 아니어야 합니다.
  - **hit** 인스턴스의 부모는 캐릭터여야 합니다.
  - Players 서비스에서 **:GetPlayerFromCharacter(hit.Parent)** 함수를 사용하면 결과로 플레이어를 반환해야 합니다.

❹ 이 조건을 만족하면 **BasePart**에 닿은 플레이어에 **OpenFrame** RemoteEvent를 실행합니다.

다음으로 **GetRebirthData** RemoteFunction과 연관된 함수를 구현하겠습니다. 아래의 Rebirthing GUI 를 살펴보며 클라이언트에 필요한 데이터를 알아보겠습니다.

그림 10-6 Rebirthing GUI

[그림 10-6]에서 보듯, 환생하는 비용을 표시해야 합니다. 환생 비용은 x로 표시됩니다. 그러나 스크립트 내에서도 이 함수를 사용할 수 있으므로 딕셔너리에 키를 추가합니다. 환생의 가격만 넣지 않고 플레이어 가 환생한 횟수를 알아야 할 수도 있습니다. 또한, 현재 오브 획득 배율을 알면 도움이 될 수 있습니다. 딕 셔너리는 다음과 같습니다.

```
local data = {
    current_rebirth = 0,
    rebirth_price = 0,
    rebirth_multiplier = 1
}
```

현재 GUI에 필요한 데이터는 아니지만 어쨌든 플레이어에게 정보를 알리는 편이 좋습니다. 앞의 코드에서 제공한 모든 데이터를 표시하도록 GUI를 자유롭게 변경해 보세요.

게임 소개에서 설명한 요구 사항대로 플레이어가 환생할 때마다 오브 판매 가격과 환생 비용이 증가해야 합니다. 다음은 이를 구현하는 수식의 예입니다. 다른 식을 사용해도 좋습니다.

- 오브 판매 가격: (currentRebirth ^ 2) / ((currentRebirth * .75) + 1) + 1
- 환생 비용: (currentRebirth ^ 3) * 25 + 1_000

두 함수는 모두 현재 환생 횟수의 제곱을 따릅니다. 이는 플레이어가 환생할 때마다 판매 가격과 환생 비용이 기하급수적으로 늘어난다는 뜻입니다. 방금 말했듯 다른 수식을 사용해도 좋습니다.

이제 RemoteFunction에 대해 알았으니 이를 구현해 보겠습니다.

⑤ **GetRebirthData** RemoteFunction 콜백을 감지합니다.

⑥ 이벤트가 발생하면 앞서 나온 딕셔너리를 반환합니다.

6단계를 위한 팁: 먼저 DataManager를 사용하여 **current_rebirth** 값을 가져옵니다. 이를 바탕으로 앞서 언급한 공식을 사용하여 나머지를 계산합니다.

다음으로 플레이어가 실제로 환생하는 기능을 만들겠습니다. 게임 소개의 요구 사항에 따라 환생할 때 오브 판매 가격을 제외한 모든 플레이어 데이터는 재설정되어야 합니다. 이 기능을 구현해 봅시다.

⑦ **Rebirth** RemoteEvent를 감지합니다.

⑧ 이 이벤트가 발생하면 플레이어가 환생을 수행할 충분한 금액이 있는지 확인합니다.

8단계를 위한 팁: 환생 비용은 앞에 구현했습니다.

⑨ 충분한 돈이 있다면 DataManager에서 **pcall()**로 다음 명령을 모두 실행합니다.

- **money**를 0으로 수정합니다.

- **orbs**를 0으로 수정합니다.

- **speed_upgrade**를 0으로 수정합니다.

- **orb_multiplier**를 0으로 수정합니다.

- **rebirths**의 값을 1씩 증가시킵니다.

⑩ 이 함수를 호출한 플레이어에게 **RebirthDataUpdated** RemoteEvent를 실행합니다. 두 번째 인수는 6단계에서 만든 함수와 동일한 데이터여야 합니다.

이제 RemoteEvent와 RemoteFunction을 모두 구현했습니다. 그러나 앞서 언급했듯 먼저 환생 시스템을 만든 뒤에 오브를 판매하는 시스템을 구현합니다. 오브 판매 시스템에는 환생으로 바뀐 오브의 판매 가격이 필요하기 때문입니다. 오브 판매 시스템에서 이 가격을 사용하려면 BindableFunction을 구현해야 합니다.

⑪ ServerStorage 서비스의 **ServerEvents** 폴더에 **GetRebirthMultiplier**라는 이름의 새로운 BindableFunction을 만듭니다.

⑫ **GetRebirthMultiplier** BindableFunction 콜백을 감지합니다. 현재 환생 횟수에 맞는 오브 판매 가격을 반환합니다. 이 함수를 호출하면 다음 매개변수를 사용할 수 있습니다.

- 오브 판매 가격을 요청한 플레이어

12단계를 위한 팁: 6단계에서 만든 함수에 현재 환생 횟수에 맞는 오브 판매 가격이 포함되어 있습니다.

이제 환생 시스템 구현을 마쳤습니다. 참 복잡했죠? 코드가 작동하지 않으면 개발자 콘솔이나 출력 창에서 오류를 찾아 고쳐 보세요. 이유를 파악할 수 없다면 완성 파일을 살펴보세요.

코드 테스트를 마쳤다면 다음 단계로 넘어가겠습니다. 다음에는 플레이어가 오브를 판매하는 시스템을 만들겠습니다.

04.6 | 오브 판매 구현

마지막으로 오브 판매 시스템을 구현합니다. 플레이어가 SellParts 폴더에 있는 BasePart 중 하나에 닿으면 오브가 자동으로 판매됩니다. 각 오브의 기본 가격은 1달러입니다. 이 값에 환생 횟수를 곱해야 합니다. 또한 이를 두 배로 늘리는 2xMoney 게임 패스도 있습니다. 일단 배율을 고민하기 전에 setup() 함수부터 구현하겠습니다. 다음 단계를 따라 하세요.

❶ ServerScriptService에서 새 스크립트 SellService를 만듭니다.

❷ 다음으로 setup() 함수를 만듭니다. setup() 함수는 다음 역할을 합니다.

- Workspace의 SellParts 폴더에 속한 BasePart를 반복합니다.
- BasePart에서 .Touched 이벤트를 수신합니다. 이벤트가 실행되면 .Touched 이벤트가 제공하는 hit 매개변수가 다음 조건을 만족하는지 확인합니다.
  – hit 인스턴스의 부모는 nil이 아니어야 합니다.
  – hit 인스턴스의 부모는 캐릭터여야 합니다.
  – Players 서비스에서 :GetPlayerFromCharacter(hit.Parent) 함수를 사용하면 결과로 플레이어를 반환해야 합니다.

❸ 플레이어에게 쿨다운이 있는지 확인합니다. 플레이어는 오브를 1초에 한 번만 판매할 수 있습니다.

이제 모든 오브를 돈으로 변환하겠습니다. 먼저 플레이어가 가진 오브 개수를 얻습니다. 'DataManager 함수'에서 :Get() 함수를 업데이트하는 대신 :GetWithDefault() 함수를 만들었습니다. 이는 오류가 발생하면 스크립트를 중단하기 위함이었습니다. 오브를 판매할 때는 플레이어가 가진 오브 개수를 가져와야 합니다. DataManager가 오브의 수를 가져오지 못하면 스크립트를 계속 진행할 필요가 없습니다. 결국 아무것도 얻지 못하면 변환할 수 없습니다.

이제 오브를 돈으로 변환하는 시스템을 구현해 봅시다.

④ 다음 게임 로직을 구현한 pcall() 함수를 만듭니다.

- :Get() 함수를 사용해 플레이어가 가진 오브의 개수를 가져와 이를 변수 orbs에 저장합니다.

- 플레이어가 가진 오브 개수를 0으로 수정합니다.

- Player 인스턴스에서 2xMoney 속성을 확인하여 플레이어에게 2xMoney 게임 패스가 있는지 확인합니다. 게임 패스를 가지고 있다면 변수 orbs에 2를 곱합니다.

- '환생 시스템 구현'에서 구현한 GetRebirthMultiplier BindableFunction을 실행합니다. 그다음, orbs 변수에 이 BindableFunction이 반환한 값을 곱합니다.

- orbs 변수에 저장된 값을 플레이어가 가진 돈에 더합니다.

이것으로 오브를 판매해 돈으로 바꾸는 시스템을 구현했습니다. 게임 소개의 요구 사항에서 언급한 작업 한 가지가 더 남아 있습니다. 플레이어를 가장 가까운 판매 위치로 순간이동시켜야 합니다.

GUI에는 판매 버튼이 있습니다. 플레이어가 이 버튼을 누르면 순간이동을 하는 RemoteEvent를 구현해야 합니다. 이 게임은 StreamingEnabled를 사용하므로 플레이어를 순간이동시키기 전에 플레이어에게 :RequestStreamAroundAsync() 함수를 사용해야 합니다. 이에 대한 내용은 5장에서 배웠습니다.

이제 구현해 보겠습니다.

⑤ Events 폴더에 TeleportClosestSellPoint RemoteEvent를 만듭니다.

⑥ 이 이벤트가 실행되면 플레이어에게 쿨다운이 있는지 확인합니다. 각 플레이어는 이 RemoteEvent를 5초에 한 번씩 실행할 수 있습니다.

⑦ SellParts 폴더에 있는 모든 BasePart를 반복합니다. 캐릭터와 판매 파트에 .Magnitude를 사용해 두 파트의 거리를 측정합니다. 이 데이터를 비교해 어떤 BasePart의 거리가 가장 짧은지 확인합니다. 가장 짧은 BasePart가 순간이동할 지점입니다. 다음은 이 단계의 코드입니다.

```
local distance = (sellPoint.Position - player.Character.PrimaryPart.Position).
Magnitude
```

⑧ 플레이어와 가장 가까운 판매 지점을 알았다면 `:RequestStreamAroundAsync()` 함수를 사용해 이 판매점 주변 영역을 미리 로드합니다.

⑨ 마지막으로 플레이어 캐릭터에 `:SetPrimaryPartCFrame()` 함수를 사용하여 플레이어를 순간이동 시킵니다.

9단계를 위한 팁: Vector3 데이터 타입을 Cframe 데이터 타입으로 변환하려면 다음 코드를 사용 하세요.

```
CFrame.new(Vector3.new(0, 0, 0))
```

이것으로 판매 시스템을 완성했습니다. 게임을 실행해 판매 파트로 다가가 판매 시스템이 제대로 작동하는지 테스트해 보세요. leaderstats에서 오브 수와 금액이 변경되는 것을 볼 수 있을 겁니다. 만약 값이 바뀌지 않는다면 개발자 콘솔 프레임과 출력 창에서 오류가 있는지 확인해 보세요. 이유를 파악할 수 없다면 완성 파일을 살펴보세요.

이것으로 서버 스크립트 작성을 마쳤습니다. 지금까지 leaderstats를 만들고, 게임 패스와 개발자 상품의 혜택을 제공하고, 캐릭터를 업그레이드 및 환생시키고, 오브를 획득 및 판매하는 스크립트를 구현했습니다. 대부분의 스크립트에서 RemoteEvent와 Remote-Function을 사용했습니다. RemoteEvent와 RemoteFunction은 GUI를 프로그래밍하는 데 필요합니다. 이제 게임의 GUI를 구현해 보겠습니다.

05 / GUI 프로그래밍

이제 RemoteEvent와 RemoteFunction을 모두 구현했으니 GUI를 프로그래밍할 수 있습니다. 이때 RemoteEvent와 RemoteFunction을 정확한 시점에 사용하는 것이 가장 중요합니다. 이렇게 하면 GUI가 제대로 업데이트되고 버튼은 정확히 작동할 겁니다.

GUI를 하나씩 구현하기 전에, 먼저 각 GUI를 열었다가 닫는 시스템을 만들어야 합니다.

6장의 예제 '상점 GUI 만들기'에서 이미 이 시스템을 만들었습니다. 잠시 기억을 되짚어 보면, 기본과 고급이라는 두 가지 구현법이 있었습니다. 이번 게임에는 고급 구현을 사용하겠습니다. 모듈을 처음부터 재작성할 필요 없이 새 GUI에 복사해 붙여넣으면 됩니다.

 이 모듈을 구현한 코드를 전체적으로 읽기를 권장합니다. 어떤 모듈이 어떤 역할을 하는지, 어떻게 작동하는지 모르겠다면 6장의 예제를 복습하세요.

6장 예제의 UIHandler 모듈과 FrameHandler 모듈을 복사하면 StarterGui가 다음과 같이 표시됩니다.

그림 10-7 UIHandler 모듈과 FrameHandler 모듈

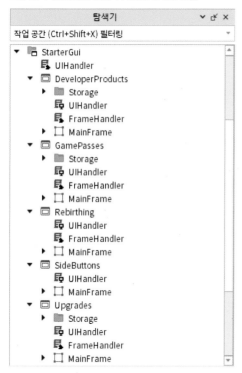

[그림 10-7]에 나와 있듯 SideButtons ScreenGui에는 FrameHandler 모듈을 붙여넣어서는 안됩니다.

프레임을 변경하는 모듈을 구현했으니 개별 GUI를 프로그래밍해 봅시다. SideButtons GUI부터 만들겠습니다.

05.1 | SideButtons GUI 프로그래밍

간단한 GUI부터 시작해 점점 더 어려운 GUI를 만들겠습니다. SideButtons GUI부터 시작하겠습니다. SideButtons GUI는 화면 왼쪽에 있는 버튼입니다.

그림 10-8 측면 버튼

각 버튼을 누르면 다음과 같은 일이 일어납니다.

- UPGRADE 버튼을 누르면 Upgrade GUI가 열립니다.
- SELL 버튼을 누르면 `TeleportClosestSellPoint` RemoteEvent가 발생합니다. 이는 '오브 판매 구현'에서 만들었습니다.
- CURRENCY 버튼을 누르면 DeveloperProducts GUI 가 열립니다.

GUI를 열어야 할 때는 StarterGui의 자식인 UIHandler 모듈을 사용합니다. 이 모듈에서는 `:ToggleFrame()` 함수를 사용합니다. UIHandler 모듈은 게임 소개의 요구 사항에 따라 프레임이 겹치지 않도록 합니다.

다음 단계를 따라 SideButtons GUI를 만드세요.

❶ SideButtons GUI에 LocalScript를 만듭니다.

❷ Upgrading 버튼에서 `.MouseButton1Click` 이벤트를 감지합니다. 이 이벤트가 발생하면 Upgrades GUI를 엽니다.

❸ PurchasingCurrency 버튼에서 `.MouseButton1Click` 이벤트를 감지합니다. 이 이벤트가 발생하면 DeveloperProducts GUI를 엽니다.

④ TeleportSell 버튼에서 .MouseButton1Click 이벤트를 감지합니다. 이 이벤트가 발생하면 TeleportClosestSellPoint RemoteEvent를 실행합니다.

앞에서 설명한 모든 버튼을 구현했습니다. 그런데 한 가지 더 해야 할 일이 있습니다. '환생 시스템 구현' 에서 OpenFrame RemoteEvent를 만들었습니다. 이 이벤트가 발생하면 Rebirthing GUI를 열어야 합니다. 이를 현재 스크립트에 구현하겠습니다.

⑤ OpenFrame RemoteEvent에서 .OnClientEvent 이벤트를 감지합니다. 이 이벤트가 발생하면 Rebirthing GUI를 엽니다.

지금까지 SideButtons GUI를 구현했습니다. 먼저 모든 버튼이 제대로 작동하는지 확인하 세요. 제대로 실행되지 않으면 개발자 콘솔이나 출력 창에 표시되는 오류를 수정해 보세요. 버튼 확인을 마쳤다면 다음 단계로 넘어가겠습니다. 다음으로 Rebirthing GUI를 프로그 래밍하겠습니다.

05.2 | Rebirthing GUI 프로그래밍

다음으로 좀 더 복잡한 GUI인 Rebirthing GUI로 넘어가겠습니다. [그림 10-9]에서 볼 수 있듯, 이 GUI에는 각 환생에 드는 비용을 표시해야 합니다. '환생 시스템 구현'에서 환생 비 용을 포함한 딕셔너리를 반환하는 GetRebirthData RemoteFunction을 만들었습니다.

그림 10-9 Rebirthing GUI

또한, RebirthDataUpdated RemoteEvent도 만들었습니다. 이 RemoteEvent를 실행하면 GUI의 가격이 업데이트됩니다. GUI에 표시되는 정보를 업데이트하는 코드를 구현해 보겠습니다. 다음 단계를 따라 하세요.

❶ Rebirthing GUI에 새로운 LocalScript를 만듭니다.

❷ updateButton()이라는 함수를 만듭니다. 이 함수의 매개변수 이름은 rebirthData로 지정합니다. 이 매개변수에는 GetRebirthData RemoteFunction과 RebirthDataUpdated RemoteEvent에서 만들어진 딕셔너리를 전달합니다.

❸ updateButton() 함수는 RebirthButton의 Text 속성을 변경해 새로운 환생 비용을 표시합니다.
3단계를 위한 팁: rebirthData 매개변수에 어떤 데이터가 있는지 잊었다면 GetRebirthData RemoteFunction 내부에서 만든 딕셔너리를 살펴보세요.

❹ RebirthDataUpdated RemoteEvent에서 .OnClientEvent 이벤트를 감지합니다. 이 이벤트가 실행되면 updateButton() 함수가 실행됩니다.

❺ setup() 함수를 만듭니다. setup() 함수에서 다음 작업을 수행합니다.
- GetRebirthData RemoteFunction을 호출해 결과를 변수 rebirthData에 저장합니다.
- rebirthData 변수가 nil인지 확인합니다.
- 결과가 nil이 아니면 updateButton() 함수에 rebirthData 변수를 인수로 제공합니다.

GUI의 데이터는 이에 맞춰 업데이트됩니다. 환생 지점으로 걸어가서 Rebirthing GUI가 나타날 때까지 기다리세요. 그때 올바른 가격이 표시되는지 확인합니다.

다음으로 RebirthButton이 작동하려면 RebirthButton이 .MouseButton1Click 이벤트를 감지해야 합니다. 이벤트를 감지하면 Rebirth RemoteEvent를 실행합니다. 환생뿐 아니라 Close 버튼도 프로그래밍해야 합니다. 플레이어가 이 버튼을 누르면 프레임이 닫힙니다. 이를 구현하려면 Rebirthing GUI에 삽입한 FrameHandler 모듈에서 :CloseFrame() 함수를 사용하세요.

이제 GUI를 프로그래밍합니다.

❻ RebirthButton 버튼에서 .MouseButton1Click 이벤트를 감지합니다. 이 이벤트가 발생하면 Rebirth RemoteEvent를 실행합니다.

❼ CloseButton에서 .MouseButton1Click 이벤트를 감지합니다. 이 이벤트가 발생하면 :CloseFrame() 함수를 사용해 프레임을 닫습니다.

이 게임에서 프로그래밍할 모든 GUI에는 닫기 버튼이 있습니다. 반복을 방지하기 위해 이제부터는 각 프레임을 닫는 방법을 설명하지 않겠습니다. 하지만 빼놓지 말고 구현하세요.

이렇게 두 번째 GUI를 구현했습니다. 이제 DeveloperProducts GUI를 프로그래밍하겠습니다.

05.3 ¦ DeveloperProducts GUI 프로그래밍

GUI의 복잡성이 서서히 증가하고 있습니다. 이번에는 이전에 해 본 적 없는 작업을 수행합니다. GUI 요소를 생성하겠습니다.

Storage 폴더 안에는 Template TextButton이 있습니다. 각 개발자 상품에는 자체 템플릿이 있으며, 각 템플릿 내에서 개발자 상품에 대한 정확한 정보가 표시되도록 Title과 Description, ImageLabel을 변경해야 합니다.

다음 단계를 따라 DeveloperProducts GUI를 만드세요.

❶ DeveloperProducts GUI에 새로운 LocalScript를 만듭니다.

❷ **developerProducts** 변수 내에 모든 개발자 상품 ID를 포함하는 테이블을 만듭니다.

❸ **setup()** 함수를 만듭니다. **setup()** 함수는 다음 역할을 합니다.

- **developerProducts** 테이블을 반복합니다.

- **:Clone()** 함수를 사용하여 각 개발자 상품에 대해 Template TextButton을 복제합니다.

- TextButton의 Name 속성을 개발자 상품 ID로 변경합니다.

- **MarketplaceService:GetProductInfo()** 함수를 사용하여 현재 개발자 상품에 대한 정보를 가져와 **devProductInfo** 변수에 저장합니다.

- **devProductInfo** 변수의 **Name** 키를 사용하여 개발자 상품의 이름을 표시하도록 Template TextButton 내의 Title TextLabel을 업데이트합니다.

- Template TextButton 내부의 Description TextLabel을 업데이트해 플레이어에게 개발자 상품의 가격과 여러 번 구매할 수 있다고 알리는 기본 텍스트를 표시합니다. 개발자 상품의 가격을 불러오려면 **devProductInfo** 변수에서 **PriceInRobux** 키를 사용하세요. [그림 10-10]에서 예시를 확인하세요.

- Template TextButton 내부의 ImageLabel을 업데이트하여 개발자 상품의 아이콘을 표시합니다. 개발자 상품의 아이콘을 불러오려면 **devProductInfo** 변수에서 **IconImageAssetId** 키를 사용하세요. 팁: **IconImageAssetId** 키 앞에 **rbxassetid://**를 추가합니다.
- Template TextButton의 Visible 속성을 **true**로 변경합니다.
- Template TextButton의 부모로 Body ScrollingFrame을 지정합니다.
- Template TextButton에서 **.MouseButton1Click** 이벤트를 감지합니다. 이 이벤트가 발생하면 올바른 개발자 상품 프롬프트를 표시합니다.

그림 10–10 Currency GUI

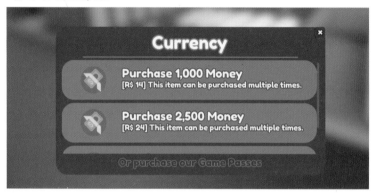

이제 개발자 상품에 관한 프롬프트와 버튼을 생성합니다. 그러나 GUI 하단에는 사용자가 게임 패스를 구매하는 버튼이 하나 더 있습니다. 이 버튼을 누르면 DeveloperProducts GUI가 닫히고 GamePasses GUI가 열립니다. GamePasses 프레임으로 변경하려면 StarterGui의 UIHandler 모듈에서 **:ToggleFrame()** 함수를 사용합니다.

④ SwitchGamePasses TextButton에서 **.MouseButton1Click** 이벤트를 감지합니다. 이 이벤트가 발생하면 **:ToggleFrame()** 함수를 사용하여 GamePasses GUI를 엽니다.

지금까지 DeveloperProducts GUI를 구현했습니다. 먼저 화면 왼쪽의 Currency 버튼을 눌러 DeveloperProducts GUI를 엽니다. GUI가 열리면 아무 개발자 상품을 누릅니다. 개발자 상품을 구매하면 돈이 늘어날 겁니다. leaderstats를 확인하여 제대로 작동하는지 확인할 수 있습니다. 코드가 작동하지 않으면 개발자 콘솔이나 출력 창에서 오류를 확인해 보세요. 이유를 파악할 수 없다면 완성 파일을 살펴보세요.

개발자 상품을 확인했다면 다음 단계로 넘어가겠습니다. 다음으로 GamePasses GUI를 프로그래밍하겠습니다.

05.4 ┃ GamePasses GUI 프로그래밍

GamePasses GUI를 생성하는 방법은 DeveloperProducts GUI를 생성한 방법과 매우 유사합니다. 그러나 약간 다른 점이 있습니다. 다음 단계를 따라 하세요.

❶ GamePasses GUI에 새로운 LocalScript를 만듭니다.

❷ **gamePasses** 변수 내에 모든 게임 패스 ID를 포함하는 테이블을 만듭니다.

❸ **setup()** 함수를 만듭니다. **setup()** 함수는 다음 역할을 합니다.

- **gamePasses** 테이블을 반복합니다.
- **:Clone()** 함수를 사용하여 각 게임 패스에 대해 Template TextButton을 복제합니다.
- TextButton의 Name 속성을 게임 패스 ID로 변경합니다.
- **MarketplaceService:GetProductInfo()** 함수를 사용하여 현재 게임 패스에 대한 정보를 가져와 **gamePassInfo** 변수에 저장합니다.
- **gamePassInfo** 변수의 **Name** 키를 사용하여 게임 패스의 이름을 표시하도록 Template TextButton 내의 Title TextLabel을 업데이트합니다.
- 게임 패스의 가격과 설명을 표시하도록 템플릿 내의 Description TextLabel을 업데이트합니다. 게임 패스 가격을 불러오려면 **gamePassInfo** 변수에서 **PriceInRobux** 키를 사용하세요. 게임 패스 의 설명을 가져오려면 **gamePassInfo** 변수에서 **Description** 키를 사용하세요.
- Template 내부의 ImageLabel을 업데이트하여 게임 패스 아이콘을 표시합니다. 개발자 상품의 아이콘을 불러오려면 **gamePassInfo** 변수에서 **IconImageAssetId** 키를 사용하세요.

  팁: **IconImageAssetId** 키 앞에 **rbxassetid://**를 추가합니다.
- Template TextButton의 **Visible** 속성을 **true**로 변경합니다.
- Template TextButton의 부모로 Body ScrollingFrame을 지정합니다.
- Template TextButton에서 **.MouseButton1Click** 이벤트를 감지합니다. 이 이벤트가 발생하면 올바른 게임 패스 프롬프트를 표시합니다.

지금까지 GamePasses GUI를 구현했습니다. GamePasses GUI를 열고 게임 패스 버튼을 눌러 프롬프트가 나타나는지 확인합니다. 코드가 작동하지 않으면 개발자 콘솔이나 출력 창에서 오류를 찾아 고쳐 보세요. 이유를 파악할 수 없다면 완성 파일을 살펴보세요. 버튼 확인을 마쳤다면 다음 단계로 넘어가겠습니다. 다음으로 Upgrades GUI를 프로그래밍하겠습니다.

05.5 ┆ Upgrades GUI 프로그래밍

마지막으로 Upgrades GUI도 프로그래밍해야 합니다. 가장 복잡한 GUI이지만 걱정하지 마세요. 함께 만들어 봅시다. '캐릭터 업그레이드 구현'에서 몇 가지 RemoteEvent와 RemoteFunction을 만들었습니다. 이를 사용하여 GUI를 만들 것입니다. 먼저 이전 장에서 수행한 방법과 유사하게 각 업그레이드에 대한 TextButton을 생성해야 합니다. TextButton을 생성하기 전에 게임에 어떤 업그레이드가 있는지부터 파악합니다. 이 정보를 얻으려면 GetUpgradeData RemoteFunction을 호출해야 합니다. 이 RemoteFunction의 작동 방식을 잊었다면 이전에 만든 코드를 확인하세요.

각 업그레이드에 대한 TextButton을 생성하려면 다음 단계를 수행합니다.

❶ Upgrades GUI에 새로운 LocalScript를 만듭니다.

❷ setup() 함수를 만듭니다. setup() 함수는 다음 역할을 합니다.

- GetUpgradeData RemoteFunction을 호출하여 업그레이드 데이터가 포함된 딕셔너리를 가져와 upgradeData 변수에 저장합니다.

- upgradeData 딕셔너리를 반복합니다. 딕셔너리의 키는 플레이어에게 표시할 업그레이드 이름입니다. 딕셔너리의 값은 '캐릭터 업그레이드 구현'에서 논의한 모든 키를 담은 딕셔너리입니다. 반복문 코드는 다음과 같습니다.

  ```
  for upgradeName, upgradeInfo in pairs(upgradeData) do
  ```

- :Clone() 함수를 사용하여 Storage 폴더의 Template TextButton을 복제합니다.

- Template TextButton의 Name 속성을 upgradeInfo 변수 내의 upgrade_name 키 값으로 변경합니다.

- Template TextButton 내 Title TextLabel의 **Text** 속성을 **upgradeName** 변수의 값으로 변경합니다.
- Template TextButton의 부모로 Body ScrollingFrame을 지정합니다.
- TextButton에서 **.MouseButton1Click** 이벤트를 감지합니다. 이 이벤트가 발생하면 **Upgrade** RemoteEvent를 실행합니다. **:FireServer()** 함수의 인수는 **upgradeInfo.upgrade_name**입니다.

지금까지 각 업그레이드의 제목을 표시하는 TextButton을 생성했고 플레이어가 TextButton을 누르면 업 그레이드할 수 있도록 만들었습니다. 그러나 진행률 표시줄과 Progress TextLabel는 아직 업데이트된 정보를 받지 못합니다. 왜일까요? 최신 데이터를 GUI에 즉시 표시하면 안 될까요? 물론 됩니다. 그러나 이를 수행하는 RemoteEvent도 있습니다. 바로 **UpgradeDataUpdated** 이벤트입니다. 코드 중복을 방지 하기 위해 **setup()** 함수와 **UpgradeDataUpdated** RemoteEvent가 모두 사용할 새 함수를 생성합니다. 다음 단계를 따라 **update** 함수를 만드세요.

❸ **updateButtons()** 함수를 만듭니다. 이 함수에는 **upgradeData**라는 매개변수가 있습니다. 이 매개변 수에는 2단계 첫 번째에 만든 변수와 동일한 데이터가 포함되어 있습니다. 함수는 다음 역할을 합니다.
- 2단계의 두 번째와 동일하게 **upgradeData** 변수를 반복합니다.
- **upgradeInfo.upgrade_name**과 일치하는 TextButton을 찾습니다.
- 이 TextButton을 찾을 수 있으면 업그레이드할 올바른 가격을 표시하도록 UpgradeText TextLabel 의 **Text** 속성을 변경합니다. 가격을 얻으려면 **upgradeInfo** 딕셔너리에서 **upgrade_cost** 키를 사용하세요.
- Progress TextLabel의 **Text** 속성을 변경합니다. TextLabel은 최대 진행률에서 현재 진행률을 표시 해야 합니다(예: 1/10). 현재 진행률을 가져오려면 **upgradeInfo** 딕셔너리에서 **current_progress** 키를 사용하고, 최대 진행률을 가져오려면 **upgradeInfo** 딕셔너리에서 **max_progress** 키를 사용하 세요.
- 정확한 진행 길이를 표시하도록 Bar 프레임의 **Size** 속성을 변경합니다. 다음 단계로 넘어가려면 **:TweenSize()** 함수를 사용합니다.
  팁: 올바른 크기를 계산하려면 다음 코드를 사용하십시오.

```
UDim2.new(upgradeInfo.current_progress / upgradeInfo.max_progress, 0, 1, 0)
```

❹ **setup()** 함수에서 모든 TextButton이 생성되면 **updateButtons()** 함수를 호출합니다.

❺ **UpgradeDataUpdated** RemoteEvent에서 **.OnClientEvent** 이벤트를 감지합니다. 이 이벤트가 실 행되면 **updateButtons()** 함수가 실행됩니다.

이제 가장 정확한 정보를 표시하도록 TextButton도 업데이트합니다. 작동 여부를 테스트하려면 Upgrade GUI를 엽니다. 모든 정보가 올바르게 생성되고 업데이트되면, 업그레이드를 시도할 때도 똑같이 작동하는지 테스트하세요. 모든 정보가 즉시 업데이트되는지 확인합니다. 코드가 작동하지 않으면 개발자 콘솔이나 출력 창에서 오류를 찾아 고쳐 보세요. 다시 한 번 말하지만 Upgrade GUI가 게임에서 가장 복잡한 시스템입니다. 제대로 구현하지 못했다면 완성 코드를 참고하세요.

이제 게임의 모든 GUI를 프로그래밍했습니다. 다음으로 게임을 출시하기 전에 수행해야 하는 다음 단계를 살펴보겠습니다.

06 / 게임 업데이트

이제 여러분의 게임을 완성했습니다. 축하합니다! 게임을 출시하기 전에 먼저 테스트를 해야 합니다. 게임을 얼마나 잘 테스트하느냐에 따라 버그가 줄어듭니다. 친구들과 함께 게임을 플레이하며 피드백을 들어 보는 것도 추천합니다. 알아낸 버그를 모두 수정하고 피드백을 구현하면 게임을 공개할 준비를 마친 것입니다.

이제 다 끝났다고 생각할지 모르겠습니다. 하지만 아직 끝이 아닙니다. 게임의 여정은 이제 시작입니다. 운 좋게 많은 플레이어가 게임을 플레이하고 즐긴다고 합시다. 이 플레이어들은 어느 시점이 되면 게임을 그만 둘 겁니다. 그들이 게임을 그만두는 일을 막으려면 게임을 업데이트해 새로운 콘텐츠를 제공해야 합니다. 다행히도 시뮬레이터 게임에 추가할 콘텐츠는 많습니다.

지금까지 우리는 책 전체에서 배운 많은 시스템을 게임에 구현했습니다. 모든 시스템을 이 게임에 구현한 것은 아니지만 그렇다고 구현할 수 없다는 의미는 아닙니다.

다음은 게임에 업데이트할 수 있는 요소입니다.

- 가장 돈이 많은 플레이어 순위를 보여 주는 리더보드
- 가장 많은 환생을 한 플레이어 순위를 보여 주는 리더보드
- 오브를 수집할 때 나타나는 파티클 효과
- 오브별 다른 가격(현재 모든 오브는 획득 시 1이 증가하나 일부 오브는 더 높은 가치를 갖도록 함)
- 플레이어가 잠금 해제할 수 있는 새로운 지역
- 일일 보상
- 그룹 보상
- 버튼의 사운드 효과
- 오브를 수집할 때 사운드 효과
- 오브가 판매될 때 사운드 효과
- 오브 획득 배율과 판매 가격을 높여 주는 애완동물
- 배지
- 그외의 다른 시스템

이런 기능 외에도 프로그래밍에는 여전히 탐구할 것이 많습니다. 무엇보다 로블록스는 지속적으로 진화하고 있다는 점이 가장 중요합니다. 게임을 탐색하고 개선할 수 있도록 멋진 기능이 지속적으로 추가되고 있습니다.

요약

이 장에서는 시뮬레이터 게임을 만들었습니다. 요구 사항에 따라 데이터 저장소부터 서버 스크립트, GUI, 개발자 상품, 게임 패스를 사용하는 게임을 함께 만들었습니다.

게임의 요구 사항을 알아본 후 게임에 사용할 데이터 저장소를 만들었습니다. 데이터 저장소에 저장할 키를 분석하는 방법을 배웠고, 데이터 저장소 내부에 배율을 저장하는 것이 왜 나쁜 습관인지 살펴보았습니다. 그 대신 플레이어가 수행한 환생의 횟수를 저장하면,

저장한 환생 횟수를 배율로 변환할 수 있습니다.

데이터 저장소를 구현한 후 게임용 서버 스크립트를 만들었습니다. 그 뒤, GUI에 표시할 정보와 플레이어가 수행하는 작업을 분석했습니다. 이를 바탕으로 RemoteEvent와 RemoteFunction을 만들었습니다. RemoteEvent와 RemoteFunction은 오브를 판매해 돈을 얻는 등의 특정 작업을 수행합니다. 이를 구현하는 동안 게임 보안을 위해 구현해야 하는 서버 검사를 살펴보았습니다.

GUI를 만들기 전에 RemoteEvent와 RemoteFunction을 구현했기에 올바른 정보를 직접 표시하거나 올바른 작업을 수행할 수 있었습니다. 또한 GUI를 만드는 동안 표시되는 정보를 생성하는 방법도 배웠습니다. 이렇게 하면 GUI를 변경하지 않아도 최신 정보를 표시하도록 자동으로 업데이트할 수 있습니다.

마지막으로 게임에 적용할 수 있는 업데이트도 살펴보았습니다. 우리의 게임에는 구현할 수 있는 멋진 기능이 아주 많이 남아 있습니다.

⟨로블록스 코딩 마스터하기⟩를 마무리합니다. 1장에서는 로블록스와 Luau에 대해 가장 기초적인 내용을 배웠습니다. 데이터 타입이 무엇인지, 숫자로 간단한 수학 연산을 어떻게 수행하는지 배운 게 기억나나요? 지금 어떤 경지에 이르렀는지 보세요! 방금 여러분은 첫 번째 시뮬레이터 게임을 완성했습니다. 이런 경지에 오른 걸 자랑스러워 해도 좋습니다. 충분한 시간만 투자하면 무엇이든 가능하다는 증거입니다. 여러분의 미래는 밝습니다.

로블록스는 끊임없이 진화하고 변화하고 있습니다. 무슨 일이 일어나고 있는지 최신 정보를 알아 두세요. 모든 로블록스 프로그래머가 사용하는 유용한 자료를 소개하겠습니다.

- 개발자 포럼의 공지 채널을 읽어 로블록스의 최신 변경 사항을 확인하세요.
  https://devforum.roblox.com/
- 공식 사이트에서 모든 함수와 이벤트, 서비스에 대한 설명과 코드 예제를 확인하세요.
  https://create.roblox.com/docs
- 새로운 게임을 함께 만들 팀원을 만나 보세요.
  https://talent.roblox.com/

로.블.록.스
코딩 마스터하기

1판 1쇄 발행 2024년 9월 10일

저   자 | 마크 키프
역   자 | 이진수
발 행 인 | 김길수
발 행 처 | (주)영진닷컴
주   소 | (우)08512 서울특별시 금천구 디지털로 9길 32
             갑을그레이트밸리 B동 1001호
등   록 | 2007. 4. 27. 제 16-4189호

©2024. (주)영진닷컴

ISBN | 978-89-314-7722-1

YoungJin.com **Y.**
영진닷컴